陽宅奧秘三十天快譯通

作者：於光泰博士

於光泰

籍貫：中國，江蘇省，常州。

1957 年出生於台灣桃園市。

學經歷：

台北科技大學建築系、土木系

輔仁大學中文(易經)博士

中央大學哲學博士候選人

指南宮中華道教學院講師

相關著作：

1.八字基礎會通

2.周易與六爻預測

3.易經三十天快譯通

4.擇日學三十天快譯通

5.陽宅奧秘三十天快譯通

6.「梁學八字大破譯」教學光碟

7.「梁學陽宅內局大解碼」教學光碟

8.「三合派與形家風水會通」教學光碟

9.「梁學八字基礎整合」教學光碟

10.「擇日十週會通」教學光碟

11.「八字流年實務」教學光碟

高序

天地靈氣鍾「指南」，探求修道之路，應先了解「道」在何處？指南宮開山立基百餘年，兼具古典與現代的「真」、「樸」之美。「中華道教學院」於戊辰（1988）年成立，設址在指南宮凌霄寶殿，即在培育道教人才，闡揚道教義理。

光泰博士，乙未（2015）年畢業於指南宮道教學院，登台執鞭教學，隨後又在輔仁大學中文研究所取得博士學位，其博士論文「唐代以前《周易》象數與義理研究」，對於易經風水與道教數術文化有精深之研究。而後更百尺竿頭再進一步，於中央大學哲學研究所取得哲學博士候選人資格，鑽研道教哲學實踐方法，常忘懷東方之既白。

光泰博士，化費多年時間，近完成了一部《陽宅奧秘三十天快譯通》著作。閱讀其內容，由陽宅基礎、論外部局勢、論內部局勢、八宅法理氣、紫白飛星法等循序漸進，字裡行間圖文並茂，默運其對於道學之素養，於本書中適當引用易經與道術之學問，再由古籍中整理出一系列現代住宅風水知識，化用於實務操作中，使讀者深入淺出，誠為堪輿學界少見之傑出作品，勢必受到珍視，爰誌數語，以為介紹。

辛丑（2021）年仲夏

指南宮主任委員高超文

作者序

基於我從事建築業工作，是蓋「陽宅」給風水師「釘」的行業，因此也踏進了「堪輿」這個門檻。《陽宅奧秘三十天快譯通》這本書也是我從事陽宅風水教學工作七年來的第一本風水方面的書。在此之前我師從吳明修大師及其嫡傳子吳季群約十年，與梁湘潤大師約兩年半(以姓氏筆畫為順序)。

本書開頭先用八十餘張圖片提供各種概念。第一章介紹陽宅的基本功，例如河圖、洛書、元運、年命、羅盤原理等。第二章論外部局勢並以圖例輔佐，第三章論內部局勢，第四章八宅法理氣，第五章紫白飛星法。全書由簡入繁，但深入淺出。書中竭盡簡單清晰，但也為顧及學術連貫性，因此均交代古文獻出處，並配合近代名家著作陳述；希望讓讀者能輕鬆閱讀。

《陽宅集成・總論・戒蹈流弊瑣言》:「自古堪輿家為人築室修營，悉本河洛陰陽，九宮八卦，未嘗別有新奇也。近世流弊，在一『秘』字，學問本未深，人扣之，不能隨扣隨應，輒假以自飾曰:『我之秘訣，難以顯言』，是秘乃藏拙之竇也。有人延請，則曰我法甚密，用之則朝貧暮富，白屋公卿，愚者艷心富貴，恆重貲以聘請焉，是秘乃網利之具也。更有立說成書，不曰我遇某仙所傳，即曰我得某師秘本，是秘又欺人之術也。……余故將所閱諸書，有術家挾以為秘者，悉彙集而不隱，稍有一得，亦直抒而不匿，總不欲以笑鄙人者亦自為鄙人而已矣。」本書動機不過如此，希望將陽宅風水學術盡量公開，而非『秘』學，使人人成為具有規劃陽宅環境的基本功夫。

在此之前我的著作有《八字基礎會通》《周易與六爻預測》《易經三十天快譯通》《擇日學三十天快譯通》等，以及在大元講堂錄製的系列教學片：「梁學八字基礎整合課程」、「梁學八字大破譯」、「梁學流年法典」、「三合派與形家風水」、「梁學陽宅內局大解碼」、「於光泰擇日會通」等。有興趣者歡迎向大元書局購買閱讀，我個人自認為講的清晰且迅速進入重點，絕無餿水熱炒，歹戲拖棚，不知所云之虞。書中雖然敘述「陽宅」，但因為「陽宅」理論大多承襲於「陰宅」，所以也交代了龍、砂、穴、水的基礎理論。至於如何將「陽宅」學好？照著我這本書循序漸進，三十天畢其功於一書。開卷有益，互勉之。

常州易學工作室

輔仁大學中文(易經) 博士
中央大學哲學博士 候選人 於光泰

內文目錄

圖片編號與目錄

73、飛禽展翅
74、土形屋
75、壁虎煞
76、土形屋豐厚端正
77、土形屋秀麗簡樸
78、上火下土歐風迷
79、主臥室古意盎然
80、石板主題牆
81、歐式元素
82、風華與廢墟
83、劍水來財多身弱
84、朝水局易發
85、鋸齒帶虎拳
86、武士門白虎
87、圓盾反光横路沖
88、中國北京四合院
89、法國羅浮宮
90、法國凡爾賽宮
91、法國傷兵院
92、倫敦聖保羅教堂
93、聖阿捏斯教堂
94、羅馬聖卡羅教堂
95、巴黎歌劇院

金形：清者曰官星，濁者曰武星，凶者曰厲星

金形醜陋崩破，帶煞

木形：清者曰文星，主文章科名，聲譽貴顯

木形：濁者(電塔)曰財星，主勳業，才能技藝

水星：清者曰秀星，主聰明文章，智巧明潔，度量及女貴。濁者曰柔星昏頑懦弱阿諛。凶者曰盪星，主淫慾奸巧，貧窮夭折

火星：清者曰顯星，主文章發達，烜赫勢焰

火星：濁者曰燥星，主剛烈暴燥，作威作福

土星：清者曰尊星，主極品王侯，勳業崇高，福澤綿延。濁者曰富星，主多財產，豐富壽延，人丁繁衍。凶者曰滯星，主昏愚懦弱，黃腫疾病，牢獄訟非

平陽龍利用等高線判斷走向

平陽龍以樹氣占結，也算有下手砂

兩水交會，龍脈盡結之地

橫水局，右水到左，不傾斜就好

朝水局，忌撞城割腳，喜之玄悠揚而來

順水局，牽鼻水不聚財，以橫橋有關鎖加持作用

斜水局，寧可進，不可出；遠處獨棟高樓是「孤陰」

無水局，有水時稱水聚明堂

水纏玄武發富貴

之玄悠緩，表示地勢平緩

玉帶環抱水，見水氣才有份，背水收堂局

去水有關鎖，局內自然有生氣

明堂外設月眉池，收煞趨吉，李騰芳古厝

宮廟以太極八卦池為吉祥物，民心受用

寸土寸金，割腳水也能地盡其利，屋盡其用

高一吋為山，伸手摸到案，稅錢千萬貫

山清水秀，虎略長於龍，前照後靠，保持距離不當淋頭水

25

五條路交會財源滾滾，但捲簾水當前扣分，收龍水本地客，只適合偏財行業。

26

路衝直接封掉，改由社區巷道進出；等面前十五米路徵收開通，定然發財

鳥糞淋頭煞，樓梯懸空煞，富貴鴿中求，八字看偏財

宮廟大不怕路衝，反弓路還是忌諱

牆壁形成一道壁刀，直衝切到對門

街道傾斜，造成一排店面捲簾水

為避免捲簾水，權宜將樓梯轉90度，竟沒欄杆

社區連棟設置雨遮與後棟拉齊，整齊劃一；強過各自為政

印星當前，文章才華

扁平屋，前後包抄，為難財庫

明堂逼窄，明堂傾斜，明堂破碎，反背無情，頸面纏絲

《陽宅集成》：「開門向廟宇，年年官病起，寺館宮殿角，官非家退落。」

三角形就有銳利的一面，誰家對到破面煞，自求多福

陸橋下樓，近則撞胸，遠則拜堂

出門案山滿是官鬼，焉知禍福

連棟透天屋面臨反弓陸橋，欄杆上的柵欄帶鐮刀鋸齒

《八宅明鏡》：「逼促深巷，茅坑拉腳氣滯所占，陽氣不舒，俱無富貴之地。」

金蛇煞，男女桃花空亡煞，不破財來破家聲

無尾巷，自家設置下手臂，那管鄰居無生氣

疙頭、散髮，纏絲，《八宅明鏡》：「東倒西傾，棟折樑斜，風吹雨潑，病痛宅也。屋宇不整，四壁碎破，椽頭露齒，零丁房也。」

天斬煞，兩道壁刀劈面而來

圓柱形，凡事圓滿，金龍含珠，下元九運離火，坐向焉知吉凶

與高鐵一路之隔，目迎目送，正是命帶驛馬，家中呆不住，發財於外地

明堂雜亂煞，不利環保衛生，貴人不臨，妻小離家

車道出口視覺狹窄，緩衝距離太短，大樹懸針帶反光煞

白虎開口，自求多福

《八宅明鏡》：「凡京省府縣，其基闊大，正盤已作衙門矣，而民居與衙門相近者不吉，秀氣已盡鍾故也。」庶民與官貴自有個人天地，無需受氣

都說反弓不好，只需適當退縮出緩衝空間，反而成為直線而來的人潮、車潮目光焦點

居龍邊收龍水，作本地客生意

龍高長虎短矮，以種植竹林、松柏為均衡之道，自成一格

後面劍脊龍直射，前面路衝，明堂傾斜，租給基地台也是好事，可權宜改門

無尾巷底作個拱形雨遮，有緩衝效果

面對反弓路無緩衝距離，最怕酒駕飆車族

在局內與局外分界點作牌樓，有關鎖聚氣之作用

眾人皆高我獨矮，建商說我最爭氣

有龍無虎，女人要爭氣

順弓商店臨立，反弓人潮較少，因為新開闢的外環道往往順著原市區繞行，內圈會較熱鬧

傾側一邊的探頭山

寡陽

兩面捲簾水，應適度修飾出轉折平台

羅星把水口

人行陸橋週邊不利住家，店家要挨到人潮，與車潮無關

玩造型，玩到斜頭斜腦

作一道牆擋住反弓，但也擋住財路

69

加上一道圓弧陽台，大幅削弱尖角的形象，和諧的設計

70

石敢當，以小搏大，力擋眾煞

坐下濕軟，長久以來地下水脈已經成形，基礎要特別處理

有點向飛禽展翅，但因山脈低矮無氣，頭形不成格局，羽翅軟弱，甚麼都稱不上

無陰無陽的土形屋，適於營利事業

運動中心用腳踏車力爭上游為象徵，壁虎煞焉知吉凶

端正土型，以凹凸有秩與色調和諧，略作修飾，剛好就是好

土型屋搭配簡潔的線條，古樸的質感，展現寧靜諧和的鄉居風格

以歐式造型為元素，三角形山牆帶火形，其下火生土，色調和諧

主臥室以斜屋頂設計，有古意盎然感

餐廳接近廚房，空間足夠周旋即可

客廳取歐式元素設計，只需方正雍容，窗明几淨即可，不可大事鋪張

風華與廢墟　《八宅明鏡》：「四邊曠野，終無人煙，一塊盪氣之地。空山僻塢，獨家村莊，一派陰霾之氣」

劍水來財多身弱
見水發財，劍水發財也傷身

朝水局易發　朝水局要緩而近，明堂適度，不寬不窄，左邊方形階梯宜改圓弧形，化解稜角煞

鋸齒帶虎拳

右邊是虎山，虎山下連接鋸齒狀廠房，虎拳帶虎現爪，何以制之

武士鬥白虎

限於地形與道路，以鋒利武士刀護衛自己的陽宅風水

圓盾反光槓路沖
路沖直直來，土地漲漲漲，光出租招牌看板就發了

北京四合院

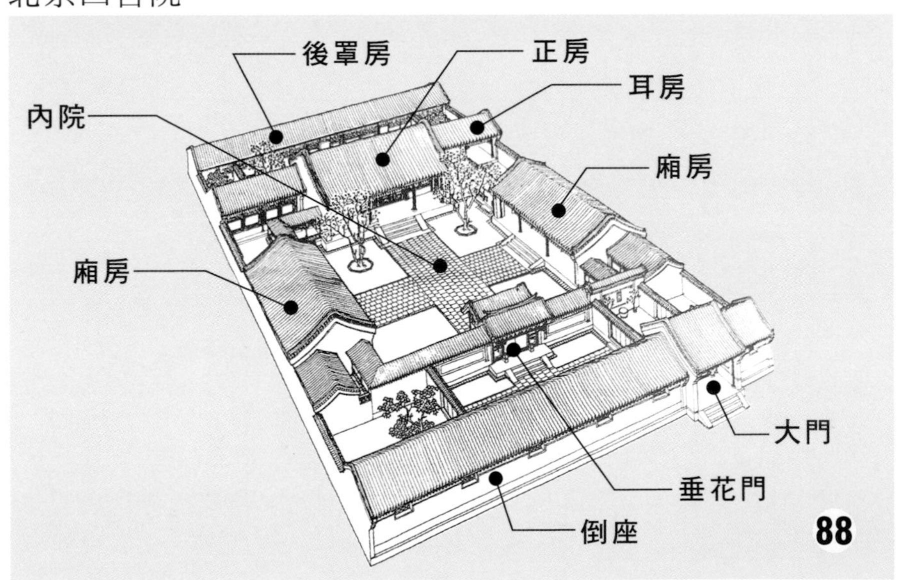

法國羅浮宮東立面

法國凡爾賽宮

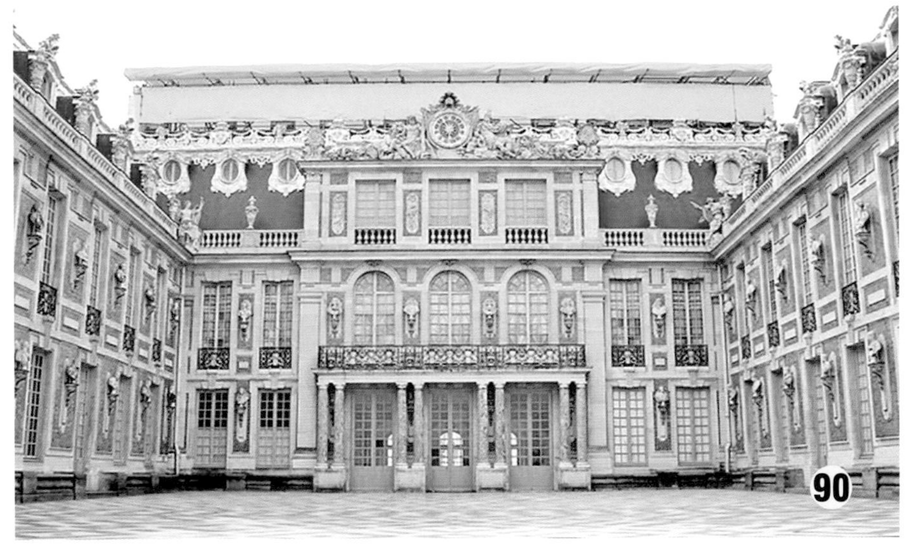

法國傷兵院新教堂

何謂巴洛克建築與古典主義建築，以下簡略介紹：

在設計的理念上
巴洛克力求突破既有規則，強調動態與不安，追求個性。
從而衍生重視色彩，使用對比色，認為色比形重要。
古典主義企圖建立更嚴謹規則，強調平穩沉靜，追求客觀性。
重視構圖與形體，認為形比色重要，喜用調和色。
巴洛克不惜用虛假手段，古典主義則拘謹寫實。

在歷史背景
巴洛克是天主教反宗教改革運動的文化，主要服務教堂與教廷貴族，以義大利為主，其建築藝術主題多是宗教性的，因此巴洛克代表作是教室，而古典主義則是宮殿建築多是頌揚君主豐功偉業為目的，以法國為主。

倫敦聖保羅大教堂

羅馬聖阿捏斯教堂

羅馬聖卡羅教堂的波浪型立面

巴黎歌劇院

以下分別舉出聞名於世之建築供讀者參考

巴洛克建築代表作
（羅馬聖卡羅教堂的波浪型立面）
（羅馬聖阿提斯教堂輪廓變化豐富）
（巴黎歌劇院爭奇鬥豔的手法）

古典主義建築
（法國羅浮宮東立面）
（法國傷兵院新教堂）
（法國凡爾賽宮）

巴洛克與古典主義混合設計
（倫敦聖保羅大教堂）

無論是巴洛克建築或古典主義建築，建築藝術終究是服務人類的

第壹章　陽宅基礎

陽宅學的基礎大約是陽宅使用構造之種類型態，地區分布之形式，陰陽五行，河圖洛書，天干地支，先後天八卦，六十四卦組合，羅盤的構造與使用，九星元運，龍砂穴水等內容，學習陽宅是無法跳躍這些基本認識的。本章先論述風水之定義。

一、風水的定義與傳統文化

人造住宅，住宅造人，故《黃帝宅經・序》說：「夫宅者，乃是陰陽之樞紐，人倫之軌模，非夫博物明賢，未能悟斯道也。」又說：「故宅者，人之本，人以宅為家居，若安即家代昌吉，若不安即門族衰微，墳墓川崗並同茲說。」〈繫辭上傳〉說：「天尊地卑，乾坤定矣。卑高以陳，貴賤位矣。動靜有常，剛柔斷矣。方以類聚，物以群分，吉凶生矣。在天成象，在地成形，變化見矣。是故，剛柔相摩，八卦相盪。」天尊地卑，乾為天，坤為地，天地定位，山澤通氣，雷風相搏，水火不相射等是先天八卦的涵義。〈繫辭上傳〉又說：「河出圖，洛出書，聖人則之。」告知古聖賢以河圖、洛書能彌綸天地之道。〈繫辭下傳〉接著說：「古者包犧氏之王天下也，仰則觀象於天，俯則觀法於地，觀鳥獸之文，與地之宜，近取諸身，遠取諸物，於是始作八卦，以通神明之德，以類萬物之情。」《易》學因此而無所不包，大之與細，萬物各取所宜。今人堪輿學各家咸稱「易經風水」如此而已。

地理風水至少可以上溯至戰國末業黃石公。《張衡傳》注：「宅，擇也。擇吉處而營之」。「堪輿」二字記載於淮南王劉安所編撰之《淮南子》一書，許慎注之：「堪，天道也，輿，地道也」。郭璞《葬經》云：「氣乘風則散，界水則止。古人聚之使不散，行之使有止，故謂之風水。風水之法，得水為上，藏風次之。」這是大家講「堪輿」為「風水」的緣由，因此堪輿與風水幾乎相同意義。藏風、得水，就是自然環境具備寒暖、燥濕、氣流、地勢傾斜等適合居住的山川平洋地理條件。知名建築學者漢寶德在《風水與環境》一書中提出見解：「當我為風水所困惑的時候，仍在理性主導的現代主義的時代。我以科學的精神、系統的分析去了解風水，自以為掌握了風水的要義，但很坦白的說，我並不相信風水中的吉凶之斷，而把它當成傳統文化中的思想習慣與行為模式。……所以風水是現代化過程中被犧牲的我國傳統觀念的一部分。」

北京市旅遊建築設計所尚廓先生在《中國風水格局的構成、生態環境與景觀》文內〈摘要〉說：『風水是我國傳統的村鎮、城市選址和規畫設計的理論，雖有迷信的色彩，但是亦有一定合理的成分，是我國初級的環境科學。負陰抱陽、背山面水是風水論中，基地選址的基本格局。至於建築的空間構成，則採用封閉型，注意取得人和自然的和諧關係，使自然山川和建築、綠化景觀取得優美的背景、烘襯、層次、輪廓，以及借景、對景……諸效果。風水理論受到儒、道、釋諸家哲學和美學的影響，是我國傳統文化的產物。』總之，不宜將陽宅風水當成怪力亂神或科學知識的極端兩極化，而是取用合理的環境規劃精神。

《易》學大致被分為義理易與象數易。象數易包含術數易，象數易包含命、相、卜之類。周朝初期《易經》原文完成時，是基於卜筮的需求，卜筮有很嚴謹的程序，國家大事必由學養俱優的學者擔任「卜筮官」之職，在諸多卦象中必須以理性思維解讀，《易經》原文由此逐漸組成龐大複雜的學術系統，其後易學家為了發揮自己所長，於戰國中後期陸續出現《易傳》(也稱十翼)解釋晦澀的《易經》原文，將「一陰一陽之謂道」的陰陽思想與道家思想融解一氣，其中包含大衍之數、天地之數等，《易傳》就成為義理、象數、術數諸學問的鼻祖之一。進入漢代設立五經博士，陰陽五行之學與儒家思想融合，孟喜至京房象數易一系，更創立出卦氣說、十二消息卦、八宮卦、世應說、飛伏說、納甲說、五行說等。這些易學基礎成為其後堪輿學理論一部分。

二、陽宅基本認識

每種學問都有專業場域的知識，學習陽宅學首先必須知道陽宅一些基本知識，因為陽宅受到氣候、地形、材料、民風、生活型態等約束，所以態樣繁多。關於陽宅基本知識有建築材料、建築方式、建築性能、結構系統、結構單元、使用區分、環境控制等。

(一)、建築材料分類

陽宅建築材料有：1、木構造。2、磚構造。3、石構造。4、加強磚造。5、鋼筋混凝土構造。6、預力混凝土構造。7、鋼構造。8、合金構造。9、塑膠構造。10、膜構造等。中國發源於黃土地區，多木材而缺乏石材，所以石建築較少，多用於台基、柱基礎、牌樓、橋梁、塔等。由於用磚技術較遲，到明朝才大量用磚造建築。因為木建築玲瓏輕巧，所以中國廟宇、宮殿、宅第等，多用院落制度，將主要建築圍護起來，增強防禦性。

(二)、陽宅建築構築方式分類

陽宅建築方式有：1、疊砌式構造。2、骨架式構造。3、柱板式構造。4、箱匣式構造。5、整體式構造。

(三)、建築特殊性能分類

依據特殊性能分類：1、耐火建築。2、耐風耐震建築。3、隔音建築。4、防空建築。5、省能建築。6、智慧型建築。7、綠建築。

(四)、陽宅結構系統分類

陽宅結構系統可分為：1、剛構架結構系統。2、外殼式結構系統。3、桁架結構系統。4、拱結構系統。5、核心式結構系統。6、壁式結構系統。7、板式結構系統。8、空間構架系統。9、懸吊式結構系統。10、摺板結構系統。11、薄殼結構系統。12、帳篷結構系統。13、氣囊結構系統。

(五)、陽宅結構單元分類

陽宅的結構單元有：1、基礎。2、牆。3、樑。4、柱。5、樓板。6、天花板。7、屋頂。8、樓梯。9、裝修。10、門窗。11、其他附屬構造。

(六)、土地使用分區

住宅區、商業區、文教區、工業區(特種、甲種、乙種、零星工業區等)、行政區、風景區、保存區、保護區、農業區、其他使用區等。

(七)、建築物使用分類

1、獨立住宅：例如農舍、倉庫、發射台、燈塔、資材室等。

2、集合住宅：社區別墅、社區獨門獨院別墅、雙併別墅、連棟別墅、重疊別墅、獨棟公寓大廈、雙併公寓大廈、連棟公寓大廈、雙併樓中樓、沿街排列式、中庭式等。

3、文教建築：托兒所、幼稚園、中小學、大學、各種補習班、博物館、圖書館、美術館、音樂廳、體育場、健身館、社區活動中心等。

4、廠辦、商辦、旅遊建築：辦公大樓、工業廠房、百貨公司、電影劇場、歌廳、舞廳、旅館、民宿、渡假村、八大行業等。

5、其它建築：診所、社區醫院、警政司法、各級地方政府建築、軍事要塞等。

以上每種建築分類，基於使用性質之不同，所以風水重點都不同。

(八)、陽宅依地點分井邑、曠野、山谷

陽宅凡具有一般性通則的風水理論，甚多來自於陰宅巒頭之說。在天成象，在地成形是應用《易》學的根基之一。因此本書取《葬經》、《雪心賦》、《地理啖蔗錄》、《地理人子須知》等作為外局底本論述，內局則是《陽宅集成》、《陽宅十書》等，盡其不脫古代堪輿大師之論點。其次則取當代王德薰《山水發微》，王松寒《王氏陽宅學》，唐正一《風水的研究》，梁湘潤《紫白飛宮三元陽宅》，吳明修《陽宅真義》《易經地理陽宅真機》等，俱為堪輿界重要文獻。陰宅重視來龍，陽宅注重堂局，因此陰宅多在龍脈行經之地，而陽宅則要平洋優先，裨益取得大道、大江、大港交通之利。陽宅以地勢可分為三種：

1、井邑之宅：指城市中街道巷弄之宅，因道路計畫的限制與都市建設成形，故只能以道路為主，水局次之，特重鄰棟關係所形成之各種「形煞」。

2、曠野之宅：指城郊之外的陽宅，道路、水局，因為興建自主性較高，所以重視來龍水脈，其次掌握前方朱雀堂局，後方玄武靠山，左青龍、右白虎規劃等。

3、山谷之宅：既然是山谷之宅，表示陽宅位在山區。山谷之宅注重水流、風勢、陽光等。山坡地在現代建築中逐漸重要，其與環境關係在第二章「山坡地建築」專門討論之。既言山谷之宅，為何沒有「山頂之宅」？因水劫風割，不值得一提。

（九）、現代建築的形煞禁忌

外局首重審查形煞有：

1、射：尖直剛硬之形當面射來，應在流離顛沛。

2、探：山勢地貌輪廓暗影重重似窺探，應在作賊、遭賊。

3、冲：形煞由上下四方射來，應在陰陽分判之害。

4、破：形勢不整而五行錯亂，應在放蕩淫亂。

5、壓：前方有宅、橋、路等高壓物，應在奴欺主剋刑。

6、反：物形地貌朝向它局，非我所用，應在離鄉移徙。

7、斷：物形地勢殘斷破爛，無情留棧，應在盜賊、官非。

8、走：山斜、水走、宅無四勢，地有偏倚，應在出走。

對於這些形煞總稱為「無情」，其處理方法大約是遮掩，阻擋，化解，通關、生扶、改門、移玄關，對稱平衡，最後三十六計走為上策。

三、風水的陰陽與天地人原則

風水，以《周易》為源。《繫辭下》「易之為書也，廣大悉備；有天道焉，有人道焉，有地道焉。」《說卦》「昔者聖人之作《易》

也，將以順性命之理。是以立天之道曰陰與陽，立地之道曰柔與剛，立人之道曰仁與義。」。由此得知，風水學就是將天道陰陽、地道剛柔、人道仁義的道理，運用於陽宅生活之中。《淮南子・泰族訓》云：「俯視天地，以制度量，察陵陸、水澤、肥墩、高下之宜，立事生財，以除飢寒之患。」因此風水學就是利用自然資源，改進生活品質的學問。大陸學者王玉德著作《中華堪輿術》一書，提出十種〈堪輿術的基本原則〉有：(一)因地制宜原則。(二)依山傍水原則。(三)負陰抱陽原則。(四)地質檢驗原則。(五)水質分析原則。(六)定量規定原則。(七)適中居中原則。(八)審美原則。(九)綠化原則。(十)改造風水原則。以上原則可以幫助在現場按部就班勘驗陽宅。

前言「一陰一陽之謂道」的陰陽思想主宰著堪輿學。在中國哲學中《易經》強調正反對立，經由變化後達到和諧的境界。唐正一《風水的研究》說：「穴的結成，總分為陰來陽受，陽來陰受兩法，太極暈微微隆起的是陰，微微窩平的是陽，詳分為窩(陽)、鉗(陽)、乳(陰)、突(陰)、吞(陽)、吐(陰)、浮(陰)、沉(陽)、蓋(陰)、粘(陽)、倚(陽)、撞(陰)……各種穴法，均有不同。」又說：「物體之伏者凸為陰，仰者凹為陽，如碗朝上仰為陽，往下伏底朝上為陰。山之仰者為陽，伏者為陰，隆起為陰，窩下為陽；又動者為陽，靜者為陰，活動曰動，不活動曰靜。……有陽無陰定不生，有陰無陽定不成。蓋陰陽有相互生成之妙，陰靜極而生陽，陽動極而生陰，配合生成，便是大道。」〈千金賦〉說：「陰陽動靜，兩者貴於兼施。虛實剛柔，各處求其相濟」。

陽宅風水的巒頭理論，多由堪輿學理論辨證而來。陽宅風水中要求對立中要協調平衡，以陰陽為正反代表，就衍生出下列辨證，例如天為陽，地為陰。南為陽，北為陰。山為陽，水為陰。動為陽，靜為陰。剛為陽，柔為陰。生為陽，死為陰。《易經》思想陰極陽動，陽極陰生。陽中有陰，陰中有陽。陰陽消長、轉化、互根、漸變、鬥爭、平衡、形勢、微著、深淺、雌雄、男女、盈虛等。

在十二地支中，五行陽甲木生於亥位，以長生在亥，沐浴在子位，冠帶在丑位，臨官在寅位，帝旺在卯位，衰在辰位，病在巳位，死在午位。陰乙木生於午位，沐浴在巳位，冠帶在辰位，臨官在卯位，帝旺在寅位，衰在丑位，病在子位，死在亥位，因此陽甲木與陰乙木生死之位互相對調，就是陽死陰生，陰死陽生的意思。十天干十二地支如此分配，就是陰陽協調的意思(按：天干地支五行陰陽與十二長生也是陽宅學必要基礎)。

例如，一般均認為陽宅附近不宜有寺廟，因為不管屬陰屬陽都已經背離陰陽協調的原則。又凡孤陰寡陽之地勢，不適宜居住，也是因違背陰陽協調的原則。《老子・四十二章》云：「道生一，一生二，二生三，三生萬物。萬物負陰而抱陽，冲氣以為和。」坐北朝南，背山面水，都是負陰抱陽的體現。在水法中的「淨陰淨陽」(羅盤的地盤中淨陽以紅色標示，原底色是淨陰)，是很重要的理論。在此僅論述源頭的陰陽原則，至於其它原則將不等展現在「內外形勢」章中。

四、陰陽與五行

《山水發微》論陰陽之道略以：聖人依據河圖、洛書，引述出先後天八卦，乃分析陰陽之道。然而陰陽之道變化多端，除以奇偶為陰陽以外，若自無極生太極，太極生兩儀，兩儀生四象，四象生八卦推論之，自然歸屬於以奇偶分陰陽。然若分析河圖九、四、三、八橫列之數，而為陽儀生出之乾、兌、離、震，再分析一、六、七、二縱列之數，而為陰儀坤、艮、坎、巽而觀，是聖人又以河圖橫列之數為陽，縱列之數為陰也(以先天八卦配洛書數)；河圖九、四、三、八橫列之數，為乾、兌、離、震四卦，一、六、七、二縱列之數，為坤、艮、坎、巽四卦，乾為父得九，震長男得八，坎中男得七，艮少男得六。坤為母得一，巽長女得二，離中女得三，兌少女得四。若以男女分陰陽，得生數者為女為陰。得成數者為陽為男，是以河圖生成之數，而定陰陽也。

陽得成數之多者為尊，少者為幼。陰得生數之少者為尊，多者為幼，是不僅以進退分陽分陰，更以數之兩極而定陰陽之尊卑也。八卦橫圖，兩儀分判，陽儀列左，陰儀列右，自下循次上升。是又以左右與升降分陰陽也。先天變為後天，河圖一、二、三、四之生數屬陰，靜而不變。六、七、八、九之成數屬陽，則動而變之，是陰者靜，陽者動，而又以動靜分陰分陽。先天變為後天，先天以天地萬物之體象分陰陽，後天以入用分陰陽，是陰陽有體用之不同。

陰陽在風水地理占樞紐之機，孤陰不生，獨陽不長。由陰陽所衍生的龍虎觀，在形家論法中有重要地位。河圖五方之數，若以水火木金土十干配之，陽得奇數，陰得偶數，則一生一成，一奇一偶，陰陽互相配合。故陰陽之道，以奇偶為體，以生成為用，以升降、進退、動靜等，為變化也。

五行者，水、火、木、金、土之流行，由「行」可知，五行是變化多端，恰合《易傳・繫辭》所述「窮則變，變則通，通則久」的涵義。其源可追溯至《尚書》洪範篇云：「箕子乃言曰：

我聞在昔，鯀陻洪水，汨陳其五行。帝乃震怒，不畀洪範九疇，彝倫攸斁。鯀則殛死，禹乃嗣興，天乃錫禹洪範九疇，彝倫攸敘。初一曰五行，次二曰敬用五事，次三曰農用八政……」。《尚書》又云：

> **五行：一曰水，二曰火，三曰木，四曰金，五曰土。水曰潤下，火曰炎上，木曰曲直，金曰從革，土爰稼穡。潤下作鹹，炎上作苦，曲直作酸，從格坐辛稼穡作甘。**

五行有很多種類，例如：

1、方位五行：東方屬木，南方屬火，西方屬金，北方屬水，中央屬土。

2、天干五行：甲乙屬木，丙丁屬火，戊己屬土，庚辛屬金，壬癸屬水。

3、地支五行：寅卯屬木，辰屬濕土。巳午屬火，未屬燥土。申酉屬金，戌屬燥土。亥子屬水，丑屬濕土。

4、六親五行：指老婦、少女代表金。長男、長女代表木。中男代表水。中女代表火。老母、少男代表土。

5、五臟五行：肺、大腸、首、呼吸系統等屬金。肝、膽、神經、股肱、手足等屬木。腎臟、膀胱、耳、血液、生殖系統等屬水。心、小腸、眼、血液循環等屬火。脾、胃、腹部消化器官等屬土。

6、三合五行：申子辰三合水。亥卯未三合木。寅午戌三合火。巳酉丑三合金。辰戌丑未屬土。

7、三會五行：亥子丑三會水。寅卯辰三會木。巳午未三會火。申酉戌三會金。

8、雙山五行：指兩字同宮合干支，以納音五行為標準。如艮丙辛合寅午戌為火，巽庚癸合巳酉丑為金，坤壬乙合申子辰為水，乾甲丁合辛亥壬為木，都是兩字合為一宮，故稱雙山五行。

9、八卦五行：指乾屬金，兌屬金，離屬火，震屬木，巽屬木，坎屬水，艮屬土，坤屬土。

10、顏色五行：青為木，紅為火，白為金，黑為水，黃為土。

11、道德五行：仁為木，禮為火，義為金，智為水，信為土。

五行的次序，有相生的順序，如木生火，火生土，土生金，金生水。有相剋之順序，水剋火，火剋金，金剋木，木剋土。以地支六合而言，由下往上，水土生木，木生火，火生土金，金生水，日月火高掛天上。五行以土最混濁，木次之，火在清潤之間，金次清，水最清，五行各有剋合，其中水火無形，故巒頭水火之地較不結穴。五星既以清濁為位置，濁者在上，清者在下，濁者在外，清者在內，與地之輕清上浮，重濁下凝者，相反而相對。

五行方位與河圖相合。經云：「行前朱鳥，而後玄武，左青龍，而右白虎」。疏：「朱鳥、玄武、青龍、白虎，四方宿名也。」於河圖五方之中，北方一、六皆為水(壬癸亥子)，南方二、七皆為火(丙丁巳午)，東方三、八皆為木(甲乙寅卯)，西方四、九皆為金(庚辛申酉)，中央五、十皆為土(戊己辰戌丑位)者。

認識五行能幫助判斷周圍巒頭，如下表：

五行	物體/事物	形狀	顏色
木	樹木、竹子、木橋、旗竿、茅草屋、木柵欄、木門	長形、直而高聳、長直而上尖帶圓	青色、黃綠色、草綠色、葉綠色、青綠色。
火	尖塔、墳堆、加油站、打鐵舖、電器行	尖形、三角形	紅色、紫色
土	街道、牆垣、堤壩	方形、長方形、正方形、正方體、長方體	黃色、棕色、褐色
金	環形橋、修理店、五金行	圓形、半圓形、橢圓形	白色、金黃色
水	水田、溪流、河流、池塘、江、湖、澤、井	曲形、波浪形	深色、深藍色

五、天干、地支與納音五行

天干序數：(公元年數減 3)再除以 10，餘數就是天干序數，餘 1 是甲，餘 2 是乙，依此類推。地支序數：(公元年數減 3)再除以 12，餘數就是地支序數，餘 1 是子，餘 2 是丑，依此類推。

（一）、十天干與十二地支

天干有十，依據木生火，火生土，土生金，金生水，水生木之順序：甲、乙、丙、丁、戊、己、庚、辛、壬、癸。
其中甲、丙、戊、庚、壬屬陽，稱陽干。
其中乙、丁、己、辛、癸屬陰，稱陰干。

在《河圖》空間概念中：
甲、乙東方屬木。丙、丁南方屬火。戊、己中央屬土。
庚、辛西方屬金。壬、癸北方屬水。
十二地支依照順序為子、丑、寅、卯、辰、巳、午、未、申、酉、戌、亥。
陽地支：子、寅、辰、午、申、戌
陰地支：丑、卯、巳、未、酉、亥

十二地支圖

甲乙寅卯東方木。
丙丁巳午南方火。
庚辛申酉西方金。
壬癸亥子北方水。
戊己辰戌丑未土。

巳	午	未	申
辰			酉
卯			戌
寅	丑	子	亥

（二）、生剋關係

甲乙木生丙丁火。丙丁火生戊己土。戊己土生庚辛金。庚辛金生壬癸水。壬癸水生甲乙木。（如下圖）

五行相生圖

五行相剋：水剋火，火剋金，金剋木，木剋土，土剋水。
甲乙木剋戊己土。丙丁火剋庚辛金。戊己土剋壬癸水。
庚辛金剋甲乙木。壬癸水剋丙丁火。（如下圖）

五行相剋圖

五行的次序諸多，例如五行相生的順序：以東方甲木為先，依據〈說卦傳〉：「帝出乎震，齊乎巽，相見乎離，致役乎坤，說言乎兌，戰乎乾，勞乎坎，成言乎艮。」帝出乎震，為歲序之始，依序春夏秋冬，順五行相生之序，如木生火，火生土，土生金，

金生水，水生木是也，故其序為甲乙、丙丁、戊己、庚辛、壬癸。又以生出之順序，則以一水為先，火、木、金、土繼之，就是河圖生成的順序。十干所分之五行，以流行為序，甲乙為木，丙丁為火，戊己為土，庚辛為金，壬癸為水。

十干分陰陽，甲、丙、戊、庚、壬為陽，乙、丁、己、辛、癸為陰。以數字相配，甲為三，丙為七，戊為五，庚為九，壬為一。乙為八，丁為二，己為十，辛為四，癸為六，此數含於左方五行之中。而十干之次，順五行相生之序，則一甲、二乙、三丙、四丁、五戊、六己、七庚、八辛、九壬、十癸。

（三）、天干五合

指依據十天干順序，陰陽相合，依據河圖原理，一（甲）六（己）、二（乙）七（庚）、三（丙）八（辛）、四（丁）九（壬）、五（戊）十（癸）等原理，天干相隔五位可以合化。所以，甲己合化土。乙庚合化金。丙辛合化水。丁壬合化木。戊癸合化火。

甲與己合化土，乙與庚合化金，丙與辛合化水，丁與壬合化木，戊與癸合化火。此十干化合之理，說者認為各以本干起子，從辰而化。甲己起甲子，順數至辰，得戊辰，戊為土，故甲己化土。乙庚起丙子，順數至辰，得庚辰，庚為金，故乙庚化金。丙辛起戊子，順數至辰，得壬辰，壬為水，故丙辛化水。丁壬起庚子，順數至辰，得甲辰，甲為木，故丁壬化木。戊癸起壬子，順數至辰，得丙辰，丙為火，故戊癸化火。其所以從辰之天干而化者，因辰屬龍，龍能善變，所以「逢龍則化」，此說為理由之一。

（四）、河圖變體而來之理數

十干以流行之序，配河圖變體之數，則甲一、乙二、丙三、丁四、戊五、己六、庚七、辛八、壬九、癸十。於是甲一己六居中宮，得中央五十合成之數，減十得五，五為土，所以甲己化土。戊五癸十居北，得北方一與六合成之七數，七為火，所以戊癸化火。丙三辛七在東，得東方三八合成之十一數，減十得一，一為水，所以丙辛化水。丁四壬九居西，得西方四九合成十三之數，減十為三，三為木，所乙丁壬化木。乙二庚七在南，得南方二七合成之九數，九是金，所以乙庚化金。這種說法也很高妙。

（五）、羅盤天干與地支的沖剋

所謂相沖指方位相對，陽對陽，陰對陰。例如東方甲木冲西方庚金，東方乙木冲西方辛金，北方壬水冲南方丙火，北方癸水冲南方丁火等。所謂相剋指南方丙火剋西方庚金，南方丁火剋西方辛金等，均為陰陽五行相剋所致，羅盤之坐向是相剋的。甲山庚向。乙山辛向。丙山壬向。丁山癸向。庚山甲向。辛山乙向。壬山丙向。癸山丁向。羅盤沒有戊己山，因為河圖戊、己在中央，沒方位。

這種冲剋包含後天八卦與四正卦包含的地支：坎宮子水與離宮午火沖剋。震宮乙木與兌宮酉金沖剋。其次四隅卦包含的宮位：艮宮屬土與坤宮屬土對沖。乾宮屬金與巽宮屬木對沖。

地支三合：亥卯未三合木。寅午戌三合火。巳酉丑三合金。申子辰三合水。地支六沖：子午沖，卯酉沖，寅申沖，巳亥沖，辰戌沖，丑未沖。

申（長生）子（帝旺）辰（墓庫）三合水
寅（長生）午（帝旺）戌（墓庫）三合火
巳（長生）酉（帝旺）丑（墓庫）三合金
亥（長生）卯（帝旺）未（墓庫）三合木
辰戌丑未合會土。生旺墓三合同情

地支三合圖

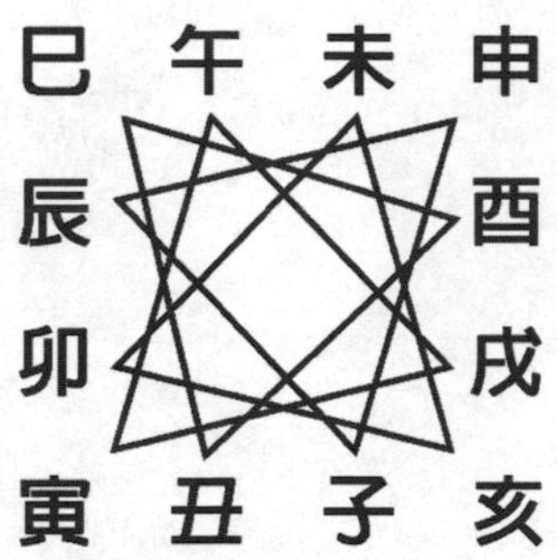

地支六沖圖

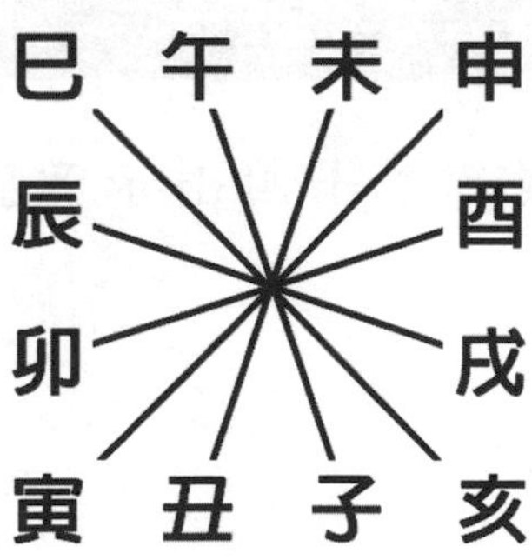

羅盤二十四山示意圖

(六)、六十甲子順序

甲子、乙丑海中金	丙寅、丁卯爐中火
戊辰、己巳大林木	庚午、辛未路旁土
壬申、癸酉劍鋒金	甲戌、乙亥山頭火
丙子、丁丑澗下水	戊寅、己卯城頭土
庚辰、辛巳白蠟金	壬午、癸未楊柳木
甲申、乙酉泉中水	丙戌、丁亥屋上土
戊子、己丑霹靂火	庚寅、辛卯松柏木
壬辰、癸巳長流水	甲午、乙未沙中金
丙申、丁酉山下火	戊戌、己亥平地木
庚子、辛丑壁上土	壬寅、癸卯金箔金
甲辰、乙巳覆燈火	丙午、丁未天河水
戊申、己酉大驛土	庚戌、辛亥釵釧金
壬子、癸丑桑拓木	甲寅、乙卯大溪水
丙辰、丁巳沙中土	戊午、己未天上火
庚申、辛酉石榴木	壬戌、癸亥大海水

五行可以相生，例如金剋木，因為金能生水，水能生木，所以喜木運的宅主住在西北乾方的房間，以布置水性物質轉化乾金剋木的情形。在時間部分，例如河圖五子運以六十甲子分成五部分，甲子年至乙亥年共十二年，屬於水運。丙子年至丁亥年共十二年，屬於火運。戊子年至己亥年共十二年屬木運。庚子年至辛亥年共十二年屬金運。壬子年至癸亥年共十二年屬土運。

六十甲子天干由甲開始，地支由子開始，可以組成六十組。六十組中分為六旬，十天干僅能配十地支，有兩個地支沒有排上，稱為空亡。所以甲子旬中空亡是戌、亥。甲戌旬中空亡是申、酉，其餘依此類推。

（七）、納音五行來歷

楊雄《太玄經》說：「子午之數九，丑未八，寅申七，卯酉六，辰戌五，巳亥四。律四十二，呂三十六。甲己之數九，乙庚八，丙辛七，丁壬六，戊癸五。聲生于日，律生于辰。」例如甲子乙丑海中金，甲 9，子 9，乙 8，丑 8，合計 34。以 49—34 等於 15，再以 15 除 5，餘 5 屬土，對照河圖五行數，一水二火三木四金五土，土為所求干支納音之母，故為金。餘仿此。

甲 9。乙 8。丙 7。丁 6。戊 5。己 9。庚 8。辛 7。壬 6。癸 5。子 9。丑 8。寅 7。卯 6。辰 5。巳 4。午 9。未 8。申 7。酉 6。戌 5。亥 4。

納音中，唯有金、木自然成音，水、火、土必須藉其他五行才能成音，水遇到土激化，故五與十雖是土之數，但算成水音。火入水沸騰而有音，故一、六是火音。土經過火鍛鍊而有聲音，故二、七是土音。金音四九。木音三八。水音五十。火音一六。土音二七。水被火借。土被水借。火被土借。

例如：

甲子乙丑海中金：甲 9，子 9，乙 8，丑 8；合計 34，餘 4，屬金。
丙寅丁卯爐中火：丙 7，寅 7，丁 6、卯 6；合計 26，餘 6，屬水，水被火借。
戊辰己巳大林木：戊 5，辰 5，己 9，巳 4，合計 23，餘 3，屬木。
丙子丁丑澗下水：丙 7，子 9，丁 6，丑 8，合計 30，餘 0，屬土，土被水借。

戊寅己卯城頭土：戊 5，寅 7，己 9，卯 6，合計 27，餘 7，屬火，火被土借。

丙申丁酉山下火：丙 7，申 7，丁 6，酉 6，合計 26，餘 6，屬水，水被火借。

庚子辛丑壁上土：庚 8，子 9，辛 7，丑 8，合計 32，餘 2，屬火，火被土借。

壬戌癸亥大海水：壬 6，戌 5，癸 5，亥 4，合計 20，餘 0，屬土，土被水借。

六、先天八卦與後天八卦

相傳先天八卦是伏羲氏所設立，《繫辭下傳》：「古者伏羲氏之王天下也，仰則觀象于天，俯則觀法于地，觀鳥獸之文，與地之宜，近取諸身，遠取諸物，于是始作八卦，以通神明之德，以類萬物之情。」而後天八卦則相傳是周文王所作，是以春耕、夏耘、秋收、冬藏的四季作息為思想核心。

（一）、先天八卦

《說卦傳》說：「天地定位，山澤通氣，雷風相薄，水火不相射；八卦相錯，數往者順，知來者逆，是故易逆數也。」乾為天，坤為地，天地對上下；坎為水離為火，水火東西對立。震為雷，巽為風，雷風相對於東北與西南，雷風互助其勢。艮為山，兌為澤，山澤相對於西北東南，山下成澤，澤潤艮山，山澤互成其德。先天八卦與洛書數結合：乾為父為九，坤為母為一，九一相對合為十。震為長男為八，巽為長女為二，八二相對合為十。坎為中男為七，離為中女為三，七三相對合為十。艮為少男為六，兌為少女為四，六四相對合為十。以天地自然之象，倫理親情，數字合十為相配。

先天八卦次序圖

八	七	六	五	四	三	二	一
坤	艮	坎	巽	震	離	兌	乾
陰	太	陽	少	陰	少	陽	太
	陰				陽		

先天八卦方位圖

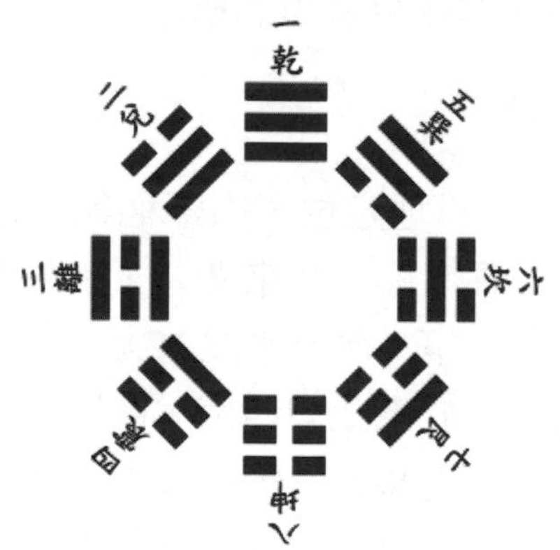

(二)、後天八卦

《說卦傳》記載:「帝出乎震,齊乎巽,相見乎離,致役乎坤,說言乎兌,戰乎乾,勞乎坎,成言乎艮。」洛書「戴九」在南方,南方離卦。「履一」在北,北方坎卦。「左三右七」左在東方為震卦,右在西方為兌卦。「二四為肩」坤卦在西南,巽卦在東南。「六八為足」,西北方為坤卦,東北方為艮卦。後天八卦以水火為流體,以專精為用,所以各取南北坎、離二卦為用。而木、金、土則是有形質存在,所以分為二。木居東與東南,金居西與西北,與河圖意義相符。艮土居東北,以北方水若無土承載,則不生東方木。坤土居西南,以西南土化南方火生西方金。

八宮卦中,乾宮屬金洛書 6,坎宮屬水洛書 1,艮宮屬土洛書 8,震宮屬木洛書 3,巽宮屬木洛書 4,離宮屬火洛書 9,坤宮屬土洛書 2,兌宮屬金洛書 7。

後天八卦次序圖

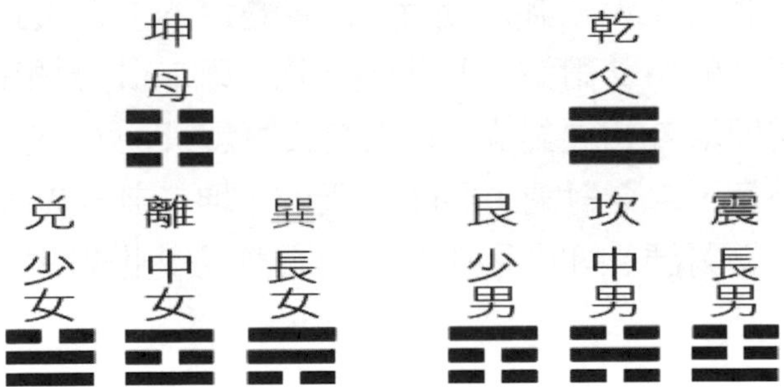

後天八卦方位圖與洛書數

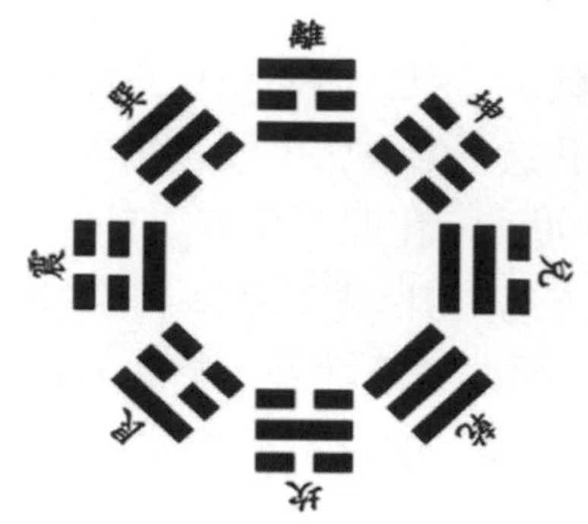

巽四	離九	坤二
震三	五	兌七
艮八	坎一	乾 6

後天八卦由先天八卦演變而來。演變如下：先天圖中將先天乾的中爻與坤的中爻對調，形成後天坎、離二卦分據南北。將先天離卦三爻與坎卦初爻對調，形成後天東震、西兌。先天巽卦二、三卦與艮卦初、二爻對調，形成後天乾、坤二卦。先天的兌卦初爻與震卦三爻對調，同時兌卦三爻與震卦初爻也對調，形成後天的巽、艮二卦。

七、河圖與洛書

《周易‧繫辭傳》云：「河出圖，洛出書，聖人則之」。《論語‧子罕》：「子曰：鳳鳥不至，河不出圖，吾已矣夫」。唐孔安國，孔子十二世孫，其注《論語》及《尚書‧洪範》云：「河圖者，伏羲氏王天下，龍馬出河，遂則其文，以畫八卦。洛書者，禹治水時，神龜負文而列於背，有數至九，禹遂因而第之，以成九類」。上古神話了河圖的神秘，但河圖中隱諭了易學陰陽、五行與八卦等思想。

一（白點）六（黑點）為水，居北；二七為火，居南；三八為木，居東；四九為金，居西；五十為土，居中。每一個方位都由一陰一陽構成，而且相差數為五。北方水生東方木，東方木生南方火，南方火生中央土，中央土生西方金，西方金生北方水，此五行相生之順序。換言之，河圖中數字的關係在《周易‧繫辭傳》又解釋云：「天一、地二、天三、地四、天五、地六、天七、地八、天九、地十，天數五，地數五，五位相得而各有合，天數二十有五，地數三十，凡天地之數五十有五，此所以成變化而行鬼神也」。即圖中的東、西、南、北、中，黑點與白點相差數目為五，奇數偶數各一對，上下左右對稱。

乾隆李光地《周易折中》附論曰：「圖書為天地之文章，立卦生蓍，為聖神之制作，萬理於是乎根本，萬法於是乎權輿，斷非人力私智之所能參。而世之紛紛撰擬，屑屑疑辨者，皆可以熄」。清人注重漢易，於象數學有精湛成果，認為天地之文章出自於河圖與洛書是無須爭論的。河圖從一至十，分為五十五點，而一六在北，二七在南，三八在東，四九居西，五十居中。以奇數代陽，偶數代陰，則有陰陽之別。而四方及中央，每方所配之數，皆為一陽一陰，因為陰陽配合，一陰一陽成道，於是事物乃產生無窮之變化。

所謂天數、地數，即陽數、陰數，天數五，係指一、三、五、七、九之陽數而言。地數五，係指二、四、六、八、十之陰數而言。天數二十有五，乃一、三、五、七、九之陽數之和。地數三十，乃二、四、六、八、十陰數之和。凡天地之數五十有五者，係指陰陽兩數之總和也。五位相得而各有合者，係指河圖方位而言也。蓋一、六為水，共居於北，水旺於冬季。二、七為火，同居於南，火旺於夏季。三、八為木，共居於東，木旺於春。四、九為金，同居於西，金旺於秋。五、十為土，春夏秋冬各有所據，相守於中央。

（一）、河圖與先天八卦

關於河圖的起源，有說伏羲時，在黃河邊上發現龍龜之類的神物，背上刻有紅黑斑點的圖示，這些斑點整合起來，就成為現在的河圖。年代久遠無法考證，反正河圖精神就是先賢仰觀天文，俯察地理的結晶。

先天八卦出自於河圖啟示。《易傳•繫辭》云：「天尊地卑，乾坤定矣」。《易傳•說卦》亦云：「天地定位，山澤通氣，雷風相薄，水火不相射」。(圖參閱前節)河圖以奇數為陽，偶數為陰，陰陽相配，相生相成。先天為體，因此基本上以不會變動的卦數、筆畫數、樓層數、五行生剋制化以先天八卦來適用。

河圖以坐北向南解釋：

1、本身數字相減俱為五，而五、十立於中央。

2、東南方數字相加為二十，西北方數字相加也是二十。白點一、三、七、九相加為二十。黑點二、四、六、八相加也為二十。

3、一六共宗北方水，二七同道南方火，三八為朋東方木，四九為友西方金。每一個方位都是一個奇數配一個偶數，陰陽相配，生生不息。「一陰一陽之謂道」,《易經·繫辭》,宇宙間一切事物由此而起。

由以上河圖原理，可引申為五術理論基礎。例如公寓大厦一樓、六樓五行屬水，尾數一或六的樓層五行也是屬於水，在甲子乙亥年間，得水運相助為旺。二樓、七樓屬火，尾數二或七樓的樓層也是屬於火，在丙子丁亥年間，得火運相助為旺。三樓、八樓屬木，在戊子己亥年間，得木運相助為旺。四樓、九樓屬金，在庚子辛亥年間，得金運相助為旺。五樓、十樓屬土，在壬子癸亥年間，得土運相助為旺。

「河圖五行」的起始概念，可以想像為春木、夏火、秋金、冬水，土在中央分佈於四方。所以搭配地支是東方甲乙寅卯木，南方丙丁巳午火，西方庚辛申酉金，北方壬癸亥子水，中央戊己辰戌丑未土。東方木屬仁。南方火主禮。西方金屬義。北方水主智。孟子說仁義禮智信，人無信不立，立於四方辰戌丑未月，各旺十八天。

《說卦傳》曰：天地定位，山澤通氣，雷風相薄，水火不相射，八卦相錯。邵子曰：乾南、坤北、離東、坎西，兌居東南、震居東北、巽居西南、艮居西北，所謂先天之學也。先天八卦與洛書相合，九一相對於南北，九為乾天，一為坤地，故乾坤天地，相對於南北上下。四六相對於東南、西北，六為艮山，四為兌澤，故艮兌山澤，相對於東南、西北。八二相對於東北、西南。八為震雷，二為巽風，故震巽雷風，相對於東北、西南。三為離火，七為坎水，故離火坎水，相對於東西左右。總之，河圖之數起於一，終於十，將五行與數字包括在其中，以代表宇宙縮影盡在其中。

河圖

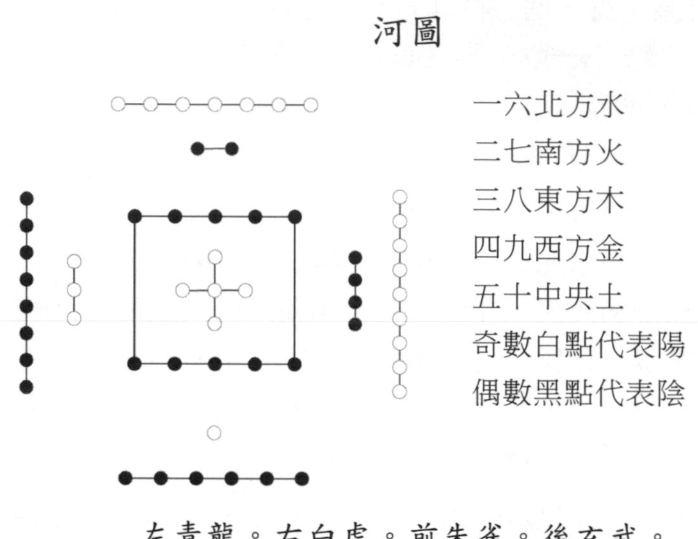

左青龍。右白虎。前朱雀。後玄武。

河圖是時間與空間的概念圖示，五行依序流轉，春季木最旺，夏季火最盛，秋季金肅殺，冬季水最冷，而土在中央，分布於四季，每個五行都是分配七十二天。但因為土的性質，所以不是隨著四季輪轉，而是將七十二天分成四等分，分別附在每季最後十八天。《曆例》說：「立春木，立夏火，立秋金，立冬水，各旺七十二日，土於四立之前各旺一十八日，合之亦為七十二日，總三百有六十而歲成矣。」艮居於冬春之交，以土得水而後能生木，坤居夏秋之交，以火化為土而後成金。

1、青龍六親與人事涵義：父親、長輩、老闆、主人、長子、主管、領導、兄姊、凡在我之上或管束我者。空間與時間的涵義：天、高、尊、長、新、遠、突出、左邊、前期、初期、本地、桃花。形象與行事的特性：君子、理性、邏輯、理想、企圖心、合作、敦厚、包容、篤敬、常態、圓融、文筆、執行力、統合力、正路功名。應驗在一、四、七房兒子女兒媳婦等。龍邊帶路或水，男人順水路而出，故龍邊(強龍)興旺於外地。龍邊空而無後靠，父死長子發。

2、白虎與青龍相對反，六親與人事涵義：老母、內人、晚輩、員工、部屬、小人、客人。空間與時間的涵義：地面、接近、凹入、狹窄、短、後、下、舊、低、卑、晚期、未來、外地。形象與行事的特性：暗色、醜陋、敗亡、失落、分攤、感性、衝動、不重邏輯，動態、技術、異路、外地，獨資獨攬等。虎有固定覓食路線，所以靠外地客發在地頭。應驗在三、六、九房兒子女兒媳婦等。虎邊空無後靠，母死發艮男，形煞僅論一代。

（二）、洛書與後天八卦

洛書是「紫白飛星」的理論依據。《尚書‧洪範》說：「洛書者，禹治水時，神龜負文而列於背，有數至九，禹遂因而第之，以成九類。」坎一，坤二，震三，巽四，中五，乾六，兌七，艮八，離九。戴九履一，左三右七，二四為肩，六八為足，五在其中。一、三、五、七、九這五個奇數，都在四正與中央。二、四、六、八的四個偶數，都在四隅位。上下、左右、斜交加總均為數目一十五。數是方位，數就是卦，以先天八卦的卦數而言與洛書相符。逆剋，以坤、艮一六水剋巽、坎二七火，以巽、坎二七火剋兌、乾四九金，以兌、乾四九金剋離、震三八木。

《山水發微》解釋先後天之區別：後天八卦乃成卦以後，視其爻畫如何？而定陰陽也。後天凡三畫純陰(坤)或一陰(巽、離、兌)者，皆為陰卦。三畫純陽(乾)，或一陽(震、坎、艮)者，皆為陽卦。例如：離之為火，火必附於木而明，而離一陰附於兩陽之中所以材薪盡而火滅，故屬陰。坎之為水，因一陽在中，陽即是熱，熱即是火，熱氣受上下冷氣之包圍，所以鬱而成雨，用之以滋潤萬物，故屬陽。且陰陽之性，陰遇陽則必附之於陽，陽遇陰則陽必入而散之。然則先天離、兌，何以屬陽？蓋兌為澤，澤為積濕之所，為陽氣所驅使，故屬陽。離為火，而火炎熱光明，其象故屬陽。坎之為陰，其象幽暗寒肅，所以為陰。此皆先天陰陽之體象，實與後天互為因果。

至於方位之變，亦屬陰陽互根。如先天之乾，乃天體之正象，變為後天，火歸於南方，是南方火盛之所，蓋天亦是火也。先天之坤，為後天之坎，乃水土同根之理，土本由水受高熱而凝成者，所以先後天之方位仍互為根源。因是先天為宇宙萬物之體象，後天為宇宙萬物之入用。後天以東方震卦為始，以歲時配之，為春之初，故《易》謂：「帝出乎震，齊乎巽，相見乎離，致役乎坤，說言乎兌，戰乎乾，勞乎坎，成言乎艮。」於是東方震巽之木，以生南方之火。南方之離火，以生西南之坤土。西南之坤土，以生西方兌乾之金。西方兌乾之金，以生北方之坎水。而水之生木，必賴濕土以生之，所以藉東北之艮土，以生震巽之木，而木又可剋土，土可剋水，相生所以為剋，相剋所以為生，於是生生不已，而成造化之妙矣。

洛書五行：一、六水剋二、七火，二、七火剋四、九金，四、九金剋三八木，三、八木剋五中土，五中土剋一、六水。此五行相剋之順序。其中東南、西南、東北、西北，因為並非立於四正（東西南北）方位，所以稱為四維卦或四隅卦。洛書記憶之法：「戴九履一，左三右七，二四為肩，六八為足，五居中央」。洛書數由北向南觀察；正南方九個白點，陽數用白點表示，在圖上頂端以「戴」帽子形容。「履」一，指圖示下部數字為一，中間左邊為三，右邊為七，俱為陽數以白點表示。東南方為四，西南方為二，像是肩膀的位置，俱為陰數以黑點表示。六、八為足者，西北方為六，東北方為八，分列左右下方，如人足部開立。

戴九履一　左三右七　二四為肩　六八為足。陽數一、三、九、七居四正相加得十。陰數二、四、六、八居四隅位相加得十，中間為五，四正四隅相加均為十五，處於均衡的狀態。當大運、流年、坐山等飛星依序進入中宮後產生各種吉凶。「合十」在地理風水是一個很重要的觀念，當討論理氣有矛盾時，經常以「合十」作為優先選項。下圖洛書的數字也是紫白飛星的飛行順序，讀者務必熟悉。

洛書

4	9	2
3	5	7
8	1	6

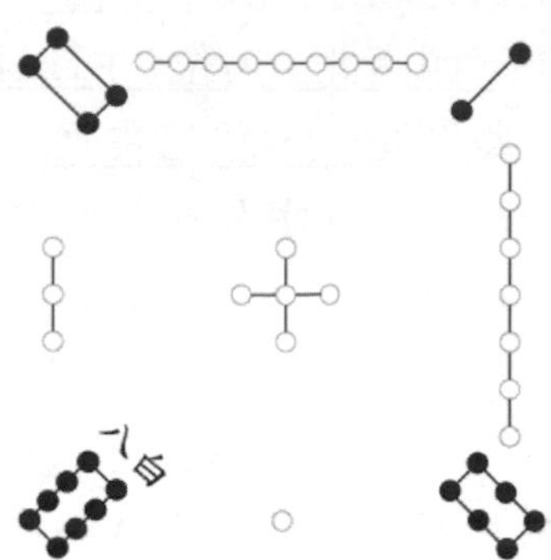

(三)、洛書與紫白飛星

以洛書為理論基礎的紫白飛星是陽宅理氣的最大功用。依據洛書的飛星路線，八個宮位都有自己的生、旺、死、退、殺方。例如坐北向南的坎宅，以一白坎水飛入中宮，二黑坤土飛到乾宮，以中宮為「我」，與各宮作出五行性比較：

1、飛到乾宮的二黑坤土剋中宮一白坎水，剋我為「煞」(殺)方。
2、飛到兌宮的三碧震木受中宮一白坎水所生，我生為退(洩)氣。
3、飛到艮宮的四綠巽木受到中宮一白坎水所生，為退氣。
4、飛到離宮的是五黃星，又稱關煞方，五黃星固定在向方。
5、飛到坎宮的是六白乾金，生中宮的一白坎水，生我是生氣。
6、飛到坤宮的是七赤兌金，生中宮的一白坎水，生我是生氣。
7、飛到震宮的是八白艮土，剋中宮一白坎水，剋我為煞(殺)方。
8、飛到巽宮的是九紫離火，被中宮的坎水所剋，我剋為死方。

再試著以辛丑年六白乾金入中宮起飛星:乾宮飛進七赤與中宮乾金比和稱「旺」方。兌宮飛進艮土，土生金稱「生」方。艮宮飛進離火，火剋金稱「煞」方。坎水飛進離宮，金生水稱「退」氣方。二黑坤土飛進坎宮，土生金稱「生」氣方。三碧木飛到坤宮，金剋木稱「死」(財)氣方。四綠巽木飛到震宮，金剋木稱「死」(財)氣方。五黃星飛到向方，土生金雖可稱「生」氣，然而五黃星所在位置固定在向方，不可當生氣的作用看。

八、五虎遁月與五鼠遁日

(一)、五虎遁月

甲己起丙寅。乙庚起戊寅。丙辛起庚寅。丁壬起壬寅。戊癸起甲寅。
甲年、己年，正月為丙寅，二月為丁卯，三月為戊辰，其餘順此序。
乙年、庚年，正月為戊寅，二月為己卯，三月為庚辰，其餘順此序。
丙年、辛年，正月為庚寅，二月為辛卯，三月為壬辰，其餘順此序。
丁年、壬年，正月為壬寅，二月為癸卯，三月為甲辰，其餘順此序。
戊年、癸年，正月為甲寅，二月為乙卯，三月為丙辰，其餘順此序。

(二)、五鼠遁日

甲己起甲子。乙庚起丙子。丙辛起戊子。丁壬起庚子。戊癸起壬子。
甲日、己日，子為甲子時，丑為乙丑時，寅為丙寅時，其餘順此序。
乙日、庚日，子為丙子時，丑為丁丑時，寅為戊寅時。
丙日、辛日，子為戊子時，丑為己丑時，寅為庚寅時。
丁日、壬日，子為庚子時，丑為辛丑時，寅為壬寅時。
戊日、癸日，子為壬子時，丑為癸丑時，寅為甲寅時。

九、月建節氣與時辰生肖

（一）、月建節氣

正月立春雨水節，二月驚蟄及春分，三月清明並穀雨。
四月立夏小滿方，五月芒種並夏至，六月小暑大暑當。
七月立秋還處暑，八月白露秋分忙，九月寒露並霜降。
十月立冬小雪漲，子月大雪並冬至，臘月小寒大寒昌。

《剋擇講義》記載：「正月為寅月，立春為正月，如未立春，雖正月亦仍作去年十二月論。……立春、驚蟄、清明、立夏、芒種、小暑、立秋、白露、寒露、立冬、大雪、小寒，為節。雨水、春分、穀雨、小滿、夏至、大暑、處暑、秋分、霜降、小雪、冬至、大寒、為氣。」月份，論節不論氣。

月數	一	二	三	四	五	六	七	八	九	十	十一	十二
月支	寅	卯	辰	巳	午	未	申	酉	戌	亥	子	丑

端 花 桐 梅 蒲 荔 瓜 桂 菊 陽 葭 臘

立春、雨水（寅）　驚蟄、春分（卯）　清明、穀雨（辰）
立夏、小滿（巳）　芒種、夏至（午）　小暑、大暑（未）
立秋、處暑（申）　白露、秋分（酉）　寒露、霜降（戌）
立冬、小雪（亥）　大雪、冬至（子）　小寒、大寒（丑）

時點	23-1	1-3	3-5	5-7	7-9	9-11	11-13	13-15	15-17	17-19	19-21	21-23
時辰	子	丑	寅	卯	辰	巳	午	未	申	酉	戌	亥

按《三統歷》:「正月節立春，雨水中。二月節驚蟄，春分中。三月節穀雨，清明中。四月節立夏，小滿中。五月節芒種，夏至中。六月節小暑，大暑中。七月節立秋，處暑中。八月節白露，秋分中。九月節寒露，霜降中。十月節立冬，小雪中。十一月節大雪，冬至中。十二月節小寒，大寒中。」

謂之雨水者，言雪散為雨水也。謂之驚蟄者，蟄蟲驚而走出。謂之穀雨者，言雨以生百穀。謂之清明者，謂物生清淨明潔。謂之小滿者，言物長於此，小得盈滿。謂之芒種者，言有芒之穀，可稼種。謂之小暑大暑者，就極熱之中，分為大小，月初為小，月半為大。謂之處暑者，謂暑既將退伏而潛處。謂之白露者，陰氣漸重，露濃色白。謂之寒露者，言露氣寒，將欲凝結。謂之小雪大雪者，以霜雨凝結而雪，十月猶小，十一月轉大。謂之小寒大寒者，十二月極寒之時，相對為大小，月初寒為小，月半寒為大。凡二十四氣，氣有十五日有餘；每氣中半分之，為四十八氣，氣有七日半有餘。

立春：春天立刻就到了。

雨水：冰雪開始融化，水氣增加。

驚蟄：春雷驚醒蟄伏的小生物。

春分：春天過一半了。

清明：植物生長茂盛，氣候清朗明麗。

穀雨：春耕後稻苗渴望春水滋潤。
立夏：夏天開始到了。
小滿：稻穀開始結穗。
芒種：稻子抽穗結種，稻芒出現。
夏至：太陽直射北回歸線，白天最長之日。
小暑：比不上大暑炎熱。
大暑：一年中最熱的時候。
立秋：秋天立刻就到了。
處暑：秋老虎還是很炎熱。
白露：夜晚凝結出露水。
秋分：日夜等長，秋高氣爽。
寒露：北方氣團蘊釀，秋意漸涼。
霜降：地面開始結霜。
立冬：進入冬天的氣候。
小雪：冬天逐漸下雪。
大雪：北風呼嘯，大雪紛飛。
冬至：太陽直射南回歸線，白天最短一天。
小寒：輻射效應，天氣依然寒冷。
大寒：最寒冷的時節。

（二）、十二生肖

子肖鼠，丑肖牛，寅肖虎，卯肖兔，辰肖龍，巳肖蛇，午肖馬，未肖羊，申肖猴，酉肖雞，戌肖狗，亥肖豬。

十二生肖帶有五行，所以經由五行性可以討論陽宅。依據河圖理論發揮：樓宇層數一六屬水，二七屬火，三八屬木，四九屬金，五十屬火，超過十樓還是以個位數為準。例如生肖屬豬的人五行屬水，居住在一樓或六樓，十一樓或十六樓，可以得到水神幫助命主，居住在四樓與九樓可以得到金神幫助命主，因為水來旺水，即樓層數五行來助旺命主生肖五行。其餘仿此。八字日主強旺可以不畏剋洩，例如甲命可居住在五樓與十樓剋則得財。

十二生旺庫與地支關係表

天干	長生	沐浴	冠帶	臨官	帝旺	衰	病	死	墓庫	絕	胎	養
甲	亥	子	丑	寅	卯	辰	巳	午	未	申	酉	戌
乙	午	巳	辰	卯	寅	丑	子	亥	戌	酉	申	未
丙	寅	卯	辰	巳	午	未	申	酉	戌	亥	子	丑
丁	酉	申	未	午	巳	辰	卯	寅	丑	子	亥	戌
戊	寅	卯	辰	巳	午	未	申	酉	戌	亥	子	丑
己	酉	申	未	午	巳	辰	卯	寅	丑	子	亥	戌
庚	巳	午	未	申	酉	戌	亥	子	丑	寅	卯	辰
辛	子	亥	戌	酉	申	未	午	巳	辰	卯	寅	丑
壬	申	酉	戌	亥	子	丑	寅	卯	辰	巳	午	未
癸	卯	寅	丑	子	亥	戌	酉	申	未	午	巳	辰
備註	丙、戊火土共長生在寅。 丁、己火土共長生在酉。											

十、太極圖、八卦與六十四卦基本認識

朱熹《周易本義》:「乾三連，坤六斷，震仰盂，艮覆碗，離中虛，坎中滿，兌上缺，巽下斷。」口訣略帶押韻，目的是供讀

者發揮形象記憶。乾為健，坤為順，震為動，巽為入，坎為陷，離為附，艮為止，兌為悅。

(一)、太極生成圖

《繫辭傳》記載：「太極生兩儀，兩儀生四象，四象生八卦，八卦定吉凶，吉凶生大業。」八卦重疊成六十四卦，俱皆包含空間與時間之蘊含。兩儀就是陰爻與陽爻。陰爻與陽爻重疊，生老陽、少陽、老陰、少陰。由老陽生出乾、兌、離、震、巽、坎、艮、坤等八卦。《說卦傳》記載：「雷以動之，風以散之，雨以潤之，日以烜之，艮以止之，兌以說之，乾以君之，坤以藏之。」《說卦傳》記載：「乾，天也，故稱乎父。坤，地也，故稱乎母。震，一索而得男，故謂之長男。巽，一索而得女，故謂之長女。坎，再索而得男，故謂之中男。離，再索而得女，故謂之中女。艮，三索而得男，故謂之少男。兌，三索而得女，故謂之少女。」

太極至八卦生成圖

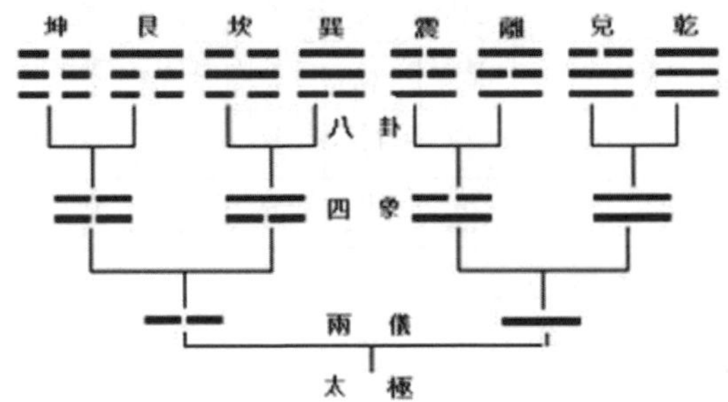

(二)、八卦涵義

《繫辭》云：「是故易有太極，是生兩儀。兩儀生四象，四象生八卦，八卦定吉凶，吉凶生大業。」邵子曰：「乾一、兌二、離三、震四、巽五、坎六、艮七、坤八。乾、兌、離、震為陽，巽、坎、艮、坤為陰。乾、兌為太陽，離、震為少陰；巽、坎為少陽，艮、坤為太陰。」

卦名	乾	兌	離	震	巽	坎	艮	坤
卦畫	☰	☱	☲	☳	☴	☵	☶	☷
卦義	天	澤	火	雷	風	水	山	地
卦象	乾三連	兌上缺	離中虛	震仰盂	巽下斷	坎中滿	艮覆碗	坤六段
五行	金	金	火	木	木	水	土	土
六親	老父	少女	中女	長男	長女	中男	少男	老母
裝卦起點	子	巳	卯	子	丑	寅	辰	未

（三）、〈說卦傳〉涵義

說到卦象以《易傳》中的〈說卦傳〉相當具代表性。「八卦」代表天（乾）、地（坤）、雷（震）、風（巽）、水（坎）、火（離）、山（艮）、澤（兌）八種基本物質現象，在風水中可以隱喻吉凶現象。〈繫辭傳〉說：「聖人設卦觀象」，在〈說卦傳〉中依序說明了八卦形象：

> 雷以動之，風以散之，雨以潤之，日以烜之，
> 艮以止之，兌以說之，乾以君之，坤以藏之。

按：震為雷，活動力、威嚴、震撼等，鼓動萬物。巽為風，風鼓動流通萬物，傳輸訊息。坎雨建子，滋潤萬物，涵育萌芽。離火建午，日正當中，乾燥萬物。艮山建丑，消息畢止，靜定萬物。兌為澤，愉悅萬物，萬物成熟。乾金為君，主宰萬物。坤為地，以窖藏萬物。

> 帝出乎震，齊乎巽，相見乎離，致役乎坤，
> 說言乎兌，戰乎乾，勞乎坎，成言乎艮。

按：帝，生物之主，造物主。以春天東方為震動，比喻萬物興造之計在於春。巽為風，以風之柔順才足以誘民相從為善。離為光明，苟非光明之道，何足令萬物相見？坤為地，土地滋養萬民，有土斯有財，以土地利益驅役人民。兌為秋天，萬物即將收成，喜悅之象。乾為西北，入冬之際陰陽交戰。坎為冬至，勞其萬物有所依歸。萬物在艮有成有終，蓄勢待發。

> 萬物出乎震，震，東方也。齊乎巽，巽，東南也。齊也者，言萬物之絜齊也。離也者，明也。萬物皆相見，南方之卦也。聖人南面而聽天下，嚮明而治，蓋取諸此也。

按：萬物萌發於春天，震卦春天方位東。齊備在巽方，萬物欣欣向榮。南方離卦屬火，君民坦誠相見，自然光明與人文化成之象。帝王居北向南，傾聽庶民心聲，嚮往政治清明，以上以卦象推理。

> 坤也者，地也。萬物皆致養焉，故曰致役乎坤。兌，正秋也，萬物之所說也，故曰說言乎兌。戰乎乾，乾，西

北之卦也，言陰陽相薄也。坎者，水也，正北方之卦也，勞卦也，萬物之所歸也，故曰勞乎坎。艮，東北之卦也，萬物之所成終而所成始也，故曰成言乎艮。

按：坤為地，萬物皆依賴土地生存與供養。「致役乎坤」，人以役使土地供養萬民。「說言乎兌」，秋天是農作物收成的季節，喜悅之情溢於言表。乾卦在西北之地，十月卦乾消〈剝〉卦變成〈坤〉卦，純陽居於陰地，故「陰(坤)陽(乾)相薄」。「勞乎坎」，依河圖水旺在北方，「勞乎坎」，忙於收藏以免功虧一簣。「成言乎艮」，艮在東北方寅、丑之方位，丑為前歲之末，寅為後歲之初，則為萬物之所成終而所成始也。以上是後天八卦之解釋。

乾健也，坤順也，震動也，巽入也，坎陷也，離麗也，艮止也，兌說也。

按：乾為天，天運轉不息，健動之象。坤為地，地順成天，長養萬物，受役於人，故逆來順受。震為雷，雷聲撼動萬物，積極奮進。巽為風，風柔順，故無所不入。坎為水，水往低處流，險陷於地中。離為火，光明照耀，但須附著於物，故附麗。艮象山，山體靜止，泰山崩而面不改色。兌為湖澤，澤潤萬物，水是財，故喜悅。

乾為馬，坤為牛，震為龍，巽為雞，坎為豕，離為雉，艮為狗，兌為羊。

按：《易》遠取諸物，乾天行健，以馬日行千里比喻。坤為地，為人役使，形象取牛。震為雷，霹靂之舉，龍形千變。巽為風，柔順而能司令，如雞報曉。坎主水瀆，豕處汙濕，故為豕。

離為文明，雉有文采，故離為雉。艮為靜止，狗能善守，禁止外人，故為狗、警衛、紅燈等。兌為羊，羊是討人喜悅的動物。

> **乾為首，坤為腹，震為足，巽為股，坎為耳，離為目，艮為手，兌為口。**

按：《易》近取諸身。以乾為天，天在上，猶如人的面首。坤為腹，以大地包容萬物好肚量。震動興造，全是依靠手腳的運動奔波。巽為風為股，臀股柔順跟著足部運作。坎坐北，君王應傾聽庶民心聲，故坎為耳。離為目，以光明輔弼視野，故離為目。艮為山，山勢雄偉止於前，比喻以手勢阻止。兌為口，主言語悅人。

1、乾為天，為圜，為君，為父，為玉，為金，為寒，為冰，為大赤，為良馬，為老馬，為瘠馬，為駁馬，為木果。
2、坤為地，為母，為布，為釜，為吝嗇，為均，為子母牛，為大輿，為文，為眾，為柄，其於地也為黑。
3、震為雷，為龍，為玄黃，為旉，為大塗，為長子，為決躁，為蒼筤竹，為萑葦。其於馬也，為善鳴，為馵足，為作足，為的顙。其於稼也，為反生。其究為健，為蕃鮮。
4、巽為木，為風，為長女，為繩直，為工，為白，為長，為高，為進退，為不果，為臭。其於人也，為寡髮，為廣顙，為多白眼，為近利市三倍。其究為躁卦。
5、坎為水，為溝瀆，為隱伏，為矯輮，為弓輪。其於人也，為加憂，為心病，為耳痛，為血卦，為赤。其於馬也，為美脊，為亟心，為下首，為薄蹄，為曳。其於輿也，為多眚，為通，為月，為盜。其於木也，為堅多心。
6、離為火，為日，為電，為中女，為甲胄，為戈兵。其於人也，為大腹，為乾卦。為鱉，為蟹，為蠃，為蚌，為龜。其於木也，為科上槁。
7、艮為山，為徑路，為小石，為門闕，為果蓏，為閽寺，為指，為狗，為鼠，為黔喙之屬。其於木也，為堅多節。
8、兌為澤，為少女，為巫，為口舌，為毀折，為附決。其於地也，為剛鹵，為妾，為羊。

按：以上說明八卦意象，均不出演繹、歸納等思維。〈文言‧乾〉:「同聲相應，同氣相求。水流濕，火就燥，雲從龍，風從虎，聖人作而萬物覩，本乎天者親上，本乎地者親下，則各從其類也。」

「象」同「像」，取象是取其像何物，八卦對自然界取象，稱初象或本象。繼擴大八卦所象的範圍，如對家人取象、對人體各部取象、對動物取象、對事物的性質或情況取象，以及對一切現象取象，是為「衍象」或「廣象」。八卦的命名，約在商代以前。名稱的字形或意義，符合八卦的基本涵義。神而明之，存乎其人。

八卦與五行性是論斷的基礎常識，例如《陽宅集成‧第十六看》:「天地五行定位，乃東木、西金、南火、北水，中央五宮。坤、艮、戊、已土也，應於人身，則肝、肺、心、腎、脾。應於陽宅內之八卦，如震、巽二木卦宅，應人腹之肝經，而坤、艮土命人犯之。來路灶口，乃木剋土，而有瘧痢瀉痔，害目等疾，乙木剋脾土也。如宅之離卦屬火，剋乾、兌金命人之肺經，生咳嗽癆噎之疾，是腹具五行，而應宅之方向卦爻以出也。」不外是年命屬土的人，進入震宅或巽宅，木剋土，脾胃之傷。又宅的離卦方位屬火，年命乾、兌住進來，肺屬金，火剋金，傷在氣管、大腸、呼吸道等。《一掌金》:「甲肝，乙膽，丙小腸，丁心，戊胃，已脾鄉；庚是大腸，心屬肺，王是膀胱，癸腎臟。火心金肺木從肝，脾胃從來戊己看，腎臟北方壬癸水，相生相剋許多般。」

卦名	卦象
乾	天時：天、水、冰、霰、雹、寒冷。 地理：西北、都市、大郡、勝地、高丘、古蹟。 人物：君父、老人、官宦、大人、長者、名人、師、閥閱。 人事：圓滿、剛健、武勇、果決、有名、喜動。 身體：首、骨、肺。 時序：秋、九十月交、戌亥年月日時。 動物：馬、天鵝、獅、象、龍。 靜物：金玉、珠寶、圓物、貴物、衣物、木果、剛物、冠、鏡、刀、金銀、神佛飾物。 屋舍：公廳、樓臺、堂、大廈、驛舍、西北向。 家宅：秋占宅興旺、冬夏占不吉。 食物：馬肉、魚肉、乾燥物、辛辣物、珍味。 生產：易產、秋占生貴子、宜西北向。 交易：易成、寶玉金幣、夏占不利。 名利：有、公舍有利、宜近貴人、秋吉、冬夏不利。 謀望：有、初吉、多謀少遂、 出行：西北、京師、遠行、榮歸、夏占不利、 訟事：健訟。 墳墓：宜西北高丘、 數目：一、四、九。 方向：西北。 色：赤、玄。 味：辛。

卦名	卦象
兌	天時：雨澤、新月、星。 地理：澤、池、水邊、缺地、廢井、斷澗。 人物：少女、妾、妓、伶、巫、譯人。 人事：喜悅、口舌、毀謗、飲食。 身體：口、舌、肺、有疾、痰涎。 時節：秋、八月、酉、金。 靜物：銀、飾物、樂器、缺器、廢物、流通物。 動物：羊、小獸、角獸、近澤。 屋舍：西向、近澤、頹垣、破宅。 家宅：不安、妨女人、口舌、秋占吉。 食物：羊類肉、澤水物、河魚。 婚姻：可成、秋占吉、少女婚不利。 生產：不利、損胎、成則生女、宜西向。 名利：無、財利上起口舌、秋占喜。 交易：不利、爭競、交付宜西向。 謀望：難成、秋占喜。 出行：不宜遠行、有損失。 謁見：宜西方、妨女人、 訟事：訟未已、有損失。 墳墓：西方、高缺處。 數目：二、四、九。 色：白。 味：辛、

卦名	卦象
離	天時：日、電、虹、霞、半晴半雨。 地理：南方、乾亢地、爐冶所、文明地、屬陽氣、學校地。 人物：中女、文人、大腹人、胎婦、目疾人、學士。 人事：文書、有才學、光明、明決。 時節：五月、午火年月日時、三、二、七。 靜物：火、文書、甲冑、干戈、槁木、赤色物、外剛、貴用品、網罟。 動物：雉、鱉、蟹、蠃、蚌、龜。 屋舍：南向、明窗、虛室、文舍、公舍。 食物：雉肉、燻炙物、燒肉。 生產：易生、中女、冬占不利、南向。 名利：有、南方、宜文書事。 交易：可成、股票交易。 色：赤、黑。 味：苦。

卦名	卦象
震	天時：雷、 地理：東方、樹木、城市、大塗、繁盛地。 人物：長男、長身人。 人事：震動、振起、忿怒、虛驚、鼓譟、眾多。 身體：足、肝、髮、筋、聲音。 時序：春三月、卯年月日時。 靜物：竹木草、木品、舟楫、耒耜、長物。 動物：龍、蛇、馬、飛魚。 屋舍：向東、山林、樓閣。 家宅：時有驚恐、春占吉、秋占不吉。 食物：蹄肉、野味、鮮肉、果。 求名：有、在東方、掌刑官、發號施令職、司財貨職。 求利：山林竹木之利、宜東方、動有財。 交易：有利、動則成、宜木類、秋占不吉。 謀望：有、動則成、秋占不吉、 數目：四、八、三。 方向：東方。 色：青、黃、綠。 味：酸。

卦名	卦象
巽	天時：風。 地理：東南地、草木茂盛地、菜果花園。 人物：長女、秀才、寡髮人。 人事：無定、宜經商、進退。 身體：股肱、氣、風疾。 時節：春夏之交、三五八月日時、辰巳午未年月日時。 靜物：木、香臭、繩、直長物、竹木、工巧物。 動物：雞、禽類、蟲。 屋舍：東南向、寺觀、園囿、樓臺、山居。 家屋：安、春占吉、秋占不安。 食物：雞肉、禽肉、蔬果、酸味。 求名：有。 求利：有、利市三倍。 交易：有利、無定、進退不一。 謀望：有、成敗不定。 出行：可、有利、宜東南、秋占不吉。 墳墓：宜東南向、宜在山林中。 數目：五、三、八。 色：青、綠、白。 味：酸。

<table>
<tr><th>卦名</th><th>卦象</th></tr>
<tr><td>坎</td><td>天時：雨、雪、月、霜、露。
地理：北方、江湖、溪澗、泉井、卑濕之地、溝洫、池沼、凡有水處。
人物：中男、江湖之人、舟人、寇盜。
人事：險陷、卑下、隨波逐流。
身體：耳、血。
時序：冬十一月。
靜物：水晶、水中物、鐵器、弓輪。
動物：豕、魚。
家宅：不安、暗昧、盜患。
屋舍：向北、近水、江樓、水閣、住屋下濕。
飲食：豕肉、酒、生冷物、海味、羹湯、酸味、魚、多骨、帶血物、水中物、有蹄物、有核物。
生產：難產有險、宜次胎、中男、辰戌丑未月、胎坐向北。
求名：艱難、宜北方、江湖河泊之職。
求利：失財、宜水邊財、宜魚鹽酒水利。
交易：不利成交、恐有奸詐、宜水邊交易、宜魚類交易。
謀望：失望、心勞日拙、秋冬可達望、
數目：一、六。
方向：北方。
色：黑。
味：酸鹹。</td></tr>
</table>

卦名	卦象
艮	天時：雲、霧、山嵐。 地理：山徑、山巖、丘陵、墳墓。 人物：少男、閒人、山中人、隱者。 人事：阻滯、靜守、進退不決、反背、止步。 身體：手指、骨、鼻、背、腰。 時節：冬春交、十二月、丑土年月日時、七十數、 靜物：土石、瓜果、塊、黃物、土中物、剛物、高物、 動物：虎、狗、鼠、百禽、黔喙屬、四足。 家宅：安全、諸事有阻、家人不睦。 屋舍：東北向、山居、近巖石、高屋、近路。 食物：土中物、諸獸肉。 婚姻：阻隔、難成、少男成、春占不利。 交易：難成、有山林田土交易、春占有失。 謀望：阻隔、難成。 墳墓：東北土凸、山中穴、高石丘、近路。 數目：五、七、十。 色：黃。 味：甘。

卦名	卦象
坤	天時：天陰、霧、晦。 地理：里鄉、田野、平地、西南、靜地。 人物：母后、老婦、農人、樂人、大腹人。 人事：吝嗇、順靜、柔懦、眾多。 身體：腹、脾胃、肉。 時序：辰戌丑未月、未申年月日時、五八十月日。 靜物：方物、土中物、柔物、布帛絲麻、五穀、輿釜、瓦器。 動物：牛、百獸、牝馬。 屋舍：西南向、村舍、田舍、卑室、倉庫。 家宅：安穩、多陰氣、春占不安。 食物：野味、牛肉、土生物、甘味、五穀、腹臟物、芋類。 求名：西南、守成、司農、教官、春占空。 求利：有、宜土中、土生物、賤貨重物、安靜得、布帛類、眾多得、春占空。 交易：有利、宜田土、宜穀物布帛、春占不利。 謀望：可成、宜在鄉里、宜靜謀、宜謀及婦人。 墳墓：西南地。 數目：八、五、十。 色：黃。 味：甘。

從「伏羲八卦次序之圖」中，可以看出坎、離、震、巽是少陽、少陰之所生也，即震（長男）、巽（長女）、坎（中男）、離（中女）之配合，而成家之義也，故稱之「中長配合」，且在後天八卦的東半邊，而為「東四宅」。乾、坤、艮、兌是太陽、太

陰所生，即乾（老父）、坤（老母）、兌（少女）、艮（少男）之配合，而成家之義也，故稱之為「老少配合」，且在後天八卦的西半邊，而為「西四宅」。

乾、坤、艮、兌（父、母、少男、少女），在家庭組成上，比較缺少生命之活力，所以列入西四命，其中更因少女之兌，對一家之貢獻最不顯著，所以用兌（兌屬西），而稱之為西四命。反之，坎、離、震、巽（中男、中女、長男、長女），較有生命力，其中，又以長男之震最有希望，所以用震（震屬東），而稱為東四命。

不稱南北命，而稱東西命。因東西者，可以分出南北陰陽之界也。「蓋陽生乎子中，未至卯，陽氣不足，既過卯，而陽氣有餘，惟卯得陽氣之正，東卦者，為陽氣得其平也。又陰生於午中，未至酉，陰氣不足，既過酉，陰氣有餘，惟酉得陰氣之正，西卦者，謂陰氣得其平也。」

基於本節〈說卦傳〉涵義，八卦各有特性，業師　梁湘潤在《陽宅實務透解》歸納整理「增益吉祥挪移」，讀者可依據《周易》主旨，自行比照推論：

卦名	宜擺設	忌擺設
坎	月型拱門、半月型的壁畫、輪盤型的裝飾品、堅木製的藝術品…。	布簾、虎型畫、石刻藝品、有節的木製藝品、水果、擺很多客人的桌椅、有長柄的物件…。
離	掛刀劍、裝飾用之火砲、貝殼、水陸二棲的玩飾…。	帶有月亮的壁畫、輪盤型的裝飾品…。
震	大型落地簾幕、大型壁櫃、玉器、龍、圓筒形狀之裝飾品。	冰箱、木果、鬧鐘、女仕畫像。
巽	結繩之線物、垂珠簾、縫紉機等工具用品…。	鬧鐘、大型音樂設備、冰箱、玉器、裝飾品…。
乾	玉器、冰箱、玉馬、木魚。（即是帶殼的水果，如椰子……等）	掛刀、劍等兵器、蚌貝等之水產貝殼、長尾巴的鳥類畫屏…。
坤	大型布簾、有炳的物件、櫃、櫥等有隱密性的傢俱…。	大幅壁畫、鬧鐘、色彩、鮮豔的布帛…。
艮	大型圖畫、石刻藝品、果類、有節的木製品…。	大幅壁畫、圓筒型飾物、玉器…。
兌	音樂設備、羊的裝飾品。	刀、劍、貝殼、長尾形的鳥類掛圖…。

（四）、六十四卦的八宮卦表

上卦／下卦	乾 天	兌 澤	離 火	震 雷	巽 風	坎 水	艮 山	坤 地
乾 天	乾為天	澤天夬	火天大有	雷天大壯	風天小畜	水天需	山天大畜	地天泰
兌 澤	天澤履	兌為澤	火澤睽	雷澤歸妹	風澤中孚	水澤節	山澤損	地澤臨
離 火	天火同人	澤火革	離為火	雷火豐	風火家人	水火既濟	山火賁	地火明夷
震 雷	天雷无妄	澤雷隨	火雷噬嗑	震為雷	風雷益	水雷屯	山雷頤	地雷復
巽 風	天風姤	澤風大過	火風鼎	雷風恒	巽為風	水風井	山風蠱	地風升
坎 水	天水訟	澤水困	火水未濟	雷水解	風水渙	坎為水	山水蒙	地水師
艮 山	天山遯	澤山咸	火山旅	雷山小過	風山漸	水山蹇	艮為山	地山謙
坤 地	天地否	澤地萃	火地晉	雷地豫	風地觀	水地比	山地剝	坤為地

六十四卦全圖

乾宮八卦屬金

乾為天（六沖）	天風姤	天山遁	天地否（六合）
父母 戌土 ▬▬▬ 世 兄弟 申金 ▬▬▬ 官鬼 午火 ▬▬▬ 應 父母 辰土 ▬▬▬ 妻財 寅木 ▬▬▬ 子孫 子水 ▬▬▬	父母 戌土 ▬▬▬ 兄弟 申金 ▬▬▬ 官鬼 午火 ▬▬▬ 應 兄弟 酉金 ▬▬▬ 子孫 亥水 ▬▬▬ 父母 丑土 ▬ ▬ 世	父母 戌土 ▬▬▬ 兄弟 申金 ▬▬▬ 應 官鬼 午火 ▬▬▬ 兄弟 申金 ▬▬▬ 官鬼 午火 ▬ ▬ 世 父母 辰土 ▬ ▬	父母 戌土 ▬▬▬ 應 兄弟 申金 ▬▬▬ 官鬼 午火 ▬▬▬ 妻財 卯木 ▬ ▬ 世 官鬼 巳火 ▬ ▬ 父母 未土 ▬ ▬
風地觀	**山地剝**	**火地晉（游魂）**	**火天大有（歸魂）**
妻財 卯木 ▬▬▬ 官鬼 巳火 ▬▬▬ 父母 未土 ▬ ▬ 世 妻財 卯木 ▬ ▬ 官鬼 巳火 ▬ ▬ 父母 未土 ▬ ▬ 應	妻財 寅水 ▬▬▬ 子孫 子水 ▬ ▬ 世 父母 戌土 ▬ ▬ 妻財 卯木 ▬ ▬ 官鬼 巳火 ▬ ▬ 應 父母 未土 ▬ ▬	官鬼 巳火 ▬▬▬ 父母 未土 ▬ ▬ 兄弟 酉金 ▬▬▬ 世 妻財 卯木 ▬ ▬ 官鬼 巳火 ▬ ▬ 父母 未土 ▬ ▬ 應	官鬼 巳火 ▬▬▬ 應 父母 未土 ▬ ▬ 兄弟 酉金 ▬▬▬ 父母 辰土 ▬▬▬ 世 妻財 寅木 ▬▬▬ 子孫 子水 ▬▬▬

坤宮八卦屬土

坤為地（六沖）	地雷復	地澤臨	地天泰（六合）
子孫 酉金 ▬ ▬ 世 妻財 亥水 ▬ ▬ 兄弟 丑土 ▬ ▬ 官鬼 卯木 ▬ ▬ 應 父母 巳火 ▬ ▬ 兄弟 未土 ▬ ▬	子孫 酉金 ▬ ▬ 妻財 亥水 ▬ ▬ 兄弟 丑土 ▬ ▬ 應 兄弟 辰土 ▬ ▬ 官鬼 寅木 ▬ ▬ 妻財 子水 ▬▬▬ 世	子孫 酉金 ▬ ▬ 妻財 亥水 ▬ ▬ 應 兄弟 丑土 ▬ ▬ 兄弟 丑土 ▬ ▬ 官鬼 卯木 ▬▬▬ 世 父母 巳火 ▬▬▬	子孫 酉金 ▬ ▬ 應 妻財 亥水 ▬ ▬ 兄弟 丑土 ▬ ▬ 兄弟 辰土 ▬▬▬ 世 官鬼 寅木 ▬▬▬ 妻財 子水 ▬▬▬
雷天大壯（六沖）	**澤天夬**	**水天需（游魂）**	**水地比（歸魂）**
兄弟 戌土 ▬ ▬ 子孫 申金 ▬ ▬ 父母 午火 ▬▬▬ 世 兄弟 辰土 ▬▬▬ 官鬼 寅木 ▬▬▬ 妻財 子水 ▬▬▬ 應	兄弟 未土 ▬ ▬ 子孫 酉金 ▬▬▬ 世 妻財 亥水 ▬▬▬ 兄弟 辰土 ▬▬▬ 官鬼 寅木 ▬▬▬ 應 妻財 子水 ▬▬▬	妻財 子水 ▬ ▬ 兄弟 戌水 ▬▬▬ 子孫 申金 ▬ ▬ 世 兄弟 辰土 ▬▬▬ 官鬼 寅木 ▬▬▬ 妻財 子水 ▬▬▬ 應	妻財 子水 ▬ ▬ 應 兄弟 戌土 ▬▬▬ 子孫 申金 ▬ ▬ 官鬼 卯木 ▬ ▬ 世 父母 巳火 ▬ ▬ 兄弟 未土 ▬ ▬

震宮八卦屬木

震為雷（六沖）	雷地豫（六沖）	雷水解	雷風恒
妻財 戌土 ━ ━ 世 官鬼 申金 ━ ━ 子孫 午火 ━━━ 妻財 辰土 ━ ━ 應 兄弟 寅木 ━ ━ 父母 子水 ━━━	妻財 戌土 ━ ━ 官鬼 申金 ━ ━ 子孫 午火 ━━━ 應 兄弟 卯木 ━ ━ 子孫 巳火 ━ ━ 妻財 未土 ━ ━ 世	妻財 戌土 ━ ━ 官鬼 申金 ━ ━ 應 子孫 午火 ━━━ 子孫 午火 ━ ━ 妻財 辰土 ━━━ 世 兄弟 寅木 ━ ━	妻財 戌土 ━ ━ 應 官鬼 申金 ━ ━ 子孫 午火 ━━━ 官鬼 酉金 ━━━ 世 父母 亥水 ━━━ 妻財 丑土 ━ ━
地風升	**水風井**	**澤風大過（游魂）**	**澤雷隨（歸魂）**
官鬼 酉金 ━ ━ 父母 亥水 ━ ━ 妻財 丑土 ━ ━ 世 官鬼 酉金 ━━━ 父母 亥水 ━━━ 妻財 丑土 ━ ━ 應	父母 子水 ━ ━ 妻財 戌土 ━━━ 世 官鬼 申金 ━ ━ 官鬼 酉金 ━━━ 父母 亥水 ━━━ 應 妻財 丑土 ━ ━	妻財 未土 ━ ━ 官鬼 酉金 ━━━ 父母 亥水 ━━━ 世 官鬼 酉金 ━━━ 父母 亥水 ━━━ 妻財 丑土 ━ ━ 應	妻財 未土 ━ ━ 應 官鬼 酉金 ━━━ 父母 亥水 ━━━ 妻財 辰土 ━ ━ 世 兄弟 寅木 ━ ━ 父母 子水 ━━━

巽宮八卦屬木

巽為風（六沖）	風天小畜	風火家人	風雷益
兄弟 卯木 ━━━ 世 子孫 巳火 ━━━ 妻財 未土 ━ ━ 官鬼 酉金 ━━━ 應 父母 亥水 ━━━ 妻財 丑土 ━ ━	兄弟 卯木 ━━━ 子孫 巳火 ━━━ 妻財 未土 ━ ━ 應 妻財 辰土 ━━━ 兄弟 寅木 ━━━ 父母 子水 ━━━ 世	兄弟 卯木 ━━━ 子孫 巳火 ━━━ 應 妻財 未土 ━ ━ 父母 亥水 ━━━ 妻財 丑土 ━ ━ 世 兄弟 卯木 ━━━	兄弟 卯木 ━━━ 應 子孫 巳火 ━━━ 妻財 未土 ━ ━ 妻財 辰土 ━ ━ 世 兄弟 寅木 ━ ━ 父母 子水 ━━━
天雷無妄（六沖）	**火雷噬嗑**	**山雷頤（游魂）**	**山風蠱（歸魂）**
妻財 戌土 ━━━ 官鬼 申金 ━━━ 子孫 午火 ━━━ 世 妻財 辰土 ━ ━ 兄弟 寅木 ━ ━ 父母 子水 ━━━ 應	子孫 巳火 ━━━ 妻財 未土 ━ ━ 世 官鬼 酉金 ━━━ 妻財 辰土 ━ ━ 兄弟 寅木 ━ ━ 應 父母 子水 ━━━	兄弟 寅木 ━━━ 父母 子水 ━ ━ 妻財 戌土 ━ ━ 世 妻財 辰土 ━ ━ 兄弟 寅木 ━ ━ 父母 子水 ━━━ 應	兄弟 寅木 ━━━ 應 父母 子水 ━ ━ 妻財 戌土 ━ ━ 官鬼 酉金 ━━━ 世 父母 亥水 ━━━ 妻財 丑土 ━ ━

坎宮八卦屬水

坎為水（六沖）	水澤節（六合）	水雷屯	水火既濟
兄弟 子水 ⚋ 世	兄弟 子水 ⚋	兄弟 子水 ⚋	兄弟 子水 ⚋ 應
官鬼 戌土 ⚊	官鬼 戌土 ⚊	官鬼 戌土 ⚊ 應	官鬼 戌土 ⚊
父母 申金 ⚋	父母 申金 ⚋ 應	父母 申金 ⚋	父母 申金 ⚋
妻財 午火 ⚋ 應	官鬼 丑土 ⚋	官鬼 辰土 ⚋	兄弟 亥水 ⚊ 世
官鬼 辰土 ⚊	子孫 卯木 ⚊	子孫 寅木 ⚋ 世	官鬼 丑土 ⚋
子孫 寅木 ⚋	妻財 巳火 ⚊ 世	兄弟 子水 ⚊	子孫 卯木 ⚊
澤火革	**雷火豐**	**地火明夷（游魂）**	**地水師（歸魂）**
官鬼 未土 ⚋	官鬼 戌土 ⚋	父母 酉金 ⚋	父母 酉金 ⚋ 應
父母 酉金 ⚊	父母 申金 ⚋ 世	兄弟 亥水 ⚋	兄弟 亥水 ⚋
兄弟 亥水 ⚊ 世	妻財 午火 ⚊	官鬼 丑土 ⚋ 世	官鬼 丑土 ⚋
兄弟 亥水 ⚊	兄弟 亥水 ⚊	兄弟 亥水 ⚊	妻財 午火 ⚋ 世
官鬼 丑土 ⚋	官鬼 丑土 ⚋ 應	官鬼 丑土 ⚋	官鬼 辰土 ⚊
子孫 卯木 ⚊ 應	子孫 卯木 ⚊	子孫 卯木 ⚊ 應	子孫 寅木 ⚋

離宮八卦屬火

離為火（六沖）	火山旅（六合）	火風鼎	火水未濟
兄弟 巳火 ⚊ 世	兄弟 巳火 ⚊	兄弟 巳火 ⚊	兄弟 巳火 ⚊ 應
子孫 未土 ⚋	子孫 未土 ⚋	子孫 未土 ⚋ 應	子孫 未土 ⚋
妻財 酉金 ⚊	妻財 酉金 ⚊ 應	妻財 酉金 ⚊	妻財 酉金 ⚊
官鬼 亥水 ⚊ 應	妻財 申金 ⚊	妻財 酉金 ⚊	兄弟 午火 ⚋ 世
子孫 丑土 ⚋	兄弟 午火 ⚋	官鬼 亥水 ⚊ 世	子孫 辰土 ⚊
父母 卯木 ⚊	子孫 辰土 ⚋ 世	子孫 丑土 ⚋	父母 寅木 ⚋
山水蒙	**風水渙**	**天水訟（游魂）**	**天火同人（歸魂）**
父母 寅木 ⚊	父母 卯木 ⚊	子孫 戌土 ⚊	子孫 戌土 ⚊ 應
官鬼 子水 ⚋	兄弟 巳火 ⚊ 世	妻財 申金 ⚊	妻財 申金 ⚊
子孫 戌土 ⚋ 世	子孫 未土 ⚋	兄弟 午火 ⚊ 世	兄弟 午火 ⚊
兄弟 午火 ⚋	兄弟 午火 ⚋	兄弟 午火 ⚋	官鬼 亥水 ⚊ 世
子孫 辰土 ⚊	子孫 辰土 ⚊ 應	子孫 辰土 ⚊	子孫 丑土 ⚋
父母 寅木 ⚋ 應	父母 寅木 ⚋	父母 寅木 ⚋ 應	父母 卯木 ⚊

艮宮八卦屬土

艮為山（六沖）	山火賁（六合）	山天大畜	山澤損
官鬼 寅木 ━━━ 世	官鬼 寅木 ━━━	官鬼 寅木 ━━━	官鬼 寅木 ━━━ 應
妻財 子水 ━ ━	妻財 子水 ━ ━	妻財 子水 ━ ━ 應	妻財 子水 ━ ━
兄弟 戌土 ━ ━	兄弟 戌土 ━ ━ 應	兄弟 戌土 ━ ━	兄弟 戌土 ━ ━
子孫 申金 ━━━ 應	妻財 亥水 ━━━	兄弟 辰土 ━━━	兄弟 丑土 ━ ━ 世
父母 午火 ━ ━	兄弟 丑土 ━ ━	官鬼 寅木 ━━━ 世	官鬼 卯木 ━━━
兄弟 辰土 ━ ━	官鬼 卯木 ━━━ 世	妻財 子水 ━━━	父母 巳火 ━━━
火澤睽	**天澤履**	**風澤中孚（游魂）**	**風山漸（歸魂）**
父母 巳火 ━━━	兄弟 戌土 ━━━	官鬼 卯木 ━━━	官鬼 卯木 ━━━ 應
兄弟 未土 ━ ━	子孫 申金 ━━━ 世	父母 巳火 ━━━	父母 巳火 ━━━
子孫 酉金 ━━━ 世	父母 午火 ━━━	兄弟 未土 ━ ━ 世	兄弟 未土 ━ ━
兄弟 丑土 ━ ━	兄弟 丑土 ━ ━	兄弟 丑土 ━ ━	子孫 申金 ━━━ 世
官鬼 卯木 ━━━	官鬼 卯木 ━━━ 應	官鬼 卯木 ━━━	父母 午火 ━ ━
父母 巳火 ━━━ 應	父母 巳火 ━━━	父母 巳火 ━━━ 應	兄弟 辰土 ━ ━

兌宮八卦屬金

兌為澤（六沖）	澤水困（六合）	澤地萃	澤山咸
父母 未土 ━ ━ 世	父母 未土 ━ ━	父母 未土 ━ ━	父母 未土 ━ ━ 應
兄弟 酉金 ━━━	兄弟 酉金 ━━━	兄弟 酉金 ━━━ 應	兄弟 酉金 ━━━
子孫 亥水 ━━━	子孫 亥水 ━━━ 應	子孫 亥水 ━━━	子孫 亥水 ━━━
父母 丑土 ━ ━ 應	官鬼 午火 ━ ━	妻財 卯木 ━ ━	兄弟 申金 ━━━ 世
妻財 卯木 ━━━	父母 辰土 ━━━	官鬼 巳火 ━ ━ 世	官鬼 午火 ━ ━
官鬼 巳火 ━━━	妻財 寅木 ━ ━ 世	父母 未土 ━ ━	父母 辰土 ━ ━
水山蹇	**地山謙**	**雷山小過（游魂）**	**雷澤歸妹（歸魂）**
子孫 子水 ━ ━	兄弟 酉金 ━ ━	父母 戌土 ━ ━	父母 戌土 ━ ━ 應
父母 戌土 ━━━	子孫 亥水 ━ ━ 世	兄弟 申金 ━ ━	兄弟 申金 ━ ━
兄弟 申金 ━ ━ 世	父母 丑土 ━ ━	官鬼 午火 ━━━ 世	官鬼 午火 ━━━
兄弟 申金 ━━━	兄弟 申金 ━━━	兄弟 申金 ━━━	父母 丑土 ━ ━ 世
官鬼 午火 ━ ━	官鬼 午火 ━ ━ 應	官鬼 午火 ━ ━	妻財 卯木 ━━━
父母 辰土 ━ ━ 應	父母 辰土 ━ ━	父母 辰土 ━ ━ 應	官鬼 巳火 ━━━

十一、羅經二十四山與天地人三盤

風水學大致分巒頭與理氣，理氣的方位測定使用羅盤，一般羅盤有分三合盤、三元盤、綜合盤等。風水羅盤又稱羅庚、羅經、子午盤、羅經盤等，所謂「羅」者指包羅萬象，「經」者指經綸天地。主要由天池與指南針、內盤、外盤、天心十道所組成，是風水學立太極定方位、消砂、納水、格龍等的工具，亦可作為趨吉避凶之吉祥物。經由羅盤操作，可以分別陰陽宅坐向，以套用各家理氣。由於三元、三合、九星、玄空、八宅、乾坤國寶等各派理氣方法之不同，所以現代羅盤除三合、三元外，以綜合盤為最多見，綜合盤是將三合與三元的主要部分集結而成，盤面之精彩足以令人眼花撩亂。

又三合盤具有天盤逢針、地盤正針、人盤中針，又稱楊公盤，用於消砂納水。三元盤主要是有易卦六十四卦，只有一層二十四山方位即地盤正針，又稱蔣盤或易盤。

（一）、二十四山形成理論

1、二十四山概說（請參看羅盤二十四山示意圖）

風水學將圓周 360 度，平均晝分為 24 等分，即平均每等分 15 度，稱為二十四山。二十四山來源是十天干中，扣掉戊、己中央土，尚有甲乙（東方木）、丙丁（南方火）、庚辛（西方金）、壬癸（北方水）等八個單位。十二個地支子、丑、寅、卯、辰、巳、午、未、申、酉、戌、亥共計一十二個單位。後天八卦中坎、離、震、兌與地支子、午、卯、酉重疊，因此羅盤僅將子、午、卯、酉四正位列出。而後天八卦的四維卦乾（戌亥之間）、坤（未申之間）、艮（丑寅之間）、巽（辰巳之間）則穿插在其中，有四個單位。以上合計共計二十四單位，每個單位 15 度，稱二十四山，這是風水學上必須理解的，不論八宅、三合、三元、九星等流派，均共同使用此二十四山。這二十四山分別由八天干、後天八卦的四維卦與十二地支構成。實則除地盤之正針而外，其人盤之中針及天盤之縫針，並非確實存在其針，不過以正針為主，一在午之左半位，一在午之右半位而已。均相差 7.5 度。

2、河圖與羅經

《山水發微》：河圖無八干，而有八干之理，一即壬水，六即癸水，三即甲木，八即乙木，七即丙火，二即丁火，九即庚金，四即辛金，陽得奇數，陰得偶數，各以同類之陰陽奇偶，分居於北南東西之四方。而五為戊土，十為己土，則相守於中央，以為不用之用也。且以四方而言者，必置於中心，中心不及於方，故河圖含八干之理。河圖以先天八卦之體，而藏後天八卦之用。壬癸皆為坎水，丙丁皆為離火，甲乙皆為震木，庚辛皆為兌金，四正卦居四方之位，則必有四隅，故乾巽坤艮居之。是河圖無四維，而有四維之理也。八干加四維，得十二位，地支又有十二位，隱藏於河圖之中，十律應十二月，然則河圖雖無十二支，而十二地支之理已在其中。合干維地支而分其位，子午卯酉即坎離震兌也，壬癸夾子，則壬之前有亥，癸之後有丑，甲乙夾卯，則甲之前有寅，乙之後有辰。丙丁夾午，則丙之前有巳，丁之後有未。庚辛夾酉，則庚之前有申，辛之後有戌。戌亥夾乾，丑寅夾艮，辰巳夾巽，未申夾坤，是為二十四向，如天之有二十四氣，人之有二十四經脈，自然之理也。」

3、二十四山與後天八卦

卦別	所坐方位	所管二十四山
坎（以子山代表）	北方	壬、子、癸
艮	東北方	丑、艮、寅
震（以卯山代表）	東方	甲、卯、乙
巽	東南方	辰、巽、巳
離（以午山代表）	南方	丙、午、丁
坤	西南方	未、坤、申
兌（以酉山代表）	西方	庚、酉、辛
乾	西北方	戌、乾、亥

（二）、天地人三盤原理

1、一卦管三山

為了確定房屋的坐向、開門、形煞等位置，以便套用陽宅理氣學說，必須經由羅盤（羅經）定出二十四山。「山」指坐山、方位，「向」指方向。背後為子山，向方就一定是午向。辰山一定是戌向。其中坎、離、震、兌，借地支子、午、卯、酉代表，所以羅盤上只見艮、坤、巽、乾等卦位。三百六十度以八卦均分，每卦有四十五度。再將四十五度分為三等份，就有二十四個山頭。一卦管三山。

坎卦：壬水，子水，癸水。正北方。
艮卦：丑土，艮土，寅木。東北方。
震卦：甲木，卯木，乙木。正東方。
巽卦：辰土，巽木，巳火。東南方。

離卦：丙火，午火，丁火。正南方。

坤卦：未土，坤土，申金。西南方。

兌卦：庚金，酉金，辛金。正西方。

乾卦：戌土，乾金，亥水。西北方。

二十四山因堪輿學理氣各自表述，有分中針雙山五行、縫針三合五行、洪範五行等。羅經有天、地、人三盤之說，係以羅經磁針所指子午為準之二十四方位，謂之「地盤」，地盤係用於測度山向。以中針子午為式之二十四方位，謂之「人盤」，人盤中針係用於撥砂。以縫針子午為式之二十四方位，謂之「天盤」，天盤縫針用於納水。

造葬興修擇日時，務必仔細查看二十四山向，坐北朝南忌用寅、午、戌年月日時。坐東朝西者，忌用巳、酉、丑年月日時。坐南朝北者，忌用申、子、辰年月日時。坐西朝東者，忌用亥、卯、未年月日時，坐三殺，大凶。沖兼山也是大凶，例如乾山巽向兼亥、巳，忌用巳年、巳月、巳日、巳時。若乾山巽向兼戌、辰，忌用辰年、辰月、辰日、辰時。

2、天地人三盤原理

《山水發微》略謂：地盤者以正針為主，所謂正針即磁針之意思。磁針所示之方向為子午，以此為子午線者，乃地球之地磁力量所顯現的子午線。因地球南北兩極之磁場，其磁性超過普通磁場之磁性感應百分之二以上，且吾人居於北半球，所以地盤所使用之正針，係以北極磁場為主，以磁性之感應而固定指向北方。故此磁針所示之子午，即今之地磁力子午線。若磁針從北入南過赤道時，將立即回轉一百八十度而指向南方。但因地球兩極之磁場，並未正在地球地軸之兩端，其磁場之位置系偏於地軸兩端約七度。但地球之真正南北，乃以地軸為主，故以此定子午者，謂之地理子午線，是以人盤中針所示之子午，實為地球之真正南北向。

《陽宅集成・用羅經法》解釋羅盤的盤面天池如下：「羅經者，森羅列宿，以作經天之物也，中間一井為天池，名曰太極池，內含金水，動靜互用，此即理氣之源。」正針二十四方位：「文王《周易》後天八卦之用也，然其所以始震而終艮者，以長子用事，長女代母也，且坎離震兌居四正，是金木水火當生旺之正氣；乾坤艮巽居四維，制五行之過，補四行之不及，此八卦之定位。」中針二十四方位；「北極之子午，曰中針，天盤也；其名中針者，以此盤之子午，正指正針丙午二火之中。」縫針二十四方位：「其盤之子午，在正針子癸、午丁之縫中，故曰縫針，此盤專為立向，以占砂水之生旺死絕。」

《山水發微》：天盤者，不以地磁力子午線及地理子午線為主，而亦非以天球之子午線為準繩。以人盤所示之子午線延伸之，與北極星相接即天球子午線。地理之道，唯山與水而已，故以天、地、人三盤表示。山性安靜屬陰，恆定靜止於大地之上，故以地球之真正南北方向為用，而以中針人盤之二十四山，收其山巒方向，而後定其陰陽五行。且因山峯先承受天星感應，而後山峯映照於地穴，發生五行生剋之感應作用，所以古人以中針人盤定為消砂之用。

水性流動屬陽，水川流不息，或洋溢，或枯涸，皆起於天時雨量所生之變化，乃至海洋有潮汐流速，以及起伏波動之現象。水不獨由地氣化生，又有從天而降於地，整體循環不已。且其所生之變化，皆受寒熱氣流等等之天候影響，故水啟動之時，地氣已經動化在先。自當以天盤之二十四方位，定其陰陽生剋，而收納水氣，所以古人納水用天盤。山水既各以天人兩盤而消納之，惟天人兩盤各差半位，故以磁針地盤立穴定向，以左右山水之陰陽生剋，天地各歸其位，各得其宜，生生不息。故羅盤有天地人三盤，為分別為立向（地盤）、消砂（人盤）、納水（天盤）之用。

3、地盤正針立向、人盤消砂與天盤納水

王德薰《山水發微‧向法》又將天盤、地盤、人盤的關係解釋如下:「先賢所傳有以地盤立向，人盤消砂，天盤納水之法者，為千古以來未有確切之解釋，余嘗思之，以地盤立向者，係用地磁力子午線也。人盤消砂者，係用地理子午線也。地盤之子午乃係以地球兩極磁場為南北，若無此磁場之感應，則無法定方位，故以地盤立向，自屬確然不易。人盤之子午，乃係以地軸之兩端為南北，若自地軸兩端延伸之，則通過北極星，成為天球子午線矣。山龍生於地球之上，接受天星感應，故以地理子午線之人盤消砂，頗有至理。然天盤之子午，偏地盤之右半位，人盤之子午，偏地盤之左半位，而天盤既非天球之子午線，則先賢何以立此天盤之法度，專為納水之用？蓋水以精氣為用，遇熱為氣，氣遇冷，凝而為體，是水之體未到而氣已先至。且水之為陽者，以其性之動也，若以形質而言，氣隱於體中，體動而趨下，故其隱而潛者屬陰。陰者循右而偏也。山龍之為陰，以其性之靜也。若以氣象而言，山龍之高起者，乃氣象之顯著者，有顯著之象，然後知氣之所來，故屬陽而從左偏也。

天盤與人盤之子午線，既與地盤子午線各偏半位，因是以地盤立向，而主宰天人兩盤，使其左右制衡耳。天盤專為納水之用，凡水之來去，皆以天盤為準繩。惟二十四向中，不但午、亥、卯三單向難立，而午、亥、卯三單水來去，亦難收納淨淨。蓋逆來

之水，局面稍寬者，則恐煞水混流。橫來之水，局面稍窄者，亦恐犯混流之弊。故作者認為龍之單清而來者為上吉，雙清而來者為次吉。水則反是，以雙清同來者為上吉，單清而來者為次吉。水法請參閱拙作《陽宅進階三十天快譯通》。

十二、羅經使用方法

《陽宅集成•第十六看》:「人身一小天地，即人身一太極也，而太極不外陰陽五行，故一宅亦一太極，而統宅亦各有陰陽五行所主。」換言之，物物一太極，下羅盤的位置視其格局而定。

（一）、羅盤定向

羅盤的底盤為正方形，內盤為圓形，合乎天圓地方的概念。羅盤正中心放置磁針，稱為天池，天池底有一條線，代表南北兩面，北邊一方有兩個紅點。當磁針與天池底的細線重疊時，觀察圓盤上十字線與房屋關係，即可判別房屋坐向。因為現代建築鋼筋混凝土為牆壁、屋頂、地板之主要建材，所以室內磁場很容易受到干擾，除了必須多點複測外，必要時也在室外進行測量坐向，或用絲線向外平行延伸約一點五米以上，或以平行垂直的地磚縫為基準，即可避免鋼筋對磁力線的影響。

使用羅盤較謹慎的風水師，有規定的儀式。手持羅盤必須置於腹部以上，不受皮帶、手錶等材質影響磁針準確性。羅盤在平常置放時，必須避免受到電流、磁場、震動、高低溫、潮濕等干擾。現代為了避免手持穩定性與牆壁鋼筋之干擾，已經有羅盤三腳架供使用，大大提高測量坐向之精確度。因為建築物的型態不同，所以進行風水勘查時，如何以羅盤確定房屋坐向，是重要的操作流程。首先確認住宅的中心點，就是找出中宮，然後依據羅盤八卦線度分割房屋的九宮方位。其次，依據使用成員五行喜忌，進行各空間之分配。

在古代因為土地空曠，房屋立向為收山水之妙，可以在房屋前簷中心下羅盤。但現在的公寓大樓，有整個社區的大門，有專屬整棟樓梯間的大門，有專屬自己房屋的大門，究竟哪個大門才是本宅之大門坐向，此因建築物設計不同而有各種判別方式。例如，以八宅法體系而言，優先專論坐山，所以陽宅坐向歸坐向，門位歸門位。否則整個社區以社區大門論向，整棟樓梯以樓梯間大門論向，豈不等同套公式一般，以致全棟住戶吉凶一致。

集合住宅室內定向判斷因素包含：

1、或以門向為屋向，或以房屋的坐山決定坐向。

2、以最大採光面為屋向，例如公園或道路當明堂。

3、以動靜關係為向。

4、以整體連棟論向。

5、以環境行為日常生活習慣論向。

6、以門牌訊息為向。

如果以上幾點不謀而合，房屋的坐向與門位就確定了。房屋的中心點可以稱為太極。以整體建築物決定的中心點，稱為太極或大太極。以各空間分別求出的中心點，相對稱為小太極。所謂位位一太極，便是依據各空間區域之不同需求，分別定出坐向。因此，主臥室、書房、會議室、主管辦公室都有自己的小太極。

(二)、各種建築物測量坐向與太極點方式

《陽宅集成‧用羅經法》:「凡看統宅(整個陽宅),則就統宅之中宮下羅盤以定方位,看每層,則就每層之中宮下羅盤以定方位。看每間,則就每間之中宮下羅盤。」鄉村地區因為土地空曠,可以選擇放水口,如果房屋是正方形、長方形,而且對稱均勻,羅盤是放在房屋前簷下方中心點確定坐向。都市地區陽宅類型複雜,如果一樓臨街道、巷道,取各自出入大門或街道巷道為向。若進入中庭後各自以自家門前出路為向。若必須經過電梯與大廳,則以房屋最大採光面為向,因為高層樓不接地氣,論天氣。公寓大廈二樓以上先取坐山,如果坐山不明確再取採光最大面為向。如果須調整內局,仍必須以房屋中宮求出各方位。

對於公寓大樓的理氣計算有些常見的問題,例如以前並無樓層的觀念,但對於大戶人家有「進」的說法,就是第一排,第二排之類,這在官署、學舍、軍營等常見,但現在建築物向高層發展,如果同一棟一到十二樓都是坐向相同,為何某層興旺,某層反而帶衰?這中間就牽涉樓層的不同與各人的年命,甚至可以扯出八字的問題。這在大師梁湘潤《陽宅實務透解》有說明:

1、「一體同論」的建築物,例如獨戶透天,所有權歸屬一人,大致都是一家人共同居住。因為從一樓進出,所以樓上樓下都算相同坐向。

2、「分層取門論」,以電梯或樓梯上樓後,進出宅主房屋的大門論門向。以東四命居東四宅,西四命居西四宅就算跨越合格門檻了。

3、「依命不依宅」,如果無法確定宅的坐山卦,就單獨依宅主的

年命卦決定玄關門的吉凶。例如兌命取兌方大門伏位為吉，但如果坐向是酉山卯向，樓上是不可能從後面陽台進出的現象。

4、「單間獨議式」，以宅內每一個房間，作一個小單元，即是「物物一太極」，此論在過大的陽宅空間，居住成員複雜的情況下很合理。

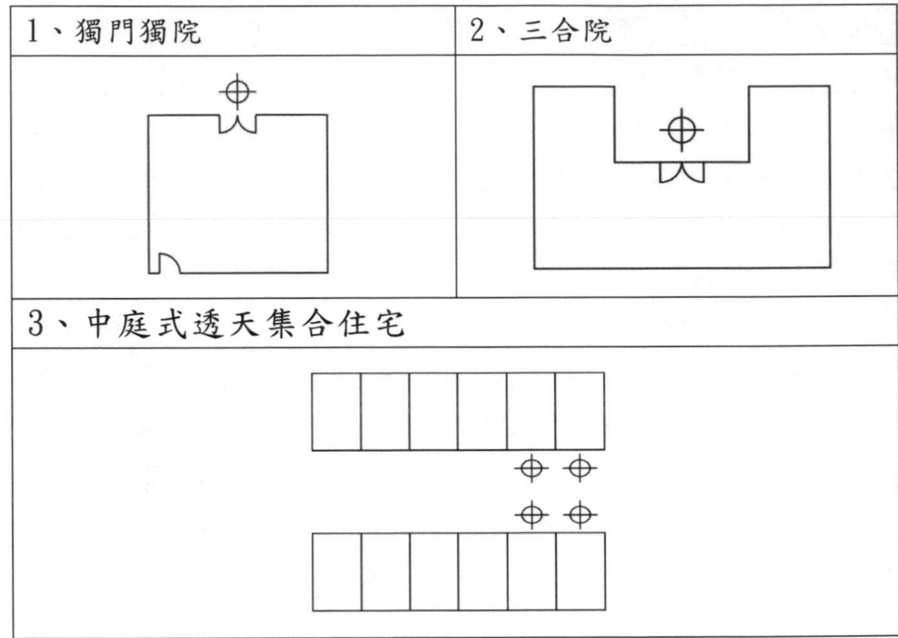

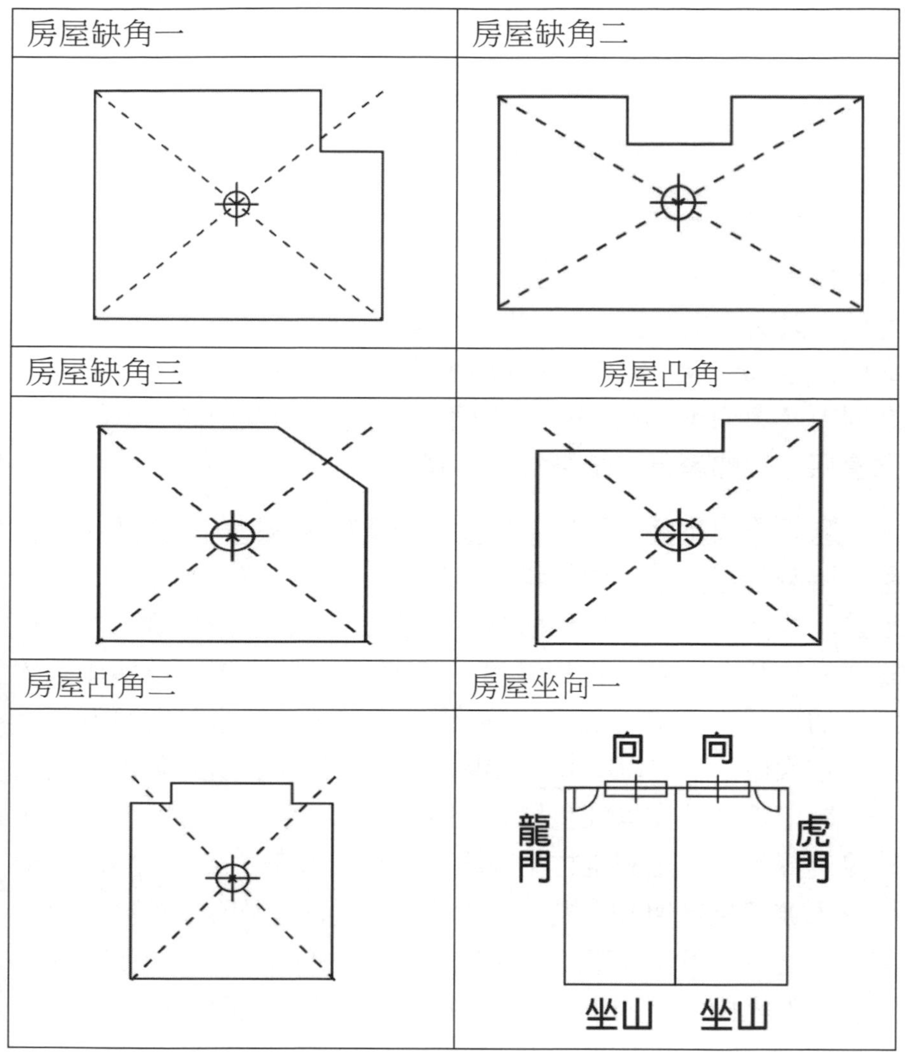

羅經上面各宮的納音五行，和陽宅有著極大的關係。因為各宮都包含了水、火、木、金、土的五行，於是與年命相配，便發生了生剋的不同。如年命是甲子生，甲子的納音是金，而用了納音屬火的方向，則是金被火剋，如果用納音屬土的方向，便是土來生金。所以雖同在一宮之中，家中成員生剋吉凶各異。因此立宅、開門、安床、作灶的時候，對於宅主的年命必須配合得宜。

（三）、立向、定向與不可出卦

立向是風水師在建築前為施工者確定房屋之坐向，類似分金線的概念。定向是就已經存在的房屋進行坐山的確定，以便判斷吉凶，調理風水作業。有一點觀念必須強調，初學者往往將坐山與門向混為一談。例如，房屋坐北就一定是朝南，但大門可以開在巽方（東南）。換言之，門向不一定是坐山或坐向。不同的門向套用不同的理氣，結果當然不同。

立線不要出卦，垂直交叉的紅線壓在卦與卦的交會線上，很難分辨屬於那個卦，例如建築物坐山 338 度，究竟屬於「乾卦」還是「坎卦」？這種情形稱為「大空亡」，容易出怪事，人丁不安寧。又例如建築物坐山 53 度，究竟是「艮山」還是「寅山」？這種情形稱「小空亡」，財丁與健康總是事倍功半，宮廟不忌。大空亡大凶，小空亡小凶。立線重點在於陰陽同元，氣場一致，一般羅盤都在地支以紅色標示「陽」，以原色標示「陰」。因此在陰陽交界的卦或山犯空亡更凶險，例如：亥壬，癸丑，申庚，辛戌等，非但是卦與卦之間的「大空亡」，而且是陰陽雜駁之地。其次，艮寅，甲卯，卯乙，辰巽，丙午，午丁，未坤，乾亥等，是坐山與坐山之間的「小空亡」，而且是陰陽雜駁之地。

十三、認識九星

所謂「九星」者，一貪狼、二巨門、三祿存、四文曲、五廉貞、六武曲、七破軍、八左輔、九右弼。因功能之不同，而有形狀九星，方位九星，巒頭九星，元運九星，遊年九星，時氣九星等。九星來自於北斗七星，再加上斗柄左右的左輔與右弼星。其次九星物象各有其意義。

（一）形狀九星

貪狼為木。巨門、祿存為土。文曲為水。廉貞為火。武曲、破軍為金。又以九星配八卦，變爻順序以上、中、下、中、上、中、下、中變起，所以乾卦以兌為貪狼，坤卦以艮為貪狼。九星以貪狼、巨門、武曲為三吉，此三吉星之納甲稱六秀。

（二）方位九星

方位九星即是洛書的紫白，以洛書的九宮配後天八卦之方位。一白坎水居壬、子、癸北方。九紫離火居丙、午、丁南方。三碧震木居甲、卯、乙東方。七赤兌金居庚、酉、辛西方。以上子午卯酉四正位。二黑坤土居未、坤、申西南方。八白艮土居丑、艮、寅東北方。四綠巽木居辰、巽、巳東南方。六白乾金居戌、乾、亥西北方。以上是乾、坤、艮、巽四隅之位。以五黃居於中宮，合為九疇。五行則是坎卦為水，離卦為火，震卦巽卦為木，坤卦艮卦為土，乾卦兌卦為金，隨洛書與三元九運推論時運。

（三）遊年九星

即「八宅明鏡」中所論述的：生氣貪狼屬陽木，延年武曲屬陽金，天醫巨門屬陽土，伏位輔弼陰木等四吉方位。絕命破軍屬陰金，五鬼廉貞屬陰火，禍害祿存屬陰土，六煞文曲屬陽水等，四凶方位之大遊年九星。宮星生剋的理論可以探討各房間之佈置。例如破軍金飛到震宮木，以五行屬水之吉祥物佈置有化凶為吉之功效。游年九星普遍以坐山卦位，依序變上爻、中爻、下爻、中爻、上爻、中爻、下爻、中爻，凡變化八次後回到坐山卦位。另有依據理氣門派之不同，以門向或以年命在入門起游年計算。

（四）、巒頭九星

將不同的山形、山勢，藉羅經地盤正針定方向，以五行分辨星體，看巒頭是何星體起勢，而把它分成九大類。先賢云：「在天成象，在地成形，以天象觀之，以形體辨之。」方位九星，也賦予吉凶的象徵意義。其餘《地理人子須知》、《地理啖蔗錄》等均有以形態論述地理格局高低的說法。

1、貪狼星屬木

山峰如出土之春筍，身直而長。山頭尖圓平者為上格，若欹斜、側頂者為下格。主丁財貴壽。

2、巨門星屬土

山峰不尖不圓，平頂體方正如櫃，微長斜、帶斜側，前多小星峰來護身為上格。主發財致富。

3、祿存星屬土

山峰如頓鼓，頂圓平體方，而多枝腳如瓜瓠，與巨門星類似。前頭若有小峰，為祿存帶祿格，主上格，若如耙齒、斜側，則為凶。主凶災大難。

4、文曲星屬水

沒有突出之主峰，山峰不高，成連綿水波狀，如象形、蛇行。如生鱓為正格，若側面成峰、身直，如絲線為偏格。主是非官司。

5、廉貞星屬火

一般為太祖山，山峰巍巍起聳而尖、無肩。山頂結石似峨，傘摺犁頭，紅旗曜氣，山頂有地。高者力猛，為上格，低者力微，為下格。主疲乏疾病。

6、武曲星屬金

山峰頭頂圓而高聳，其形如覆鐘、覆釜，且都有其他圓峰相伴，為上格。但若低委則成為輔星。主官運亨通。

7、破軍星屬金

山峰也是圓頂，山形雄偉，旁邊經常有貪狼、巨門、武曲三吉星為伴。頭高尾低，破裂傾斜，腳亂飛散，形如破傘者為正格。主破財損丁。

8、左輔星屬金

與武曲星類似，但無其他圓峰相伴。山峰如撲？頭前高後低，腰長如枝鼓，如駝峰為正格。主旺丁長壽。

9、右弼星屬水

與文曲星類似，但有一主峰。山峰無形隱藏，如蜘蛛過水，如魚上灘，如驚蛇行跡，斷處隱藏，斷脈失跡，為正格。主半吉半凶。

（五）水法九星

陰陽二宅，以巒頭辨水法，論來水、去水之吉凶，例如：三合水法、龍門八局、輔星水法等。而其中九星水法，即是以向上起輔弼星，再用翻卦掌，按輔弼、武曲、破軍、廉貞、貪狼、巨門、祿存、文曲等之次序，求出來去水是什麼水。如果來去水是貪狼水、巨門水、武曲水、輔弼水等五星，則論為吉水，若來去水是破軍水、廉貞水、祿存水、文曲水等四星，則論為凶水。

（六）山法九星

山法九星，是以巒頭為主，以辨來龍立向、消砂、納水之吉凶，也不脫離運用九星。使用山法九星的方法與九星水法類似。但所不同的是，山法九星是以來龍入首，或坐山之對宮起貪狼，用翻卦掌，再按貪狼、巨門、祿存、文曲、廉貞、武曲、破軍、輔弼之次序，判斷來龍。陽龍立陽向，陰龍立陰向。

（七）元運九星

《山水發微》：方位九星隨年、月、日、時而流轉於八方九宮之中，其所生不同之色光，為人類接觸之後，又因各宮之五行生剋，發生不同之感應，其於陽宅地理之吉凶否泰，此其一端也。而以此察山川氣數，觀歲月興替，亦有至理。

洛書之宮位凡九，配於九星，則一為貪狼，二為巨門，三為祿存，四為文曲，五為廉貞，六為武曲，七為破軍，八為左輔，九為右弼。以花甲一周為一元，故分上中下三元，於是每元管三數，亦即每元管三星也。自一至九為上中下三元花甲之周天，凡一百八十年，又自上元復始。每元管三星數，則每星數僅二十年，一二三之星貪、巨、祿為上元，四五六之星，文、廉、武為中元，七八九之星，破、輔、弼為下元。

而以洛書之數配八卦，則一白坎為貪狼，二黑坤為巨門，三碧震為祿存，四綠巽為文曲，五黃中為廉貞，六白乾為武曲，七赤兌為破軍，八白艮為左輔，九紫離為右弼。因廉貞在五中無卦，乃將五中各分十年於四綠巽及六白乾，是以四、六兩運各為三十年也。

九星配洛書之數如此，配後天之八卦亦如此，若以二十四向分之，則九星配卦皆以天地人三元之氣運合成羅經二十四方位。例如：

1、一白坎為貪狼，坎(子)為天元，甲為地元，申為人元。

2、二黑坤為巨門，坤為天元，王為地元，乙為人元。

3、三碧震為祿存，震為天元，未為地元，癸為人元。

4、四綠巽為文曲，巽為天元，辰為地元，亥為人元，其餘四星卦均如此。

故此氣數之運行，係以河圖，洛書互為體用，並以北斗天星配後天之卦氣，而運行不息也。陽盡陰生，陰盡陽生，始而終，終而復始，中五立極，乾巽為天綱，坤艮為地紀，居於四維，以運樞軸。坎離震兌為水火，居於四正，為天地之用。蓋先天以南北為經，天(乾)地(坤)居之，(先天)體也。以東西為緯，而水(坎)火(離)居之，用也。後天則以天地為體，居於四維(乾與坤)，以水火為用，居於四正。震者雷也，火之方發，故動於春，及火播其氣，則旺於夏矣。兌者澤也，水之未收，故散於秋，及水歸其根，則旺於冬矣。水火為天地之用，故居四正以司時令。天地水火體用互根，以生成萬物，故宇宙間，不過天地水火而已。然天亦是火，地亦是水，河圖一六水，成卦則坤艮土，先天乾坤之位，後天離坎居之，是四物止兩物而已，蓋太極生兩儀，原僅一陰一陽也。

江氏永謂：「三畫八卦，足以盡萬物之理，聖人作易，若不必為人占筮以備人事，則畫止於三，而卦止於八，足以盡其能事。故地理之道，止於八而已。」惟蔣大鴻有玄空大卦之學，以先天六畫卦而推氣運之流行，又是一義，茲解之於後，以當學者之參證，並定其名為「時氣九星」。

推論元運，一定要知道宅主及家人的命星，推算命星，要分三元，而三元共有九運。要看命星的生剋，一定要配合星盤來推論吉凶休咎。包含了一白坎水、二黑坤土、三碧震木、四綠巽木、五黃中土、六白乾金、七赤兌金、八白艮土、九紫離火。如：命宮二黑者屬土，喜見九紫離火，火來土生，為生我，故吉。但不喜見三碧、四綠木，為木剋土，為剋我，主凶。若見一白坎水，為土剋水，為我剋，風水中我剋為財，故主吉。簡單說，就是利用五行生剋之理，推而可知。

（八）、時氣九星

《山水發微》：時氣九星即蔣大鴻氏之玄空大五行，係以先天六十四卦為用。蓋先天八卦橫圖為乾、兌、離、震、巽、坎、艮、坤，配以河圖之數，則為九乾、四兌、三離、八震、二巽、七坎、六艮、一坤，每數管二十年，為二十年時氣之主宰。數與卦配合為上中下三元，中五無卦，則四六各為三十年。坤之數一，故凡坤與乾、兌、離、震、巽、坎、艮、坤所配之六畫卦，皆屬一運，主上元上二十年之時氣。如地天泰、地澤臨、地火明夷、地雷復、地風升、地水師、地山謙、坤為地此八卦是也。又因河圖之一數為水，故其五行亦屬於水。

二為巽，凡巽與乾、兌、離、震、巽、坎、艮、坤所配之卦，如風天小畜、風澤中孚、風火家人、風雷益、巽為風、風水渙、風山漸、風地觀，此八卦皆為二運，河圖之二數為火，故五行屬火，主上元中二十年之時氣也。

三為離，凡離卦與乾、兌、離、震、巽、坎、艮、坤所配之卦，皆為三運，主上元下二十年之時氣。河圖之數三為木，故五行屬木，主上元末二十年之時氣也。

四為兌，凡兌與乾、兌、離、震、巽、坎、艮、坤所配之卦，皆為四運，河圖之四數為金，故五行亦屬金，主中元上三十年之時氣。

五數居中，皇極不動，臨制八方之數，若遇兩水對待，或龍與水對待合十，即五運也，主中元大發。

六為艮，凡乾、兌、離、震、巽、坎、艮、坤所配之卦，皆為六運，河圖之六數為水，故其五行亦屬水，主中元下三十年之時氣。

七為坎，凡坎與乾、兌、離、震、巽、坎、艮、坤所配之卦，皆為七運，河圖之七數為火，故其五行亦屬火，主下元上二十年之時氣也。

八為震，凡震與乾、兌、離、震、巽、坎、艮、坤所配之卦，皆為八運，河圖之八數為木，故其五行亦屬木，主下元中二十年之時氣。

九為乾，凡乾與乾、兌、離、震、巽、坎、艮、坤所配之卦，皆為九運，河圖之九數為金，故其五行亦屬金，主下元末二十年之時氣。

以上各數所配之八卦內，有一卦為父母爻，為主運之君，餘七卦為輔助之臣。此六畫卦三元九運之時氣九星也。凡合於該運數者謂之當時得令，但與氣運之流行當旺者又有不同。所謂氣運者，氣數之運行也。其運行之三元九運與前說無異，惟各運配卦不同，蓋以六十四卦圓圖為體，方圖為用，即圓圖用外三爻，方圖用內三爻也。卦之值運如下：

1、上元一運當旺之卦為乾、兌、離、震、巽、坎、艮、坤等八老父母卦。

2、上元二運當旺之卦為睽、革、升、無妄、蒙、蹇、觀、大壯等八卦。

3、上元三運當旺之卦為需、中孚、明夷、頤、大過、訟、小過、晉等八卦。

4、中元四運當旺之卦為大畜、臨家人、屯、鼎、解、遯、萃等八卦。

5、中元六運當旺之卦為夬、履、豐、噬嗑、井、渙、謙、剝等八卦。

6、下元七運當旺之卦為大有、歸妹、同人、蠱、師、漸、比、隨等八卦。

7、下元八運當旺之卦為小畜、節、賁、復、姤、困、旅、豫等八卦。

8、下元九運當旺之卦為泰、損、既濟、益、恆、未濟、咸、否等八卦。

二三四運，九為父母。六七八運，一為父母，此每一卦之父母也。由五行、氣、數、運，分布於先天六十四卦圓圖之中，以所立之向，值何數？值何卦？值何運？凡得運者為生，而運而兼得令者為旺，失運者為衰，失運而兼失令者為死，即本此氣數而推也。其用卦之法，以龍，向貴在卦之運當運，卦之所屬五行之數當令。卦之當運者，如今之六運井、渙、謙、剝等卦當運之類，卦與五行之數當令者，即巽二、坎七、艮六、坤一等之類。用卦者或用天地定位，或用山澤通氣之類。用數者即一九合十，或二八合十，以及一六共宗，二七同道之類。凡卦之對待，即數之合十，乃夫婦相配也。或用卦反、爻反，與其同氣，便是一家骨肉，如一六、二七為生成之數，發福久遠，收對待之水為自庫，發久不替，收生成之水則次之。

又有借庫者，如立升卦二運之龍向，收旅卦八運之水合十，但因升旅兩卦不同於一父母，非一家之骨肉，故僅主二運二十年丁財，一發即敗，謂之借庫。至於所謂挨星者，挨當時得運得令之卦與數也。如現今為六運，立壬中之比卦，則為七運，若挨立壬中之剝卦，則為六運當旺之卦矣。又如一運之一來龍，立九運之一向，一九合十對待，是挨得上元下元兼通，而得兩元之用，主上下兩元發福。若再得六運之九來水，四運之九去水，則中元之四六合十矣，是上中下三元俱通，謂之三元不敗之地。

此蔣氏先天六十四卦玄空五行之法，以其先天八卦與後天八卦無觀，置羅經干支方位無所用，乃復以九星配洛書，而成先天與後天之呼應。故有坤壬乙巨門從頭出，艮丙辛位位是破軍，巽辰亥盡是武曲位，甲癸申貪狼一路行等，九星之卦例。且以貪、巨、祿、文、廉、武、破、輔弼等，本洛書九氣一一挨去，故曰挨星。王德勳結論：「星之埃法既有未妥，天地人三盤之埃排於星運之中，亦有錯誤。……大為吹噓，害人非淺。」理氣各家有本，學者慎之。

（九）、九星物象與運用提示

九星中除五黃星位居中宮外，其餘八個星與八卦一一對應。古人把萬事萬物劃分成八類，用每個卦來代表一類事物，這就是八卦類象，八卦類象加上五黃類象就是九星物象。這是玄空風水推斷九星吉凶的重要基礎。現把九星物象介紹如下：

1、一白坎水

(1)五行：水。

(2)人物：中男、江湖之人、舟中之人、盜賊、匪類之人。

(3)人事；險詐卑下，外示以柔，漂泊不定，隨波逐流。

(4)身體：耳、血、腎、精。

(5)疾病：耳痛、心疾、胃冷、水瀉、涸冷之病、血病。

(6)物品：門窗、檯燈、珍珠、藍寶石、冰箱、魚缸、水龍頭以及海景、瀑布和河流的照片或圖片，以及雕刻鴨、鵝、豬、弓箭造型品。

(7)外型特徵：山峰連綿兒成水波狀，且沒有突出的主峰。

(8)色彩：黑色、銀色，可轉換氣氛、振作精神；海藍色、橄欖綠，可恢復平和悠閒的心情。

(9)作用：開發潛力，增進思考，發明創作的才能，加強意志，並且對久婚不孕者有增加懷孕的機會。

2、二黑坤土

(1)五行：土。

(2)人物：老母、後母、農夫、鄉人、眾人、老婦人、大腹人。

(3)人事：吝嗇、柔順、懦弱、眾多小人。

(4)身體：腹、脾、肉、胃。

(5)疾病：腹疾、脾胃之病、飲食停滯、鼓食不化及各種皮膚病。

(6)物品：方形桌椅、寢具、靜物、容器、地毯、墊布、拖鞋、手提袋、陶瓷器以及牛的造型物品。

(7)外型特徵：平坦、方形、芳高者，如屏風、牙刷、木櫥。

(8)色彩：土黃色、棕色、褐色、咖啡色、紫色，可加強工作幹勁。

(9)作用：使浪費者變為節儉，並且增加愛心、涵養、收斂、改善消化功能。

3、三碧震木

(1)五行：木。

(2)人物：長男。

(3)人事：起動、怒、盛驚、鼓譟、多動少靜。

(4)身體：足、肝、頭髮、聲音。

(5)疾病：足疾、肝病、驚恐不安。

(6)物品：木製家具、逐木雕刻品或者龍、鹿的造型物，還代表竹木植物與花樹盆栽。

(7)色彩：綠色、黃綠、草綠、翠綠、青綠。

(8)作用：激發積極進取，培養信心，使人擁有青春活力，早日出人頭地。

4、四綠巽木

(1)五行：木。

(2)人物：長女、秀士、寡婦、山林仙道、僧道。

(3)人事：柔和、不定、利市三倍、進退不果。

(4)身體：臉、股、風疾。

(5)疾病：股肱之疾、腸病、中風、塞邪氣疾。

(6)物品：盆栽植物，如小的梅花、觀音竹、茶花、含羞草及毛筆、書紙。書的造型物品。

(7)色彩：綠色、草綠、翠綠。

(8)作用：增強名譽，培養理財能力，同時有利外遷、創作的靈感，可提高悟性和思維能力。

5、五黃土

(1)五行：土。

(2)疾病：五臟疾病、中毒和腫瘤、痛症等。

(3)凶煞：橫死、精神分裂。

(4)物品：骨董，如傳家之寶、羅盤以及一些怪異的物品，這些物品必須來自古屋、古墓、古寺等，因為這些物品怪異，選用時務必謹慎考慮。

(5)色彩：黃色、土黃色、茶色、棕色。

(6)作用：增加個人的權威、領導能力，並且有逢凶化吉的妙用。

6、六白乾金

(1)五行：金。

(2)人物：君、父、大人、老人、長者、官吏、名人、公務員。

(3)人事：剛健武勇、果決、多動少靜。

(4)身體：首、骨、肺。

(5)疾病：頭疾、肺疾、筋骨疾、上焦(三焦之一)疾。

(6)物品：六白金星的物品相對來說比較豪華尊貴，與一般的用品不同，如寶石、黃金、鐘錶、水晶等，以及圓鏡、水晶製品玻璃杯、車輛膜墊、神像及天文儀器。馬的造型物品。

(7)色彩：金黃色、銀色、白色。

(8)作用：培養尊貴的氣質，發揮潛在的能力，招來貴人相助。

7、七赤兌金

(1)五行：金。

(2)人物：少女、妾、歌伎、伶人、譯人(翻譯) 、巫師、奴僕、婢。

(3)人事：喜悅、口舌、誹謗、飲食。

(4)身體：舌、口、喉、肺、痰、涎。

(5)疾病：口舌、咽喉之疾、氣逆喘疾、飲食不佳。

(6)物品：玩偶、明星照片、少女圖片、象棋、葫蘆、藝術刀、香水瓶，以及五金製品。羊的造型物品。

(7)色彩：白色、金色、銀色。

(8)作用：有利發揮口才，增強決斷力，同時未婚者能增強戀愛的機會。

8、八白艮土

(1)五行：土。

(2)人物：少男、閒人、山中、童子。

(3)人事：阻隔、寧靜、進退不決、止住、不見。

(4)身體：手指、骨、鼻、背。

(5)疾病：手指之病、胃脾之疾。

(6)物品：雅石、桌椅、沙發、珠寶盒、印石、硯、陶器、水壺、花瓶。狗的雕塑物品。

(7)色彩：茶色、褐色、咖啡色、土黃色、磚紅色。

(8)作用：穩定的意義。

9、九紫離火

(1)五行：火。

(2)人物：中女、文人、目疾人、軍人。

(3)人事：文化之所、聰明才學、美麗。

(4)身體：眼睛、心、上焦(三焦之一)。

(5)疾病：目疾、心疾、上焦病、流行病。

(6)物品：鏡子、水晶燈、太陽鏡、彩畫玻璃、人造花、微波爐、電燈、電熨斗、手電筒、羅盤、化妝品，以及飛機、槍砲、火車。雉(野雞)的造型物品。

(7)色彩：色紅、朱紅、紫紅、紅紫。

(8)作用：培養敏銳的觀察力，光明磊落的心性，女性可養容蘊智，培養成熟的魅力。

十四、十二生旺庫與雙山五行

人生依據十二地支劃分十二個階段：長生、沐浴、冠帶、臨官、帝旺、衰、病、死、墓庫、絕、胎、養。其中以長生、帝旺、墓庫，稱為十二生旺庫。因為五行各有旺衰，所以金木水火土的十二生旺庫各有不同位置。例如火長生在寅，從寅上起長生，卯木沐浴，辰土冠帶，巳火臨官，午火帝旺，未土衰、申金病、酉金死、戌土墓庫、亥水絕、子水胎、丑土養等，依次順行。下圖讀者自行練習。

十二生旺庫與地支關係表

天干	長生	沐浴	冠帶	臨官	帝旺	衰	病	死	墓庫	絕	胎	養
甲	亥	子	丑	寅	卯	辰	巳	午	未	申	酉	戌
乙	午	巳	辰	卯	寅	丑	子	亥	戌	酉	申	未
丙	寅	卯	辰	巳	午	未	申	酉	戌	亥	子	丑
丁	酉	申	未	午	巳	辰	卯	寅	丑	子	亥	戌
戊	寅	卯	辰	巳	午	未	申	酉	戌	亥	子	丑
己	酉	申	未	午	巳	辰	卯	寅	丑	子	亥	戌
庚	巳	午	未	申	酉	戌	亥	子	丑	寅	卯	辰
辛	子	亥	戌	酉	申	未	午	巳	辰	卯	寅	丑
壬	申	酉	戌	亥	子	丑	寅	卯	辰	巳	午	未
癸	卯	寅	丑	子	亥	戌	酉	申	未	午	巳	辰
備註	丙、戊火土共長生在寅。 丁、己火土共長生在酉。											

前面提到地盤正針，格龍立向。天盤縫針，消納水法。三合五行(看天盤縫針)亥卯未，乾甲丁。寅午戌，艮丙辛。巳酉丑，巽庚癸。申子辰，坤壬乙。雙山五行：壬子。癸丑。艮寅。甲卯。乙辰。巽巳。丙午。丁未。坤申。庚酉。辛戌。乾亥。換言之，雙山五行將二十四山分為十二等分，套入十二生旺庫。

十五、元運與命卦計算

宇宙間自然有氣數的運行，這也是根據河圖和洛書，時間與空間所組成的概念。洛書以一白坎、二黑坤、三碧震、四綠巽、五黃中、六白乾、七赤兌、八白艮、九紫離，為九疇的氣數。用奇數來代表子、午、卯、酉四正位，偶數來代表乾、坤、艮、巽四隅的位置，中央五數為太極不動。於是八方和中央合成九疇的方位，然後把九疇分成上元、中元、下元，每一元管三個數，因此稱它為三元九運，而每人命卦都在三元九運中。

(一)、三元九運

一白坎、二黑坤、三碧震，這三個數為上元花甲，合共六十年。四綠巽、五黃中、六白乾，為中元花甲，合共六十年。七赤兌、八白艮、九紫離，為下元花甲，合計也是六十年。因為一元是六十年，而一元管三數，於是每一數便有二十年了。一數白二十年，是自上元花甲中的甲子年開始，到癸未年止。二數黑二十年是自上元花甲中的甲申年開始，到癸卯年止。三數碧二十年是自上元花甲中的甲辰年開始，到癸亥年止，上面這六十花甲年統稱叫做上元運。

四綠巽、五黃中、六白乾，是中元運，因為五黃中無卦，皇極不動，於是把五黃中二十年，分十年於四綠巽、又分十年於六白乾，因此四綠巽自中元花甲中的甲子年（民國 13 年）起，至癸巳年止，合共三十年。六白乾自中元花甲中的甲午年起，至癸亥年止，合計也是三十年。上面這一花甲統稱叫做中元運。

七數赤二十年，是自下元花甲中的甲子年（民國 73 年）起，到癸未年止。八數艮二十年，是自下元花甲中的甲申年起，到癸卯年止。九數紫二十年，是自下元花甲中的甲辰年（民國 113 年）起，到癸亥年止，以上這一花甲，統稱叫做下元運。上中下合共九數，凡一百八十年，分三元為一周，又轉至上元，運行不息。

根據上面所述，所謂三元九運，其中因五黃無八卦可依據，寄於四、六兩運，則實際上只有八運，於是以九星來配各運，則一運是貪狼，二運是巨門，三運是祿存，四運是文曲，五運是廉貞，六運是武曲，七運是破軍，八運是左輔，九運是右弼。又因為每卦包含了天、地、人三個方位，合計是二十四方位，於是每一運也包含了天地人三個方位。一運貪狼為甲、子、申，二運巨門為乙、壬、坤，三運祿存為癸、未、卯，四運文曲為巽、亥、辰，六運武曲為戌、乾、巳，七運破軍為艮、丙、辛，八運左輔為庚、寅、午，九運右弼為丁、酉、丑。

談到三元九運分配法：同治三年，為上元甲子，至光緒九年止，屬一白運；光緒十年甲申，至光緒二十九年止，屬二黑運；光緒三十年甲辰，至民國十三年止，屬三碧運。民國十三年起，為中元甲子，至民國三十二年止，屬四綠運；民國三十三年甲申，至民國五十二年止，屬五黃運；民國五十三年甲辰，至民國七十二年止，屬六白運。民國七十三年起，為下元甲子，至民國九十二年止，屬七赤運；民國九十三年甲申，至民國一百一十二年止，為八白運；民國一百一十三年甲辰，至民國一百三十二年止，屬九紫運。

民國一百三十三年起，復為上元甲子。週而復始。

(二)、命卦計算

由於「八宅法」理氣的風行，命卦的計算方法成為學習陽宅理氣的基礎知識。上元、中元、下元各六十年，合計一百八十年。所謂的年以交立春為起算點與國曆或農曆無關。計算命卦最簡單莫過於查表如下：

男命卦	離	艮	兌	乾	坤	巽	震	坤	坎
女命卦	乾	兌	艮	離	坎	坤	震	巽	艮
西元出生年	1901	1902	1903	1904	1905	1906	1907	1908	1909
	1910	1911	1912	1913	1914	1915	1916	1917	1918
	1919	1920	1921	1922	1923	1924	1925	1926	1927
	1928	1929	1930	1931	1932	1933	1934	1935	1936
	1937	1938	1939	1940	1941	1942	1943	1944	1945
	1946	1947	1948	1949	1950	1951	1952	1953	1954
	1955	1956	1957	1958	1959	1960	1961	1962	1963
	1964	1965	1966	1967	1968	1969	1970	1971	1972
	1973	1974	1975	1976	1977	1978	1979	1980	1981
	1982	1983	1984	1985	1986	1987	1988	1989	1990
	1991	1992	1993	1994	1995	1996	1997	1998	1999
	2000	2001	2002	2003	2004	2005	2006	2007	2008
	2009	2010	2011	2012	2013	2014	2015	2016	2017
	2018	2019	2020	2021	2022	2023	2024	2025	2026
	2027	2028	2029	2030	2031	2032	2033	2034	2035

另有一套速算法，即若依據排山掌，男子與女子的命卦順序是相反的。男命從兌開始逆順，即兌、乾、中、巽、震、坤、坎、離、艮。女命則是從艮開始順算，即艮、離、坎、坤、震、巽、中、乾、兌。又如果男命中宮寄坤，女命中宮寄艮，會出現兩次的機率，所以西四命的比例會比東四命高。例如：男命 75 年生，7 加 5 等於 12，12 超過 10，所以再用 1 加 2 等於 3，取 3 從兌逆順，即兌、乾、中，因為入中五黃，所以是算坤，故是西四命。再以男命 68 年生為例，6 加等於 14，14 大於 10，所以再用 1 加等於 5，取從兌逆順，即兌、乾、中、巽、震，震是東四命。男命 103 年出生，10 加 3 等於 13，13 大於 10，再取 1 加 3 等於 4，從兌逆順，即兌、乾、中、巽，巽是東四命。最不濟可翻閱萬年曆，男命就是該年紫白，但女命可不是。

（三）、排山掌

從一坎二坤以至九離為順	四巽	五中	六乾	從九離八艮數至一坎為逆
	三震		七兌	
	二坤		八艮	
	一坎		九離	

排山掌的運用，可以計算年命，例如：丁酉 46 年生男人，4+6=10，1+0=1，由七兌逆數 1，表示丁酉人是兌命；又例如：乙丑 74 年生男人，7+4=11，1+1=2，那就由七兌數到六乾為 2，所以乙丑年是乾命。

男由七兌逆算。女由入艮順算。若是數到五，五是中宮，只有數字沒有卦位，必須借宮；男命寄坤宮，女命寄艮宮。

為何男命中宮寄「坤」(西四宅)，女命中宮寄「艮」(西四宅)？因為五是中宮土數，水土共長生於申(不同於八字是火土共長生)，土就借坤位，以男為陽，陰陽相應，故男命寄「坤」。戊土長生在寅(八字是火土共長生)，寅為艮卦，以女為陰，陰陽相應，故女命寄「艮」。又依據先天八卦方位，四正屬陽，乾南、坤北、離東、坎西，居四正之位，為淨陽卦，故男命寄在坤之陽卦。先天四維屬陰，兌巽為肩，震艮為足，居四維之位，為淨陰卦，故女命寄在艮之陰卦。簡單說，「五中」就是中央五、十屬土，而坤、艮兩卦屬土，陰陽和合，男配坤，女寄艮。

十六、巒頭與理氣

風水學派很多，一般先分為巒頭派與理氣派。古文獻稱巒頭派為「勢與形，理顯而事難」，道理簡單明顯，要落實卻要大費周章解釋。「方位者，理晦而事易」，指理氣的道理隱晦不明，但實際按表操課還是容易的。當然實際上如人飲水，各有盲點。以巒頭為體，理氣為用是持平之論。。

(一)、巒頭派

巒頭派又稱為形法派、形象派、形勢派等，以房屋內外格局、形狀，搭配周邊龍、穴、砂、水等外圍環境綜合判斷。故端視藏風聚氣，龍虎交抱，去水之玄，環抱有情等外局判斷；唐代以後主要活動於江西，故又稱「江西派」，代表人物為管輅、郭璞、楊筠松、李處中、賴布衣等人，這些代表性人物均是堪輿學問泰斗能引經據典，熟諳風水操作原理，因此作品經得起推敲驗證而流為典範。形法派強調山水情意、屋宅型態、地形地物等，對人類心理、生理的影響與作用。《陽宅十書・論宅外形》云，「凡宅左有流水謂之青龍，又有長道謂之白虎，前有汙池謂之朱雀，後有丘陵謂之玄武，為最貴地。」這種覓龍、察砂、觀水、點穴的過程就是巒頭派的實踐，與河圖所代表的時間空間概念契合。關於龍、砂、穴、水，下章論述。

漢寶德在《風水與環境》一書中提到：在形相原則上，雖大體仍以方正為上，但加入九星觀念後，又未把各星代表的形象清楚的描繪出來，故形相與五行的關係是很模糊的。我們只能推斷，尖、曲折等是不吉的，因為文中說明呈現八字、火字、人字、扇面等形均不吉。基於《易》學設卦觀象對文化傳統的影響，堪輿學不免擬類萬物以判斷吉凶，例如山嶺的輪廓可以附會成生活場景、動植物形狀等，如此繪聲繪影喝形點穴，即完成一場堪輿活動，成為「形家」的根源。

（二）、理氣派

理氣派則是將陰陽五行、八卦、河圖、洛書、星相、神煞、奇門、十二地支、紫白飛星、六十四卦等理論收入理氣派，綜合元運判斷宅運，以決定房屋坐向之吉凶。理氣派是從時間和空間上考察人體與地理氣候，地極磁波變化的關係。因為觀察陽宅風水先外後內，次第審查。故先巒頭後理氣，先從外部大環境考量，再審查屋內氣場吉凶，最後套用理氣判斷。「地」指地理，「時」指理氣。首先外局環境與室內配置必須符合各項原則，例如龍高虎長、龍長虎高。閃避路沖、暗射、形煞等。在理氣方面，例如流年文昌、流年財位、流年桃花等，必須依時布置。理氣派在龍、砂、穴、水沒有相當優異條件之下，給出堪輿師斷宅吉凶的話語權。

風水學之派別甚雜，就目前較流行之派別，當然粗分為三合派與三元派。早期先民渡海，在廣闊之原野上，適合勘查山龍水脈，故台灣早期以三合派為大宗。近來由於數術文化上的交流，與都市化高樓建築普遍之情況，使三元派理氣逐漸普及。將陰陽五行、八卦、河圖、洛書、星相、神煞、奇門、六壬、六十四卦等收入風水理論，綜合元運判斷宅運、房屋坐向之吉凶。因為理論基礎不同，繼續引申出許多派別。巒頭與理氣兩者不可偏廢，各有對應吉凶，無法互相抵銷。故云：「言理氣無巒頭不靈，言巒頭無理氣不準。」略舉理氣派有：八宅法（東西四命）。陽宅三要法。紫白飛星法。乾坤國寶水法。玄空飛星法。玄空大卦法。三合法。九星法等，其餘不勝枚舉，例如運用八字、卜卦、紫微斗數、奇門遁甲、五行生剋制化等方法併論。

至於派別之準確性，各自褒揚，不在話下。例如勘輿大師王德薰在《山水發微》一書中略云，「更以各家法訣，詳加比較。殊覺清代蔣平階之地理辨正，天元五歌等訣，驗者十不得一二。而其所稱偽書，如賴布衣之催官，廖金精之九星等，驗者竟十之八九，其有一二，非不驗也，因內外向不明，或葬者骨質有異耳。而蔣氏所驗者，又皆不出乎廖賴等範疇。」而馬泰青在《地理辨惑》中則說：「……玄空之學可以挽回造化，必擇人而授，必擇人而用，則術者不得其門而入，不得不挾三合以求食，遂以詆毀玄空為能事。俗人無知，助之誹謗，而玄空家懷不世之秘訣，方晦跡韜光，以避世俗糾纏，無心與之分辨，亦不屑與之分辨，彼皆自作自受者，蓋天也，命也。」褒己抑人，似乎成為理氣派別之常態。而每派皆以易經風水學為號稱，自無不可。

十七、學地理入門方法

趙九峰《地理五訣》說明學地理風水的方法。應強記四局、五行與二十四山。其次地理有三綱、五常、四美。十惡等。

(一)、強記四局、五行與二十四山

初學時強記五行，將正五行，三合五行，向上五行，雙山五行，一一記清辨明四局中。生旺墓養，四大水口，全不相混。某是木局之生旺，某是水局之生旺，某是火局之生旺，某是金局之生旺，務要一見了然，全不相混，再將羅盤層層熟記胸中。層層講究清切，會使會用，知龍之形象生旺死絕，龍之理氣生旺死絕，穴之陰陽真氣，砂之貴賤得位失位，水之吉凶進神退神，一一辨別清楚。每到一處，看龍之生旺死絕，水口在某字上，或是天干或是地支，或天干幾分地支幾分，務要定准。看高峰或得某峰某貴人。旺山旺水，生山生水，臨官有峰無峰，二十四字用線一一牽開看過。

以上所述，就陽宅基礎而言，先將各種五行、二十四山、羅盤構造熟記使用方法與原理。凡到陽宅地點應先將前後左右看清楚，不辭辛勞用外盤縫針觀察水口，或兩水交於何處，最忌黃泉水。《地理五訣》又說：「形象好不好？或是貴穴或是富穴？穴暖不暖？風吹不吹？案眠弓或不眠弓？有下砂無下砂？然後照五訣書中。圖形吉者斷吉，凶者斷凶。……予見過富貴大家故塋，往往玉穴之前後左右，遍築圍牆，以圖壯觀。殊不知龍以生動活潑為貴，一旦築牆垣則龍身受制，氣脈阻塞，閉而不通，名為『囚龍』(陽宅則指周邊高牆，作繭自縛)，即有興旺之氣莫能為力，

大地小發，小地不發。……且各墳立向總以眼見水口為定。」這裡清楚敘明量測水口的位置是以「眼見」為準。

（二）、三綱、五常、四美、十惡

1、《地理五訣》論「三綱」

(1)、氣脈為富貴貧賤之綱

土者氣之母，有土有氣才有水，有水斯有財。陰宅有氣無氣專看過峽，過峽一線短又細，蜂腰鶴膝龍束氣，束得氣來方結地。陰陽宅忌無纏無護，風吹脊露，傾瀉無關欄，水直木城穴橫過，牽動土牛主貧寒。

(2)、明堂為砂水美惡之綱

登穴看明堂，明堂是眾砂聚會之所，後要枕靠，前要朝對，左右龍虎砂環抱有情。「明堂如掌心，家富斗量金」，「明堂容萬馬，水口不通舟」，陽宅前有大門照牆(不可逼窄)，如明堂前有氈唇餘氣，對岸有朝山，龍虎沙層層環抱。

(3)、水口為生旺死絕之綱

經曰：砂證明堂，水證穴，有地無地先看下手下砂，「逆水一尺可致富，下砂收盡源頭水」，上砂宜開闊，去水宜之玄。禽星塞水口，印浮水面渙乎文章，華表捍門，獅象把門等。《地理五訣》:「入山觀水口，有地無地先看下手下砂，逆水必有大地。」如水口在戌，則生在寅，旺在午，墓庫在戌。

2、《地理五訣》論「五常」

(1)、龍要真

辭樓下殿，穿帳過峽，纏護重重，迎接疊疊，屈曲活動，束氣起頂，此為龍脈要件；以陽宅而言泛指優質的生活圈與特色，「龍真」，孟母三遷，只為選出官貴與人文之地，。

(2)、穴要的

龍真穴便真，環境優越，可選擇的標的物就多。陽來陰受，陰來陽受，凹凸分明即為真穴。陽宅要藏風聚氣，氣氛和諧；最忌嫌惡性公共設施與形煞當門而立。

(3)、砂要秀

砂秀指左旗右鼓，前帳後屏，金箱玉印，帶倉帶庫之類。以陽宅而言，公共設施、環境景觀與綠化等必須合乎生活條件。龍虎砂對稱，寧可龍高於虎。

(4)、水要抱

上有開則水源充沛，下有合則水氣收聚。以陽宅而言，交通便利，工商繁榮，真水環抱即可。不可孤陰、寡陽、去水地之類。陰宅喜蝦鬚蟹眼，陽宅也愛水景點綴。

(5)、向要吉

《地理五訣》:「求富貴棄生朝旺，圖後嗣棄旺迎生。」，向要朝生旺方，有了巒頭還要理氣配合，陽宅以大門為氣口，大門各門派均有發揮，隨機而論。

3、《地理五訣》論「四美」

(1)、羅城周密

羅城者，羅列星辰，有金木水火土各種形態。凡周邊內城、外城、倉庫、旗鼓、槍劍刀、圭笏、玉几、眠弓、福星、玉臺、天馬等；以陽宅而言，周邊機能齊全，形煞全無即可。

(2)、左右環抱

以陽宅小環境而言，重重龍虎左右均衡，層層護衛顧我向我，秀麗有情等，俱主富貴。故社區完整，有內牆外垣，警衛守關；外局無沖射形煞，內局無穿心壓樑即可。

(3)、官旺朝堂

「官旺朝堂」，指來水立臨官帝旺，聚在明堂，少年早發，可得財官之類，例如甲祿在寅，寅甲水淨陽主大發。陽宅理氣正確，明堂收得到「天氣」不帶衝、射、崩、破、穿、割、斷、反等即可。

(4)、氣壯土肥

以陰宅而言，「氣壯」是磊落起伏，重疊踴躍，龍脈萬馬奔騰而來。「土肥」是適於使用的土地，以陽宅而言，不要亂葬地、廢棄地、污染地等，「人氣壯」陽氣旺即可。

4、《地理五訣》論「十惡」

(1)、龍犯劫煞返逆

註曰：龍泛劫煞福不齊，反逆之龍出忤逆。劫煞者，後龍過峽之處，帶惡石浩巖將龍劫斷，如人被強盜也。雖有好龍發富發貴，若帶劫殺恐龍運行到劫殺之處，忽而家遭凶禍死絕敗亡，即大貴之家，抄家戮身皆劫煞之病也。返逆出人不忠不孝，賊寇強梁，故曰惡。陽宅周圍最忌突出嫌惡性氛圍。

(2)、龍犯劍脊直硬

註曰：劍脊龍(僵硬直射)，其性最乖(乖戾)不受扦穴，若點此穴必傷地師。古云：第一莫下劍脊龍，殺師在其中。直硬為死氣不結穴。古云：蠢粗宜硬為死絕，死鰍死鱔(山勢僵直)不結穴。故不善。劍脊直硬一不脫煞，二不結穴。

(3)、穴犯凶砂惡水

註曰：面前有惡石、巉岩，水射路射，暴水大嚮，稱為龍叫(ㄐㄧㄠˋ同叫，水不宜有聲)，俱主家道不寧，夭壽乏嗣。哭泣多災，故不善。

(4)、穴犯風吹氣散

註曰：氣乘風則散。穴有凹風則不能藏，風聚氣穴後風吹主壽夭。左有風吹長房敗絕。右有風吹小房遭殃。前有風吹，貧寒孤苦，故曰惡山地。陰陽宅藏風聚氣為首要，風射左管老大，風射右管幼弟。

(5)、砂犯探頭抛胸

註曰：若破敗穴有探頭山，主出夜行之子，富貴穴有探頭山，主出淫蕩之士。抛胸與拭淚同主剋子傷妻、夭壽哭泣，故不善。這裡僅指出一些外局形煞代表，探頭山不是一律遭竊盜，而是分吉穴帶衰在淫蕩，凶穴帶衰是「夜行之子」，指家中出盜賊。「抛胸」包含虎現爪、高壓、回頭等。

(6)、砂犯反背無情

註曰：龍砂反背，長房窮苦；虎砂反背，小房貧寒。顧我向我，情意相關，明靜秀麗，發富貴。背我反我，情意相乖，家遭凶禍故不善。龍虎砂反背斜飛，水就直竄流去，賊風灌入，離鄉背井。

(7)、水犯沖射反弓

註曰：左射脇，右射脇，貧窮淫濫。左反弓，右反弓，家道不豐。前沖射么亡短壽，前反弓閨門不清，後沖射傷丁絕嗣，後反弓壽比顏回。古云：反跳不值一文錢，故不善。

(8)、水犯黃泉大煞

如丙午向，水出巽巳，巽巳是臨官，流出就是黃泉水；又例如庚酉向，坤申是臨官，流出就是黃泉水。壬子向出水乾亥是黃泉水。甲卯向出水艮寅是黃泉水。

(9)、破犯沖生破旺

「沖生」者，沖破長生。「破旺」者，流破帝旺位。「沖生」，顧名思義傷丁絕嗣；「破旺」則是破財敗家。

(10)、向犯閉煞退神

「避煞」者，水歸庫。「退神」者，立向逢形煞。水不歸庫主敗絕。向犯無情沖煞，定不發。陽宅立向收水，首重收水神，其次避煞，巒頭有損，理氣派不上用場。

第貳章　論外部局勢

在《陽宅集成・總論》作者餐霞道人意旨略以：看陽宅的方法，「須自遠而近，自外向內，自通宅至分房，然後局勢分明，而細微畢著。」即由整體之局勢逐漸觀察到各個專屬空間。陽宅學不過是由陰陽五行至河圖洛書，然後直通太極而已。經由各體、整體、外局、內形、方位層間等，吉凶禍福自然可以斷論。所謂「物物一太極」，端在靈活運用而已。如果「一登其堂，即取出羅盤一格，遽欲斷其隆替、定其消長，烏能有準？」意思是說由外而內逐級觀察，外形先於內局才是重點，以羅盤認定理氣吉凶是後半節功夫。故《陽宅集成》又論以：「夫身處室內，則屋外之形煞不知；僅觀一室，則統宅之災祥莫辨，即或談言微中，非詭譎以欺人，即竊聽而附會。」因此本書於第一章「陽宅學基礎」之後論述「外部局勢」。

《陽宅集成・跋二》意旨略以：陰宅與陽宅的道理是一樣的。但是作法與看法，則有相同與不相同，相同的部分是「其同者龍、砂、穴、水四大端」。其不同者，陰宅主靜，靜則專，舉凡成氣、立向、消砂、納水、俱於穴上辨其吉凶。而陽宅主動，動則變，其局宅層間、內外六事各有分配之禍福。所以堪輿學家專攻陽宅者，或許未能明悉陰宅之精微。而專精於陰宅者，或許未能明悉陽宅之原奧。因為陰陽宅彼此之間相通是很大的學問。本書以陽宅為主，先將陰陽宅相同之龍、穴、砂、水四大端，在第二章論外部局勢概述，再併同其餘古文獻的陽宅外局、外觀、地形、地勢等看法。

一、論陽基

(一)、《地理人子須知》論陽基

《地理人子須知‧總論陽基》:「夫陽基之與陰地大段無異。其有不同者，則龍必欲其長，而穴必欲其濶，水必欲其大合聚，大彎曲，砂必欲其大交結，遠朝拱。蓋宅基力量大於陰地，故必山水大聚會處，然後可結聚會愈多，則局勢愈濶，局勢愈濶，則結作愈大。上者為幾甸省城，次者為郡，又次者為州邑，又其次者為市井、鄉村基址。莫不各以聚之大小以別優劣。」陰宅要靜，所以遠離塵囂，不圖作大。陽宅不同處在於要山水大聚大會，局勢寬闊。審查陽宅大要有堂局、水局、形局、地勢、外在環境等，最後才進入內局。

1、堂局

陽宅最重視堂局，而《地理人子須知》提到「明堂證穴」，需要明堂端正，周邊有抱，不背水城；不可傾瀉，否則地氣不聚。小明堂平正，中明堂龍虎交會，大明堂在案山內，坐向要有融聚。

2、水局

論「水勢證穴」，得水為上，未看山先看水；陽宅有水先看水，沒水則以道路為水路。真水以潮源合聚，彎曲有情為貴。《地理人子須知》提到「不知水不足以言穴，知水之所趨，則知穴之所止，是以登山點穴須看水勢。如水勢聚於左堂或水城弓抱左邊，則知穴居左，若水勢聚歸右堂或水城弓抱右邊，則知穴居右。若正中水潮或正中溶注或正中水城圓抱有情，則知穴居中。」所以陽宅以接近水局，得玉帶水為貴。

3、形局

陽宅環境的氛圍會影響居住者的性情，無庸贅述。《地理人子須知》提到「夫穴之所忌，亦於形而察之耳。蓋葬者乘生氣也，而氣囿於形，因形察氣，故乘粗惡者其氣暴；山單寒者則其氣微，散漫者則氣亦散漫，虛耗則氣亦虛耗，及夫巉岩、陡瀉、臃腫、凹缺、幽冷、峻急等類，皆莫不以形而見其氣之吉凶。」書中所述有粗惡、峻急、單寒、臃腫、虛耗、凹缺、瘦削、突露、破面、疙頭、散漫、幽冷、尖細、盪軟、頑硬、巉巖等。

4、地勢

「三勢定穴」，三勢指立勢、坐勢、眠勢。在陽宅而言，立勢是瘦高形的建築物；坐勢是高寬成比例在一點六之內的建築物。眠勢是矮長形之建築物。「三停定穴」，即天地人三才穴法，陽宅以宛然窩坦，可藏車隱馬為要。「天穴」登峰而下，要有窩藏聚。「人穴」避風而下，要上不急，下不陡。「地穴」就水而下要四山低，高一寸為山，以免水患。陽宅就地勢高低而有不同看法。

5、六戒

看陽宅與巒頭定穴同理，《地理人子須知》提到「廖金精六戒」，值得作為基本功夫。

第一，莫下去水地，立見敗家計。(按：牽鼻水捲簾水之類)

第二，修尋劍脊龍，殺師在其中。(按：山勢僵直沖射而來)

第三，最忌凹風穴，決定人丁絕。(按：風口不聚氣)

第四，久嫌無案山，衣食必艱難。(按：無案則無朝水)

第五，生怕明堂跌，決是破家業。(按：明堂跌則地勢傾斜)

第六，偏憎龍虎飛，人口主分離。(按：山勢斜飛不聚氣)

6、《地理人子須知・青烏仙十不相》

不相粗頑醜石，不相急水爭流。(粗石急水，不宜農作)
不相窮源絕境，不相單獨龍頭。(窮源絕境，交通隔絕)
不相神前佛後，不相墓宅休囚。(神廟墓地，陽氣衰絕)
不相山崗潦亂，不相風水悲愁。(山勢潦亂，自非藏風聚氣)
不相坐下低軟，不相龍虎尖頭。(低軟則凹陷，尖頭則高聳)

陽宅主動，動則變化無窮。凡學陽宅者不免由《陽宅集成》、《八宅明鏡》、《陽宅十書》等作為進路，這些書在陽宅外勢與內局都有相當豐富的說法。《陽宅集成》說：「審龍之法，山與平洋不同，山以大勢奔馳，左右環抱，風不能吹，乃為有脈有氣，故(依)附山民居，皆在彎曲平坦，有兜收處建宅，非如陰墳，有上、中、下三亭穴法。平陽以得水為主，水來則龍來，水分則龍起，水交則龍止。……陽基與陰地，看法又有不同。陰地之龍，務須清純緊湊，氣脈團結。陽基之龍，喜其闊大開陽，氣勢宏敞。而陽基看法，鄉村城市尤各有別。鄉村之地，必須有龍，若無龍脈，只就局勢得元乘運，亦可發福，倘一失元隨即休囚。至若都省府州縣邑，必有旺龍遠脈，鋪張廣布，其民居廛舍，依附分列，亦得乘接餘氣，與都邑同興廢(蛋白與蛋黃的概念)。然其間亦有盛衰不一，興替無常，此又關乎局宅之得運與否，與夫內、外六事之得失如何，不可一概而論也，觀者其細察焉。」從上所述，山區應選擇「彎曲平坦，有兜收處建宅」，而平陽之地喜歡取「闊大開陽，氣勢宏敞」之位置。

(二)、《陽宅集成》論陽基

《陽宅集成》：「局者，基址之前後左右，橫水界住，結成何局也。法以河圖八卦後天方位分配，如同一河也。河在屋北，屋靠北河造，南面實地多，是離局；河在屋南，屋靠南河造，北面實地多，是坎局（以開闊面為局）。其乾、坤、震兌艮巽各局，俱如是也。又有四面橫河相均，屋居其中，為中宮局。更有兩卦相兼，則為兼局。各局之生旺休囚，俱由三元之氣運而分。」由這段話可知，臨水而有實地的地基，應該是背水而面向實地，即「負陰抱陽」。反過來說，若無「實地」，則應向水背山，仍是「負陰抱陽」。總之，陽宅以較為明確開朗的形勢定其陰陽向背。

《陽宅集成》:「基形者，人家建立宅舍，其基址之方圓長短，曲直凹凸，高低體式也。其形不一，總以寬平方正圓滿為吉，而以歪斜破碎為凶，亦須審龍脈局勢之生、旺、休、求而並斷焉，則自然應驗。」陽宅以堂局為重，看道路形勢如何，道路相對於建築物為低陷，視為水路，故平陽都會區以觀水為上。《陽宅集成》又說：「屋形者，屋之形象也。屋形萬有不齊，或結五星之體，或成九星之式，前後左右，吉凶形勢難以枚舉，而富貴貧賤，丁口盛衰，以及官非疾病，莫不由此，故各引其說。」地基與屋形是決定陽宅吉凶的初步條件。

陽宅學是考量建築物與外形、內局的關係，利用自然環境中的方向、光線、氣流、地勢、流水、排水、位置、道路、鄰近建築物等條件與因素，進行心理、科學、環境行為的研究，進而改善或加以利用，以增加居住者的生活品質。《易》學的「天人合一」，在陽宅學就是人與環境和諧的實踐。而在《陽宅十書》、《陽宅集成》、《八宅明鏡》等書中，列有許多吉凶條例，其中一部分可歸納成均勻的比例原則。各屋高度要配比適當，梁柱大小、粗細要合宜，周圓方正外，無添加贅形、奇形怪狀、無沖射等。在比例原則觀念之下，廳堂厢廊要高低長短適度，兩厢不可過長、過短、過矮。要左右均衡、長短相同，要有向院落集中的感覺，故前檐略高於後檐。若屋大要有廊，走廊設在前面。城市中判斷外部環境的方法，移植了巒頭龍穴砂水之法，以街衢作水，牆壁為砂，門外水道、公園即明堂，對面房屋、樹叢即案山。將自然環境的原則用在陽宅學外局中，不外與輪廓、形狀、質感等有關。

需要勘查風水的情況大略是購買新屋、購買中古屋、因居住不安寧或需要修繕等原因。其中購買二手屋必須了解該陽宅為何出售之原因？因為職務調動、經濟好轉而換屋，人口成長或活動增加以致面積不夠等原因，都是正常情況下的換屋活動，但是因為不安寧、凶咎陰霾之事而需換屋，就應徹底了解，不可貪圖一時便宜。基於「下濾現象」(住宅往社會下層換手)的普遍性，周邊鄰居品質與生活型態也成為勘查陽宅的「形煞」之一。本章討論陽宅四周的地形地物與陽宅本身構架，即「外部形法」。現代陽宅外勢外局的理論，大部分出於堪輿古書中的形勢理論，例如《葬經》《雪心賦》《地理人子須知》《陽宅十書》《陽宅集成》等。本書第三章才討論「內部局勢」。

二、風水外部局勢基本原則

風水學就是利用自然資源，人與環境共存的學問。以下提出幾個具有普遍性的原則。

(一)、陰陽協調的原則

《繫辭》云：「一陰一陽之謂道」，在中國哲學中《易經》強調正反對立，經由變化後達到和諧的境界。《山龍秘旨》〈千金賦〉「陰陽動靜，兩者貴於兼施。虛實剛柔，各處求其相濟」，唐正一《風水的研究》詳論為：「物體之伏者凸為陰，仰者凹為陽，如碗朝上仰為陽，往下伏底朝上為陰，山之仰者為陽，伏者為陰，隆起為陰，窩下為陽，又動者為陽，靜者為陰，活動曰動，不活動曰靜。……有陽無陰定不生，有陰無陽定不成。蓋陰陽有相互生成之妙，陰靜極而生陽，陽動極而生陰，配合生成，便是大道。」

因此，陽宅風水要求對立中要協調平衡，以陰陽為正反代表，就衍生出下列辨證，例如天為陽，地為陰。南為陽，北為陰。山為陽，水為陰。動為陽，靜為陰。剛為陽，柔為陰。生為陽，死為陰。《易經》思想陰極陽動，陽極陰生。陽中有陰，陰中有陽。陰陽消長、轉化、互根、漸變、鬥爭、平衡、形勢、微著、深淺、雌雄、男女、盈虛等。

在十二地支中，五行陽甲木生於亥位，以長生在亥，沐浴在子位，冠帶在丑位，臨官在寅位，帝旺在卯位，衰在辰位，病在巳位，死在午位。陰乙木生於午位，沐浴在巳位，冠帶在辰位，臨官在卯位，帝旺在寅位，衰在丑位，病在子位，死在亥位，因此陽甲木與陰乙木生死之位互相對調，就是陽死陰生，陰死陽生的意思。十天干十二地支如此分配，就是陰陽協調的意思。例如，一般均認為陽宅附近不宜有寺廟，因為不管屬陰屬陽都已經背離陰陽協調的原則。又凡孤陰寡陽之地勢，不適宜居住，也是因違背陰陽協調的原則。《老子・四十二章》云：「道生一，一生二，二生三，三生萬物。萬物負陰而抱陽，冲氣以為和。」坐北朝南，背山面水，都是負陰抱陽的實踐。

（二）、山水有情的原則

山是骨架，水是血脈。山要秀麗典雅，彎曲有情。「秀麗」必須綠意盎然，不可怪石嶙峋，否則容易滋生禿頂山、探頭山等，崩塌破缺。「典雅」指山勢緩和。「有情」不可望之來勢洶洶。山區裡的住宅、村落，外環境應以山峰、丘陵、林帶為龍脈，內環境應以建築群、道路、綠地的分佈判斷。平原地區雖沒有山龍，應以建築物、圍牆為「山」，道路視為水局判斷。古人的觀念認為氣是水之母，地氣隱於山脈，山下出泉水，水是養命之源。因為水可以滋潤萬物，養殖捕撈、洗滌、行舟航運、觀景悅目，甚至利於防守。因此歸納為山管人丁主健康、官貴。水管財，主智慧、財運、血脈暢通。水要清澈、緩和、曲折，如此便於收納水神。平洋區域將樓房視為山，周邊建築物應和諧、對稱、均衡，不可奇形怪狀，突兀尖射，尤其各種泰山壓頂、天斬煞、高壓電等「形煞」。

《山龍秘旨》〈千金賦〉:「前呼後擁(陽宅聚集)，定為貴冑之兒。反背側身(面對反弓水，他棟背面)，祇是他人之僕。纏送者(周邊生活機能健全)，有踴躍不遑之勢。環衛者(社區保全佳)，有歸降投拱之情。」，唐正一《風水的研究》詳論為，好的風水前面有秀麗迎接的貴人峰，後面也有簇擁的浩大氣勢，山以凸形向我為反背，以凹形面向我為正面。週邊的風水感覺活潑生動，對我拱護，即是大地有情的表現。在一個風水環境中，形煞是無情之物，除了避免各種形煞影響外，整體環境必須感覺有某種欣悅的情境，羅城、砂水、明堂等，若形狀反弓是無情，順弓是有情，來龍氤蘊是有情，破碎嶙峋是無情。枯樹、怪樹、禿樹、尖射、明堂雜亂、砂水反射、怪石聳立等，均為無情。

（三）、建築環境與人文原則

「風水」是追求人類與自然環境和諧並存的學問，因此陽宅的品質，除了滿足自身需求外，必須有保護與融合環境的概念，例如設計一間產生光煞的房屋，每逢午後反射炙熱陽光。或與鄰棟未保留適當間距，造成採光通風不理想等情況。甚至將污水處理池置放於鄰近土地邊。其次選擇導熱係數小，隔音，再生材料，綠建築工法等對環境衝擊較小之建築物。

關於環境之審查，其實就是勘察風水的步驟，只是將環保觀念融入而已。先觀察外勢，後審查內部，先巒頭後理氣，先從外部大環境考量，再審查屋內氣場吉凶。因為外勢之形煞往往是宅主無法變遷的，只能被動的進行局部改良。但對於內局則是自己所能掌握的。人類生活在風水之中，舉凡陽光、風速、風向、溼度、溫度、雨量、噪音、電磁波等均必須控制在合理範圍中。

例如：陽光充足就有殺菌功能，亦可對人身合成有益的維生素 D，且甚至幫助庭園植物行使植物光合作用等。反之，潮濕易生菌，易滋生陰靈鬼怪，使心理不健全。例如，過於炙熱的西曬，周邊環境光煞、霓虹燈、水波光線的反射等。又例如，風煞，嚴冬寒風必須要有屏障，人性喜歡收到夏季清風徐徐吹拂等。反之，例如：南風被對面大樓遮擋，東邊的大樓遮住太陽，出門面對高壓電塔映入眼簾等。

至於人文原則：孟母三遷的故事耳熟能詳，住宅環境如果處於名校、圖書館、藝文中心、公園、音樂廳等，必然屬於較優之環境。在集合住宅中，如果同一棟住戶水準齊一，社區管理完善，自然有較優良之生活品質。反過來說，對於堂口、角頭，風化區、特種營業等地區，除適合特定對象外，以住家為目的之居住場所，自非首選。而商場必須注意交通動線，停車方便性，聚集效應等。工廠則是交通動線外，勞動力質量，原物料，鄰近交通系統，周邊公共設施等。

（四）、其他考量事項

時間與空間的相依關係，「地」指地理，「時」指理氣。首先外局環境與室內配置必須符合形勢原則，去除不良的「形煞」。並由道路進入明堂，在進入私人領域後之流暢、合理、比例等性質如何？注意龍高虎長、龍長虎高等平衡問題。房間與人數，房間功能的分配，各房間之動線，是否合乎人性化？理氣方面，例如在流年文昌、流年財位、流年桃花等，必須依時布置，本書第四章「八宅法」，第五章「紫白飛星」是對理氣的說明。

藏風聚氣是風水最大要求。「風」指氣流而言，包含風速、風向、溼度等。「氣」可以是指空氣品質，也可以指五行生剋制化的生旺之氣。「氣乘風則散」，例如陽宅位居高頂孤陰之地，必然疾風沖射。位於平地如同鶴立雞群，也是疾風沖射，就是違背藏風聚氣的原則。又風水學中「山管人丁，水管財」，因此水路也是重要項目，在觀察水路方面大致分為逆水局、順水局、橫水局、斜水局等。因為現代環境污染的因素，來水是否污濁，是否造成水患，具有重金屬、有害物質等，以致影響空氣與土壤品質等，未蒙來水之利，先受其害。

《葬書》:「土者，氣之母，有土斯有氣。氣者，水之母，有氣斯有水。」古來人體健康與土質、水質息息相關，雖然現有陽宅幾乎全部配有自來水，但因區域地下水仍有與自來水相混之可能，甚至地下水經由灌溉植物，間接為人食用，導致對人體的傷害，仍不乏其例。土壤有砂質、泥質、有機土質、卵礫石等，分為紅、白、黑、青、黃等顏色，陽宅基礎必須置於土質堅實、均一、乾淨之土壤上，對於潮濕、腐臭、垃圾回填、地質具有變化磁場之礦脈等，均不宜做為陽宅基礎。水質與土質的勘查對陽宅環境之影響，實已涉及生理與醫學等專業領域，但至少也是風水師應具有的一般概念。

中庸與審美的觀念，儒家思想最重中庸，《管氏地理指蒙》云:「欲其高而不危，欲其低而不(水)射，欲其顯而不彰揚暴露，欲其靜而不幽囚啞噎，欲其奇而不怪，欲其巧而不劣。」故在動靜、高低、藏露之間，取其中庸之道。例如頭重腳輕，嘴邊長瘤都是違背中庸與審美的觀念。《太平御覽》記載:「王者受命創始建國，立都必居中土，所以控天下之和，據陰陽之正，均統四方，以制萬國者。」這是出於動線必須簡捷與卡位的概念，「以制萬國」，以便於控制周邊環境，這也與便利商店選擇地點的觀念相當，而大型具有公共性的設施，例如：百貨公司，大型醫院，綜合性遊憩設施等，尤其不能脫離捷運系統。

景觀綠化使陽宅環境優美而令人心曠神怡，因此心理上的舒適，可以反映到生理上的健康，這已經有科學上的根據。因此喜歡羅城周密，砂水環繞有情，明堂寬闊聚氣，來水之玄、靜緩等。住宅四周忌諱枯樹、禿樹、死樹、怪樹、病樹等歧出現象，山勢不宜峻險崢獰，硬直反逆。水勢不宜湍急嗚咽，沖射反弓。如果要青松鬱竹，風勢和緩，溫濕適宜，在適當程度內綠化、築牆、培土、遮掩等，可以達到局部改造的目的。

三、外形五行九星

五行與九星在第一章略述過，本章就陽宅外局四周圍各種地形地物，例如山形、路形、屋形、水形、煞形等。作出進一步細述。《地理人子須知》提到在天成象，在地成形；五星即五行。「夫五星形體，古人以木之條達而取象於直(聳立的長方形)。火之炎焰而取象於銳(上揚的三角形)。土之厚重而取象於方(端方穩重的平頂形)。金之周堅而取象於圓(圓弧形)。水之流動而取象於曲(波浪流動形)。故凡山形之曲動者為水星。光圓者為金星。方正者為土星。尖銳者為火星。直聳者為木星。」後人以五星又有不純者謂之變格，增為九星。但九星何能勝任變化之無窮？現代風水師觀察陽宅，外形大致以金、木、水、火、土等五行為根據。五星又分清、濁、凶三格，凡星辰秀麗光彩者為清，凡星辰肥厚端重者為濁，凡星辰醜惡帶殺者為凶。

(一)、五行概述

陽宅原則上木長，火尖，土方，金圓，水曲。五星不宜太肥太瘦，金喜圓靜，正而不偏。木喜聳秀，直而不欹。水喜活潑，動而不傾。火喜雄健，明而不燥。土喜方正，厚而不薄。山圓為金，山直為木，山曲為水，山尖為火，山方為土。《五星斷訣》說:「凡屋低而平者水形。高而聳者木形。中高而兩頭低者火形。前後有兩廂金形。上有推照下有掩心者土體。又有牆垣起伏下堂，與兩廂簷位平者水體，兩廂太長堂前入深者火木體，上下正房如品字樣者金體，又有上下裝暖廳者金體，走馬者與四合者土體，屋簷四腳批火腳者火體。」古代建築與現代陽宅不同，學者自行練眼力體會。

陽宅以五行分別吉凶，可以屋形（形）與坐山（宮）比較。例如坎山屬水，其上興建火形屋，為宮剋形。若換成土形屋為形剋宮。房屋代表宅主，坐山代表財，坐山五行剋制陽宅五行對宅主不利。陽宅五行剋制坐山五行，財富不旺。因此土形屋坐艮山五行是比和，有利蓄財旺人丁，其餘比照。

1、屬於木形者

青色、黃綠色、草綠色、葉綠色、青綠色。木：長形、直而高聳、長直而上尖帶圓山勢直硬清秀，山面光潤清勁，山頂直削圓靜均論吉。欹斜散漫，崩石破碎，臃腫斜欹則論凶；木在人體是手足，震巽是兄姊，應驗在兄弟感情，手足受傷。形象指長形屋，庵，廟宇，嶠星，公家機關，書堂學堂，竹樹，木橋，旗桿。樹木、竹子、木橋、旗竿、茅草屋、木柵欄、木門等。

2、屬於火形者

紅色、紫色尖形、三角形火：尖塔、墳堆、加油站、打鐵舖、電器行等。山勢硝峻焰動，山面平靜下濶，山腳飛斜帶星曜論吉。不經脫卸，亢頭破頂，返逆惡陋論凶，主刑傷、官非。形象指尖塔，嶠星，銀樓，加油站，瓦斯儲存場，發電廠，變電所，金屬煉製場等。火形屋對內對外容易衝動爭執，難溝通。

3、屬於土形者

黃色、棕色、褐色方形、長方形、正方形、正方體、長方體街道、牆垣、堤壩土：山勢渾厚高雄，山面平正聳立，山頂方平濶厚，山腳齊平端歛，論富貴福壽吉祥。欹斜傾陷，臃腫破陷，圓角軟怯，牽拖破浪論凶。形象指大路，方牆，方屋，方山，方墩。

4、屬於金形者

白色、金黃色圓形、半圓形、橢圓形水田、溪流、河流、池塘、江、湖、澤、井環形橋、汽機車修理店、五金行、打鐵店等。喜山勢定靜光圓，山頂平圓肥滿則吉，山面圓肥平正，山腳圓齊肥潤等，論官貴之吉。凡流動不正，欹斜臃腫，破碎巉岩，尖斜走竄，論軍賊流亡之凶。形象指圓環，圓池，圓墩，圓山，圓造型，金屬加工場。

5、屬於水形者

深色、深藍色曲形、波浪形水：山勢橫波層疊，山面水泡磊磊，山頭圓曲欲動，山腳平鋪流瀉論聰慧文昌之吉。牽拽盪散，嬾坦散漫，欹斜崢獰，蕩然不收，則論淫欲、奸反之徒。溪流，水塘，澤地，湖泊、運輸站、港埠等。

（二）、《地理人子須知》論五行

《地理人子須知・五星總論》解釋五星即五行。邵子曰：「太極分而為陰陽，陰陽播而為五行。五行散殊而萬物。」故五行精(神)繫於天，為五星；形(狀)效於地，為五材。

> 夫五星形體，古人以木之條達而取象於直，火之炎焰而取象於銳，土之厚重而取象於方，金之周堅而取象於圓，水之流動而取象於曲。故凡山形之曲動者為水星，光圓者為金星，方正者為土星，尖銳者為火星，直聳者為木星。此亦自然之理。

五行的形象：直聳條狀者為木星，尖銳焰動者為火星，方正厚重者為土星，光圓堅白者為金星，彎曲蠕動者為水星。既有五星，何來九星？

但五星形又有不純者，謂之變格。故後人又立九星之名焉。其實九星不能外是五星耳。或曰：五星為正，九星為變，今只取五星，不取九星，是用其正不用其變。曰：非也。五星之變，不可勝形，九星烏足以盡其變？惟守約該博，則五星實有以統之矣，奚取夫九星之異名哉！

五行是總括形體而言，但萬物之多不論以五星、九星而言，都不足以形容變化之奧妙。因此以九星代表五行之變化，即可將萬物形象簡約成五行是大致足夠的，再以五行為基礎可以涵蓋萬象。以下分別畫出五行的立面與平面。

金星形圓	
金星圖 	此金星立眠二格 
木星形直	
木星圖 	此木星立眠二格 

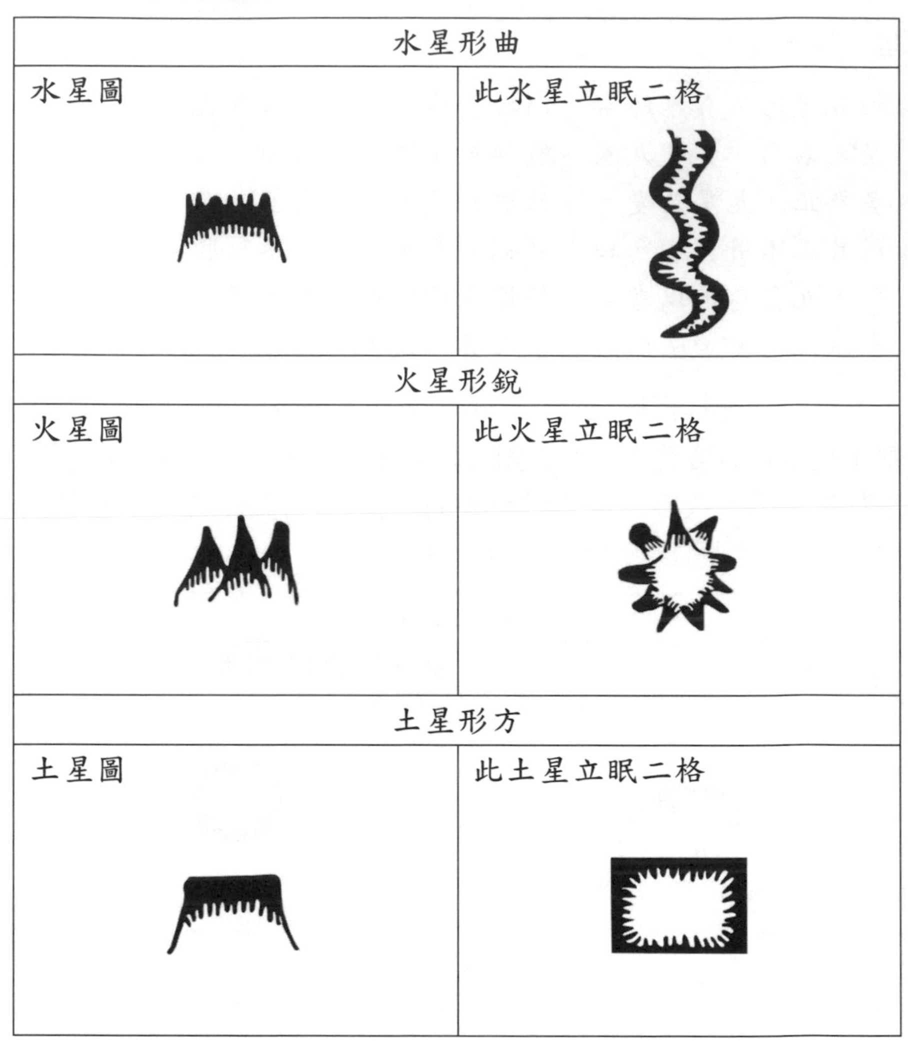

水星形曲	
水星圖	此水星立眠二格
火星形銳	
火星圖	此火星立眠二格
土星形方	
土星圖	此土星立眠二格

《地理人子須知》:「五星之形，姑圖立(立面)眠(倒地)二格正體為式。其各星又有兼形未純者，皆為變體，不悉圖。」上圖僅列出立面與平面(倒地)兩種圖形，變體兼具各種形狀很難單純斷定屬於哪種五行，無法一一列出。

《地理人子須知》:「愚竊謂五星之變化無窮,即一星之用亦可為武、為文、為富、為貴、為吉凶,第觀其發現何如耳。苟以一星拘之,理難包括,莫盡其蘊。今以清、濁、凶分為三格以例其名,庶幾各極其妙,而於諸家之說相為貫通,不致矛盾云。」

五星在五行上雖然各有特性,可能為武、為文、為富、為貴、為吉凶,但並無分富、貴、貧、賤高低,而是在成格與否分出清、濁、凶。故《地理人子須知》:「凡星辰秀麗光彩者為清,凡星辰肥厚端重者為濁,凡星辰醜惡帶殺者為凶。」

1、金星

清者曰官星,主文章顯達,忠正貞烈。
濁者曰武星,主威名烜赫,秉殺氣之權。
凶者曰厲星,主殺戮、軍賊、殘傷、夭札、絕滅。

(1)、金,西方之星也,於時為秋,鏗鏘有聲,屬金,金屬是珍貴之物且為世珍重。

(2)、上者百鍊不屈不撓,故其星之清者為官星,官貴之象。其主為文章清秀,功名顯達,剛正忠貞節烈之應。

(3)、若其濁而不秀,如天文金星有變異,則主兵革。金加倍明亮,芒角赤紅,主用兵。故其星之濁者為武星,威武之象。其所主為元戎殺伐,威名烜赫之應。

(4)、然金氣肅殺而凋枯萬類,故秋殺斂藏。如古者,兵刑之用必以秋決,以金主殺伐。故其星之凶者為厲星,慘暴之象。其所主為軍賊、大盜、誅夷、官非、慘酷、絕滅殺伐之應。

2、木星

清者曰文星，主文章科名，聲譽貴顯。
濁者曰才星，主勛業、才能、技藝。
凶者曰刑星，主刑傷剋害，及遭刑犯法，夭折殘病。

(1)、木，東方之星也，於時為春。春主發生，春天之時，萬卉秀發，奇葩艷萼，獻異爭奇，此木之文采。

(2)、其星之清者為文星，文華之象也。其主為文章清秀，科名顯達之應。然木之體，長茂條暢，鳴風撼雨，淅瀝有聲，聲譽遠著，名姓播揚，上等文星發科甲。

(3)、至於為器用車座，文理可觀，憑藉適意。以為大廈，則棟樑椽角，莫不備具，故其星之濁者為才星，才用之象也。其主為榮貴勛業，多才多藝之應。中等文星無官也有財。

(4)、然其凶者，或為枯槁摧折，或秀而不實，朽壞倒撲，又能壞物。以為枷杻桎梏之屬，乃為刑具。故其星之凶者為刑星，刑傷之象也。其所主為刑傷剋害、夭折殘疾、官訟牢獄、孤寡困頓之應。下等木星代表刑傷殘病。

3、水星

清者曰秀星，主聰明、文章、智巧、明潔、度量及女貴。
濁者曰柔星，主昏頑、委靡、懦弱不振、疾苦不壽及諂諛阿邪。
凶者曰蕩星，主淫慾、邪蕩、奸詐、貧窮、長病、夭折、客亡、流移、水溺。

(1)、水乃北方之星，於時為冬。以其質行於地者言之，則風行而紋生，且清澈可鑑，變動不拘，可方可圓。推而行之，可以運舟，可以灌溉，光瑩照耀，精麁不遺。

(2)、故其星之清者為秀星，性行明潔，度量汪洋之應。然水本內明而外暗，體柔性順，故其星之濁者為柔星，卑弱之象也。

(3)、其所主為昏愚、卑陋、柔弱、委靡、諂諛、阿邪之應。然水暴漲則滔天漫野，蕩析民居，無有救遏。而溝渠之間，穢污混濁，此皆不美。故其星之凶者曰蕩星，流蕩之象也。其所主為凶狠殘暴、流蕩忘返、酒色傾家、淫濫不潔、離鄉客死之應。

4、火星

清者曰顯星，主文章發達，大貴、烜赫、勢焰。 濁者曰燥星，主剛烈燥暴、作威福、奸險、夭折，禍福相半，有吉有凶，易興易敗之應。

(1)、然火之為物，其起甚微，其發甚盛，其滅甚速。與物無情，金入則熔，木入則焚，土入則焦，水入則涸。

(2)、故其星之凶者為殺星，絕物之象也。其所主為殺伐、慘酷、大盜、誅夷絕滅之應。大抵火星欲其脫卸多，或撒落平洋，或穿田渡水，重疊過峽，然後結穴則吉。

(3)、經云：「若見火星焰動時，到處須尋一百里。」言其遠則脫卸淨耳。《斷法》云：「五七火星連節起，列土王侯地。脫落平洋近大江，結穴始相當。」指火星必須層層脫卸煞氣，直到接近平洋有水。若火星未經脫卸，縱龍穴入格，必主大福大禍，未有盡善。

(4)、楊公云：「大地若非廉作祖，為官終不至三公。」乃以廉貞屬火，而火星宜作太祖山。蓋五行之中，金分則輕，木分則小，水分則淺，土分則微，惟火愈分越盛，如一星之火，分而為萬里之炎，此所以宜作祖龍耳。大抵天下名山大岳，未有不是火星者，此亦可見造化之妙也。

5、土星

> 清者曰尊星，主極品王侯，分茅胙土，勛業崇高，慶澤綿衍，五福金運祚永。
> 濁者曰富星，主多財產豐富，壽算綿延，人丁蕃衍。
> 凶者曰滯星，主昏愚懦弱，疾病纏綿，黃腫牢獄不振。

(1)、土為鎮星，含弘鎮靜，德居中央，功為地載，位為帝星。故其星之清者為尊星，其所主為王侯極貴之品。鎮靜以安社稷，普惠以澤民生之應。

(2)、然五星之中，土為重濁，故鎮星之行度最遲，大率二十年一週天。而土之性情最緩，發達鈍慢，最能耐久。其生物甚繁，故其星之濁者為富星，其所主為多貲財，田產豐饒之應。

(3)、然土無處無之，雖凶亦不為大禍，故重濁之土為滯星，壅塞之象也。其所主為滯鈍、頑昏、疾病纏綿之應。

(三)、《地理人子須知》補充說明

> 1、木有華麗，萬紫千紅，香氣襲人。
> 2、金有光彩，有聲音。水有波紋，蕩漾飛瀉。
> 3、火有光明焰動。故木為文星，金為官星，而火之顯為文明之象，水之秀有智巧之能，而土不與焉。
> 4、然不知土於五行為至尊，於五方居中，為萬物之母，有配天之德，天下之貴孰加焉？惟其渾厚質樸，不露圭角，

> 不逞華麗，故凡文章科第、威武昂軒、烜赫華耀、聰明才辨，則少讓於水火金木。若夫爵祿之厚，品位之高，王侯公輔之尊，及延長之慶（高壽），嗣續之衍（子孫綿延），萬全之福，非土星不能也。是土星力量豈不冠絕於四星乎！
>
> 5、卜氏謂「土旺牛田」，廖氏謂「土主家多豪富」，非知土星之大者也。

這段說明五行的特性，木要華麗，金要光彩，水要波動，火要光明，土要質樸，各就其性，富貴可許。其中土居萬物之母，坤為地配乾為天，土的性質「渾厚質樸，不露圭角，不逞華麗，故凡文章科第、威武昂軒、烜赫華耀、聰明才辨，則少讓於水火金木。若夫爵祿之厚，品位之高，王侯公輔之尊，及延長之慶，嗣續之衍，萬全之福，非土星不能也」。就以陽宅而言，端莊方正的建築物容易形塑健康樸實的人格。廖金精謂「土主家多豪富」，因為土形適於耕種聚財而言。

一般巒頭將五星依據地勢高低分成高山龍、平崗龍、平洋龍三種型態討論。陽宅固然無須如此細論，能合出吉格者即可。其次陽宅是人所造作，而山龍是天地造化，兩者間之奧妙不可同論，故古堪輿家竭盡妙辭尚難盡言盡意。然而陽宅之五行理論與陰宅大同小異。

（四）、論五星分高山、平崗、平地三格與體性

1、《地理人子須知》論金星

> 1、高山之金，如鐘如釜，頭圓不欹，光彩肥潤，金之吉者也。（高山金星很難整體如半圓形，只需峰頂圓而不欹，

光亮滋潤即成格）。
2、平岡之金，如笠如馬，倒木圓挎，如珠走盤，金之吉者也。（平岡丘陵之金星，如斗笠、圓扁形、倒地圓形即成格）。
3、平地之金，圓如糖餅，肥滿光潔，有弦有稜，金之吉者也。（平地金星柔順圓滿，光亮清潔，直線菱角俐落可分即成格）

上格的高山金形龍必須有完美的弧形，因此形象如覆鐘(立體)、釜形(倒地)、弦月等，光彩肥潤是土地生氣盎然。平岡金形龍則無聳高的立體金形，因此只用斗笠形、圓盤中的滾珠表示。平地金形更矮，用糖餅形容。

2、《地理人子須知》論木星

1、高山之木，高聳卓筆，挺然峙立，不欹不側，木之吉者也。（高山木星必須挺拔直立，卓然成文筆，不偏欹偏側即成格）。
2、平岡之木，枝柯宛轉，回抱衺延，勢若之玄，木之吉者也。（平岡木星必須枝葉襯托，環抱伸展，之玄綿延即成格）
3、平地之木，軟圓平直，枝柯曲延，苞節牽連，木之吉者也。（平地木星要柔軟平直，綿延不絕之勢，而且中間要有木節相扣即成格）

上格的高山木形龍，聳拔挺立，端正不傾斜，不崩破，有文筆的形象。平岡木形龍山勢不高，談不上聳拔挺立，但必須枝幹分明，有迴有抱，木形不在立面即在倒地。平地木形龍是枝葉尾端，必須軟圓或平或直。「苞節牽連」指竹有節，木有疤或年輪。

3、《地理人子須知》論水星

1、高山之水，山泡曲灩，勢如展帳，橫闊擺列，水之吉者也。(高山水星要如起泡之弧形，水波流動，行雲流水即成格) 2、平岡之水，平腳平鋪，勢如行雲，逶迤曲折，水之吉者也。(平岡水星，支腳要平鋪，形勢如水如雲，旁行綿延即成格)。 3、平地之水，展席鋪氊，波浪暈界，有低有昂，水之吉者也。(平地水星，像毛氈草蓆般，水勢如波浪，高低分明即成格。)

高山水形龍，水勢要曲折有情，展帳、橫闊，山形不可僵硬，崩破。平岡水形龍不高聳，所以不論立面、倒地，要成平鋪彎曲展延之勢。高一吋為山，低一寸為水，平地水形龍以流水形勢鑑定最準，像平鋪的草氈彎曲延伸。

4、《地理人子須知》論火星

1、高山之火，秀麗尖聳，焰焰燒空，為祖為宗，火之吉者也。(高山火星，秀麗尖聳外，形象是火焰熊熊，祖宗山最吉成格) 2、平岡之火，斗足袤延，縱橫生焰，得水相連，火之吉者也。(平岡火星，由來龍伸展綿延而去，火焰縱橫之象，得水相連即成格)。 3、平地之火，斜飛閃閃，田中生曜，水裡石樑，火之吉者也。(平地火星，閃爍生動之象，例如田中水中石曜、石樑，有火形斜飛即成格)。

高山火形龍，像火焰般的高聳在天邊雲霄外，一般祖宗山遙不可及，因為高山冰雪與風化作用，所以寸草不生，一般不結穴。平岡火形龍已經是可以利用的高度，只要有水就吉格。平地火形龍偶而以水中石曜、石樑為證據。

5、《地理人子須知》論土星

1、高山之土，如倉如屏，重厚雄偉，端正方平，土之吉者也。(高山土星，形象如倉庫屏風，雄厚端正，感覺四平八穩即成格)。
2、平崗之土，如几如圭，重厚獨肥，不傾不欹，土之吉者也。(平岡土星，向茶几、方整玉器，不傾斜倚曲即成格)。
3、平地之土，塹傍如削，方厚平齊，有高有低，土之吉者也。(平地土星，臨深坑、壕溝，削平整齊，高低有序即成格)。

高山土形龍形象方正，像方倉、正屏，四平八穩。平岡土形龍較低，像茶几、鐵鉆、方盆等。平地土形龍像棋盤，方巾、木砧。以上看龍脈五行，往往並非形象純粹可供歸納，多有貪狼帶巨門、貪狼帶廉貞、巨門帶祿存、巨門帶武曲、祿存帶右弼、破軍帶巨門等不勝枚舉；請閱未來《陽宅進階三十天快譯通》。

(五)、論五星體性

1、金之體圓而不尖，金之性靜而不動。

1、山勢定靜光圓則吉，流動不正則凶。
山面圓肥平正則吉，欹斜臃腫則凶。
2、山頂平圓肥滿則吉，破碎巉岩則凶。
山脚圓齊肥潤則吉，尖斜走竄則凶。

2、木之體直而不方，木之性順而條暢。

1、山勢直硬清秀則吉，欹斜散漫則凶。
2、山面光潤清勁則吉，崩石破碎則凶。
3、山頂直削圓靜則吉，臃腫欹斜則凶。

3、水之體動而不靜，水之性沈泥就下。

1、山勢橫波層疊則吉，牽拽盪散則凶。
2、山面水泡磊磊則吉，嬾坦散漫則凶。
3、山頭圓曲欲動則吉，欹斜崚嶒則凶。
4、山腳平鋪流瀉則吉，蕩然不收則凶。

4、火之體銳焰動而不圓，火之性炎焰縹緲而不靜。

1、山勢峭峻焰動則吉，不經脫卸則凶。
2、山面平靜下闊則吉，亢頭破頂則凶。
3、山腳飛斜帶曜則吉，返逆醜陋則凶。

5、土之體方凝而正，土之性鎮靜而遲。

1、山勢渾厚高雄則吉，欹斜傾陷則凶。
2、山面平正聳立則吉，臃腫破陷則凶。
3、山頂方平闊厚則吉，圓角軟怯則凶。
4、山腳齊平端斂則吉，牽拖破浪則凶。

6、五星不宜太肥太瘦。

1、金太肥則飽，飽則凶。金太瘦則缺，缺則凶。
2、木太肥則脛，脛則凶。木太瘦則枯，枯則凶。
3、水太肥則蕩，蕩則凶。水太瘦則涸，涸則凶。
4、火太肥則滅，滅則凶。火太瘦則燥，燥則凶。
5、土太肥則壅，壅則凶。土太瘦則陷，陷則凶。

7、五星所喜所忌

1、金喜圓靜，正而不偏，偏則缺損，缺損所非喜矣。
2、木喜聳秀，直而不欹，欹則枯槁，枯槁所非喜矣。
3、水喜活潑，動而不傾，傾則漂蕩，漂蕩非所喜矣。
4、火喜雄健，明而不燥，燥則燎爍，燎爍非所喜矣。
5、土喜方正，厚而不薄，薄則怯弱，怯弱非所喜矣。

以上說明觀察五行的重點，以此要領學習勘查陽宅之眼力，若不中，亦不遠矣。梁湘潤大師在《陽宅實務透解》中歸納「宅法形質挪移」，以五行性申論出陽宅佈置精神：

1、水：宅之北方或文曲或用於通關等，無形質，吉祥繩結，透明紗窗，透明玻璃裝飾等。

2、木：宅的東方、東南方、貪狼生氣方、輔弼伏位方，佈置「有形質」物品，平面的，薄形的，掛對聯，畫像、日曆、木匾等。

3、火：宅的南方，廉貞方，佈置「有氣」物品，有氣味，花盆、盆景、化妝台、廚房、洗手間等。

4、金：宅的西方、西北方，延年武曲方，絕命破軍方，佈置「有體」物品，厚重、立體、沙發、酒櫃、壁櫥等。

5、土：宅的西南方、東北方，天醫巨門方，禍害祿存方，佈置

「形體皆俱」的物品。形體皆俱指非但厚重，而且物件的外表也有美觀的修飾，例如圖案分明的酒櫃，花紋圖案的沙發，門上有精雕的圖案，大型浮雕之裝飾。

(六)、星性山法水法

九星	山法	輔星水法
貪狼木	圓身直聳，如出土之笋(筍)，頓起之笏，立體開窩取水，坐體多結三停，眠體亦結三停。要有節泡，生成窩面。高山葬水不葬木，平地挨木不挨水。	貪狼是廉貞上爻所變，楊公稱貪狼，廖公稱紫氣。主人丁大旺，且出人聰名孝悌，財帛旺盛；又名生氣，其吉可知。
巨門土	形如馬鞍，裝擔者，方正如屏風，頓笏牙梳，櫥櫃，平天冠，幞頭，棋盤。穴宜土腹藏金，就金開水，取其中正或取其角尖火形，火能生土。	巨門為貪狼之中爻所變，陽公稱巨門，廖公稱天財。主忠厚長壽，聰明孝友，出神童，君子得之官貴，小人得之進財帛。凡得巨門之水，主發財富而有壽。又名天醫。
祿存土	類似土體，不正，無手脚，如豬屎、牛鼻、螃蟹、蜘蛛、若裁穴難下，可就頂開窩，坐壓煞穴。	祿存為巨門之下爻所變，楊公稱祿存，廖公稱孤曜。出人心性愚頑，行事狂妄，離祖過房兼絕嗣。男鰥女寡，淫亂、產死、縊亡，形體殘廢。又名禍害。

九星	山法	輔星水法
文曲水	如草中蛇，灰中線，逶迤屈曲，不成口面，必非直結。屈曲處節泡連生如瓜藤狀，一節一穴，在欲盡未盡處，開口坦面，相其砂水灣環，截其氣脈亦可扦。	文曲為祿存中爻所變，楊公稱文曲，廖公稱掃蕩。此星主淫亂，虛詐多技巧，好賭博，貪酒色。嘮瘵癲狂，患眼疾，跛足，瘡疥中風，欠債離鄉。又名六煞，遊手好閒之凶星。
廉貞火	其頭尖利，粗石稜鑠，多作龍樓寶殿祖宗山。若開帳如梳齒，掛破衣、破傘、展旗，謂為亂火。倒地火星如犁頭尖，茅葉尾。	廉貞由破軍之中爻所變，楊公稱廉貞，廖公稱燥火。主出人悖逆無禮，狂妄執拗欺詐。子孫多劫掠之徒，雷電車傷，瘟疫吐血。廉貞之水單來在某房者，則某房絕。若與巨門同來，巨多廉少者，主該房發富但癆病血疾。若廉貞武曲同來，武多廉少者，則該房發貴，仍有血疾癆病之虞。若廉武或廉巨同來者，則一發損人丁。又名五鬼凶星。

九星	山法	輔星水法
武曲金	圓高如覆鐘，圓矮如覆斧，名太陽金。圓倒如峨嵋，如半月，如織梭，名太陰金。圓而微方名武曲金。飽面不帶水體，只生木脚，名孤罡。金星頂穴宜湊窩，撞簷。金頭火脚者，挨金剪火。金頭木脚者，穴頂壓煞。只要開口處弦稜明白，皆可用。	武曲為本卦之中爻所變，楊公稱武曲，廖公稱金水。主科甲，富貴雙全。武曲又名延年，是延年益壽的吉星。
破軍金	其上雖圓，下如破傘，脚多斜飛多作水口用。	破軍乃武曲下爻所變，楊公稱破軍，廖公稱天罡。主出凶暴之徒，劫掠好訟，聾啞虧體。又名絕命故少人丁。

九星	山法	輔星水法
左輔金	形圓而低小，在高山與武曲並貴，侍衛、護垣，亦貴，過峽處能飽面，在旁如拋球，伸頭如鵝頸，在平地如浮鷗、躍鯉，亦可取用。	輔弼二星連為一位，為卦之本體。楊公稱左輔又弼，廖公稱太陽太陰。凡得輔弼者，主官貴，得祿位，慈祥孝友，男為駙馬，女為宮妃，或為命婦。三爻不動又名伏位吉星。
右弼水	泡似陰金，不起巒頭，在過峽處左輔金得右弼水相生，貫其氣，最為靈動，在平地與左輔結瓜藤穴。	

《地理統一全書‧堪輿九星歌》:「貪狼吉曜，如笋初生。武曲導星，似月方滿。欲觀左輔，亦似覆鐘。要識廉貞，形如破傘。破軍惡曜，正如美子初論。祿存凶星，形如破屋之側。唯亦好尋文曲，鋪毡宜覓弼星。惟有巨門、真如半月。欲識龍身剝換，先辨九星之形。」以上九星的形狀，還是「到頭一節，美惡定形」，陽宅指最附近周邊的形勢才是自己管用的，大山大水千萬人共享，不如獨善其身，獨享地靈。

三、論四勢與龍、砂、穴、水

《地理統一全書》:「四科者，龍穴砂水是也。」龍穴砂水的真假，不外乎生氣的聚散而已。所以來龍生氣奔騰，謂之真龍；故陽宅周邊蔓衍生氣的格局最佳。生氣止於陽基，藏風聚氣，謂之真穴。生氣止於此地，垣牆、土基、景觀護衛成局，謂之真砂。

生氣得水滋潤，悠揚有情，謂之真水。唐正一《風水的研究》：「體要靈，龍要變，砂要抱，水要朝」。經云：「龍要輔弼俱全。如棹鬪船。左右相迎。旁送數重。飛鴉舞鳳。過峽明白。穴要明堂自然。如僧坐禪。金魚界明。遮蔽八風。形體尊重。金盤荷葉。砂要平正方圓。如手捉拳。周匝羅城。頓起星峰屯軍擁從。圓靜排列。水要摺數灣纏。如弓上弦。去死來生。逆朝過宮。似蛇出洞。屈曲不跌。」

（一）、論四勢

《地理統一全書》：「四勢者，朱雀、玄武、青龍、白虎。」前方是朱雀，朱雀是朝山與案山，要翔舞趨入以對穴，不可反背騰去，否則「反背側身，祇是他人之僕」。後為玄武，玄武是坐山，要垂頭低伏以容穴，不可突兀如射，高壓逼人，否則「玄武不顧，雖有氣脈殆成空」。左為青龍，青龍要蜿蜒不踞，而委曲抱穴。右為白虎，白虎要馴頫不蹲，而順伏衛穴。若無龍虎砂則左空右缺，前曠後虛，龍虎砂就是土，「土者氣之體，有土斯有氣，氣者水之母，有氣斯有水」。龍虎砂守住水氣，保全水的來源。

又無朱雀者，陽宅首要水聚明堂，無玄武者要後樂(後山)豐厚。無青龍者要水繞左畔；無白虎者要水纏右邊，山水總要得一。說到朱雀又提到「朝我為貴」、「雙峰者對空」、「三峰者對中」、玄武要「層高一層」步步高升，「兩峰者枕空」、「三峰者枕中」。青龍白虎要「二重三重為妙」、皆要「頭面端巧，各成星體」；若欹斜破碎，帶石醜形，無情以向我者，不取為妙。「寧可龍虎有缺，最嫌堂氣無收。」「局不取闊而取聚，砂不論格而論情。若是我砂，面前不無回顧，果為我局，腳下必定窩平」。故堂局要聚氣窩平，龍虎砂要有情回顧。

1、左青龍右白虎

《山水發微》：青龍、白虎二砂，有自本身發出者，有自他山來抱者，有一邊為本身發出，而一邊為他山來護者，有邊有、邊無者，有單邊、雙邊者，皆為龍虎砂。凡龍虎砂均須向穴彎抱，開面有情，自他山來護者，必要龍虎配對勻稱，不可一邊貼身而近，一邊寬闊過遠。」地理之道講求對稱，玄武對朱雀，青龍對白虎，稱為四勢。堂局要求周密勻稱，有情生動。如果白虎高而青龍低，為講求對稱則青龍要長。白虎長而青龍短者，必要青龍高，謂之龍讓虎，虎讓龍。雖龍砂高大，但居於煞洩兩方還是凶咎；反之，虎砂聳拔，落在生旺之宮位還是有福氣。

如果青龍短而白虎環抱作案，必要水從左來而倒右，此時虎砂接收龍水，收的緊密。反之，青龍長於白虎環抱為案，必要從右到左，此時龍砂接收虎水，收的緊密。這是因為水隨著山勢前行，虎長以龍水迎接，反之，龍長以虎水迎接。有青龍而無白虎者，亦要有右邊他山來助之砂，遠近不拘，僅求相對稱而已。青龍若搖頭而不顧穴，龍氣必從左而去；同理，白虎若擺頭而斜飛，龍氣則從右而行矣。凡登山看地，首先看水出何方，關鎖其水之砂，謂之下砂，若下砂高而有力，必然結穴在內；所以水從右邊出，喜歡白虎高大，同理，水自左邊出，喜歡青龍高大。水口緊密，必因下砂關鎖有力。

本身龍虎砂之外，又有從他山來環護者，謂之「客砂」，亦即羅城砂。結地處，經常是層層纏護，不論主砂、客砂，愈多愈妙，為真龍真穴所聚。客山為外，即女山也，所以星在吉位主發女及外孫，若山形像峨嵋、鳳輦、玉圭、鏡台之類更驗。立於穴場處見貼身之砂，略一回顧，即悄然去後，又作一峰而起，稱「離鄉砂」；在生旺宮，必離鄉而發；在洩煞宮位，則遠離之後，蕭條而絕。其砂起自外層，距穴稍遠者，離鄉遠徙之人，當在下一代。砂之公位處，忽然中斷或空缺者，其房必絕，若有外砂特來填實，則絕後繼承。虎方高壓過堂，妻奪夫權。虎鉤拳、虎直拳、虎爪拳應驗藥罐、忤逆、離鄉、閱牆。

2、前朱雀(明堂與朝山、案山)

陽宅最重明堂。明堂者，由案內至穴前及左右龍虎二砂間，所環抱而成之小形盆地。亦為後山主星之玄武，前案之朱雀，左之青龍，右之白虎，所夾之四水歸聚處，故又謂之堂局。《地理統一全書》:「所謂明堂有二，曰：內明堂。曰：外明堂」。凡山勢來緩，龍虎環抱，近案當前者稱為內明堂。內明堂不可太闊，太闊接近曠盪，曠盪則不藏風。又不可太狹窄，狹窄則堂局逼促，貴氣無從彰顯。因此要寬狹適中，方圓合格無欹側，無惡形。至於外明堂必須兩邊寬展，四勢圍繞而無空缺，又見外水曲折，遠遠來朝。總之，陽宅內明堂欲其團聚，不欲曠盪；外明堂要開暢彰顯，不可逼窄。

以上述巒頭方法比喻陽宅；陽宅有觀景陽台、樓梯電梯活動空間足夠寬敞，社區大門內外緩衝空間舒適，就是合格的內明堂。而出社區大門有開闊的交通動線、綠地、流水等永久性空地，就是合格的外明堂。「伸手摸到案，稅錢千萬貫」，指內明堂宜緊密。「明堂方廣，可容萬馬」，指外明堂宜寬敞。《人子須知》:「不可專意圖大」，以陽宅而言，指內明堂與陽宅應與宅主身分地位相當，否則真氣渙散，自取其辱。

朱雀在前方，案山、朝山也在前方。《地理統一全書》:「朝

(山)、案(山)皆穴前之山。近而小者曰：案。遠而高者曰：朝。」有近案，則穴前收拾周密，而無元辰水直出漫流之慮。有遠朝，則堂局開豁光明，而無逼窄促窒之虞。《地理統一全書》又說：「然亦有，無朝山有案山而結地者。亦有無案山，有朝山而結地者，不必拘泥，大抵只要有情於我，如賓之顧主，臣之面君。登穴而望，端然特立，異於眾山，乃朝案之至奇也。」陰宅可以取特殊格局，然而陽宅仍應以環境行為作出準則，內外明堂必須合格，不可缺一而特異獨形。

《地理統一全書》:「地有羅城，即國家之有城邦，不可缺陷破壞也。城郭一破，則雖有重門擊柝(語出《周易·繫辭下》：堅固的城門，嚴密的防守)，亦無益羅城一缺；則雖有水口交牙，亦無功；事雖異而理則同也。然陽宅之羅城，必欲其寬大；陰地之羅城，必欲其緊小。俱要四圍圓靜緊閉，外高內低，關水(水口緊密)向穴。」因此陽宅也需要羅城，經曰：「樓臺皷角列羅城，定是為官近帝貴」。以陽宅而言，大環境有羅城即可藏風聚氣，至於陽宅小環境的羅城，例如：社區出入警衛室，獨立門戶的大門，甚至屏風、照壁、盆景等，都是遵守羅城的理論。

關於明堂《地理統一全書》:「善知識，語汝明堂法。明堂裡，會天僊(收天氣)，識明堂，穴可扦。小明堂，穴前是。中明堂，龍虎裡。大明堂，案內是。此三堂，聚四水，水上堂，穴即是。低平窪，方是處。要藏風、要聚氣，良可扦。氣不聚，空坦夷。其中最重為中明堂，鎖結要備，紐會要全，山腳田岑(落差)，關插重重，氣不走洩，福自興隆。堂內聚水，名蓄內氣，潔淨為佳，塞塊為病，增高就卑，謬妄自苦，怨意穿鑿，傷殘真氣，反惹禍基。」陽宅一樓滴水處是小明堂，樓上樓梯、電梯間也是小明堂。

社區中庭通道則是中明堂。每間陽宅不是都有大明堂的。水上堂，低平漥，藏風聚氣是要件，明堂內塞塊增高，隨意穿鑿，破壞地氣都是禍基。山勢高壓，出門見山(大樓)常見碰壁。

(明)堂之廣狹，隨龍長短；龍遠堂寬，斯為正泫(龍砂遠大，明堂就要跟著寬大)；龍近堂小(龍砂貼身，明堂依比例減小)形勢乃宜。山谷寬好(谷地要寬)，平陽狹作，宜狹而寬，便為曠野(平陽太寬大變成曠野)。堂寬而狹，真氣不發，寬不至曠(太寬則曠盪)，狹不至逼(太狹則逼窄)，斯名全吉。或堂中窟坑，堂中壅塞，山推(逼壓)岸落(懸崖)，四面不足，山腳射身，傾斜崩陷，背堂凶也。其勢四平，高下分明，中低傍起，屈曲迴環，橫的好，直得好，圓的好，方的好，匾的好，皆好相也(形狀不忌，好看即可)。忌有土山(阻塞循環系統)，忌有巨石(長瘤)，忌有土堆(爛瘡)，忌長荊棘(血光)，忌作亭臺(吉凶不分)，忌多種植(陰暗潮濕)。」

3、後玄武

穴後山巒皆屬玄武所管，如直受穴，龍身自父母山開帳轉翅而來，其至結穴處，必一線過正脈，然後束氣昂頭結成形局，其一線過脈(以穴為胎必有臍帶)，謂之「胎息」。若兩旁有頓起之小山，如護如拱，有方有圓者，謂之御屏倉庫。凡來龍直受、分受、或橫龍結穴，皆以玄武為主體，必要端正尊嚴，不宜擺頭，擺則主星歪斜，父子不顧。玄武不宜反背，不宜似筲箕，主退財忤逆，靠背之山不宜偏頭微露，斜而微露者謂之「探頭山」。橫龍結穴，尤須有鬼樂方真。鬼者，穴後玄武之股(有支撐的意思)，其股不可太長，長則洩氣而無力；股之後又特來一砂環抱，或來一山開叉，以托其股，則謂之「樂山」。反之，朱雀之吉否，則以「官」論之，所謂官者，生於案後，為案山之股，案若面內而有情，則其股必向外，故陰宅要有官鬼為富貴砂；陽宅不至於如此挑剔。陽宅後靠無力，奴欺主。

玄武指陽宅後方之後山，依照前述「山水有情」的原則，規則優於不規則(土、金形好，水火無形無情)，悠緩勝於峻險(後山節節高升，代代步步高昇，若有中斷，先敗後發)，凡崩破、凸面、反背、尖射、斷走等。以土、金最貴，水形運勢漂浮，木要有情秀麗(木形如煙囪、電線桿仍以煞論，椰子樹不宜正對一棵)，火形凶居多。

（二）、論龍脈

龍脈穴砂名義在《地理人子須知》有言：「地理家以山名龍，何也？山之變態千形萬狀，或大或小，或起或伏，或逆或順，或隱或顯。支壠之體段不常，咫尺之轉移頓異。驗之於物，惟龍為然，故以名之，取其潛、見、飛、躍，變化莫測云爾。」山以龍脈為代名詞，因為山的變化多端，大小起伏，順逆隱顯，取事物同類相聚，則以「龍」最恰當。因為〈乾〉卦有潛龍、見龍、惕龍、躍龍、飛龍、亢龍等辭，足以形容山巒變化莫測，這樣的內涵也算搭上易學。

山龍變化多端，看陽宅先練眼力，即「首識巡龍之法，次明結作之情」，先用形象判斷，然後觀察四勢，再用理氣計算。「落脈怕現骨而露筋」指土石崩落。以陽宅而言，周邊陽宅「現骨露筋」就是環境形煞，粗頑破耗，不堪入目。「渾穆端嚴，方成大器。歪斜直硬，悉是空圖」，指陽宅周邊氣氛敦厚祥穆，適宜塑造大器的人品。龍即山脈，以「龍」形容山脈活潑剛健，起伏盤旋，龍飛鳳舞，有始祖、遠祖、宗祖、太祖、高祖、少祖，近穴處則謂之父母山。龍脈如樹幹，山崚為始，幹發於崚，支發於幹，幹有大小，枝亦有大小，粗中有嫩。陽宅廣泛分布在山野、平原等地，猶如枝與幹，路為幹，社區是枝，社區又有起幹之處。

袁守定《地理啖蔗錄》：「天地間之物各具五行之一。惟龍則五行皆具。其身為木。鱗為金。角與爪為火。擺折為水。腹之黃為土；有結之山亦是二氣五行，故以龍名。一說神龍條大倏小，變化不測，地亦變化莫測，故曰龍。一說有變化者為之龍，無變化者謂之荒山。」「曰脈者何也？人身脈絡氣血所由運行，而一身之稟賦係焉，凡人之脈，清者貴，濁者賤，吉者安，凶者危，地脈亦然。善醫者察人之脈，而知其安危壽夭。善地理者，審山之脈，而視其吉凶美惡，此不易之論也。然龍與脈二者相因，有龍則有脈，無脈則無龍。但龍兼指乎形之顯著，而脈又專主乎氣之隱微，故曰山尤難於認脈。」故龍是形狀，用眼看；脈是氣，要眼到、心到。

凡祖山遠者可不論，以近處之祖山為少祖。劉基《堪輿漫興》：「近穴名為少祖山，此山凶吉最相關，開睜展翅為祥瑞，低小孤單力必慳 (音：千。度量狹小)」。少祖山高而秀者「富貴」，低而濁者「福微」，陽宅要來龍有力，即在卡位在交通要道的意思，不拘五行性，即水路、陸路、空路、捷運站均各有重要性。過峽處要纏護(陽宅一路要有人煙)、迎送(前後左右要有社區群聚)、開帳(陽宅擇址在有未來開展性地區)，脈出穿心(取得穴位蛋黃區)。陰陽宅局部同理，亦不遠矣。

行龍因情勢不同，《山水發微》分為生、死、強、弱、順、逆、進、退、福、劫、病、殺等形容詞。列表如下：

行龍	說明
生龍	行龍起伏有節，或冲天而起，或平地而落，如鼓、如珠；不但龍身各節高低大小勻稱，且節節相連，之玄屈曲，盤旋行走，東西蜿蜒，到頭處，虎虎如生，富貴之地。
死龍	到頭結穴一段，最貴秀麗活潑，而有精神，粗頑臃腫，則子孫愚蠢強悍。高低不分，則無精神。無擺折盤旋之態，則不活潑，其子孫懶散呆板，死氣沉沉。
弱龍	山形瘦削，出脈到頭，後山如劍脊，如排骨，無圓潤敦厚之情象，山多砂礫岩石，無黏土混雜，則氣脈不貫，子孫伶仃孤苦。陽宅不喜周邊雜亂尖削，類似難民營。
順龍	《堪輿漫興》:「開睜對對貼身後，布曜雙雙繞穴前；父子一堂慈更孝，孫枝滿眼順而賢。」行龍有送無迎，必要開睜如展翅，則兩旁之護持，緊而有力。結穴處也是如此，主一門為慈祥忠孝，子孫賢良。陽宅有送無迎，喜坐滿朝空。
逆龍	大凡同室操戈，兄弟鬩牆或夫妻反目，以及謀害仳離，其祖墳必屬逆龍。逆龍者來龍逆轉，反撓斜拖；而龍虎砂背內面外，朝山側立背向，均不顧穴。陽宅忌反弓水與路，面對背。

行龍	說明
進/退龍	來脈層層跌宕，串串珠連，其後山一層高出一層，結結有序者，謂之進龍。《堪輿漫興》:「穴後相差階階高，猶如天馬下雲霄；子承於父孫承祖，世代居官掛紫袍」。又有「穴後一重低一重，此地須知是退龍；縱有穴情只一代，兒孫不久便貧窮」。
福龍	龍身圓潤敦厚，行走悠閒，自少祖以迄父母山，均圓淨而無臃腫瘦削等情，亦無急劇懶散之情，四週之山團團輳聚，不見怪巖聳削之峰巒，無窮山坑洩之惡水，此即福龍。得地者，富貴壽考。福宅何嘗不是如此？
病龍	龍身無起伏盤旋之狀，枝腳邊有邊無，或一邊有護，一邊空缺無遮，且龍身崩缺，成為斷巖，此為天生的病龍。又從龍身中間開闢隧道成為公路鐵路，或開礦挖掘，或土葬喜排場，將穴星闢成廣場，或於穴後挖一深坑，築成鋼筋混凝土牆，將自然環境破壞無遺，失去原有神韻，是謂人為病龍，多主孤寒。陽宅有龍或虎邊的缺陷，是謂有病。又與環境不協調，則是失去環境保護與中庸的原則。

行龍	說明
劫龍	龍身及穴場廣大，旁正難分，上則坳風穿穴，下則傾斜無勢，或偏左右，則嫌後不能乘氣度脈，前不能朝山拱穴，東牽西拽，模糊不清，此劫龍也。不特龍穴有此劫害，若朝山逼近，粗大高聳，至有壓穴坐井之害。又因面山或一旁之山過高，則有回風射穴之劫害。三為直斜之水，有沖城割腳之害。四為坳風，從側面之峽谷中吹來，砂不能緊護，謂之洞風射穴。同理，陽宅忌壓頂、割腳、風煞等。
殺/富龍	龍身層層疊疊，佈滿怪巖惡石，未過峽脫洩其凶殺之氣。或無閃跌擺折，直來尖射者，或龍身所帶之石高大，顯其稜稜之鋒芒，而不平正圓滑者，皆為龍身帶殺，殊為不吉。若山石平正圓滑，無凶惡稜稜之象，而龍脈盤旋起伏，虎虎有生氣者，則係龍身帶有倉庫，多屬富龍。

又「渡江而去之龍」，指強龍行度，於層巒嶂疊之處，突出一脈，如猛虎下山，若蒼龍出海，其氣勢滂沱雄偉；惟初一、二節其勢太盛不結(初節當然是在深遠之高處，人跡罕至不結穴)，必幾經轉換，然後驟然頓止，前臨江河，則非結穴處(龍會涉水，如果龍界水即穴位，必然後山逼壓，前水割腳)，當係渡江而處之龍，是為花假之地。換為陽宅而言，前臨江河，此地即無腹地可供發展；驟然頓止，何來平坦之勢？「若為平原數里之外，連貫一脈，再成巒頭即結大地矣。」平原數里之外，就是有平原作為腹地。平洋之地，陽宅注重堂局，高一寸就是山。

趙九峰《地理五訣》論述「八山總論」訣，將八卦坐山特性論述如下：

1、乾為天柱。乾山高大肥滿在穴後，主人壽高；其形如天馬，可催貴長壽。

2、坎、離二山為陰陽始分之地。坎山高大肥滿，出入誠實富厚，忠孝賢良。若坎山低陷北方寒風吹動，多貧苦不利於財。若在穴後，貧窮壽促。若在龍砂(有龍無虎)，長房有人無財。若在虎砂(有虎無龍)，小房勞苦不利。

3、離為文明，離山秀麗端莊，出人教化修養佳。離為目，有山高大肥滿、猙獰、厲水等多生眼目之疾，又為中女，婦人更不利。

4、艮為天市，又為少男，有山高大肥滿主富，人丁大旺，小兒不生疾病，貿易人主發橫財，此處低凹多生瘋疾。

5、震山高大肥滿多生男，少生女，出武士，主人性直。此處低陷，人丁不旺，多生女少生男，若在龍砂(坐北向南)主長房壽夭，人丁不旺，子息緣薄。

6、巽方高大秀麗，出人清秀，發女貴，發科甲，為六秀催貴山，此處低陷主婦人壽夭。遠山清秀，主出賢婿發外甥。

7、坤為老母，山高大肥滿，主婦人壽高，人丁大旺，發富。

8、兌為少女。三吉六秀之方。山高大出文武全才之士，科甲最利，又主其家多出女秀，有才有貌富貴雙全；若此處低陷婦女壽么，多女少男。

《地理五訣》：凡坐正北向正南，稟水氣，而離山高大壓穴，主瞽目之災。作正東向正西稟木氣，而兌山高大壓穴並有水來朝，出跛腳之人，多生腰腿疼痛之疾。四維八干山俱肥圓清秀高聳，主出魁元科甲。以上五行八卦之推論，各取所需。

（三）、論砂法

砂者，穴之前後左右山。在陽宅就是前後左右鄰棟狀態，討論青龍白虎，朝山案山，無朝山等形勢。其內容例如：朝山暗拱、朝山亂雜、孤峰獨秀、前應後照、左輔右弼、天門地戶、羅城垣局、下手砂、水口砂、羅星、官星、禽星、鬼星等。凶者如探頭、刺面、掀裙等，吉者如玉帶、御屏、帝座等砂。物類因時而變，是故「砂」的形象不必拘泥，凡觸類旁通在於人的心巧目明。

1、《山水發微》論砂法

砂為龍穴之護神，龍穴若無砂，則風不能避，氣不能聚。砂的吉凶有以形體而辨吉凶，例如尖圓方正，結成珍貴之物類為吉；歪斜破碎凶惡則凶。有以理氣分辨吉凶，生旺為吉，剋洩為凶。有以方位定吉凶者。凡砂必須顧穴而有情，在砂頂要尖圓方正，在砂身要開面照穴，緊緊纏護。砂腳要面我背外。砂以形體為主。

如木星體圓而直，身聳而起，或為冲天(立體)，或為倒地(平面)，稱貪狼。如金星體圓而高，方而帶圓者金變土，低而長者謂之峨嵋，曲而帶圓金星變水，尖起者為華蓋，圓起者為寶蓋，糊而小者為蓆帽，頭圓身圓而星體高為覆鐘，稱武曲。如土星之體圓而方，砂名御屏，低者御書，兩肩起角者為展誥，低而長為玉几，稱巨門。如水星勢如生蛇，或同波浪，主出人清秀。火星之體，尖而利，其尖峰處稍示偏欹，是其火焰欲動之勢，乃正火體，稱廉貞。

既明星體五行，砂分富、貴、賤三等，凡肥而圓潤者，主富。

尖麗而秀美者，主貴。歪斜臃腫者，主賤。砂之法又分高崗、平岡、平洋之分。若高崗之砂，聳拔霄漢，高達數百丈者，為一等砂，出將入相。端圓方正，高數十丈者，為中等砂，得科甲富貴小者。若亂峰低小之砂，高數丈者，為下等砂，主人丁康秀。平岡龍結地者，以數十丈高之砂為上品，十數丈者次之，丈許者為下等之砂。平岡龍結穴，得高崗之砂者，其福力加倍。若平洋之地得平岡之砂、平地一凸者，則更加有力。

2、《地理人子須知》論砂法

《地理人子須知・砂法總論》：夫砂者，穴之前後左右山也，吳公云：「龍穴既真，前後左右之山自然相應；若龍穴不真。雖有妙砂，亦為無益。」故穴、砂如美女，貴賤從夫。陽宅大環境決定前提優劣。廖公云：「龍賤若還砂遇貴，反變為凶具；砂賤若還遇貴龍，亦不為凶。」卜氏有『文筆變畫筆，牙刀化殺刀』之論，意先龍穴而後砂也。然曾公云：「先看劫砂何方起，劫砂照處全無地。」《玉函》云：「四山反亂走東西，縱有好穴亦棄置。」是又先於砂矣。蓋砂固隨乎龍穴，而關禍福亦緊。故何野雲云：「但把前砂覆舊墳，禍福應如神。」指用砂法論陰陽宅吉凶是有相當準確性。范氏云：「先觀龍穴知真假，細審龍砂斷吉凶。」指龍要真，穴得正位，討論砂法才不會落空。金精云：「龍如上格砂如下，雖貴無聲價。後龍如弱好前砂，只蔭外甥家。」指來龍雖妙，砂法不及格，貴而無名；來龍弱而砂法妙，指是庇蔭到賓客外家。陽宅大抵也是如此，「龍」視為整體大環境與發展歷史，「砂」視為社區環境之優劣特性，「穴」視為左鄰右舍之環境。

但砂法雖繁，難以一一舉例，而其大要不外乎方、圓、尖、正者為吉，破碎斜側者為凶。開面有情，秀麗光彩者為吉，巉岩走竄、醜惡無情者為凶。然亦只近穴者為準，遠則勿拘泥。若以形象論之，則如御屛、錦帳、御傘、金爐、貴人、天馬、文筆、誥軸、金箱、玉印、殿閣、樓臺、展旗、頓鼓、玉帶、金魚、曬袍、版笏之類，砂之吉者也。如投算、擲鎗、烟包、破衣、抱肩、獻花、探頭、側面、提籮、覆杓、斷頭、流屍之類，砂之凶者也。廖氏以富、貴、賤三科訂之，謂肥圓方正者為富，清奇秀麗者為貴，欹斜破碎者為賤，亦最有理。誠於此而察之，砂法之妙，思過半矣。

3、砂法訣語

《廖淵用通書》紀錄「十富貴砂」精簡扼要可供參考。

一富明堂寬大。二富賓主相迎。
三富龍降虎伏。四富朱雀懸鐘。
五富五山高聳。六富四水歸朝。
七富山山轉腳。八富嶺嶺圓豐。
九富龍高抱虎。十富水口緊閉。

一貴青龍雙擁。二貴龍虎高聳。
三貴嫦娥清秀。四貴旂鼓圓峰。
五貴硯前筆架。六貴官誥覆鐘。
七貴圓生白虎。八貴頓筆青龍。
九貴屏風走馬。十貴水口重重。

《廖淵用通書》記載以砂法「十分房位總訣」分辨公位。

<u>長房位看左砂</u>，土角秀氣主興家。
外山拱照大富貴，風吹水走定離家。
<u>二房位看明堂</u>，四水朝來置田庄。

賓主相迎大富貴，砂飛斜反主悽惶。
三房位看右砂，山環水轉主興家。
木火透峰主富貴，殺沖勢反敗如沙。
四房位看左肩，且看山砂來護纏。
且邊降勢主富貴，勢反風穿定絕煙。
五房位看胎息，山水朝迎案背華。
火土分明為大地，胎息無氣嫌勢退。
六房位看右肩，木火透麗出朝賢。
降勢有情人丁旺，水牽砂反受煎熬。
七房位左耳明，山水懷抱要有情。
文靈護照大富貴，最怕斜反殺上身。
八房位看天停，降勢下穴要有情。
山秀案高人財旺，最怕高路八風吹。
九房位看右耳，耳還山護要有情。
外扛有情主富貴，風吹空缺主孤貧。
十房位頂上停，賓主後嶂要有情。
最怕八風吹動穴，離鄉失井沒人丁。
十來房位空有生，若是從來右逐耳。
且看護龍垂垂照，此房斷定旺人丁。
左砂順水長子離鄉，右砂順水三子離外。
有峰巒揮水口，離鄉別祖方成貴。

明堂傾溜子難當，左肩受煞四七絕，右肩見白六九孤，入首大煞五房虛。

主星低陷，子息夭亡，頭頂昂飛，定斷二五絕宗枝，此是飛砂總訣，漢仙直斷指迷機。

假如一子吉凶統全身(獨子全包),二子長左仲右與朝坐(兩個兒子，長子管左，次子管右)，三子左長(左邊長子)中二(中間次子)右三(右邊老三)，四子在青龍前案上，五子在正案上，六子在白虎前案上，其方若生旺，砂高大吉昌，洩氣高強蔭女家，公位空缺其房敗絕，公位有情其房旺發，又公位雖空而有借弔之法，青龍全空而朝山抱在，弔作青龍，為長房之砂；朝山全無而青龍作案，亦弔作朝山為二房之砂，白虎朝山，仲、季弔法倣此。按：以上通書文獻論陰宅砂法，蓋以陰宅為千秋萬世之造作，而陽宅應驗雖速於陰宅，但僅及於主家。

總以龍砂代表陽性，故長、寬、闊略高大於虎砂，且無高壓、低矮、崩破、斷裂、破碎之類，可論家庭、事業、健康等和諧。反之，虎砂高於龍砂過堂，則妻壓夫權，難保平安順遂。陽宅大樓後靠無力，有外部下屬刑剋憂慮，前高壓外部刑剋，壓左男憂，壓右女犯。虎高奴欺主，虎回頭，虎搥胸，犯心病，子女忤逆；反背則遠颺無歸。龍砂高大深遠，有利出外創業，虎砂高大讓女人管家。龍過長又帶刀大剋小，夫傷妻；虎過堂帶刀小吞大，妻傷夫。龍邊路沖，應在長子與先生。虎邊路沖，應在女子與妻子。水法公位與砂法不同。

(四)、論穴位

龍為砂、水、穴之主體，凡龍好必結穴，結穴處必有砂環繞，砂之環抱處，必為水神停聚之所。雖高崗之穴，或旱龍之局，由天雨所滙成之水，亦必之玄屈曲來去。龍脈中之穴位，其砂水團團相聚而不欲散也。凡結穴必為龍之落脈處，陽宅固然對於何龍過峽？如何停身轉翅？如何束氣開頂？如何於起頂處看四砂過脈纏護等，不如陰宅般挑剔，但龍虎之左環右抱，朱雀、玄武之前後局勢最為重要，然後再細查其他條件。穴體以五星正體為上，九曜之變體次之。正體者，指金、木、水、火、土之正體五行。變體者，如金之轉土或土之轉金，或金之轉水等。

四勢者，前後左右周圍之局面，亦即是青龍、白虎、朱雀、玄武所形成的局勢。最要團聚周密，方能藏風聚氣。如前面空曠，則逆風吹胸；後背無遮護，則謂之「劫背」。若扦高穴，最忌龍虎出脈，兩肩過低，謂之「割耳」，亦云「射肩」，都是屬於風煞。四勢之砂團聚於周圍，謂之「羅城」。羅城有內外之分，穴場名內羅城，宜緊小周密，要有城郭；即陽宅不論集合社區或獨立屋，都應有自己的圍牆以分內外。外羅城者，穴前貼身龍虎以外所環護之四砂，不必苛求外城之大小、高低、偏正，以外羅城不如內羅城重要而言，陽宅尋地重在一片堂局。所謂內羅城約以一個街廓而言。

立穴全以氣之行止而定，不以廣大而言吉，不嫌窄小而論凶；陽宅亦同，不宜宅大人少氣散；不以高瞻遠矚絕頂孤高之宅而快於心，不厭環境周密而短於視，指陰宅無須堂局遍覽無遺，只需周密即可，陰陽宅即有此差異性。「諸峰散亂須留意，羣流直去莫勞看，水尾源頭，難成大地。」地形散亂不利營生，去水之地捲簾水、牽鼻水都不合標準；水尾盡收汙穢漫流之水氣，源頭水氣看天進帳，時有時無，故財氣不定。

四真者，龍真、穴真、砂真、水真。「龍真」，指穴頂一線之脈，有數丈或十數丈者不等，如絲、如帶、若隱若現，此皆龍之真氣所凝聚而然。在陽宅而言，只要飽滿圓潤，光澤秀麗，生氣活潑的環境即可。陰宅定穴有：高不鬥煞，低不犯冷，這在陽宅擇址而言，即是高低應適宜，而高低是以周遭建築物與地形地勢之相對應關係而言，「犯冷」，陽宅則是孤懸於前，破檐而出，離群索居。

孤陽不生，孤陰不育。脈之開面者為陽，地之平坦者亦曰陽；脈之凸背者為陰，地之隆起者亦為陰。故結穴成乳成突者，謂之陰；成窩成鉗者，謂之陽。結穴時，其脈陰來者必然開窩開鉗，陽來者必作乳作突。是為陰來陽受，陽來陰受。平洋之龍，其氣屬陽，因此以陰陽和諧的原則，陽宅在平地可取稍高樓層。山龍之脈，其氣屬陰；因此在山坡地則避免陰風吹襲，地與氣皆陰而過甚，不宜高樓層。平洋地之陽宅，稍高層樓還是陽風。

「登山尋水口，入穴看明堂」，明堂乃屋向前方龍虎環抱的堂局，也是財庫；明堂有內、中、外之分。「群山止處結真穴，眾水聚處是明堂」，總宜圓潤、平坦、囊聚，穴對明堂。內明堂有蝦鬚（髮絲般水流）、金魚（泉水點）二水交合；中明堂有龍虎砂環抱，攔截關鎖水氣。外明堂有案山兜收，羅城砂曜鎖水氣，即是陽宅及格之地。《地理人子須知》討論到明堂吉格例如：交鎖明堂，周密明堂，繞堂周密，融聚明堂，平坦明堂，朝進明堂，廣聚明堂，寬暢明堂，大會明堂等。凶格則有：劫殺明堂，反背明堂，窒塞明堂，傾倒明堂，逼窄明堂，偏側明堂，破碎明堂，陡瀉明堂，曠野明堂等。

明堂高低不平，運勢容易起伏，過度下陷易有意外事件，可以用八字或斗數參酌對照猶準。明堂狹隘高逼心胸不開，枯樹、密竹、案山陡峭，事業難光明輝煌。路寬數倍於陽宅（類似凱達格蘭大道與總統府比例）視為明堂，但直劍、直水終究不宜履險，往往在失運時窘態畢露。陽宅除前述劫殺、反背、窒塞、傾倒、逼窄、偏側、破碎、陡洩、曠野等凶格外，增加些諸如，招牌破面應血光；天斬煞，高壓輻射煞，電箱煞，斑馬煞之類。

明堂朝山與案山俱清晰明現，以案山七分重，朝山三分輕而論，在都市地區不見朝山只論案山(對面建築物或人工構造物)。金形可論貴賤官職財富，以高/低，秀/陋，順/缺等為判斷基準。木形可論文筆官貴，以秀麗、聳拔、斷缺等為判斷基準。案山水形峨嵋完整可論出美人文秀，葫蘆形可由優劣論名醫到藥頭，現地水勢湍急時高時低可論身世坎坷。火形陡峭、崩破、帶刀、土石流等民風剽悍；火形底部似土形，無妨。土形可論財富文筆，以茶几、豆腐、棋盤等形象為財富判斷。以上五行還須注意頂端與底部之性質，以底部代表早期，以頂部代表末期。

陰宅尤其講究穴位土質，而陽宅也是如此。《山水發微》:「土之質，喜細而尖；土之色，喜光彩鮮明而不澤，此為穴之貴者。土之質頑硬，或砂塊鬆散，而土之色、燥、暗、穢、澤者，皆為穴之賤也。倘係石穴，脆嫩似石非石，或土穴，似土非土，精而不出，則均生氣之聚。潤而不枯，乃真陽之應，皆為真穴。若土之氣帶有芝蘭香味者，為貴穴。似豬牛之臭穢難聞者，為賤穴。凡穴內之土帶金黃色，鮮明光彩細而堅者，至吉之土。」以陽宅而言，土質也是如此一般看法，最忌污土垃圾回填之地，但若因有地下樓層而深挖至實土層，則無妨礙。

凡龍之結穴有不周正者，必須用人工培補剪裁。例如龍虎砂俱全，水局圓滿，但結穴處左側方見有不吉之水來，可將左邊用土填補，將之培之，再以密集之樹遮掩不見為止。反之，若右前方宜見某吉水，可將土挖掘去數尺，使之敞開。逆潮（逆水局）必要有低砂橫關，來水雖平坦悠緩，緩若無低砂橫關者，則必須穴前有毡唇裀褥，此乃脈穴之餘氣前伸，以擋來水而免沖城割腳。若兩者俱無，或餘氣不足者，可將穴前之土順勢延伸，培出數丈，使高出水面以資補救。經云：「一山關盡沿途水（收水最重要），不管下砂美不美」。下手砂可短不可低，低則風吹氣散。陽宅有龍虎真砂最美，都會區則以鄰棟為龍與砂，形象清新端正，不犯諸煞即可。

《地理人子須知・穴法總論》：夫地理龍穴之說，乃天造地設，生成自然之妙，初無一毫勉強。纔有勉強，便非眞造化。卜氏云：「既有生成之龍，必有生成之穴。」故凡龍穴既皆生成，則砂水莫不呼應，而龍虎、明堂、水城、對案、羅城、水口，自然件件合法。怎麼說？蓋龍譬之君也，穴譬之臣也，砂水譬之天下民庶也。君明臣良，則萬邦莫不向化，四夷莫不賓服，如雲之從龍，風之從虎，各以其類應耳。苟龍不眞，則穴與砂水亦皆背戾。縱有假情，終是勉強，有眞見者不為其所惑。是故相地之法，先須察龍。《經》曰：「恐君疑穴難取裁，好向後龍身上別。龍上生峰是根核，前頭形穴是花開。根核若眞穴不假，蓋從種類生出來。」又云：「龍若眞兮穴便眞，龍不眞兮少眞穴。」陽宅大環境不利，龍便是假，穴少真。

《地理統一全書》：「凡穴之真者，龍虎內有內堂團聚，收拾元辰（自家內明堂的水不會疾走傾瀉，表示明堂平緩有兜收），或近案低小（高一吋為山就算有案山），或橫砂攔抱，以關束內氣，然後外面卻有寬暢外堂（外明堂寬敞表示自家非遠在荒山），羅列遠秀，乃為全美。」〈山龍秘旨〉：「節節追尋，尋到一局方可止」，勘查陽宅先查來路，再查周邊堂局。「本身細嫩，後頭不嫌粗雄」，如果大環境不良，也必須本身「細嫩」，即小環境清幽宜人。「後面散漫而來，則以成星為貴」，指周邊環境雖稀疏雜亂，但陽宅堂局成吉格形體亦可，遠山雖散漫而來，陽宅近穴「成星」即可。

《地理統一全書》:「論陽宅理無二，但穴法、分簡易：勢來趨，亦可居。勢若止，須坦夷。起樓臺，立亭院，俱有法，非虛語。」「木之星，金之星，土之星，坐居宅，子孫興」陽宅以木形、金形、土形適合人性居住。「火之星為龍神，須轉換乃可扦」，火形往往是龍脈之發源地，若未層層脫煞，不適合居住；以陽宅而言，火形屋不適合居住，「水之星須止聚，和土鹹，水口固，財星臨。」水形之地必須間有土形可使用，天門開，地戶閉，財始能屯聚。又說「明堂濶更坦平，水要纏，門中正，家道成。」明堂要闊平，下陷近要鋪平，遠要遮蔽，一定有改善。

「看城居，論入局，論明堂、論水曲，論卑高，論廣狹，論門庭，論比屋（鄰居），虎忌沖，龍忌壓，反巷傷，樓臺殺，天井深，天井搊，岑（小而高的山）太高，岑太捉（逼近），入首來，富金局，逢土安，逢木發，水則傾，火則覆，細推詳，毋恍惚。（只喜金木土，忌水火無情無形）」以上是看城居陽宅的要領。「看鄉居，論胎息，論陰陽，論緩急，論浮沉，論起伏，論龍虎，論纏托，論朝案，論城郭，論水口，論八國，明饒減，乃架屋，妄增高，恣穿鑿，傷龍神，消己福，路從水，門從木，精水位，詳作法。」《山水發微》:「案山、朝山或遠峰等，皆屬朱雀。……明堂可分為三，在穴前龍虎內者為內陽（門前與梯間），案山為中陽（社區中庭），朝山為外陽（社區外環境）。」

穴法是陽宅必備眼力，《地理人子須知》整理出「三十六絕」：覆月、牛鼻、窮源、牛角、釵股、帶刀、牽城、倒城、三箭、撞城、斷城、四吊、褁城、蛇頭、蛇尾、浮牌、遶岡、犁壁、交劍、死蛇、垂足、天敗、懸針、鞋尖、狼牙、離鄉、弓鞠、弓弦、鼠頭、過宮、不蓄、騰漏、臥尸、釵頭等。以上提供陽宅外局形煞自由心證理路，讀者請自行熟悉玩味。

（五）、論水法

1、諸家說水法

《葬經》:「風水之法，得水為上，藏風次之。」平洋之地有水橫攔就能藏風。又說:「夫陰陽之氣，噫而為風，升而為雲，降而為雨，行乎地中，而為生氣。夫土者氣之體，有土斯有氣；氣者水之母，有氣斯有水。」土、氣、水三者能互相流通變化（土中直接就有水），指的就是大氣中三者的循環互動，且皆為人類生存的必要物質。如果水行彎曲之玄，顧我欲留，表示土不流，氣不洩，就是好的生存環境。其次，天門開，地戶閉，守住水口表示堂局地勢平緩，適宜居住。

《地理人子須知》論諸水例如：海潮水、黃河水、江水、湖水、溪澗水、平田水、溝洫水、池塘水、天池水、注脈水、源頭水、沮洳水（低濕敗壞之水）、臭穢水、泥漿水、送龍水、乾流水、合襟水、元辰水、天心水、祿儲水、嘉泉、冷漿泉、醴泉、湯泉、礦泉、銅泉、湧泉、濺泉、沒泉、黃泉、漏泉、冷泉、龍湫泉（狹小低濕）、瀑布泉等。《地理人子須知》論水形勢例如；朝懷水、衛身水、聚面水、盪胸水、拱背水、入口水、九曲水、倉板水、腰帶水、迴流水、暗拱水、融瀦（積水的地方）水、鳴珂水、瀑面水、衝心水、射脇水、裹頭水、牽鼻水、穿臂水、反身水、割腳水、漏腮水、淋頭水、交劍水、分流水、漏槽水、捲簾水、流泥水、斜撇水、反挑水、形殺水。諸水局總以清淨，悠緩、過堂等要件供我所用為佳。以上諸水，另於《陽宅進階三十天快譯通》說明。

水性動屬陽，禍福之應甚速。山性靜屬陰，禍福之驗稍遲。《地理人子須知》:「夫水者，龍之血脈也」。《葬書》以水為外氣。兩山夾一水，兩水夾一山。故水會即龍盡，水交則龍止，水飛走即生氣散，水融注則內氣聚。水有灌溉、舟航、飲用、調節氣候、觀賞等功能，故陽宅要取水便利。水深民多富，水淺民多貧，水聚處民多稠，水散處民多離。所以水攸關禍福甚大。地理家謂山管人丁，水管財。《地理人子須知》:「然水有大小，有遠近，有深淺。觀其形勢，察其性情，而吉凶取捨有定見矣。然其大旨不過來者欲其屈曲，橫者欲其繞抱，去者欲其盤桓，而匯聚者欲其悠揚，囊江融瀦澄凝（深緩清淨）。登穴見之，不直衝，不斜撇，不峻急，不湍激，不反跳翻弓，不傾瀉陡跌，不射不牽，不割不穿，而有情顧穴，環繞纏抱，戀戀不捨。」

堪輿書論水甚繁，例如「洋洋悠悠，顧我欲留。其來無源（水源多則無），其去無流（地戶閉）」。「來去之玄橫繞帶」。「交鎖織結之宜求，穿割箭射之宜避」。又謂「水本動，妙在靜中」要活水，但妙在沒有湍動。「水之吉者，聚而不散，見其來而不見其去」，故要天門開，地戶閉。經曰:「囊聚之水，深如鍋底，圓如鏡面，方如棋盤」。「諸源會合，九曲來朝」等。王德勳《山水發微》:「水隨山轉，山停則水據，山環則水抱。若山勢奔馳，則水流急湍。山形急走，水便放乎中流。水之左右迴旋，猶同織帛者，係受兩旁龍砂餘氣所約束，有以使然也。所以看水，即知山脈之動靜緩急。水之盤旋屈曲，乃砂戀水，水戀砂也。」水勢與山勢互為表裡共同參照，看山知水，看水知山。

大凡山主貴，水主富，水淺處，民多貧。水聚處，民多稠。水散處，民多離。水深處，民多富。此雖以陽宅都市而言，但陰宅之理也相同。是故山氣盛而水氣薄者，僅為政治中心。水氣盛而山氣薄者，則為經濟樞紐。有山無水，必為兇悍貧乏之民。有水無山，定是驕奢淫佚之族，必須兩相調劑，始可得宜。故陽宅處於經濟樞紐雖然民生富裕，不免奢侈驕漫。書云：「登山看水口，入穴看明堂」。蓋水口緊密，即係龍砂層層纏護。龍砂環抱纏護所形成之平地，乃為水之所聚，此水聚之處即是明堂。故有緊縮之水口，必有圓潤之明堂，有圓潤之明堂，必有脈穴藏聚其處。水是陽宅存在要件，脈穴是錦上添花。

山嫌粗惡，水愛澄清。縱橫似織，方知眷戀之情。匯澤如湖，乃辨朝宗之勢。故於入首結穴處，看其左右前後，若見水之屈曲交流，猶同織帛者，此砂戀水，而水戀砂，猶夫婦情意之纏綿也。眾水到堂匯聚，則知水交砂會。若水不入堂而去，則知砂不會，而水不交矣。三台朝案，臨於當面，而穴結於前，易近易發。「水不過堂」是龍虎砂沒有結穴，在陽宅則是交通過門不入，要走一段路才見到車站。

凡兩水合流謂之「交」，關攔緊密謂之「鎖」，之玄屈曲謂之「織」，眾水會聚謂之「結」。穿破龍虎明堂者「穿」也，割腳無龍虎者「割」也。直去為「箭」，直沖為「射」。經云：「未看山先看水，有山無水休尋地」，有水無山亦可用裁剪修造的方法改進。真龍不配凶水，吉水不向凶龍。纔過穴而反挑（被砂手劫走而成為別人的水源），一文不值。水若入懷而反抱，一發便衰。水如平坦悠緩，不沖、不射、不割、不穿，而又不帶凶煞者，穴得之為最吉。

穴前之明堂，最喜圓淨平正。水要匯聚澄清，要四季不竭。楊公云:「富貴貧賤在水神，水是山家血脈精。山靜水動晝夜定，水主財祿山人丁。」故水之斜飛直竄反弓，皆屬無情，若反弓水、路帶尖射、屋角、高壓電都是形煞，路橋腰斬腹疾更糟。若層層洩出，一溜便去，無砂關鎖，則不歸聚。若堂局過於寬大，則水必散漫，散漫則龍不停，氣不聚。所以先賢說：「迢迢四水入明堂，直沖直射不相當，若還屈曲瀠（音：迎。水迴轉）洄轉，貴上金階粟滿倉。」總之，穿、割、箭、射主要原因，就是地形地勢，斜飛亂竄所致。凡源流愈遠者，則富貴愈大，愈悠久。而陽宅以腹地廣大為要件。

老山之中，高崗結穴者，穴前亦常有天池水，以蔭龍穴。先賢云：「天池水少人知，周迴深闊最為奇；能盛天水蔭龍脈，盈竭猶能驗盛衰。」又云：「平坂天池大且深，真龍脈旺早凝成；四時融注極榮貴，一旦乾枯即敗傾。」陽宅得到水局還須注意理氣吉凶。凡水匯聚於明堂之中，其來去之水，謂之天門、地戶。若來不見其源流，則謂之天門開。故來水寬大，為天門開朗。水之去處，謂之地戶。若不見水去，則謂之地戶閉。故去水窄小而不見去者，為地戶緊閉。水既為財，門開則財來，戶閉則財用之不竭。是以水深則財大，水淺則財小。故水口為龍穴砂水之門戶。

出水之處，有兩山高聳卓拔者是為貴地。低山關抱者，發科甲之地，若無下砂關攔，下等之地。倘關攔三五重者，更大更悠久。出水之口，有飛禽、走獸、華表、捍門、北辰、羅星、鏡臺、等形狀之山石，扼立兩旁，或劍印之形浮於水面者，皆把守水口，足以阻水，水阻即是藏風，必結大地。是以先賢有云：「窺見城門有異踪，或生怪石或生峯（把水口）；重重關鎖回頭顧，戶內真藏宰相榮。」

總之，看水之法簡要如下：

1、水要到堂，彎抱囊聚，砂水相戀有情。反之必然砂不聚集，水無相交。

2、平坦悠緩，不冲，不射，不割，不穿，不帶形煞等。

3、水入懷而返，一文不值，一發便衰。

4、水斜飛、直竄、反弓、層層洩出，無砂手關鎖下臂，則水走氣散。

5、不管左青龍與前案之間，或右白虎與前案，喜歡源遠流長，代表富貴久遠。

6、明堂之中，來水稱天門，喜來水寬大，稱天門開朗，財源滾滾。去水謂地戶，喜去水窄小，稱地戶緊閉，水財用之不竭。

7、天池水能蔭龍脈，以周迴深闊，四時融注為佳，以盈竭應驗盛衰，一旦乾枯即頹敗。

8、出水口喜關攔重重，有飛禽走獸把關，劍、印、奇峰、羅星等之形體浮於水面，都是把住水口的形象。

9、明堂最怕形勢長，又怕有鎗刺穴場；去水捲簾財自散，觀天坐井嗣難昌。

10、「仁者樂山，智者樂水」，水彎曲緩流水流即較深，居民有智慧、清秀、容易聚財。水湍急則居民較跳耀，衝動，粗曠、急躁。

2、五大水局

《山水發微》：穴前堂局，為水之匯聚處，有自迎面而來者，有自左右而來者，有池沼湖泊注於穴前者，有自穴前順流而去者，有明堂圓淨而無水者，皆稱之為局也，可類別為五大局，茲分述於次：

（1）、朝水局

《山水發微》：朝水局即逆水局也，乃龍神翻身逆勢結穴，以迎受當面逆朝之水。凡逆朝有田水，有溪澗之水，有江河之水不等。倉板田水，有十數坵者，有五六坵者，有一二坵者，總要四畔包圍，穴在低窩中之乳突處，穴場緊小以收之，最為得力，福大而綿遠也。若溪澗之水，不宜直沖，要來勢平坦悠緩，要有低砂關攔，不使沖城割腳為美。江河之水逆來，必要穴星高大有餘氣，其毡唇向前鋪出十數丈，或有低砂橫攔，或有小明堂承接，而來水尤要之玄屈曲，平坦悠緩為吉。倘穴場緊小，接近案山之外，江河之水汪洋盛大，而於案之旁側來聚於穴前明堂者，謂之「隔案張朝」，其福尤大。《堪輿漫興》云：「翻身作結有洋潮，水若潮兮穴要高，直射無遮生禍患，之玄屈曲出英豪。」面前潮水固然妙，也不能直射、割腳、射脅之類。

《山水發微》：逆水一滴，甚於萬派，總不宜貪其多，凡溪澗、江河之水逆來，無之玄屈曲，直沖而來者最忌。若之玄悠緩而來，有低砂橫攔，或有小明堂承接者，扦穴不宜過高，高則犯穴高水低。水不入喉之病。且穴高則易受風吹，雖云翻身逆勢去張潮，不怕八風搖，但穴仍以藏聚，不受風吹為真為的。先賢云：「天理宜順，地理宜逆。」雖翻身張潮之力大，為陰陽交歡之極象，但最難得其純淨，偶爾不慎，如乙卯之水(陰陽駁雜)並來，則重妻剋子，服毒枉亡。丙午之水(陰陽駁雜)同來，則癆病火災，忤逆不孝。壬亥、乾亥(陰陽駁雜)同來，則全家誅戮，驗之累矣。

（2）、橫水局

《山水發微》：橫水局即水從左來右去，或右來左去也。不論為田水，為溪澗、為江河，皆喜來水寬闊，去水窄狹，能隱而不見者為上。水要在明堂面前禽聚，要下砂逆收，關鎖去水，愈緊密則愈吉。若來水橫過明堂，不開弓停聚，一徑直去，或來小去大，而無關鎖，則福力大減矣，此局最為平穩。茲記《堪輿漫興》:「橫水無勞分左右(不拘龍水虎水)，但須下臂有關攔；上砂短縮不隨水（短縮就不攔水即是天門開），福澤房房穩似山」。

（3)、聚水局

《山水發微》：聚水局又名注水局，凡龍之結穴，前臨深潭池沼或湖泊者，謂之聚水局，最喜龍虎兩砂貼身緊抱。凡大湖巨泊者，僅見湖心一片之水尤妙。若下砂勾轉，或卓拔雄踞，將出水口遮掩不見者，必成大地，富貴悠久。蓋地理之道，得水為上，而水以凝聚為佳。此局如立向不差，定主富貴綿遠，《堪輿漫興》:「穴臨池沼最為宜，此穴須知世上稀；苟得真龍並穴正，黃金滿室有何疑。」以九星水法面前聚水是為「輔弼水」，文才貴顯，富貴壽考。

（4)、順水局

《山水發微》:順水局即去水局也，要來龍長遠，力量強大。要四勢周密，水口關固。水要之玄屈曲交流，不可直放。要地勢平坦，前案交鎖緊密，使水徐徐迴旋而去。若山不交鎖，穴場見水蕩然直去，則不必著眼。縱有結作，亦決不發財。倘近處向前直放（近處直放是先敗），最後得其兜收關攔者（遠處關欄是後成），亦主初年不利，退盡田財方始出官，或離鄉發貴。但穴稍有不吉，立主退敗，或絕滅無救。惟海濱之地，潮來則為逆水，故不以順局為嫌也。」意思是面向海雖然順水，但潮水來是逆水局，這種順水局不必嫌棄。《漫興》有云：「順水之局穴要低，有砂交鎖始堪為；面前若見滔滔去，縱是龍真罹禍危。」

(5)、旱龍局

《山水發微》：旱龍局即無水局也，地結山坡，或結高崗之上，老山之上。此穴必要山勢盤聚，明堂雖不見流水，仍要窩聚，有如鍋底，要三陽開闊，下砂突起關鎖。此局多先貴後富，倘山形瘦削，或穴前無掌心明堂，則清貴而不富。若龍神帶有倉庫，則必巨富矣。凡扦倉庫之龍，或扦逆水之地，皆能朝貧暮富。若求丁者，切勿下孤寒之穴。《堪輿漫興》：「乾窩結穴水全無，天作明堂駟馬車；四獸平和生溫飽，三陽逼窄主囹圄。」

(六)、收水化煞與趨吉避凶圖解

在現實的陽宅環境中，山巒疊疊而來，水來處謂之天門，水去之處謂之地戶，需「天門開，地戶閉」。水既為財，財由遠方瀰漫而來代表財源廣進。地戶閉表示財守的住。明入暗出、來長去短，直入曲出、用橋鎖住流水，用物體交鎖兜收，割腳水財不聚生病，明堂聚水天心水，水池形狀不沖射，龍水虎水要均衡，高一吋為山，低一吋為水。來水為箭，傷人丁，要有擋。去水為洩，破財銀，要有兜收。水神要看的到、摸的到、收的到；故忌諱水直沖，水反弓，順水流，漫亂流，無水流等。

水喜九曲水來朝，玉帶水環繞，靜緩來無聲。社區噴水池聲音雜亂，最好在龍邊前面。水要見光否則幽暗陰森。湖水要乾淨流動，不可死滯。龍水開龍門，虎水開中門。水影反射耀動，影響視覺與心理，表示財不聚。解救之法是安排到視線之外，距離拉遠，地形地物遮蔽等。水要從生旺方來，衰死方去。虎水來不宜開虎門，但收囊袋水則宜，以門千金先收水氣先贏。斜飛水是桃花水，虎邊流出女人桃花，龍邊流出男人桃花，宅後不宜有井，形家以玄武破洞，頭腦不清。水神宜明見，要不然若只見沙洲、堤防是無法收到水氣。後門如有來水，右方來水開龍門；左方來水開虎門（前方開水頭，後方開水尾）。

《陽宅指南》:「正神方見水為零神，零神方見水為正水」。當運方位稱為正神方，正神的對宮稱為零神方。正神方是旺位，零神方是失運衰位。《天玉經》云：「明得零神與正神，指日入青雲。」正神是指當運之氣，零神是指失運之氣。水是以衰為旺，因此正神方見水反主失運。故稱為零水。零神方見水便是當運之水，故稱正水。例如，民國 100 年八運以東北方正神旺方，其對面的洛書合十西南方坤宮為零神衰氣方，在東北方開門為旺氣，所納之氣最吉利；若東北方見水，稱為衰氣水。反之西南方失運，所納進之氣為零氣。

簡單而實用的說明各種避凶趨吉圖

項次	名稱	圖解與說明
1	孤陰地 按：土多屬陰，高處無水，氣不聚，先貧後絕，宜改門收水氣方。	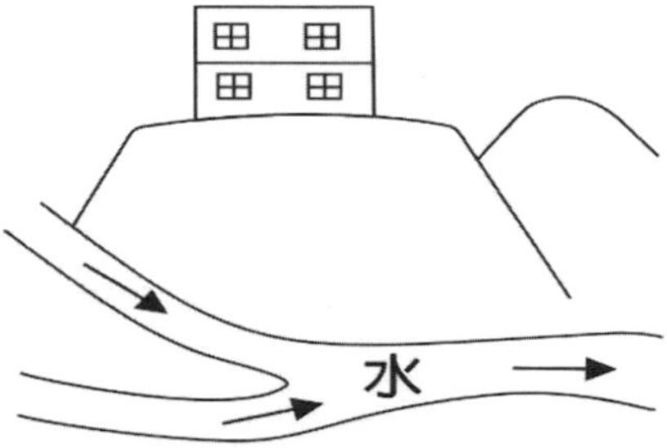 孤陰地
2	寡陽地 按：低窪地建屋，道路高於屋基，宜墊高取天氣為陽，地氣為陰。	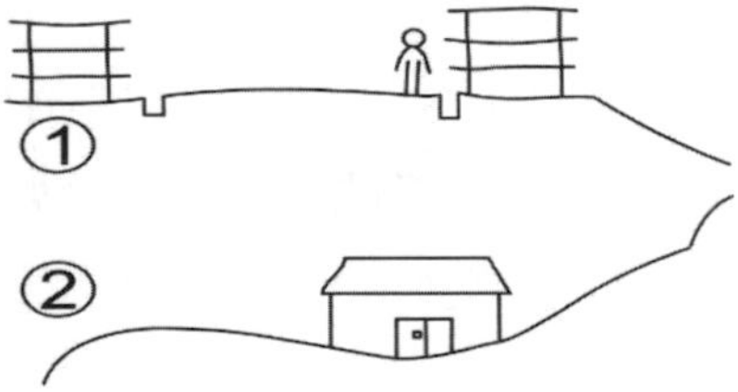 寡陽地
3	畚箕地 按：畚箕有入無出，還是要前大後小，朝向空地收明堂水氣。	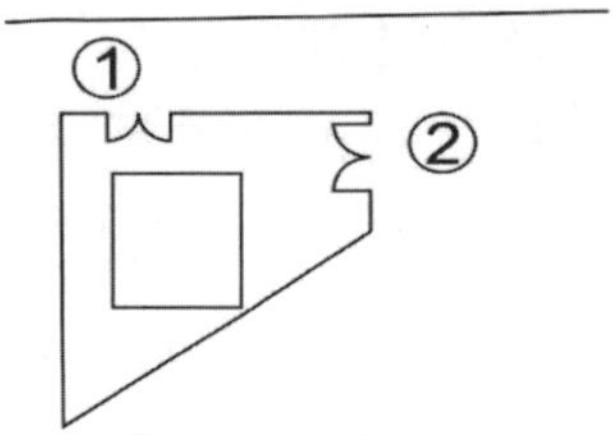 畚箕地

項次	名稱	圖解與說明
4	**反弓水與路** 按：右來水路射女性，左來水路射男性，可退縮設內玄關，避開沖射。	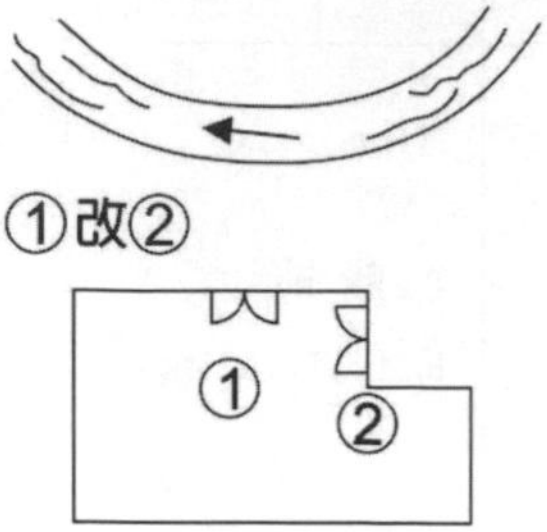 ①改② ① ② 反弓水與路
5	**剪刀口** 按：刀口封喉，宜規劃退縮或改門設玄關、轉門向、設隔屏樹叢等。	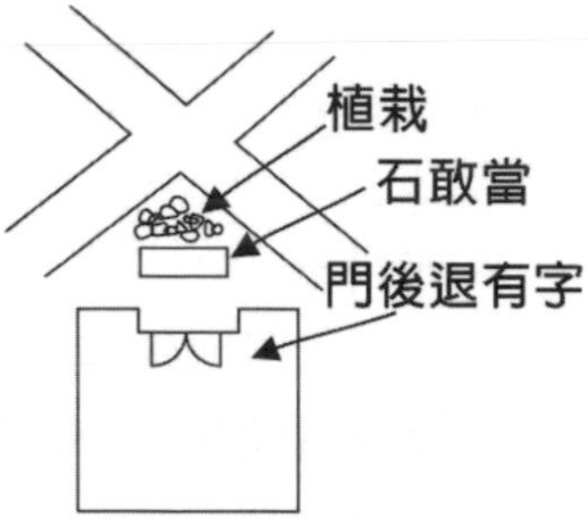 植栽 石敢當 門後退有字 剪刀口
6	**路沖巷沖** 按：視沖射建築物高度而定，外設石敢當、化煞鏡、竹叢。內設水族箱、高櫃，改玄關。	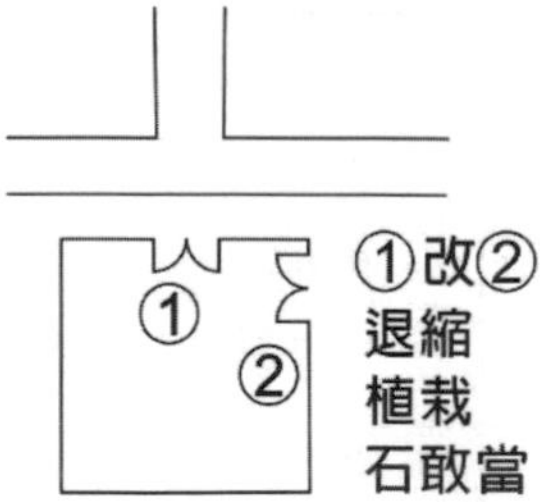 ①改② 退縮 植栽 石敢當 ① ② 路沖巷弄

項次	名稱	圖解與說明
7	劫殺水 按：明堂中有流水或池塘等水源，以尖砂、尖水形狀射入穴中，主忤逆、退財離鄉。	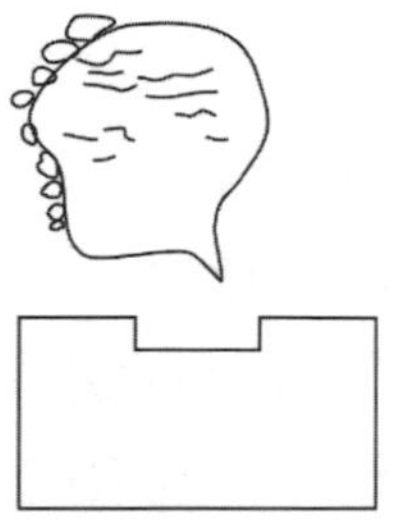 劫殺水
8	斜飛水 按：去水為凶，來水為吉，左去男桃花，右去女桃花，改門平行收橫水或進斜水。	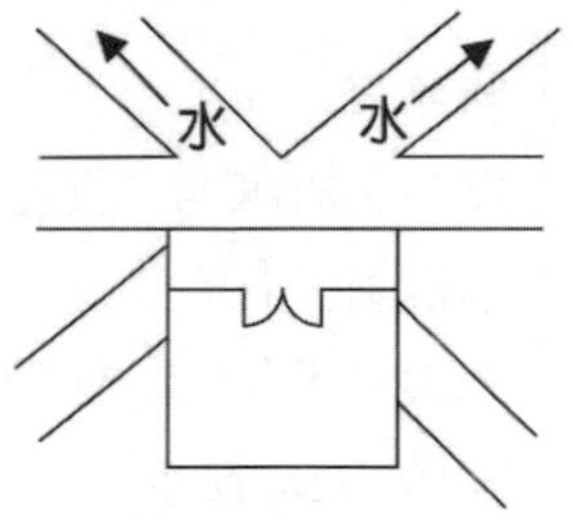 斜飛水
9	牽鼻水 按：水直出散財，開門樓梯直洩，宜改大門玄關或設高櫃或轉樓梯踏階。	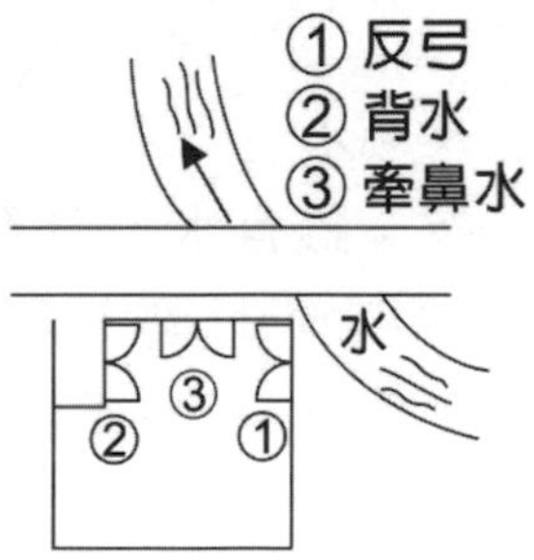 牽鼻水

項次	名稱	圖解與說明
10	**順水局** 按：順水表示前方地勢下陷，明堂不美，錢財不聚，宜改大門方向。	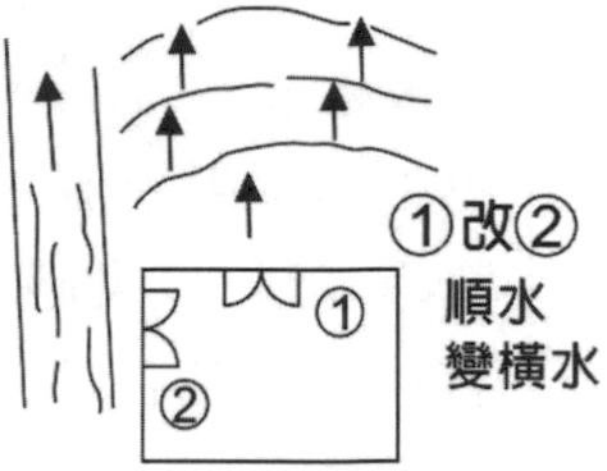 順水局
11	**朝水局** 按：收朝水吉。收左邊龍水開龍門吉。收右邊虎水開中門。或改角度以兜收方式收水。	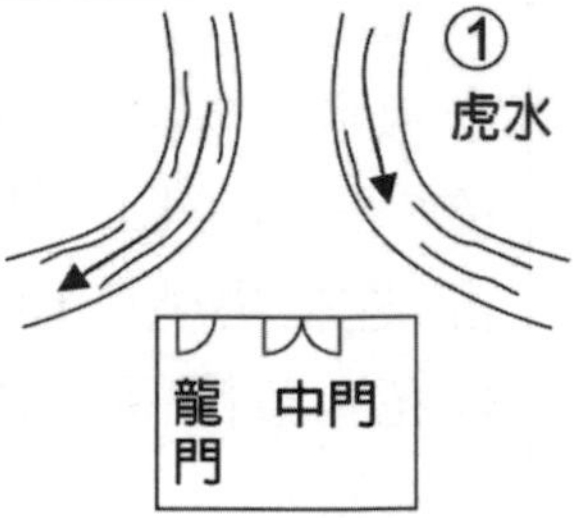 朝水局
12	**反跳水** 按：雖有水，但不入明堂，表示地勢太高，收不到水氣，一發即滅，好看而已。	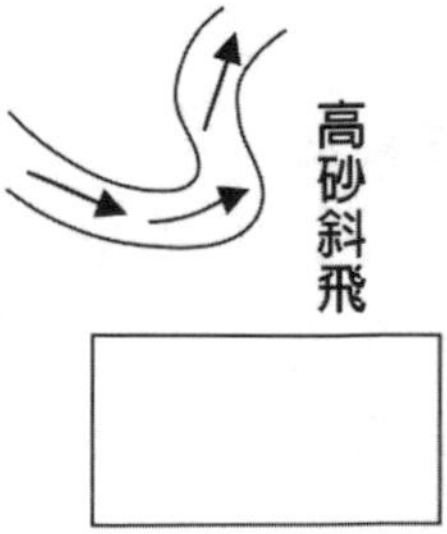 反跳水

項次	名稱	圖解與說明
13	**淋頭水** 按：後面有高壓山逼或陽宅，致使水有當頭淋下之虞。陽宅管道間當頭也算。	 淋頭水
14	**割腳水** 按：陽宅前後左右水流切進下方，有沖刷之虞。	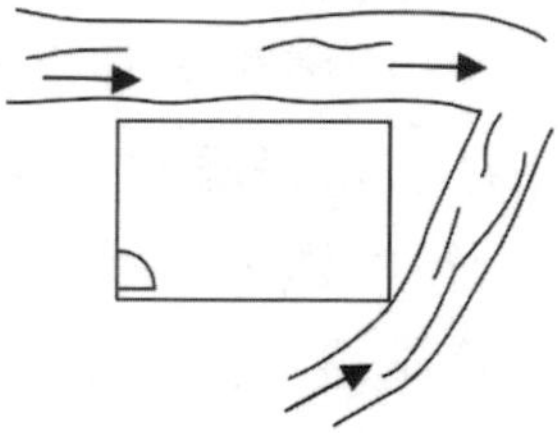 割腳水
15	**泰山壓頂** 按：前後左右有逼壓之勢。影響視線、動線之類。壓人也不好，表示自己孤高。	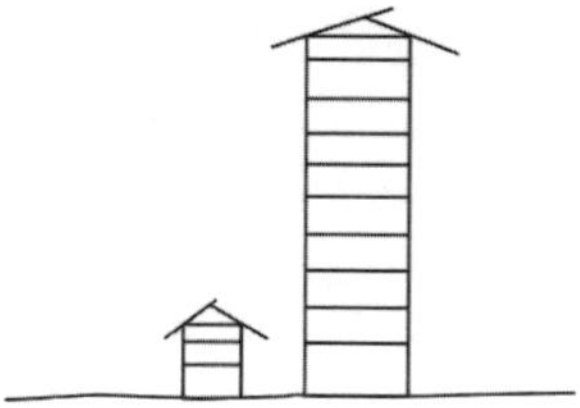 泰山壓頂

項次	名稱	圖解與說明
16	青龍動而高 按：山龍或陽宅，左邊高於本宅就是龍高，龍喜動，右邊來氣由高龍兜收，必發。	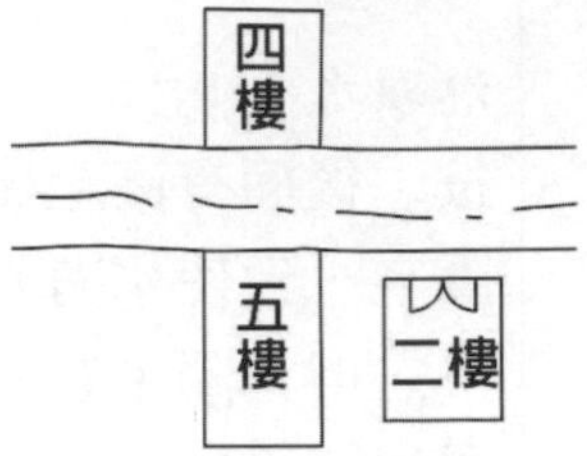 四樓 五樓 二樓 青龍動而高
17	白虎低而順 按：白虎先天卦坐北看，在右邊是離火，又主血光。虎邊要安靜，不可高於龍邊。改玄關大門是有效的方法。	虎昂頭 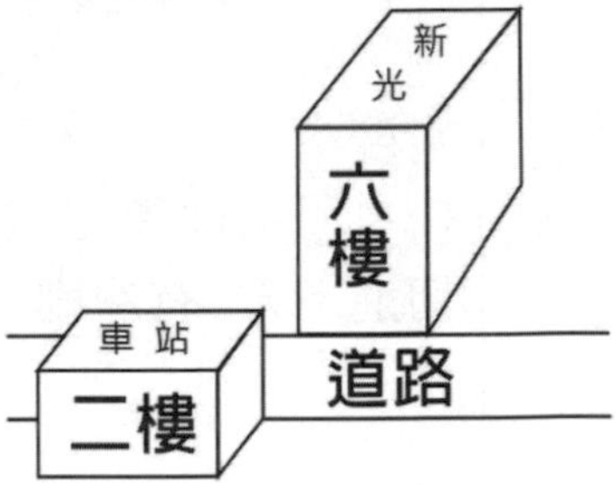 新光 六樓 車站 二樓 道路
17-1	虎逼身	虎逼身 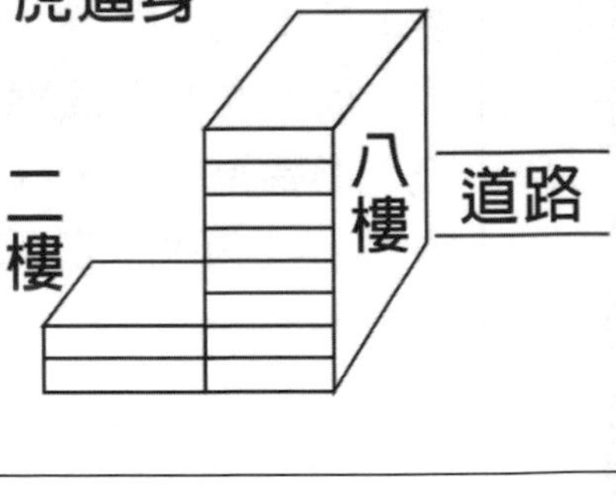 二樓 八樓 道路

項次	名稱	圖解與說明
17-2	虎現爪	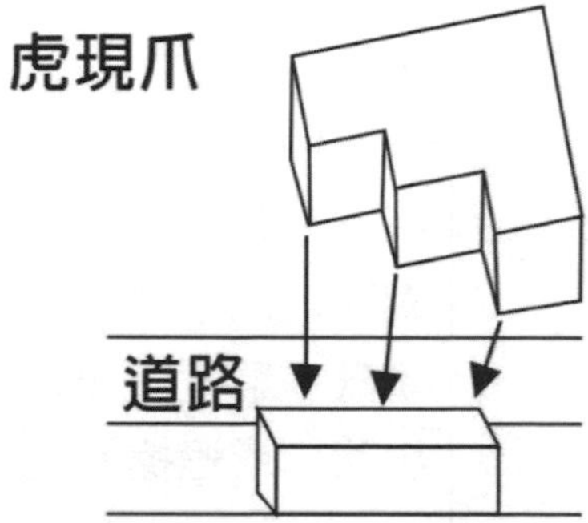 虎現爪 道路
17-3	虎回頭	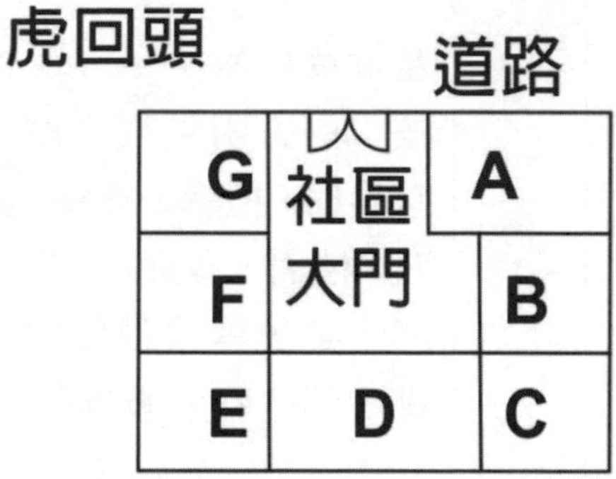 虎回頭 道路 G 社區大門 A F B E D C
17-4	虎開口	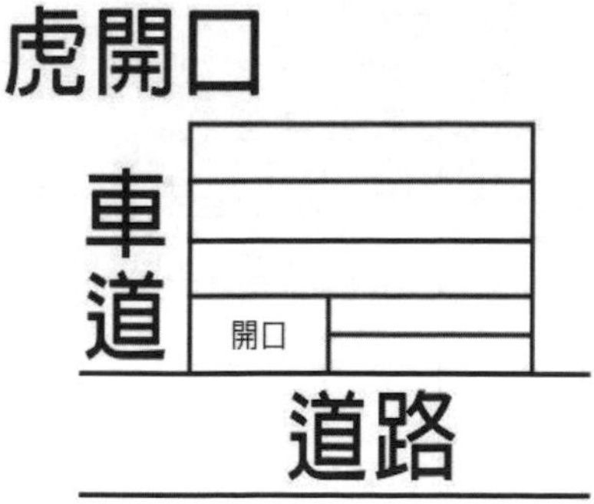 虎開口 車道 開口 道路

項次	名稱	圖解與說明
18	宅廟相沖煞 按:住在廟宇前的影響,有宗教科儀的活動,人潮聚散的喧囂,入夜的陰靈霾氣等,遷地或改出路、或遮擋為宜。	 宅廟相沖煞
19	屋前破碎煞 按:前方明堂或中庭若有尖射、招牌、屋脊、亂石、枯樹、廢棄物或突、凹、尖,等入眼雜碎髒亂,都是屋前破碎煞。	 屋前破碎煞
20	朱雀口舌煞 按:前方是朱雀,後天八卦坐北朝南是離火,血光口舌之類。入宅指有形煞沖射本宅。	 朱雀口舌煞

項次	名稱	圖解與說明
21	**探頭山形煞** 按：住家前後方建築物或山形有賊人竊探的形象，就有宵小覬覦的可能，以形象自由心證。以遮擋法即有效。	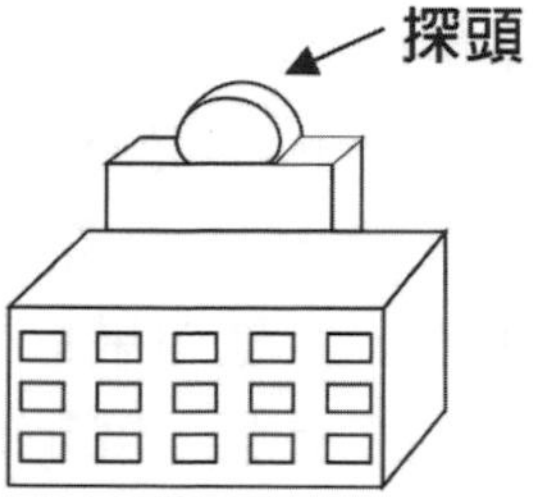 探頭山形煞
22	**脊口獸頭煞** 按：屋宅前方有類似屋脊的直射形煞，例如廠房之類。改門轉向最管用，遮擋化煞可參辦，或請對方掛個招牌之類遮擋。	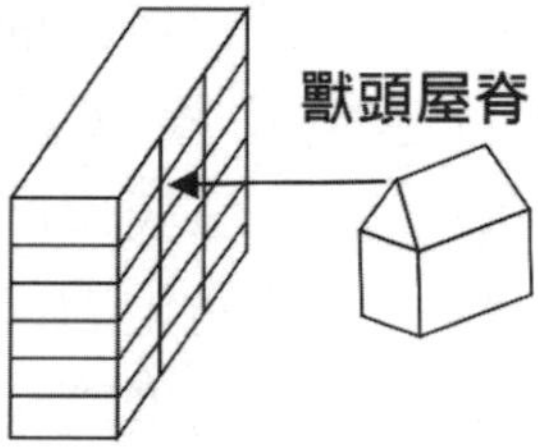 脊口獸頭煞
23	**火星倒地煞** 按：圍牆、道路、水路、田埂等的九十度轉角，尖角沖射陽宅就是火星倒地所形成的煞形。	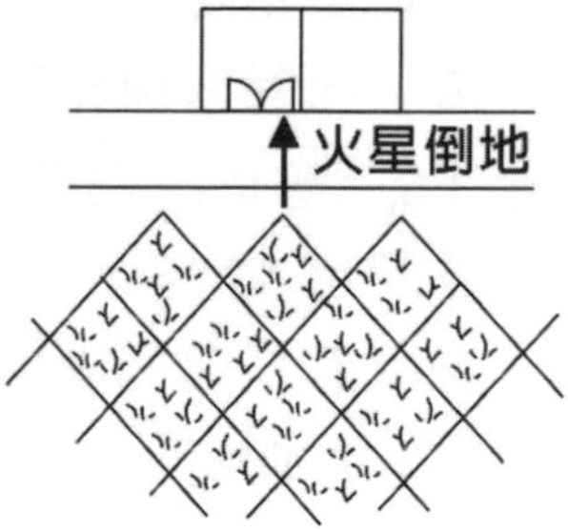 火星倒地煞

項次	名稱	圖解與說明
24	圍牆劈門煞 按：圍牆雖然不高，對沖整棟大樓固然微不足道，但是如果恰是劈到出入進門，就是命中要害。一改門，二遮擋，三遷移。	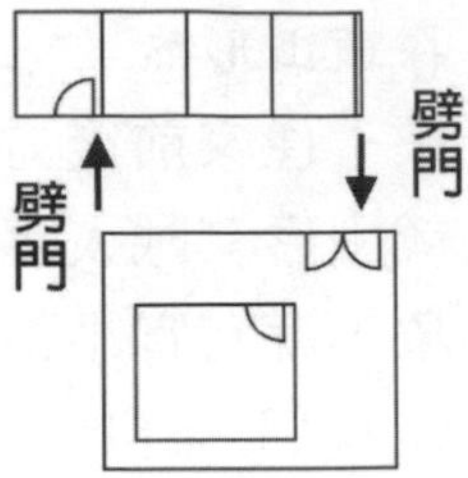 圍牆劈門煞
25	項莊舞劍煞 按：宅居若是被前後左右建築物牆壁當面切破，等於每天出門要面對一把劈面大刀。但水平距離在高度兩倍以上時影響輕微。	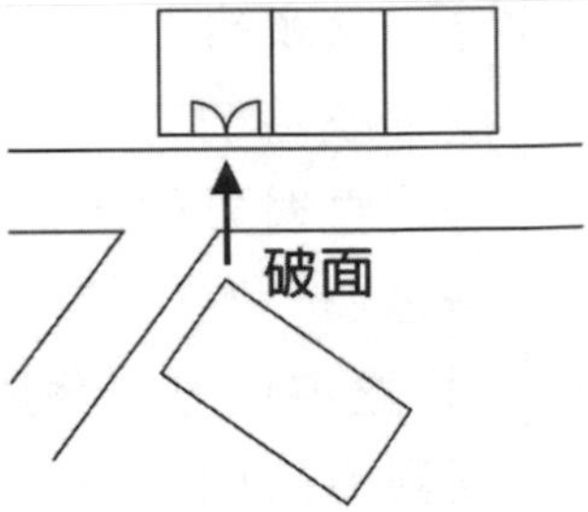 項莊舞劍煞
26	天斬雙刀煞 按：面對兩棟建築物臨接處，會形成兩道壁刀，越細越凶，越寬越弱。需視壁刀高度與兩棟建築物距離而定，如果路中有安全島或水路，則無影響。	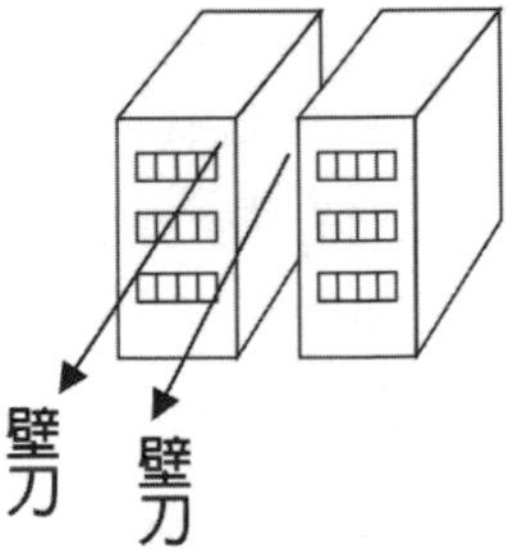 天斬雙刀煞

外局形煞甚多，大體左邊來沖傷男丁，右邊來沖傷女口。東方沖傷肝與手足，南方沖出眼疾心臟，西方沖出肺與官非，北方則是腎與泌尿系統。在《地理人子須知》討論出許多形象專有名詞，例如：粗惡、峻急、單寒、臃腫、虛耗、凹缺、瘦削、突露、破面、疙頭、散漫、幽冷、尖細、盪軟、頑硬、巉岩、頸長、仰瓦、牛軛、崩面、童頭、搖拳、反肘、鍬面等。〈張紫瓊真人穴法三十六怕〉:「穴怕鬥殺直扦。穴怕臃腫頑堅。穴怕孤露單寒。穴怕惡石巉岩。穴怕坐下低軟。穴怕卑濕瀝泉。穴怕懶坦平洋。穴怕崩破鑿傷。穴怕前高後低。穴怕四山欺壓。穴怕左空右缺。穴怕明堂傾跌。穴怕鎗頭鼠尾。穴怕鵝頭鴨嘴。穴怕高山峻嶺。穴怕面牆坐井。穴怕水走砂飛。穴怕燒窯築陂。穴怕捲簾水現。穴怕劫砂當面。穴怕凹風吹射。穴怕元辰直瀉。穴怕堂氣不收。穴怕箭水直流。穴怕界水淋頭。穴怕牽動土牛。穴怕明堂空曠。穴怕界水塞暗。穴怕八風交吹。穴怕箭水衝摧，穴怕全無餘氣。穴怕路行穿臂。穴前怕見深坑。穴前怕見反城。穴後怕是仰瓦。穴後怕是高掛。」水合到理氣若還被論刑煞，雖然吉神相應，但藥水或桃花劫必一。

六、《八宅明鏡》論外局形煞

《八宅明鏡》這本書，既有談到陽宅外局，也有談到內局理氣。為求統一敘述，所以外局部分一併在本書第二章分段依據原書順序陳述。

（一）、陽宅六煞

《八宅明鏡》的〈陽宅六煞〉形煞名稱例如：過頭屋、推車屋、二姓招郎、埋兒煞、扛屍煞、直射煞、沖天煞、埋兒煞、停喪煞、血症、穿心煞、暗箭煞、自縊煞、投河煞、工字煞、亡字煞、金字煞、孤獨煞、忤逆、翻軒、火字形等。

前高後低，謂之過頭屋，出孤寡。

中國傳統就是中和，前後高低不同，高在前低在後，氣勢高於氣質，人緣不免孤寡。經曰：「此屋為名過頭屋，前高後低二姓族；住主孤寡少年郎，招瘟動火連年哭。」

屋後兩傍有直屋，為推車屋。

屋後兩旁有直屋，就會有兩道壁刀，又像伸出兩手臂推車，推車扛轎辛苦吃力不討好。經曰：「此屋名為推車屋，定主財銀多不足；又名龍虎必直齊，退田少亡無衣祿。」

前後平屋，中起高樓，二姓招郎。

前後房屋雖然高度一致，但中間突兀地露出高樓，表示家族傳襲不一致，不免有「二姓招郎」之虞。經曰：「此樓名為招郎屋，主出寡母病寡嫂；少年寡婦守空房，二姓招郎仁義巧。」

前正屋，後邊不論東西南北中央，或一間二間亂起，謂埋兒煞。

前面正廳固然正常，但後半部不論東西南北或中央，或者一間兩間參差亂起，對婦女兒童的居住環境就是不利。經曰：「若見人家屋夾高，中間天井埋兒殺；當招產難即招瘟，眼疾紛紛氣即發。」

四邊多有屋，中間天井，出入又無牆門，謂扛屍煞。

四周邊有房屋，中間天井，出入沒有牆門，坐困愁城。形容前途困頓無路。經曰：「沖天落地兩頭低，三年兩度損兒也；太歲當門無改移，又主扛屍出外恐。」

屋後有直屋，謂直射煞。

沖射主傷害與顛沛流離，經曰：「背後小屋直沖射，定斷其中主暗凶；更招橫禍從天降，不然子損公掌家。」晚輩先於長輩離開，形煞在後蔭在夜間、女人、背後。

左右屋低中高，謂衝天煞。

左右前後高，就是地勢中間高，則水不聚天心。經曰：「此屋前低後又低，主有孤寡在內屋；又有錢財多耗散，名為四水不回歸。」古時天井向內可收雨水，那時的雨水算乾淨。

前後兩進，兩傍廂房，中堂如口字，四簷屋角相對，謂埋兒煞。

宅屋似乎位於中庭，前後左右都有屋簷角煞沖射，如萬箭穿心。經曰：「此屋中有小屋在，名為扛屍主啼哭；又名埋兒殺身現，主有寡娘二三妯。」

廳屋三進，中一間裝屏間，兩傍對一步者，謂停喪煞。

早時流行土葬，棺材放在大廳時用屏風擋住外面視線，三進廳屋，大廳左右各有一房，多設屏風會感覺喪事不離屋宅。現代陽宅的無尾巷搭棚子也類似。

不論前後簷下，水滴在階沿上者，主血症。

前後屋簷當然不免滴水落下，但落在台階上主血症。必須滴在排水溝，或者以 U 形水管承接。經曰：「此屋滴水若相連，定主眼疾實難當；又剋妻房損妻子，此屋猶嫌氣疾纏。」指滴水擾人與風擊門窗聲不固定，神經久久緊繃之下，不利身心。

屋前如有梁木搭板，暗冲簷架者，謂穿心煞。

屋前設置陽台，而為了儉省材料，將梁木直接連結在牆板上，除了有結構問題外，梁木向內就是隔牆「穿心」，容易使懷孕婦女不著胎。凡玄武披頭插尾，白虎披頭，朱雀披頭等都論形煞。

屋後如箭暗冲者，謂暗箭煞。

屋後是玄武，《陽宅十書・內形吉凶》：「玄武插其尾，賊道年年起，居官失其財，逃亡走奴婢，女人多不孝，不宜生家計，災禍時時至，六畜自然死。」全部唱衰。屋後玄武屬水，坎為水是中男，唱衰先找中男或二媳婦。

屋後白虎方，另有一間橫屋，謂自縊煞。

屋後白虎方另有橫屋，也是暗箭射到。經曰：「此屋名為白虎屋，必致小子衣食愁；小房孤寡必定損，便見原因在裡頭。」《陽宅十書・內形吉凶》：「白虎畔邊哭，婦人多主孤。太歲不合同，錢財耗散無，鬼魅交加有，妻病定難除，男女多壽短，家門日漸無（財產）」。

屋後青龍上，有一間橫屋，謂投河煞。

《陽宅十書・內形吉凶》：「青龍舉其頭，乃是東房南頭插小房，主年年虛耗。」經曰：「此樓名為青龍頭，必致長子心腸惡；若見順水主長進，出夫不回空倚樓。」

廳後高軒，又有正房如工字樣，謂工字煞。

屋宅後方有高大的建築物，這種形態在中間加蓋相連的建築物，三個建築量體俯視形成「工」字型。造成前後建築物各自兩道壁刀，分別向前後射出。

前後兩進有一邊側廂者，謂亡字煞。

與前面「工」字型略同，只是「工」字型蓋在正中央，而「亡」字型則是偏在或左或右邊而已。也是一道壁刀或冲龍邊或冲虎邊，以致宅內空間長期不平衡，空的一邊種樹即可。

不論前後天井兩傍，如有山牆對照，謂金字煞，在西方者更甚。

屋宅前後或天井（等於四面都包括），如果有山牆對照，稱金字煞（屋脊冲射）。因為山牆是兩邊斜水向上，像三角形，也向「金」字型，西方屬金，所以西方最凶。這裡的「山牆」也指假山假石等堅硬物形。

不論前後門首，或楹柱，或牆垛，或屋尖當門者，謂孤獨煞。

陽宅前後有梁柱、圍牆、土垣、屋尖角、山尖角、水尖角等冲射時，稱「孤獨煞」。經曰：「此屋名為孤寡星，主有寡婦二三人，一紀十六年間見，遭瘟動火敗伶仃。」應驗在流年理氣。

如屋大梁上又加八字木者，出忤逆。

大樑前再加以二次施工出「昏氈」，而作出八字山形。經曰：「面前龍虎兩腳飛，退田父子各東西；更主出人生忤逆，兄弟相打各西東。」凡川、八等斜飛狀態都是為忤逆、流徙、相鬥。

如一層前後翻軒，皆可作正面，主夫妻兄弟不合。

宅屋前後「翻軒」，指一棟建築物前後蓋得很相似，前後進出門面都差不多，皆可做正面出路，主兄弟夫妻不合。就像一棟建築物開兩個門進出，一家人無所適從，自然容易分心。或者說根本是兄弟早就不合，所以各立門戶出入。

門前四面圍牆，中間開一門，東西兩家俱從一門（指圍牆大門）出入，路如火字形不宜。

宅門前四週邊都有圍牆，只有開一扇門，但裡面有兩戶人家，都從同一門進出，以至於路如「火」字一般。經曰：「門前有路似火字，兩邊有塘年少安；就斷其家連淚哭，太歲加臨多禍至。」路似火，塘是水。火字與八字不適合住家，但八字形可用在娛樂色情行業，但財不入庫。

房門上轉軸透出，主生產不易。

房門的轉軸就是指門扇連接門框的活葉，早時的門扇是用木頭製作轉軸，相連門框門扇而轉軸可以抽出來；進出門時不免繃緊神經，靠自由心證與生產不易搭配關聯性。

一家連開三門如品字，多口舌。

宅居三門連成品字，指門貫穿同一直線，猶如穿心煞。穿心可以影射出財來財去、心臟脾腹、官非等病號，捨屏風轉折。

兩家對面，謂相罵門，主家不和。

形煞兩家相對，稱「相罵門」，主家中或兩家不合氣。下列情形例外：1、兩家有相當距離，或中間有植栽、樹籬、流水區隔。2、一般家庭室內不忌諱兩門相對，但忌諱門切門，門大小不同。3、最忌諱兩家建築量體大小與門的比例大約相同，且社會地位與財富也大約相同。

門前如有雞口朝對，不宜。

雞口指「脊」口，指斜屋頂的屋脊，最忌諱被幾十米廠房的簷脊口沖射入宅。經曰：「試看明堂門槅尖，其家寡婦知少年；扛屍羅賴此中招，說與時師仔細量。」

前簷滴後簷，兩層屋相連不宜。

前面的屋簷高過後面的屋簷，所以前屋簷滴水直接落到後屋簷之上，所以兩層屋簷相連不宜。這算是一種「聲煞」兼水暗射的形煞，傷到後屋簷之下的使用者。

眠前左右有小塘（大池塘不算），水滿時或東放西，西放東，謂之連淚眼，不宜。

門前有池塘，水為財，財也是淫亂之源。如果明堂東西兩方有小池塘，水滿時兩邊池塘水互相挹注，像是淚眼婆娑。可以用暗管連通兩個小池塘經曰：「明堂形似葫蘆形（池塘），寡父姦奴事必真；定主招瘟聾啞應，時師說鬼祭家神。」水是利弊大學問。

臥房前不宜堆假山、土山，謂墮胎煞。

堆假山、土山都不宜在前方與左右方，唯後方玄武基於環抱後靠的原則可用。經曰：「面前若見成土堆，墮胎患眼亦難免；寡母少亡不出屋，盲聾暗啞又生災。」

亂石當門，謂磊落煞。

亂石當門，就是明堂雜亂，前途受阻。經曰：「此屋門前有大堆，久住房內主墮胎；更兼眼疾年年有，火災加臨更傷悲。」

住宅前有深林，主怪物入門。

樹根有含水保水的作用，濕氣就是陰氣。經曰：「此樹門前當面生，家遭寡母哭聲悲；二姓同居招女婿，血財損盡又瘟迷。」「面前二樹相對立，斷定二姓同居住，大富之家娶二妾，孤貧寡婦淚沾衣。」樹影陰森，心魂不定，故玄思怪想先入為主。

住屋前後有寺廟，不宜。

住宅前後有寺廟，不宜居住；因為廟會活動擾亂身心安寧；香火紙灰長期燻繞，不利眼睛與呼吸器官。唯有生計與宮廟息息相關之店鋪則適宜。

祿存方向不宜有樹被籐纏滿者，謂之縊頸樹。

祿存星山峰如頓鼓，頂圓平體方，而多枝腳如爪瓠，木剋土，如被樹藤纏滿，以形象論吉凶，謂之「縊頸樹」。經曰：「左右龍虎共條路，男女自吊是為真；兄弟相爭去法場，太歲臨宮是悲傷。」定期清除散漫雜亂之樹藤即可。

面前有路川字形，不宜。

川水流出是一堆牽鼻水，流入是一堆箭水，皆不宜。經曰：「門前水分八字圖，賣盡田園離鄉土；淫亂其家不用媒，定主長少房離祖。」宅前八字與川字都是不良形煞。

山尖中開門，名穿煞，大忌。

山尖中開門是指大門打開時，正對到前方有山，且對到山尖處，山必須尖頂刻薄煞氣騰騰之象；否則圓頂、波浪頂、土型之類帶著有情是無損的。

床橫有柱，名懸針煞，主損小口。

床不可以在橫樑之下，眾人皆知。床橫有柱是在橫樑之下另外包括對到直立柱子，比橫樑更甚。

（二）、看煞法

吳明修大師在大作《陽宅真義》一書中提出看「煞」方法 36 條。精簡扼要，試述其論。

1、墻角沖房，必出寡婦。（室內外同論）

2、房前若對樓簷轉嘴角，必出瞽目。（等於倒地火星）

3、大石在門前，主心痛瞎跛。（在離火方驗在眼睛、心臟）

4、柱對房門，主孤寡。

5、棟下門。主孤寡。（門在棟前損陽人，門在棟後損陰人）

6、門上露風四五寸，主損陰人。（門上空隙漏風）

7、煙囪對床，主難產。（在二黑開者，木剋土，立應驗）

8、灶在艮方，開寅艮門，主子孫耳聾，又主姑媳不睦。（艮方開寅門，就是灶口向大門，雖然是生氣方，不合內局動線，就算有煞）

9、灶在床前，常患眼疾。（古時上床睡覺，灶灰仍有餘焰、廢氣、高溫之現象，眼睛首當其衝。）

10、過路小屋搭在大樹下，名吸乳屋，損小口。（大樹屬陰，小孩屬陽被上下覆蓋洩氣）

11、小樓小閣搭在廳堂房旁，亦名吸乳屋。（小樓、小閣屬陰，廳堂屬陽，兩者不可接近。）

12、乾方作坑，男瞽女跛。（如坎宅乾廁，先敗長房。乾為首，

作廁所頭昏腦脹）

13、騎壁廁主男人犯隔脹之症。（以前的坑廁是拉到外面另蓋一間小屋。蓋廁所時貪圖方便，蓋在房間外，可以省下一道牆的工料）

14、 床橫頭有柱，名懸針煞，主損人口。（樑柱都會形成壁刀沖射）

15、屋柱幫腳，生兒短腳。（柱子基礎腐爛，用連接的）

16、房門前有破缺，主缺生育。（各宮位若有缺陷代表該宮位休囚，可以補強缺陷宮位的五行，斷驗宮位六親，例如東南方巽宮缺陷，可以用長綠樹木盆栽補強，若東南方有鐵架之類沖煞，則是長女被剋在家呆不住。）

17、兩門並開，名蝴蝶門，出寡婦。（兩門是指獨立兩個門，需大小相同，一間開左，一間開右，其中一門常閉或設置屏風可解）

18、房內安樓梯主寡。（僅指樓梯設在夫妻房間內）

19、墻與籬對沖且射者，名穿心煞，主疾病死亡。（牆壁、圍籬都算壁刀）

20、乾上開坑，坤上開井，為吞天觸地。（乾為首，開坑污穢；坤為地，開井破土，都是不良形象）

21、 寅艮作灶，為建人建鬼。（艮為鬼門，寅方門口作灶）

22、正堂背後，屋脊沖射，名暗箭煞，又名刺背煞，主貧病少亡。

23、正屋後面，造川堂，名停屍煞。（裝個屏風像停屍間）

24、屋後起小屋，亦謂之停屍。

25、主屋後蓋兩廂，名推車煞。（後面兩道壁刀）

26、廳前兩側之前，而有物以探頭者，主招官司。（探頭煞）

27、滴水相連為暗箭煞，主眼疾，產厄，人丁難。（高簷將水滴到低簷也是水箭，或淋頭水）

28、人字屋，丁字屋，名撞腰煞，主疾病。（壁刀攔腰而來）

29、亡字屋，名漏氣煞，主敗亡。（不符合均衡原則）

30、接棟造屋，名破脊煞，主三年一哭。（沒錢只能搞拼湊屋，堂氣不一致）

31、屋小明堂寬，名泄氣煞，主弱症少亡。（不符合比例原則）

32、煙囪相對房門，亦主墮胎壞眼。

33、漏廒（米鹽倉庫）破屋在前，名破耗煞，主貧病。

34、人家無處開門，于山尖中打出一門，名穿煞。

35、以上諸煞大約牽涉內外六事法則，如果房床俱在旺方，無不傷妻剋子，（犯了以上諸煞，理氣如法傷害更重），謹防太歲加臨宅主損傷。

（三）、總論陽基

黃時鳴云：「凡京省府縣，其基闊大，正盤已作衙門矣!民居與衙門，相近者不吉，秀氣已盡鍾故也。」

1、凡大都會地區，因為有官衙府會等機構，其重要地點都被政府機構所占有使用，所以民眾選擇居所務必離開縣府、司法單位、消防隊、監獄、刑場、汙水處理場，垃圾場、醫院、營房、廟宇等。

2、唯考量與營業相關之謀生行為，則不忌諱。「秀氣已盡鍾故」，換成是現代民主社會就直言「官大兩個口」、「民不與官鬥」的概念，其次是生活氣氛的起伏變化太大，對心性有不良影響。

日間人潮喧囂，夜間清冷孤寂。

《發微》云：「神前廟後，乃香火之地，一塊陰氣所在，必無旺氣在內。

《八宅明鏡·總論》又提到：神前廟後都是屬於廟中香火的場域，不論陽神陰鬼都與人間不同世界，在這種氛圍之中已無適合人們居住的陽氣。其次香火繚繞，久之不利呼吸器官。廟神活動也會觸動心靈世界的穩定性。

逼促深巷，茅坑拉腳，滯氣所占，陽氣不舒，俱無富貴之宅。屠宰場邊，一團穢氣。尼菴娼妓之旁，一團邪氣，亦無富貴之宅。

1、「逼促深巷」指彎曲狹窄，緊逼深長的巷道，就是貧民窟的意象，古時廁所就是茅坑，污穢物就黏在腳邊，加諸光線、氣流呆滯，談不上清爽的環境，富貴之人不會光臨。

2、屠宰場人獸廝殺，君子遠離庖廚何況是屠宰場。尼菴與娼妓怎麼扯上一團邪氣？要知道帝王極權時期，女性被抄家或犯罪未被判死刑的，倒楣的當軍妓（想想金門831），好運的送進官府當婢奴或在公家性質的宮廟當差抵罪。

祭壇古墓，橋梁牌坊，一團斂殺之氣。四邊曠野，總無人煙，一塊蕩氣。空山僻塢，獨家村，一派陰霾之氣。近山近塔，一片廉貞火象，亦無吉宅。

1、祭壇古墓，橋梁牌坊，四邊曠野，獨家村，山頭不毛之地的廉貞火象等，俱非吉宅。

2、舉凡陰氣、穢氣、邪氣、殺氣、盪氣、陰霾之氣、廉貞火象等都是陽宅凶煞，抵觸了陰陽和諧，能避則避，陰邪之氣招不進富貴之人，貴人擦肩而過。無非是對視覺、嗅覺、聽覺有所不利的現象，均謂之形煞。

（四）、《八宅明鏡》形勢篇

> 凡陽宅須基方正，入眼好看，方吉。如太高、太闊、太卑小，或東扯西扯，東盈西縮，定損財丁。經云：「屋形端肅，氣象豪雄，護從整齊，貴宅也。

1、陽宅地基當然以方正為上等，如果太高、太闊，太卑小，或東拼西湊，左右不對稱，定然損丁破財。

2、所謂「貴宅」，在專制時代階級觀念很重，造屋等級必須依照官階高低，能夠蓋成「屋形端肅，氣象豪雄，護從整齊」者，當與官貴有關。

> 牆垣周密，四壁光明，天井明潔，規矩翕聚，富貴宅也。南北皆堂，東西易向，勢如爭競，左右雄昂，忤逆宅。

1、所謂「富貴宅」，指「牆垣周密，四壁光明，天井明潔，規矩翕聚」，有錢人怕搶，所以牆垣周密，又怕沒人知道，又喜歡結交權貴，自然期待形式上「近貴」。

2、所謂「忤逆宅」，指「南北皆堂，東西易向，勢如爭競，左右雄昂」，皆為龍蟠虎踞，兩雄相爭之形勢，宅主雖不忤逆，其子必因久處其間而耳濡目染，目無尊長。

> 屋小而高，孤立無依，四邊無護，孤寒宅也。東倒西傾，棟折樑斜，風吹雨潑，病痛宅也。屋宇黑暗，太闊太深，妖怪房也。

1、所謂「孤寒宅」，指「屋小而高，孤立無依，四邊無護」，此種住宅與外界不熱絡，尤其在交通不便之處，久而久之容易孤立自己，無從得到人際上奧援。

2、所謂「病痛宅」，指「東倒西傾，棟折樑斜，風吹雨潑」，陽宅為棲身之所，凡破舊失修，風吹雨潑，自然損及健康。

3、所謂「妖怪房」，指屋宇黑暗，太闊太深，少人活動則陽氣不足，光線晦暗之處，自然鬼影憧憧。

屋宇不整，四壁破碎，椽頭露齒，伶仃房也。基地太高，屋前後深陷，四水不聚，蕩無收拾，貧窮宅也。屋高地窄者，人財兩退，地闊屋矮者，一代發福。

1、所謂「伶仃房」，屋宇不整必然是貧民窟，四壁破碎必然阮囊羞澀，連鬼都退避三舍，以致孤苦伶仃。

2、「貧窮宅」，前後深陷，水盪散無收，財不聚，前後深陷人遠離，人氣財氣渙散，其結果可知。

3、「屋高地窄」，不適合人性的陽宅環境，上下不聞不問，各自為政，人氣財氣退散。「地闊屋矮」，四通八達，溝通熱絡，眾志成城，必然發福。

黃時鳴云：「住宅與衙門不同，衙門喜闊大壯觀，住房必翕聚始獲福。」臥房與外面客廳不同，廳前可以闊大，臥房之前闊大則氣散。凡屋以天井為財祿，以面前屋為案山，天井闊狹得中聚財。

1、住宅與衙門不同，衙門代表政府的門面，當然要在百姓面前擺出官威，官署必須要寬闊壯觀。

2、住家必須溫馨，所以空間不宜寬闊而疏遠，應掌握中庸並融入環境景觀與人文氣氛，客廳應該寬大適中，以主人交際脈絡規模相應即可。

3、臥房以清爽溫馨為宜，不可寬大氣散，否則容易造成夫妻疏離。天井為財祿，財入中宮屬土歸庫，庫宜大小適中。對面臨屋是我案山，喜對我拜堂。

前屋不高不矮，賓主相稱，獲福；前屋太高者，主受欺；太低者，賓不稱；太近者逼，太遠者曠；前簷近則宜矮，前簷稍遠則略高可也。住屋吉凶，全在此處。

1、案山在面前，故陽宅以面前房屋作為案山，宜對我有情朝拜，不高不低，賓主相稱，門當戶對，自然發福。

2、若前屋太高，表示氣盛凌人，應於我陽宅龍方有所墊高。案宅太低，賓不稱，我自省何德何能，以〈謙〉卦六爻皆吉，自我克制。

3、太近者逼壓，我心不稱遂。太遠者，過於空曠，都市陽宅不利營業，原野開闊，則溯風野大。前簷近逼，沖射我胸腹，則宜低矮讓他三尺又何妨！前簷稍遠，煞氣遠颺，則可以適度增高對面一些。住宅吉凶，全在此處。

4、古代陽宅因為受限建築材料與技術，所以就在一兩層樓高度之間較量，現代陽宅更複雜。

至於外之大廳又不同，以大廳之天井為小明堂，而前廳乃第一重案也。以前廳之外，大門之內，為中明堂，而大門乃第二重案也。以前門之場為大明堂，而朝山乃第三重案也。小堂宜團聚，中堂略闊，而亦要方正，大堂宜闊大，亦忌曠野。

1、至於外面之大廳，指古時候達官殷富，普遍有重重屋舍，在最外棟設有前廳（第一棟，視為第一重案山）接待貴賓，以大廳（第二棟）之天井為小明堂。

2、前廳之外，大門之內，為中明堂，而大門及圍牆視為第二重案。以前門之外視為大明堂，朝山乃第三重案。

3、小堂要團聚，一家人才有熱絡相聚的環境。中堂略闊，因為接待來賓不宜寒酸，方正不在話下。大堂宜闊大，心胸則開朗，代表出外有迴旋空間，貴人自然庇祐；但不宜曠盪無收。

4、總之，由外面適度安排高低（即陰陽相間），由公共空間逐步進入中介空間，乃至私人領域。萬不得分寸必爭，而破壞合理的生活空間。

經云：「屋少人多，為人剋宅，吉。宅多人少，為宅勝人，凶。」又云：「兩新夾故，死須不住。兩故夾新，光顯宗親。

1、「屋少人多，為人剋宅，吉」，指陽氣旺盛其宅必發。「宅多人少，為宅勝人，凶」，大凡一般觀念宅小人多，宅大門小，牆院完全，宅小六畜多為吉。宅大人少，宅門大內門小，牆院不完整，地闊屋少庭院廣不吉。

2、「兩新夾故」，被擠壓在兩棟豪宅之中，不免生存在有錢人鄙視之中，人窮氣短，終非善地。「兩故夾新」，兩邊是舊宅，自己有錢蓋豪宅，當然揚眉吐氣，光顯宗親。

新故相半，陳粟朽貫。宅材鼎新，人旺千春。屋主半住，人散無主。間架成雙，典盡衣糧。屋柱彎曲，子孫不睦。

1、「新故相半，陳粟朽貫」，可以將舊宅翻新，發到庫存的米爛掉，串錢的繩子朽斷，堪輿師真是語不驚人死不休。

2、「宅材鼎新，人旺千春」，建材用新的，人旺財旺可達千年，因為用新建材表示有錢。

3、「屋主半住，人散無主」，房屋發生斷斷續續有住沒住，必然是奔波討生、躲債軍賊之類而人氣渙散。

4、「間架成雙，典盡衣糧」，「間」指房屋的寬度，兩根立柱中間算一間，間數越多面寬越大。「架」指房屋深度。房間與間架不要偶數，否則將兩個空間各自規劃使用，意指人心渙散，各自為政，否則大不了房屋送人，何須典盡衣糧？

5、「屋柱彎曲，子孫不睦」，兄弟姊妹天天吵架，互相破壞，哪有時間修理彎曲的屋柱？

蟲蛀木空，木盲耳聾。柱若懸空，家主命促。 樑欹棟斜，是非反覆。接棟接樑，三年一哭。」

1、「蟲蛀木空，目盲耳聾」「木」與「目」同音，視而不見，如盲若聾。「柱若懸空，家主命促」，柱懸空，表示房屋快倒塌了，故宅主命在旦夕。

2、「樑欹棟斜，是非反覆」，有其形必有其靈，有其靈必有其應。由住宅看個性，由個性不難判斷其人行事乖戾，反覆而敗。「接棟接樑，三年一哭。」材料東拼西湊，當然窮得發慌。

七、《陽宅集成》論外局形煞

《陽宅集成》是清朝的書籍，以當時上層社會人士所居多至百千間房，東西有幾路，前後有幾進，儼若大內宮殿，假山、庭園、樓台是不可少的建築元素。農民則是土房草頂或泥土平頂，簡陋卑小，僅二間或三數間房，在封建社會中上下階層生活條件差距很大，因此以陽宅外觀觀察居住者的氣運有相當之靈驗度，而現在集合式房屋，則由外觀觀察差異性不大。

古時的大戶陽宅平面佈置，大都是左右對稱，以祖堂居中，豪門世家則另建家廟。豪門多用幾重四合院拼成為前堂後寢的佈置，即前半部居中為廳堂，是公開接待賓客等部分，後半部是內宅，為家人居住部分。內宅以正房為上，是主人們住的。平面配置其一為分散式佈置，即正房與左右側廂房不相連接，彼此有段距離，故天井較寬闊。另外一顆印式的佈置，是正房與耳房相連，四合頭房外牆方正如印，所以俗名一顆印；因為房屋密接，所以天井（庭院）較小。

學習陽宅風水之前對於中國建築應有些基本概念。古來封建社會是「朱門酒肉臭，路有凍死骨」，貴族與庶民的兩極化生活條件，反映在陽宅風水學中。一般貧農只能住一列式三兩間房屋，或有牛欄豬圈等物，所以堪輿書籍經常有「茅坑拉腳」、「一團穢氣」、「四邊曠野」這些是我們現在很難體會的生活環境。較富裕的農民則是居住一橫一順，三合院或四合院，土地利用最經濟，又庭院為交通、採光、通風、婚喪喜慶總樞紐；房間分割與人口分配又有伸縮性。在建築構成單元中有：

1、「閣」是通道上面有屋宇，而底層是空的，大約僅供動線使用。而「樓」是下面有擺設供休憩、儲藏、會談等用途。清代各縣有建造「奎星樓」，其形體則與一般閣不同，常作四方或八方的亭式攢尖頂的建築，有時二層，有時三四層至五層，遠望如塔，這種建築是屬於閣的變體。

2、「閤」與「閣」不同，閤是門旁的小戶；古人常在閤門旁設館，接納賓客賢人。

3、「殿」是一座廳或正房，又稱正殿或大殿。一般宗教建築的大殿，則是供神佛的位置，例如大雄寶殿、凌霄寶殿之類。

4、「亭」是用在園林建築，多數位於空曠、隱蔽、山峰、水邊等地方，常是一層孤單的建築物，提供休息、停留、眺望；宴會等。

5、「廊」是狹而修曲，有屋頂，多數是開敞的通道，在園林、住宅、宮殿、寺廟經常可見。

6、「軒」是帶有卷棚而輕靈高揚的樓閣型態。

7、「榭」是一面臨水一面著陸的四合院，臨水那面用柱墩撐住。

8、「齋」是燕居之室或學舍書屋。

9、「館」字是「食」與「官」合併，招待達官貴人的地方。

10、「亭」在古代是有圍牆、樓房、房間成組，而供行旅商人聚集停留食宿之地，與現在遊憩作用為主的園林建築作用不同。

11、「墻門」是大型陽宅建築中院與院或廊屋，或其他不同地域間，常開一間很隨意的小門，有月亮型、八角形、六角形、葫蘆形、海棠形等。

12、「闕」是下部柱身高，頂上有小樓，原意是瞭望警戒之用，後來演變成城牆外垣左右兩個碉樓中間的通道。

(一)、論陰陽宅不同之處與基形、屋形

《陽宅集成》：陰陽二宅，其理則一，而作法與看法，則有同有不同，其同者，龍、穴、砂、水四大端是也。其不同者，陰主靜，靜則專，舉凡乘氣、立象、消砂、納水，俱于穴上辨其吉凶。陽主動，動則變，其局宅層間、內外六事，各有分配之禍福。是以堪輿家明于陽宅者，或未晰陰地之精微，明于陰地者，或未諳陽宅之元奧，求其彼此兼通未易。

1、陽宅與陰宅道理雖然接近，龍、砂、穴、水理論相同，但陰宅要收地氣，地氣應該靜而專，舉凡乘氣、立象、消砂、納水等都是在穴位上一體論之。

2、而陽宅則是在各層各進、內外六事之間物物一太極，各有分配之禍福。陰地以緊拱為奇，陽基以寬平為美；因此陽宅陰宅要彼此兼通不容易。

局者，基址之前後左右，橫水界住，結成何局也。法以河圖八卦後天方位分配，如同一河也。河在屋北，屋靠北河造，南面實地多，是離局；河在屋南，屋靠南河造，北面實地多，是坎局。其乾坤震兌艮巽各局，俱如是也。又有四面橫河相均，屋居其中，為中宮局。更有兩卦相兼，則為兼局。各局之生旺休囚，俱由三元之氣運而分。

1、陽宅注重堂局，以收水為重，所以前面有溪河，坐滿朝空為正局，又有中宮局、兼局等；超越溪河則是另外一局。

2、假如無水，取道路訂立形局，若是街衢鄰屋相比接，就審查其環繞情形。這一段與陽宅坐向無關，主要在提醒八卦各有堂局，各堂局又有自己特殊的性質，離局收南風與陽光，坎局收寒風與冰雪。

基形者，人家建立宅舍，其基址之方圓長短，曲直凹凸，高低體式也。其形不一，總以寬平方正圓滿為吉，而以歪斜破碎為凶，亦須審龍脈局勢之生、旺、休、求而並斷焉，則自然應驗。

1、陽宅以背山面水，來龍昂秀，明堂寬大，水口收藏為佳。「宅基左右後前邊，或有高墩土阜連，方號為倉圓是庫，英雄富貴百千年。」以寬平方正圓滿為吉。

2、陽宅對面各山是關煞，「方剋宅為煞」，例如坎宅屬水，一白入中宮，二黑飛到乾宮，乾宮就是煞氣。封拜的陽基要有旗鼓、幞頭、天馬等大地，粗頑氣壯，僅發人丁。

3、高屬陰，低屬陽，平陽葬穴，喜坐空而朝滿，平洋陽基，喜後滿而前平。基址不完整，削去斜腳，以作餘屋。

4、凡子午地不足，南北狹長，東西地不滿，四角不足，右長左短，退田筆，後狹前闊，火星拖尾等均是不良基址。

屋形者，屋之形象也。屋形萬有不齊，或結五星之體，或成九星之式，前後左右，吉凶形勢難以枚舉，而富貴貧賤，丁口盛衰，以及官非疾病，莫不由此，故各引其說。

1、形是屋形，宮是坐山，皆有五行；屋形就當人，宮視為財，坎山屬水，遇火形屋，為宮剋形主人不利；遇土形屋，為形剋宮主財不生。

2、反抱沖射，八卦缺角，白虎高起或拖鎗，囚字型屋，接棟造屋，單耳房，伶仃房，暗算房，工字房等不吉。

3、富屋格，貴屋格，貧屋格，易主格，遊蕩格，不和格，忤逆格，欺主格，孤寡格，雙妻格，少丁格，難產格，墮胎格，疾病格，妖怪格，淫慾格等，各有特性。

（二）、《陽宅集成》論一百二十煞

《陽宅集成‧卷二》一百二十煞，並與《八宅明鏡》在重要靈驗部分有重複現象，既有重複，就是大師們公認的重點。論述如下：

1、撳頭煞：孤樓獨聳，朱雀昂頭。

2、欺主煞：正屋低小，兩廂高，貧窮，家有寡婦。

3、無依煞：兩廂夾廳無正堂謂之臣奪君位，好淫，敗寡，主易姓。

4、刺肋煞：雙廂冲堂，遠者主少亡。

5、虎入明堂煞：堂前正屋，有屋背冲，傷亡敗訟走西東。

6、暗箭煞：正堂背後屋脊冲，殘疾。

7、刺面煞：正堂有屋斜穿，主賊傷，多病重。

8、刺脊煞：斜穿身後，主生瘡疽毒。

9、拖瓣煞：屋原有簷又加披，家敗離。

10、牢獄煞：本家前後左右，屋與樹木牆垣，稱之四獸。屋低獸高，拘囚。

11、過頭煞：前高後低，少亡貧寡，二姓族。

12、寒肩煞：中高，兩旁低，主敗離。

13、刺胸煞：雙廂冲堂，近者主少亡。

14、拿頭煞：主樓高大，廳堂低謂之頭重身輕，家漸敗退，人口外離。

15、折腰煞：兩頭屋高，中間獨低，長病敗絕不英豪。

16、空亡煞：房屋獨屋孤露門首，太歲冲臨火病慢。

17、虛耗煞：大屋門前有小屋，錢財不足。

18、損人煞：兩新夾故，故多凶，兩故夾新新正好。

19、退神煞：房屋前高後低，後代癡迷家漸貧。

20、孤寡煞：大屋面前或兩旁有小屋相向，面前冲，主出瘋癱子，欠債年年。或門前有水閣，主孤寡。

21、破耗煞：堂前有敗漏廒屋，病多有事，退壓田。

22、破傷煞：基地敗而屋存，終敗絕。若基地完好而屋壞，拆屋重造可興也。

23、無主煞：正堂留基未造，先造旁屋，損主財離大不祥。

24、樹頭煞：人字屋，兩帶屋頭相連而腳開，疾病淒惶常不足。

25、埋兒煞：四面大屋，天井中造一小屋，主損小口，並犯胸膈不意之症。

26、停柩煞：住屋旁或前有破空屋，逢歲殺冲臨，主停柩哭。

27、摸肩煞—頭廳頭房，寡娘。

28、漏氣煞：亡字屋，兩造屋左有廂，而右空缺，房退。

29、博奕煞：龍尾接著虎尾，兒孫賭博不思家。

30、流移煞：屋側旁有樓梯出外旁，主有人移出外鄉。

31、失序煞：小屋搭大屋之上，淫欲財不足。

32、露風煞：獸低屋高，癡呆病重若無依。

33、四害煞：鄰家屋四邊高我低，愚呆疾病苦難熬。

34、一木横胸煞：屋子外長內短，貧少死。

35、曲背煞：中高前後低，耗散錢財出寡妻。

36、重頭煞：門低屋高，人不軒昂剋子妻。

37、離鄉煞：一排房屋。

38、穿堂煞：造過路堂屋，主剋妻子。

39、失契煞：大屋背後一小屋，先賣田園，後賣屋。

40、頂頭煞：屋前後兩頭有小屋，主孤寡，無富足。

41、擔擔煞：大屋連接數間小屋，孤寡，窮又忙。

42、歡氣煞：大屋後横著連小屋，忙忙碌碌錢不足。

43、虛耗煞：大屋門前有小屋，錢財不足。

44、推車煞：兩旁屋低長，推車走外鄉，子孫路死。

45、伸手煞：兩旁直長，左長子，右幼子，敗離多。

46、寒胸煞：門前樓高遮正間，田園退。

47、寡宿煞：孤樓獨聳，主出寡。

48、孤長煞：頭房後廳，寡內淫。

49、奪主煞：一中宮為客廳，喧賓奪主。

50、反手煞：兩廂皆堂後，如人之兩手反在背，左主長，右主少，破敗，凶殘。

51、青龍反手煞：廂前橫屋，左邊向外。

52、白虎鸞頭煞：廂前橫屋，右邊向外。

53、青龍搖尾煞：廂前橫屋，左邊向內。

54、白虎含笑煞：一廂前橫屋，右邊向內。

55、青龍反足煞：廂後橫屋，左邊向外。

56、白虎反足煞：廂後橫屋，右邊向外。

57、青龍轉尾煞：廂後橫屋，左邊向內。

58、白虎張威煞：廂後橫屋，右邊向內。

59、露足煞：正屋四角有小屋，官災疾病，財退速。

60、披麻煞：正屋後檐接一間披屋，三架深，若一齊披無，披麻多哭聲。

61、虛磅煞：空屋四五間在左，主官非。在右，小兒殃。

62、釘倒龍唇煞：樓門前造牌樓，火災窮。

63、張唇煞：門前舫，官事敗。

64、暗箭煞：不見兩檐，滴水相連，常遭眼疾與產厄。

65、相激煞：兩檐水明相流射，家中相罵不曾休。

66、丁字屋：一進横，一進直在半中，疾病多。

67、川字屋：直三進，而無廂房或牆垣遮蔽（不聚氣）。

68、牢堵煞：房屋高低參差，或長或短，或高或低，連接而造，主敗亡。

69、倒螫煞：前寬後狹，主易姓過房。

70、慌忙煞：左高右低，主逃亡，左低右高則昌。

71、破脊煞：接棟造屋，三年一哭。

72、散氣煞：屋小明堂大，弱疾，少死，多敗退。

73、閉氣煞：屋高大而明堂狹，痰氣心痛常服藥。

74、不正煞：明堂斜又側（狹又高低不齊）貪、淫婦。

75、青龍破碎煞：左邊青龍屋塌。

76、白虎破碎煞：右邊白虎屋塌。

77、漏耗煞：階沿破損不齊，其家財穀去無休。

78、花粉煞：書棟雕花，多事亂。

79、朱雀吐氣煞：門樓屋上有煙囪在正屋中前，三年哭。

80、星障煞：屋小煙囪多（煙囪兩三個），墮胎，患眼疾，出寡婦。

81、長短煞：短屋夾在長屋中間，短者先賣屋。

關於陽宅前後方龍虎邊之局勢，若有形煞現象，統稱為「曲足煞」，指兄弟手足傷殘之象。衙門官署適宜有走廊，不適宜有廂房；庶民陽宅寧可要有廂房，而無須走廊；因為走廊是公用空間，庶民反不宜有廊道；而廂房是私用空間。

（三）、論宅辨氣色

陽宅地基和陰宅風水一樣，也要講究龍、砂、穴、水，但陰宅條件著重緊密結聚，陽宅著重寬敞舒坦。山脈地塊的來勢要粗雄闊大，到興建陽宅的地方，地面要寬平端正，前面有高度適當的案山關攔，左右兩旁有龍虎山擁衛，人站在那裏有「陽氣氤氳團聚」的感覺，也就是說：沒有狹迫、逼壓、陰濕、雜亂、汙穢等不舒服的情形，而要覺得整齊、潔淨、安寧、乾爽，充滿祥和的氣氛。《陽宅集成・宅法》陳述以陽宅外局觀察氣色：

1、禎祥妖孽，先見乎氣色。屋宇雖舊，氣色光明，精彩潤澤，其家必定興發。

2、屋宇雖新，氣色暗淡，灰頹寂寞，其家必當退落。

3、廳內無人，覺鬧烘氣象，似有多人在內喧哄一般，其家必大發旺。

4、一進廳內，有人似無，覺得冷隱隱，寒氣逼人，其家必漸退敗。

5、一進門，覺紅光閃爍，靄氣騰騰，其家必有非常之喜，登科甲，報陞遷，生貴子，發橫財。若紅紫火焰帶煙氣，又主火災，眼中覺得黑氣漫漫，如霧如煙，其家必有非災橫禍。

6、見白氣紛紛淡煙相似，其家必有死亡孝服。喜氣中又帶黑氣，其家旺運將衰，禍事將到。帶白氣者，旺盛之中，有喪亡孝服之事。

7、若黑氣中微露彩色，喪孝中又有喜事至也。

8、夜靜更深，天氣清朗，望見人家屋上，紅光閃爍，紫氣光騰，或生富貴子，或聯科及第，或驟陞高職，或橫發錢財。

9、如山隴，或平地，夜靜子時，天氣清明，望見五彩之氣，一縷上升，至半空中，萬縷垂下，張蓋相似，其下必有大貴之美基也。

10、青紅黃五彩文貴，白氣主出名將，公侯伯之貴也。若是偽氣，下大上尖，或橫或豎，散亂不定，以此辨真偽，則不差矣。

《元秘集云》:「地濕青苔主少亡，地枯焦裂家貲退，地潤光彩家富昂，地氣和煖登科第，好似三春多富貴，蕭索冰冷家衰退。」土地濕氣重，以致足以生青苔，主不利少年成長。土地乾枯龜裂，表示缺水即是無財。土地滋潤有光彩照耀，即是植物可以順利成長而致富，而地氣和煖必然是光線充足，有利陽宅環境，水與陽光是萬物生長要件，故出富貴人家。反之，宅氣冰冷蕭瑟，家運必然衰退。

《陽宅秘旨》:「大抵相堂之法，要高明（高大明亮）為主，黑暗則主人手足不正（行為不端莊），低矮則婦人心內不正。」《陽宅宗旨》:「一宅之中，必有統屬（陽宅中各部分有功能上的組合關係），外屋則正廳堂統之，所屬之屋，不得高大過於所統之屋（主房要高大），假如正廳低小而餘屋反高，大不宜也。」陽宅簇群而有上下節制關係的類型：例如廠區、軍區、行政區、轉運站之類，「統屋」高大於「餘屋」。

（四）、論外六事

外六事是指屋外之物，如橋梁、殿塔、亭台之屬，凡是與陽宅相關者，即是外六事所屬，故不止六件外事。外六事俱有五行所屬，如屋、庵廟、衙門、大人書堂、竹樹、旗竿、木橋，俱屬木。油車、銀店、鐵鋪、塔、學生書堂、牌坊、窯、墳堆、鐘樓、俱屬火。街市、路、塘岸、方屋、方山、方牆、俱屬土。環橋、碾子、壩堰、圓墩、圓池、圓山，俱屬金。

1、論屋與牆

(1)「矗矗高高名嶠星，樓臺殿宇一同評，或在身邊或遙應，能回八氣到家庭，嶠壓旺方能受蔭，嶠壓凶方鬼氣侵。」嶠星壓在旺方，可以回風返氣。

(2)「鄰居高峻處，如艮方有高屋，則氣被障斷，反從艮方回向我宅，黃白氣說，所謂回風返氣，自高及下者也。高屋多，則氣厚；高屋少，則氣淺，若遠方高屋迢遞而來，漸近漸低，歸結到宅，氣由百倍矣。」不論是否旺方，由遠方漸近漸低，歸結到宅，就是拜堂水

(3)「人家屋簷相射，主殺人。內射外，外人死；外射內，內人傷。故寧可他屋簷蓋過我屋簷，他高我低，是我射他。」意指寧可我負人，不可人欺我。

(4) 牆垣不可開大窗子照牆上，開大窗，名「朱雀開口」，主招是非。左右開大窗，名曰「虎眼」，不旺人，多病。後牆開大窗，主招賊，難產帶疾，東邊主風疾，西邊主目疾，南邊主官符，北邊主火燭。

(5) 牆垣前闊後尖，謂之火星托尾，主弔縊癆瘵之厄。前尖後闊者，名退田筆，主人財大退。牆垣若有尖角射者，曰泥尖殺，射左傷男人，射右傷女人，財物冷退，口舌破家。

(6) 牆垣不整，婦人跛足定無疑；尖角火星，男子喪明真可惜。照牆低矮，或是缺陷，面前人家房舍，或尖屋角，並獸頭，斜射入堂，多死少年，三年兩頭，人命官司。人家八字牆(正門高大)，闊大不相稱，主多女。

(7)〈趙玉山云〉:「凡建立新宅，莫先築牆，謂之囚字，主不興旺，不能完工。」陽宅興建結構之順序，固然是由下而上，但是修繕之程序則是由上而下，由內而外，先築牆是順序倒置。

(8) 有橋沖市房（都市房屋），或西或東，若開鐵店與肉舖，必然大發財盈庫。以橋似刀形，開張不離刀斧之店，故有此應。橋來沖宅散金銀（看行業）。

(9) 沖橋沖路莫輕猜，須與元龍一樣排；沖起樂宮（生旺方）無價寶，沖起囚宮（關殺死退方）化作灰。門被橋樑沖，田園耗屋中。屋中橋對家漸衰，門外橋沖死小房，橋沖棟柱不能興。現代陽宅「沖橋」，包括陸橋、捷運站、高架橋、纜車道、斑馬線、電梯口等。

2、論廟、山、石、竹

(1) 廟寺、神壇之類要在生旺方。

〈搖鞭賦〉:「開門向廟多囚禁，門前有法壇，女被鬼神(神棍)姦。」

〈關煞歌〉:「神壇橋廟關殺方(正前方)，小口多災婦守孀」。

〈雪心賦〉:「壇廟宜居水口，羅星(尖角、火星)切忌當門。」壇廟宜居水口，保持局內陽宅明堂開闊性，羅星鎖氣之用，當門反礙手礙腳。

〈默公云〉:「神廟古壇鎖，鐵爐油炸鎮，水口有此星，內必有此星。」指水口有鎖，內局就有地。

〈地理肺腑云〉:「神祠凶物，只宜遠御，若在近邊，反主災晦，再值凶方，禍不旋踵。」指神前廟後閃遠點。

〈李敏珍〉:「開門向廟宇，年年官病起，寺館宮殿角，官非家退落。」陽宅向著廟門，寺廟、宮殿、館閣的屋角、飛簷都論形煞。

(2)〈廖金精云〉:「四山高壓宅居凶，人口少興隆。」一般土壤安息角約 30 度，所以山坡地以 30 度為上限，都市臨棟建築仰角超過 45 度為上限。

〈外關殺歌云〉:「披頭嶺腳關殺方（正前方），盜賊牽連刑受傷。」正前方山頭山腳凌亂，受小人拖累。

〈宅經云〉:「屋後有拍腳山，出淫婦通僧道。門前有探頭山，四時防盜。若在屋後，出軍賊之人。」

(3)〈安宅定論〉:「局中石塊臥其方，橫豎都來起禍殃；白石山中年歲久，心疼齒落眼無光。」宅內有巨石，不論橫躺豎立都不利；光禿禿的石頭對面看久了，心臟血管牙齒眼睛都不好。

(4)〈搖鞭賦云〉:「切忌長石對門安（置），小口入黃泉，左男右女便知情，切莫亂其形，門前若有堆垛石，氣疾無休息(外來的疾病)，堂內若堆石，墮胎與眼疾（內在的疾病)。」

(5)〈蕭客云〉:「青松鬱鬱竹蒼蒼，綠樹蔭濃把屋藏；朝對明堂無蔽塞，富貴猶能永遠昌。」雖然綠化原則是對的，但明堂還是要開闊而無蔽塞。

(6)〈照宅玉鏡〉:「門前樹木，一高二三丈即有殺，故樹根入屋，蛇引之而至，樹心空而主腹病，樹枝爛而主手足瘡，再獲、太歲黃黑(五黃、二黑)、戊己(都天煞)、歲破等神煞加臨，主夭亡，官司疊見。……石榴、桃、李、杏、梅亦凶。」樹木太大有樹根竄入房內，樹根也有被蛇鼠掏空的疑慮。

(7) 門前若有數竿竹（高大的竹木)，必主兩兩相對哭，當門大樹不為良，百事從茲不聚財。樹根水平竄出長度約高度兩倍。

3、亭、牌坊、塔、街岸

(1)〈王思山云〉:「水亭莫與岸相連，連接家門便不安；水閣近居尤大忌，非災橫禍哭皇天。」水閣、水亭之類不宜與陽宅接近，而應屬於獨立的建築物。

「人家四畔造奇亭，花巧皆來號作盈；人患瘋邪財散退，早些除去免災瘟。」建築景觀不宜嘩眾取寵，特立獨行。

(2)〈玉鏡云〉:「宦家前造石牌樓，只恐傷龍壓倒頭，山勝力肥猶不忌。」牌樓有重量，故要求結構性要強，石牌倒塌傷害性很大。

〈碎金賦〉:「牌樓各有所屬，一個水，二個火，三個木，四個金，五個土（河圖數），如八方，看牌樓在何方，或幾個，定五行方位生剋，以斷吉凶。」現代陽宅牽涉牌樓不少，但招牌與社區標誌等同於牌樓性質。

(3)〈一掌金〉:「牌坊高欺屋，損妻子惹訟，有官則被劾退職、招火災，在鄉招盜。」

〈九宮正宗〉:「門首造牌樓，為倒釘龍唇殺，主貧火。」門首就是五黃星，不宜興造。

(4) 塔在巽方，或離艮辛方，為文筆，主發元魁。在坤方發女婿，申方兄弟同發秀，庚方二支好，丁方有壽，乾方遠亦好，震山局在卯方，係一白（紫白飛星一四同宮發科名），科名奕葉。

(5) 塔為文筆峰，要在三吉六秀方（三吉：貪狼、巨門、武曲。三吉納甲為六秀），本宅生旺方，及一白四綠方（例如向丙年紫白乾金入中宮，水火既濟），主發貴，官殺二方不吉。

〈何野雲〉:「佛塔不宜相對著（住家與佛塔對看），家內多愁惡；定逼眼瞎不光明，愁惡百般生。

(6)〈搖鞭賦〉:「丁字之街主殘疾，井字之街主少亡，乙字之街家富貴，一字之街無衣食，面前街巷多反背，孤寡出蹊蹺。」以形象斷吉凶而已，丁主伶仃之害，井字自陷困境，乙字水路之玄彎曲，一字順水而去，反背無情孤寡。

(7)〈玉鏡〉:「富家砌岸要端圓，切忌凹歌硬直偏；圓活總要生氣合，四方死硬禍綿延。」河道、水道、街道的造景宜活潑圓潤，忌死硬僵直。

「河邊踏步要平灣，伸出河中便動官；口舌多端財耗失，若教彎進得長安。」石板踏墊之類不可伸進河中，活像一片舌頭攪動水泡；灣水則是凹灣進入，掉進水裡三面環岸有救。

4、道路

(1)〈歸厚錄〉:「門地之外，又論道路，直朝者作來氣斷，如乾方有路來朝，則宅受乾氣也。橫直者坐止氣斷，如坤方有橫街，則宅受艮氣也。朝路比來龍，而橫路比界水。」意思是橫路當橫水，氣界水則止，所以坤方有路，坤方收不到地氣，只能收反相向的艮氣。

(2)〈王思山〉:「細端詳，前後路，必須橫抱彎曲過，或如幞頭半月形，或如弓弦文曲象，左右相反如弓字、人字、义字、十字樣，或尖射，或直沖，如帶如鉤俱不通，兩橫一直號扛屍。」「幞頭」，女子包頭巾後的形狀。「人字」忌諱大門對到路的尖角，意外血光；若無尖角像掀裙也是風聲在外。「扛屍」指一屋打橫，另兩屋在前後頂撞。

(3)〈玉鏡〉:「門前行路漸漸大，人口常康泰(家宅動線要流暢)。門前行路如狹宰，陰人定有阨。門前若有茶鉗路(兩路夾一屋)，田地化成灰。門前不宜八字路，忤逆人家破。」

「路回顧宅，進益田宅，若蚯蚓樣者主癆死。川字直沖者，年年因盜口舌。交劍形者主自刎，防刺人」。川字路，交劍路都是形煞，「文曲方路，主兒孫離外發貴，若直去不回頭，永不歸鄉。」文曲水飄盪，利於離鄉。

(4)〈青烏家秘〉:「屋內內脅(房屋的側邊)開路巷往來，謂之帶劍殺，主妻子不利，左邊傷陽人，右邊傷陰人。堂上不宜路巷沖射。」

〈玉鏡〉:「中心直路不相宜，直硬沖來主哭悲；活動曲形人俊傑，直長太急主分離。」

〈紫囊〉:「門前有路似火字，歲殺加臨災禍至。」注意紫白飛星九七相加到向方。

〈陽宅密旨〉:「五黃路長到巽，主巽方陰人淫慾。」五黃來路接到巽門，以一白坎水入中宮，離方來路接到巽門；與七赤兌金入中宮震方來路接到巽門。

(5)青龍十字路來沖，虎邊人家漸漸退(青龍方有路開青龍門)；虎邊白蛇若開口(開虎門)，還主傷人口。白虎上路，為白蛇開門，以迎之為開口，主災病傷人。

(6)一般無尾巷(囊底路)雖然論不吉，但是同一個社區有管制進出，或者兩側之住戶不超過約二十戶，且住戶有後院空地，則不忌諱。

八、《陽宅十書》論陽宅

《陽宅十書》著作於清朝中後期，作者不詳，其中對於陽宅內外形勢有相當完整之論述，能編入《古今圖書集成》可見一般。開宗明義，人之居處，宜以大地山河為主，其來脈氣勢最大，關係人禍福最為切要，若大形不善，雖然內形得法，終不全然為吉，故論宅外形第一。陽宅由外而內評估。

（一）、論宅外形第一

因為外形多半不是主家所能掌控，而內形操之在我；其次勘查陽宅由外而內，大環境最宜生氣活潑，凡人受到天地和諧之氣，再依據理氣佈置內局，自然生活順利。

以下《陽宅十書》內容：

> 陽宅來龍原無異，居處須用寬平勢。
> 明堂須當融萬馬，廳堂門廡先立位。
> 東廂西塾及庖廚，庭院樓臺園圃地。
> 或從山居或平原，前後有水環抱貴。

1、陽宅注重生活機能與環境，不同於陰宅注重來龍，因此對來龍並無嚴苛的條件，居住之地勢必須寬敞平坦。

2、明堂足夠提供相當人數與活動，廳堂與兩邊的房屋，先觀察其位置方向。

3、觀察的內容包括左右廂房、書房、廚房、儲物室、柴火間、庭院、樓臺、園圃、車房、守衛室等。

4、不論山居、平洋與都會之地，總是得水為利，凡陽宅以家居前後有水環抱最珍貴。

左右有路亦如然，但遇返跳必須忌。 水木金土四星龍，此作住基終吉利。 惟有火星甚不宜，只可剪裁作陰地。 倘有卓筆及牙旗，聳在外陽方無忌。

1、前後有水利於生存，左右有水也一樣方便，但水必須入喉，過明堂，不可返跳。

2、左右有路交通便利，前後有路就會有形煞的問題。水、木、金、土的地勢都可以作為陽宅基地。

3、唯有火星（火形）不宜，可能有土質、水源與地形等問題，故只適合裁剪造作當陰宅使用。

4、如果下手砂有卓筆、牙旗、獅象、倉鼓、玉圭等吉形物就降低來龍去水的要求標準。

更須水口收拾緊，不宜太迫成小器。 星辰近案明堂寬，案近明堂非窄勢。 此言住基大局面，別有奇特分等地。

1、更須要水口收拾緊密，宜左右交鎖，羅星鎮水口，獅象牙笏把水口，以留住水氣，但不宜成為過於緊逼而有礙生活運作，環境會影響心性氣度。

2、朱雀方的案山不可高壓逼迫，或離開明堂太遠，否則過於曠盪，而無法收到水神。

3、以上所述是指陽宅普遍的通則，不過注重水口、案山，以面前堂局為重，如果有奇特之地當然另有說法。

凡宅，左有流水，謂之青龍。右有長道，謂之白虎。前有汙池，謂之朱雀。後有丘陵，謂之玄武。為最貴地。

左邊是青龍方，喜歡有來水。右邊是道路，稱為白虎。前有積水之地，稱為朱雀。後方是玄武。如果青龍、白虎、朱雀、玄武，四勢齊全其地最為珍貴。

> 凡宅，東下西高，富貴英豪。前高後下，絕無門戶。後高前下，多足牛馬。

陽宅地勢大體是東邊較低，西邊較高（指中國），正常環境培養富貴人才。前面高壓後面低下，前途無門。後高前下，適合農作畜牧。

> 凡宅，不居當衝口處。不居寺廟。不近祠社。窰冶官衙不居。草木不生處不居。故不居軍營戰地。不居正當水流處。不居山脊衝處。不居大城門口處。不居對獄門處。不居百川口處。

陽宅忌諱下列地區：

1、衝口：指路沖、水沖、航道沖、割腳水、鐮刀地等。

2、神前廟後、宗祠神社、工房官府、草木不生之地、古戰場、盆地谷地出水口等。

3、山脊沖射、城門車馬喧囂之地、夜市早市作息不正常、監獄怨氣、消防隊火氣、法院醫院晦氣、營房殺氣，水口沖積地等。

> 凡宅，東有流水達江海吉，東有大路貧，北有大路凶，南有大路富貴。凡宅，樹木皆欲向宅吉，背宅凶。

陽宅東邊（指大陸江南地區）有水路抵達大海，水運方便。東方為震，道路為奔波主貧。北方要擋住風雪，大路寬闊無遮使寒流直接竄入。南方有路，可收南風溫煦之氣。樹木要朝拱向宅內，反背則凶。

凡宅，地形卯酉不足，居之自如。子午不足，居之大凶。子丑不足，居之口舌。南北長東西狹吉，東西長南北狹，初凶後吉。

卯酉不足表示東西短，南北長，即日照充足。子午不足表示東西長，南北短，陽宅日照不平均，受風面大。子丑不足表示北方有缺陷，傷玄武遭口舌。

凡宅居，滋潤光澤陽氣者吉，乾燥無潤澤者凶。凡宅，前低後高，世出英豪。前高後低，長幼昏迷。

1、陽宅必須陽氣充足滋潤而有光澤，乾燥無潤澤即是缺乏水氣。陽宅環境取溫度、濕度、氣流是中之地。

2、前低後高，負陰抱陽是自然本性，故前低後高塑造出貴人環境，反之前高後低，土脹氣滯，出人忤逆昏庸。

兩新夾故，死須不住。兩故夾新，光顯宗親。新故俱半，陳粟朽貫。

1、左右為新居豪宅，冠冕堂皇接地氣，不可住中間的破損屋，氣勢差人一截，凡是觸霉頭。

2、左右破損屋，中間夾著新居，表示自家混的光鮮亮麗，當然必得光宗耀祖子嗣回饋。

3、新屋舊屋夾雜各半，發到倉庫有「陳粟」(米吃不完擺著爛)，銅錢多到用不完，放到繩結都爛了。

凡宅，或水路橋梁，四面交沖者，使子孫怯弱，主不吉利。凡宅門前，不許開新塘，主絕無子，謂之血盆照鏡門，稍遠可開半月塘。

1、陽宅受到壁刀、水路、橋梁、十字路、丁字路、反弓等四面交衝，剋洩交加，使子孫怯弱。

2、陽宅面前不要開新池塘，新池塘往往沙水、泥水交雜不清，又有溺水之虞不利子息，稱為「血盆照鏡門」。離遠點可以開「半月塘」「月眉池」等。

> 凡宅門前，不許人家屋箭來射，主出子孫忤逆不孝。凡宅門前，不許見二三四尺，紅白赤石主凶。

宅前如果有其他屋宅的沖、射、壓、探之類形煞，會出忤逆不孝的子息。宅前明堂要寬闊，前面有紅、白、艷紅色的大石塊，主身體內部結石，長東西之類。

> 凡宅屋後，見拍腳山，出淫婦通僧道。凡宅門前，有探頭山，四時防盜，若在屋出軍賊之人。

1、（山）腳＝（屋）角，屋後不要與山坡緊密相連，容易讓後山盜賊、淫僧覬覦，這是古時候動盪不安的觀念。

2、宅屋前面有山似賊偷窺，必須謹防盜賊，否則也是自家出個軍賊或流徙之徒之類的。探頭山論男軍賊，論女則為遭人覬覦，心性不定。

> 凡宅屋後，或有峻嶺道路，或前沖後射，主出軍賊之人。凡宅屋後，不要絕尖尾地，主絕人丁，門前屋後方圓大吉。

屋宅位於險峻之地，或前沖後射，表示生活的地理環境很差，只能流徙出外討生。屋後斜尖拖個尾巴，表示無地可容，自絕人脈。宅居前後地形要以方形與圓形最佳。

凡宅門前，不要朝垂，飛水返背者是也，主出淫亂之婦。凡宅門前，見水聲悲吟，主退財。

宅居前「朝垂」，指斜飛水出去犯桃花，山勢水路反背，婦女有風聲在外。前門聽得見流水嗚咽之聲，表示地勢傾斜到相當程度，主退財。

凡宅門前，忌有雙池，謂之哭字，西頭有池為白虎，門口皆忌之。凡宅，門前屋後見流淚水，主眼疾。

屋宅前方若有兩口池塘，類似「哭」字，可用暗管將兩個池塘相連，就算成一個池塘。西邊與門口皆不宜有池塘。門前屋後有水滴漏暗流，稱「流淚水」，應在眼疾。

凡宅，門前朝平圓山主吉。凡宅，門前屋後溝渠水不可分八字，及前後水出，主絕嗣敗財。

屋宅前方有「平圓山」，表示生存在土星與金星之地形中，利於農作生存，故吉。屋前屋後溝渠水分八字，表示山勢斜飛出去。其次前後水都是出去，表示宅居站在高聳的位置，無水即無財。

凡宅，井不可當大門，主官訟。凡造屋，切忌先築牆圍並外門，主難成。

井不可以設置在大門入口，主官非。起造房屋不要先蓋圍牆，否則蓋房屋的施工路線礙手礙腳；但是現代起造陽宅安全圍籬還是要依照政府主管機關規定設置。

凡大門門扇，及兩畔牆壁，須要大小一般，左大主換妻，右大主孤寡，大門石柱，小門木柱，皆要著地則吉。

造屋時大門兩扇要左右平均，開門的位置也要接近中間。否則左扇大，龍壓虎，主換妻。右扇大，虎欺龍，主孤寡。門柱基礎施工必須精確堅實。

門扇高於牆壁，多主哭泣。門口水坑，家破伶仃，大樹當門，主招天瘟。牆頭沖門，常被人論。

門扇會高於牆壁，不成比例，表示其人行事乖戾，哭泣僅隱喻悔吝。家破伶仃，門口水坑，坑坑洞洞沒人整理，親朋不來，貴人遠離。大樹當門陰風邪氣，不免遭到天瘟地疫。牆頭沖門，壁刀破面等，外在刑剋逼壓，口舌是非。

交路夾門，人口不存。眾路相衝，家無老翁。門被水射，家散人啞。神社對門，常病時瘟。門下水出，財物不聚。門著井水，家招邪鬼。

前後左右有道路交叉，剪刀夾門之類，人口不安寧。路沖眾多，家中不安寧，老翁首當其衝。水路前沖、射脅、淋頭等都是人身傷害。當門對沖神社，神旺人衰，破病難免。門下水出，表示水不聚明堂，地勢傾斜。宅門內開井水，陰氣水氣俱是臨身相貼，久則招邪不安。

糞屋對門，癰癤常存。水路衝門，忤逆子孫。倉口向門，家退遭瘟。搗石門居，宅出隸書。門前直屋，家無餘穀。門前垂楊，非是吉祥。

1、廁所對著大門、房門、容易因晦氣濕氣而得腫脹潰爛之病。水路沖門，應在子孫忤逆。
2、倉庫門沖向家門房門，家計退散瘟病至。殷實作息人家，子弟出科名。

3、門前有直屋就有壁刀路沖，破財傷人。門前楊柳、桃杏之類，遭風花雪月。

巽方開門，及隙穴開窗之類，並有災害。東北開門，多招怪異。重重宅戶，三門莫相對，必主門戶退。

東南巽方（巽為風）開家門，或門窗鬆散，容易遭風寒之類災害。東北是艮方，號稱鬼門，怪異之事較多。如果宅屋相疊或一進一進相連，則門與門不要魚貫穿心，宅運會衰退。

關於外局形煞《陽宅十書》在前十數頁特別標明〈宅忌架橋梁歌〉:「一橋高架宅廳前，左右相同後亦然；不出三年并五載，家私蕩盡賣田園。」因為特別靈驗所以作者特別抽出來作為一個標題。即陽宅四周邊凡有天橋、陸橋、水橋、快速路橋、捷運線、輸水管等即是。《陽宅十書》有一百三十二則吉凶圖說，有些很容易理解，有些則莫知其經驗何來。

(二)、《陽宅十書・鎮外形衝射》

1、凡人宅設，有神廟寺觀，相衝射者大凶，用大石一塊，硃書「玉清」二字對之吉，凡有木箭衝射者凶，用錛斧鑿鋸，柏木板一尺二寸，硃書「魯班作用」四字，弔中堂吉。

2、凡宅有探頭山，主出盜賊之事，用大石一塊，硃書「玉帝」二字，安四吉方鎮之。

3、凡宅在寺前廟後，主人淫亂，用大石一塊，硃書「天蓬聖后」，於宅中吉。

4、凡鬼箭衝宅者凶，用石一塊，硃書「雷砂」二字鎮之。

5、凡廟宇屋脊衝宅者凶，用石一塊，硃書「攝氣」二字鎮之。

6、凡道路衝宅，用大石一塊，書「泰山石敢當」吉。

7、凡鄰屋脊射宅者，用大石一塊，書「乾元」二字吉。

8、凡門戶碓磨相衝，用大石一塊，硃書「乾罡戊己」四字吉。

9、凡房兩頭接屋者，用大石一塊，硃書「天通」二字吉。

10、凡人誤用神廟木料者，主邪，用硃書「金剛」二字於上。

11、凡人家修造，犯太歲穿宅，用赤石一百斤埋犯處，用天德土一升，太歲土一升，作泥人一個，送入廟中吉。假如甲子以己為太歲穿宅，將甲子五虎起，遁起甲寅至巳上，逢丁巳即不與甲子命同旬，不忌己巳為正太歲穿宅大凶，餘彷此。

(三)、《陽宅十書・何知經》

《陽宅十書‧何知經》以七個字為一句，兩句敘述一個主題，陳述了陽宅外局的精要論點。

何知人家貧了貧，山走山斜水返身。

水是財，山走山斜表示地勢傾斜，水就洩出去，而水返身指反跳水，一點得水的機會都沒了。富貴人家也不會選擇傾斜之地居住。

何知人家富了富，圓峰磊落皆朝護。

面對山峰圓滿而磊落，由遠處層層朝來，像是對我有情的護衛陽宅，居住此處必然神清氣爽，人緣好，思慮清，象徵富貴可期。

何知人家貴了貴，文筆秀峰當案起。

面對案山、朝山，有象徵文筆、畫軸、御屏、馬旗、華蓋、三台等形象，可以出將入相。山水秀麗出文貴科甲。

何知人家出富豪，一山高了一山高。

對面案山層層落脈，一層高過一層，層次分明，好比千軍萬馬蜂湧臣服，都市中陽宅最喜拜堂水，但還需水入喉、距離近、無形煞等。

何知人家破敗時，一山低了一山低。

與前面情況相反，如果案山僅一道，而案山之後山勢一層層向溜滑梯一般下墜，流水背向我，而情向他局，表示水向前成為順水或牽鼻水，故破敗。

何知人家出孤寡，琵琶側扇孤峰邪。

孤寡之家經濟來源不足，琵琶指局內散亂擁擠，側扇指不見富麗堂皇的門（扇）面，既無力整修家園，則所居陽宅雜亂無章，外局孤聳歪斜，門面清寒而淒苦。

何知人家少年亡，前也塘兮後也塘。

陽宅前後各有一座池塘相對，兩座池塘對陽宅而言過於陰晦潮濕，連帶土質也陰盛陽衰，不利幼童少年之發育生長，其次是溺斃的風險。

何知人家弔頸死，龍虎頸上有條路。

陽宅前面左青龍，右白虎，代表相似於從身體到頭面的人體構造；如果龍虎砂有道路橫過、斜過，就像身體頭面之間有條細繩勒過，也等於洩氣。

何知人家少子孫，前後兩邊高過墳。

子孫少，家中人口稀薄，是否與陰宅前後兩邊高過墳頭，是很難扯上關係的。反而是陽宅被四面高壓逼迫可能如此。孤陰先敗，寡陽後絕。

何知人家二姓居，一邊山有一邊無。

陽宅應該兩邊均衡，如果有缺龍邊傷男主人；缺虎邊，則表示女主人有傷害，低陷更甚，其結果可能家庭有變動，「二姓居」，指改嫁改姓，或養不起送給人家等。

何知人家主離鄉，一山主竄過明堂。

離鄉多是因為生活淒苦，生活資源不足，只好離鄉背井出外打拼。明堂應該寬敞，有土地有水，結果竟然是被山勢竄過，這種土地很難滋潤生活條件。

何知人家出做軍，鎗山坐在面前伸。

怎麼知道宅中有人進入職業軍人維生？宅前有類似槍茅的山形或地形，依據山勢地形之上格、中格、凶格而論，從將軍到土匪都可能。「鎗山」表示山勢僵直尖銳而非蜿蜒生動，故水急竄而出，原地物質條件差。

何知人家被賊偷，一山走出一山鉤。

一山走出在前，一山鉤在身邊，就向金光黨或一群扒手擠在身邊，前面擋後面推，中間摟著遮掩耳目，隱喻被偷被扒。如果中間一山秀麗，一堆亂山前勾後搭是一點朱唇萬人嚐的桃花煞。

何知人家忤逆有，龍虎山門或開口。

龍砂與虎砂不成環抱之勢，反而勢均力敵對抗，互不相讓，會造成兄弟鬩牆或忤逆長輩。總以龍砂高且長於虎砂如法。虎邊地下車道，白虎不宜動。

何知人家被火燒，四邊山脚似芭蕉。

芭蕉葉枯萎後由黃變紅，主要是芭蕉葉面積大而搶眼，故宅四週邊的地形地物似乎通紅似火，也是一種「色煞」，或紅土地質不利耕種，並非一定影射火燒。

何知人家女淫亂，門對坑竄水有返。

論人家有女淫亂必須謹慎，最好僅事發後畫靶。「有返」，指前面朱雀方有水來潮不過堂，「竄水」，指水勢並非悠緩源長，而是湍急嗚咽。凡反弓、八字、斜水流出容易犯桃花，左斜男桃花，右斜女桃花；進水不論桃花。

何知人家常發哭，面前有個鬼神屋。

住宅中有人容易啼哭，是因為先天或後天的關係造成身心不寧，其中牽涉風水的原因之一是面前有廟、壇、塔之類的建築，此謂神前廟後不居。

何知人家不旺財，只少源頭活水來。

風水以山管人丁，水管財。農業社會缺財是因為缺乏有源頭的活水，以致不利農作物生長；至於工業社會可以道路為水路，交通方便就是「活水」，人潮就是錢潮，其理類同。

何知人家不久年，有一邊兮無一邊。

如何知道住宅內的人天年不久，因為龍邊或虎邊不完整，外形固然牽涉吉凶悔吝，內局合宜也無妨，邊間也有採光通風的好處，古人語不驚人死不休，因果吉凶不宜過度膨脹。

何知人家受孤恓，水走明堂似簸箕。

「畚箕」是盛泥土、垃圾的用具，竹製品裝泥土外小內大，陽宅基地不規則，住的不安穩是地形無所選擇，其實仍以方正為宜。這裡指流水到明堂。住宅中人恓惶孤苦之象，是因為流水經過宅前，水不入喉又反弓，或天門閉，地戶開。

何知人家修善果，面前有個香爐山。

〈文言・坤〉:「積善之家，必有餘慶。積不善之家，必有餘殃。」宅前有香爐山意味家中可能有虔誠信徒，修行不必為得到善果，但可以接近善果，否則反而失去修行的意義。

何知人家會做師，排符山頭有香爐。

陽宅前方的案山看起來似乎有香爐、符咒、旌旗等宗教方面之形象，住宅中可能有法師、僧人、術士之流。以秀麗、崩破、旗鼓等山頭形象發揮想像力論述。

何知人家出跏跛，前後金星齊帶火。

金星是圓形，火星是三角形、鋸齒形等；火剋金，金星下半部被火剋，應驗在腳部跛行。以陽宅而言，上半部金形，下半部四周面對尖銳形煞就算。

何知人家致死來，停屍山在面前排。

因為形煞有暗示的作用，觀念上有形有靈，有靈有應，故形煞不免影響人的心情，宅前有山如停屍，墓碑林立狀，就改個門向、門面換個心情。

何知人家有殘疾，只因水帶黃泉入。

黃泉煞是指立向與流水不宜的方位，帶入衰絕之氣，所以容易造成家人殘疾。此牽涉理氣之說，各家自有辨證。又水質帶黃色，必有不良雜質，足部首當其衝。

何知人家宅少人，後頭來龍無氣脈。

來龍固然可見，氣脈則是微隱微顯。經云：「坐下若無真氣脈，面前空有萬重山。」只要龍穴真，雖無朝山，亦為大地，不必盡拘。以陽宅而言是以建築物為龍脈，要周邊陽宅生動活潑。以雜亂、破敗、腐朽為無氣。

仔細相山并相水，斷山禍福靈如見。 千形萬眾在其中，不過此經而已矣。

人生活在山水之中，陽宅就是看山看水而已，以上〈何知經〉蒐集各種外局形煞供讀者參考，千形萬狀。

九、山坡地建築

山坡地一般定義是「標高在 100 公尺以上或標高雖未滿 100 公尺但其坡度在 5%以上之地區。」由於都市人口壓力增加，有限的土地資源，致使都市土地價格節節高升，加上市區內空氣污染、噪音喧囂，整體生活品質受限，因此適度開發山坡地勢在必行，山坡地陽宅成為風水師重要業務之一。

(一)、山坡地形成的原因與環境特性

1、內力作用

指地殼的構造運動及岩漿活動。地殼的構造運動使岩層受到

強烈擠壓、拉伸或剪裂，形成一系列折皺帶及斷裂帶，在地球表面形成大規模的隆起與沉降，隆起部分成為大陸、高原、山脈等。沉降部分成為海洋、平原、盆地等。

2、外力作用

分為風化作用、剝蝕作用、搬運作用、堆積作用及成岩作用。總體來說，外力作用使地球表面削高補低，造成夷平的現象。

總合前述的各種地質作用，加諸地質構造、水文、氣候等作用，形成豬背嶺、單斜山、桌狀山等造型，在巒頭中形成各種名稱。河流順著兩山之間發育，形成各種河階地，例如侵蝕階地、岩座階地、堆積階地，其中堆積階地除平坦外，另有地下水豐沛，土壤肥沃等特點，自古成為聚落發源地，選擇聚落地點，就是風水學的起源點。山坡地陽宅一般均建構在山麓之崖錐堆積、崩積土、沖積扇之上。風水師必須了解，山坡地陽宅之危險因素於建築開發時即已經存在，例如：

1、地表植物剷除後，蓄水能力減少，縮短集流時間，增加逕流量。
2、蓄水量減少，降低枯水期流量，土壤乾燥，風化速度加快。
3、乾燥土壤遇雨即加劇沖蝕，發生崩塌現象，引起山坡沖蝕，水質混濁，河道淤積。以上諸項原因都增加水土保持的困難，而水土的破壞其實就是陽宅環境的破壞。
4、山坡地因為地形與的是關係，所以在氣流、氣溫、濕度、光線、日照、取水、交通動線等，均有特殊形態應注意。

（二）、山坡地建築分類

1、山坡地建築利用型態有：墓園、垃圾場、水庫與發電廠、軍事設施、運動設施、遊憩設施、工業區、住宅社區等。山坡地災害：山崩、河岸侵蝕、向源侵蝕、地下水、乾溝、崩塌區、差異沉陷、礦坑、人工填土區、採石場、土石流、順向坡、斷層帶、潛移地滑等。

2、山坡地使用地類別：丙種建築用地、農牧用地、林業用地、養殖用地、礦業用地、交通用地、水利用地、遊憩用地、古蹟保存用地、生態保護用地、國土保安用地’墳墓用地、特定目的事業用地

3、山坡地陽宅評估因素：坡度緩斜、邊坡穩定、高度、水文、氣候、地質、交通、休憩功能、人工使用型態、農業使用強度、景觀價值、生態價值等。

（三）、山坡地陽宅禁忌

1、谷口、水口、風口不居：谷口即是該山谷區集水範圍之出水口，暴雨時有水患之虞，在風水學中類似稱為淋頭水。水口是平時即有常時水流，同樣在暴雨時有水患之虞。風口則是季節風、地形風受地形地勢影響，時常有相對較高速氣流通過之地區。

2、崖下退讓不居：懸崖或陡坡容易有崩塌、落石、傾倒等現象，應割地退讓。

3、斷層迴避：地震對斷層上之陽宅有極為嚴重之破壞，平常經常有裂縫產生。

4、填方小心：填土地基有不均勻沉陷問題，因地基不穩輕則產生裂縫，重則影響結構。

5、溼地危險：土壤潮濕代表地下水豐沛容易地滑、走山、潛移

等，對敏感體質有礙健康。

6、河沖犯忌：河水彎曲處，外側容易沖蝕，土壤流失後成為直接威脅陽宅基礎的割腳水。

7、岩沖大忌：順向坡之坡腳不可破壞，以免坡面滑落。逆向之坡面不可有沖蝕、切割等現象，以免崩落。虎邊更是形成虎現爪、虎搥胸、虎高壓等現象。

（四）、山坡地基注意事項

潘國樑先生在《山坡地永續利用》一書中整理幾種山坡地陽宅危險徵兆，值得理解：

1、在地形上，上邊坡不斷下陷，上方出現平行的弧形裂縫，是地基上方崩陷下滑的先兆。

2、下邊坡有隆起現象，土石被擠緊而出現大量鼓張裂縫，是地基潛移、擠壓、崩滑等現象。

3、邊坡兩側發現覆瓦狀的裂縫組，即面向下坡方向，裂縫組成倒八字型排列。

4、斜坡前緣有土石零星掉落現象，凡巨石、亂石、頑石都影響事業財運，已經遠離者影響較少。

在水文方面：

1、山坡梯田變形，水田漏水。

2、乾涸的泉水重新出水，並且混濁（土層位移，地下水路也位移）。

3、坡腳附近溼地範圍擴大，表示土壤內水路變化。

4、雨水在坡面上四處漫流，並呈黃濁色（表示泥土已經鬆動）。

5、後山坑溝發生土石流（再堆積一次就到位了）。

6、自來水出現黃泥混濁（土層滑動撕扯開水管）。

在植生方面：

1、坡面樹木逐漸歪斜，表示山坡地潛移中。

2、有些草木有枯死現象，小樹論小輩，大樹論大輩，老樹論老輩，再依據方位判斷何房。

在結構體方面：

1、擋土牆或護坡發生鼓脹或破裂（重者長瘤，輕則痘痘）。

2、錨頭鬆脫或斷裂。

3、道路不斷破壞或下移

4、路面龜裂或出現半盤形下陷

5、山邊溝破裂、錯開或緊縮。（焦慮、急躁、長幼不合）

6、門窗變形、無法順利開啟及關閉，結構體變形中。

7、門窗四角出現龜裂。

8、牆壁龜裂或牆柱接縫脫離。

9、屋外排水溝與牆腳脫離。

10、石階發生變形、龜裂或脫離。

11、廣場舖面發現弧形裂縫等。

依據趙九峰《地理五訣》開宗所述整理出巒頭要領：

1、地理之道，首重龍，龍者地之氣也（地氣在陽宅可理解為周邊大環境）。水界則聚，乘風則散。

2、前有凹風，則明堂傾瀉；案砂無有，則堂氣不收。

3、後有凹風，則劈寒，必是無鬼無靠；穴星不起（陽宅指地標），子息緣薄。

4、右有凹風，必是白虎空缺不護，小房敗絕（指三六房）。

5、兩肩有凹風，則胎息孕育之方受傷，必是敗絕之地。

6、兩足有凹風，則子孫朝拜進貢之所低陷，非沖射堂局，即水口斜飛，盪家敗產，以艮風最甚。

路形、地形、屋形、煞形、水形等「五形」是勘察陽宅的必要內容。凡命理師接近陽宅勘查時，首先必須經由交通路線接近，因此必定先有「路形」可供觀察。其次到達陽宅標的物，陽宅坐落在地基上，自然有「地形」可供觀察，此項地形與地勢息息相關，應一併檢討。陽宅是主要居住空間，其外形如何檢討，「屋形」之重要性不在話下。居住空間與生活息息相關，周邊之形煞對風水品質有高度影響，因此「煞形」必須觀察。風水名言「山管人丁，水管財。」、「風水之法，得水為上，藏風次之。」所以「水形」必須觀察。

陽宅外局在條件相當情況下，如何比較的一些規則，例如：山坡優於山谷。環抱水優於反背水。規則地形優於不規則地形，即使畚箕地亦然。上風優於下風。平坦地優於低窪地。低窪地優於高亢地。住宅喜地下水位低。農地喜地下水位高。實土優於黏土。黏土優於砂土。沙土優於回填土。回填土優於爛泥土。本章結尾回述外部局勢重要論點：龍虎平衡性，基地完整性，明堂順逆水，玄武穩重性，孤陰寡陽不居，遠離嫌惡性公設，拒絕水土氣汙染，水火無情地等。

第參章　論內部局勢

一、論內局規劃

外部形勢很難由宅主自行掌握，但內部局勢則可以儘量依據宅主的想法進行規劃。因此本章先談內部規劃原則，雖然在現成的集合住宅間管道、格局、門廳出入、建材設備等已經定案，難以變動或所費不貲，不符合經濟效益，不過也還是有簡易方便的法門可資利用。

（一）、避煞原則

屋型與屋內配置最忌發生壁刀、泰山壓頂、尖射屋頂、龜頭午(正南方突出)、L 形 H 形、無法遮陽避風等，設計凹或凸的造型應中庸。窗戶不對路燈、高壓電、T 霸、反弓等，總之，凡「形煞」均非住宅所願，唯店家喜沖財，故另議。

1、天圓地方

圓主動，方主靜，陽宅要安靜，故圓形審用。例如天花板燈飾用圓形，床鋪是方形。天圓地方，天清地濁，圓在外，方在內，圓有化煞作用。但未必適用時尚賓館、八大行業類之花俏設計。

2、中宮穩定

例如井、馬達、冰箱、洗衣機、電梯、樓梯、瓦斯爐、電器室等不適合配置在宅中間，會影響心臟、腸胃，並破壞動線流暢。必須運動、震動的部分在龍邊，否則至少「小太極」應如此。

3、動靜分明

臥房宜靜不宜動，自然不宜隔牆是廚房；客廳是內外聚會之場所，經常使用客廳者自然不宜隔壁是主臥室。神明廳適於安靜舒適，自然不宜面對大門或喧嚷之處。小孩房應安靜，自然不可在工作陽台邊。

4、和諧中庸

許多內外形煞都出自於比例上的不對等，例如屋小門大(洩氣)，屋大門小(閉氣)，前後高低突兀等。在與週邊環境上也應該融入一體，不可在量體、顏色、形狀、材質等與周圍環境格格不入，特立獨行。

5、材質穩重

如果是集合住宅整批建築商所興建，因為自成一格，內外分明，且戶數達到相當程度以外，自宅規劃應該選用平實的建材，除無須炫耀之外，補充修繕貨源也是考量。一般住宅並無營業考量，還是以低調沉穩為要。

6、色彩和諧

顏色會隱喻某種感覺，而且具有人同此心的普遍性；即某一種色彩在人的視覺感受下會產生一種普遍性的感覺。例如白色代表聖潔、坦然。灰色使人感覺絕望，使人情緒低落，只適合搭配其他主色，除非有特殊用意。紅色在喜慶場合必可少，代表吉祥，但是如果紅色成為主色，反而刺激視覺。熱烈、警覺。黃色中止、安祥，有土斯有財。綠色親和、安寧，嚮往草原。藍色深遠、憂鬱、嚮往大海。色彩使用往往與人、地、時相關。

7、色彩五行

一白、二黑、三碧、四綠、五黃、六白、七赤、八白、九紫。依照五行生剋的關係金生水，即七赤兌金生一白坎水，六乾金白比合一白坎水。因此粉紅的房間用碧綠的窗簾即是相生；用神喜火的住在兌宮用黃色布置。

8、納音五行

以宅主的出生年齡為規範，區分為六十種，也就是宅主出生年之納音五行配合色彩五行，例如丙申丁酉五行屬火，宜使用碧綠木生我，紫火同我，六白我剋，八白我生。兩種單色相互調配後之顏色也適宜使用。

9、龍高虎低

龍高虎低只是一般原則，外面虎高賓欺主，裡面虎高奴欺主。凡虎逼身、虎抬頭、虎現爪、虎回頭等都要避免。朱雀要安靜，水聚明堂。玄武要垂拱，護我有情。

10、動線流暢

空間排列簡而不繁。遠高盡低，高低有緻，符合人體工學。依據黃金比例使空間高低、長寬、厚薄都在合理範圍內，並配合適當的綠化。

（二）、規劃觀念

1、巒頭與理氣併用：巒頭與理氣是構成風水的重要因素，兩者不可偏廢。只有巒頭形勢而理氣不合，即便青龍、白虎、朱雀、玄武如法，山水秀麗，只是平安順利。如果只講究理氣，而沒有巒頭形勢配合，使旺氣到山到向而旺氣所能發揮也是有限的。整體而言，宅外以巒頭為主，以理氣為輔，宅內則以理氣巒頭並重。

2、屋形設計以平面而言，大致分為正方形與長方形，古來正方形被認為僅適合廟宇、佛寺、官府等，一般人不適合居住，所以大約以長方形為主。以臺灣為例，因為杉木固定取裁為十六台尺，因此早期建築面寬約四點五米。面寬的房屋較容易取得採光通風，風水學發源在大陸中原，嚴冬時北方的寒風冰雪逼面刺人，簡陋的建築無法遮風，因此建築物以坐北朝南對應。臺灣地區既無寒風刺骨的問題，炎夏又非南風即能解暑，加上有氣密窗的設計與外隔絕，因此觀念上以景觀為主，以現代科技控制室內環境為輔。

3、避免特殊造型：一般 T 字型、凹型、十字型等不規則造型，除非爲了某些特別目的或基地缺失，應儘量避免。如果 T 字型突出的部位不過於誇張，而形成申子辰、亥卯未、巳酉丑、寅午戌等三合，且與宅主用神相配，仍可論吉。

4、圓形、橢圓形，圓形或橢圓形象徵制约、束縛、無止盡，引申為居住者無法得到發揮的機會，或貴人提攜等。現代建築基於使用需求，例如棒球場、足球場、田徑場、演藝廳等，大則為達到舉世矚目，小則作為地標，因此設計者嘔心泣血，自然見怪不怪。但陽宅風水師應以整體大環境作為判斷基礎，因此住宅功能之陽宅是以休息為目的，不可淪為標新立異之建築競技品。

5、住宅是提供一般庶民所用，因此舉凡與身分不和諧的形狀、材質、顏色、裝飾物等均非所宜。例如大面積斜屋頂、廡殿頂、歇山頂、攢尖頂，配上大紅大紫的顏色，使人聯想到廟宇、紀念堂、集會所、官府等，居住在這些統治階級的陽宅建築，只是讓人由「飛龍在天」到「亢龍有悔」而已。

6、陽宅造型不要設計沖射形狀的屋頂，或奇形怪狀不均勻的屋頂以免與臨宅對沖。房屋之右方(白虎方)不要高昂、尖銳、凸扁，開口等形煞。

7、過於奇特的藝術造型，容易造來非議，家中成員久而久之受到異樣眼光，會應驗在事業不順，家庭口舌及小孩個性怪異，進而與鄰居遠隔。

8、整體規劃之社區或廠房，應避免自己所造成的反弓、壁刀、死胡同等。大門逢到路沖，應規劃妥當進出口。進門時不可設計樓梯直沖，主破財連連。

總之，風水師應該仔細勘查標的物全盤環境，確實了解居住者需求與吉凶悔吝之重點，在全家人使用陽宅空間中取得和諧而經濟可行的規劃。

二、《陽宅集成》論內六事

前一章先講陽宅外部局勢吉凶，進入陽宅室內依序是玄關大門、客廳、餐廳、廚房、主臥室、老人房、小孩房、浴廁、儲藏室、陽台之類。其次依照宅主需求，核對宅主年命用神，並審酌財位、文昌位、桃花位等如何佈置。《陽宅集成・內六事》先說圓石階沿最不宜，此言臺階用圓石只是等著摔一跤。天井若尖射，左犯癆瘵，右犯血光。「天井有路屈曲行，毒蛇入宅有憂驚。」這是以形論吉凶。《陽宅集成・內六事・寸金斷》:「明堂如反弓，子孫受貧窮；明堂如鰲背(鼓起來就不聚水氣)，家內無米錢；明堂如簸米(凹凸起伏)，子孫窮到底。」陽宅最重明堂，天井屬土。

明堂與坐山關係如下：《陽宅集成‧內六事》：「明堂者，財庫也，故可剋，剋則生財。所謂虎眼明堂(指火星明堂)者，就是坎山而言也。其餘各山皆不可用。如金山見火字，則明堂剋山矣。木山見火字，山生明堂為洩氣矣。火山見火字，火太旺而防有火災。土山見火字，火災則土燥，故皆不可用。……明堂中心造小屋，為埋兒殺，余驗過有準。」明堂就是財庫(以宅山為我)，故可剋，剋則生財。

土星明堂中間高，四周圍低(六吋)，土生金，乾兌二宅得土生金，故旺人丁。坤艮二宅比和，主陰人(女性)掌家。坎宅則忌諱(低小者)，震巽二宅剋明堂，故得財丁。離宅火生土，旺財丁，但周圍水溝不可太低，主惡疾。

水星明堂中間深(六吋)，四周圍高；乾兌二宅富貴旺人；坤艮二宅旺財不旺丁；震巽二宅水生入，故旺人富貴。離宅火被水剋，不利人丁。坎宅用之，陰盛陽衰，人丁漸散。

金星明堂中道高，兩邊深六吋或四寸，名曰日月照星，如人之有眼目，旺財丁富貴。乾兌坤艮坎五宅也是旺財丁，離宅還是主財。唯有震巽二宅忌用(金剋木)，主災多目疾。明堂一律方正，水溝不可太低，以六吋為準。

關於陰溝放溝水〈王思山云〉：「放溝水需曲折，兩邊去水面前合；最忌斜飛八字流，男女淫亂離鄉別。放溝水，怕黃泉，水流曜處絕人煙(八曜煞)；子午卯酉桃花惡(桃花水)，流通六秀福綿延。(三吉六秀)。……大門前，兩溝入，一女二夫人罕識，若有溝從屋後來，寡婦重重災禍及。」〈玉鏡云〉：「陰溝出水要無蹤，便出凶方亦不凶，只要灣環並屈曲，總歸一路自昌榮。」餐霞道人結語是有位相國邀他看陽宅風水，一切都如法，但溝水卻從大門下出，是以官至侍郎，而財源終不聚蓄。又說「臥床下有暗溝，主婦人犯白帶之症，驗過有準。」

(一)、門戶

《陽宅集成‧內六事》:「偶曰門，奇曰戶，然門雖偶屬陽，戶雖奇屬陰，故古人謂之天門地戶。陽宜闢，陰宜翕；門宜常開，戶宜常閉，故關前門而從後戶入者，必主孤寡。一宅中，門宜相稱，後戶不得高大過於前門；前門宜置兩扇，後門雖冠冕，不得置兩扇。前門不可開於殺方，後戶不可開於旺處。積薪汲水(民生必需品)，不可從後門入；退灰出糞(民生廢棄物)，不可由前門出，即留神去殺之道。」這是古時候營生單純的時代，如果以現代複雜的經濟生活方式而言，賣場、公司則必須配合需要另行規劃，古法今變。

前門宜開，後門宜閉，後門不可高大於前門，後門也不可以兩扇式。前門游年星不可剋中宮，後門不可開在生旺方。柴火取水民生必需品必由前門送進，灰燼糞屎必由後門送出，這是保存元神排去煞氣的方法。

陽宅不專收地氣，兼取門氣，地衰門旺，地旺門衰，僅吉凶參半，須門與地並旺，甚吉。但地乃一定之物，不能更移，門則可以隨旺氣方而改。門以通大道為重，因為氣在大道之中，隨人往來。而宅內門，以房門為重，步步從旺方而開吉門，則趨吉避凶。單扇門為一陰，兩扇門為一陽。《陽宅集成‧搖鞭賦》:「一陰連一陽，傷了陰人男又亡；二陰夾一陽，損了男人陰又亡；三陰夾一陽，又損男子女兒亡；兩陽夾一陰，寡婦兩三人。」總之，門不宜單扇雙扇各自為政。兩門靠一柱(柱在門中)，錢財定不聚。

開門見柱號「懸針」，不損錢財，也會損兒孫。

《陽宅集成》對門戶配置討論重點例如：

1、門高勝於房，必定損人丁。門高勝於壁，其家多哭泣。

2、兩家門相對，必有一家退。兩家門相沖，必有一家凶。

3、作屋若多窗，必主退田莊。

4、開門之法事如何？對直三門便不宜；縱對宜偏常閉塞（三扇門不能成一直線，必須錯開且平時要關閉），免來災禍是兼非。

5、門戶須防雜亂開，亂開氣散耗多災；前門後戶從來定，兩脅開門損小孩。(前後門就開前後邊，側邊盡量不開門)

6、屋大門小，謂之閉氣，主病。屋小門大，謂之洩氣，退財。

7、《陽宅集成・十直論》：直屋沖門財不聚，直路沖門損少年，直水沖門家反覆，直塹沖門官事遭，直牆沖門遭惡死，直石沖門日夜眠，直塘沖門多疾病，直岸沖門賣盡田，直廟沖門苦老嫗，新塚沖門哭上天，有人識沖能識直，便是天仙與地仙。

在《陽宅集成・內六事》討論「五鬼運財」的門路：「辛龍（山）甲向，坤門路，只管用現錢，自有五鬼運將來。巽納辛，辛即巽也，用對宮起貪之法，巽之貪狼在坎，巨門在坤，廉貞五鬼在乾，巽辛龍立乾甲向，乾為五鬼臨門，坤乙巨門掌財帛，陽宅用門路，則五鬼臨門帶財來。」因此巽、辛向得震、庚、亥、未水路與門路是帶巨門財。坤、乙向得乾、甲水路與門路是帶巨門財。兌、丁、巳、丑向得艮、丙水路與門路是帶巨門財。坎、癸、申、辰向，得離、壬、寅、戌水路與門路是帶巨門財。九星水法將載入拙作《陽宅進階三十天快譯通》。

(二)、房床

《陽宅集成》:「凡看床，於房正樑下格之，以床坐山星入中宮，飛佈八方，論八卦陰陽，以配夫妻，相生為吉，相剋為凶。」床的坐山就是臥房小太極。又說:「如床坐乾、坎、艮、震(四陽卦)，其床是夫；房門開巽、離、坤、兌(四陰卦)，其門是妻。門剋床，主傷夫；床剋門，主刑妻」意思指床是坐山，門是向。假設床是坐北向南，房間門開在巽方，以床的坐山坎為一，入中宮順飛，九紫離火飛到巽方，以床剋門，應於下元離火之症。如床坐巽、離、坤、艮(四陰卦)，其床是妻，房門開乾、坎、艮、震，其門是夫；門剋床，主傷妻；床剋門，主刑夫。

《陽宅集成》舉例說明:「假如床坐北向南，作坎床，論生旺，坎屬水，為中男，其床是夫。若開門於東南隅，飛宮九紫屬火，為中女，其門是妻。以床剋門，主妻宮患火症，又應下元剋妻(離火九運在下元)，一卦三山論。」

又例如坎宅開乾門，二黑土到乾宮，雖然金(門)能生水(床)，然老陽(乾門)與中男(坎床)不配，又二黑老陰飛星臨，則水受土剋，乾金又以洩坤土之氣，一剋一洩，指老母住在此房有虛弱之症。又例如坎宅開艮門，四綠星巽女飛臨，四綠木能制伏艮土，又木得坎水生之，是夫生妻，主夫虛弱，而妻安康。

假設「物物一太極」，以生旺方為房門，其次「棄房就床」，以床位坐山起飛星的生旺方。坐殺向殺無妨，但床頭不要枕在殺方，床頭、枕頭宜放在生旺方。孕婦忌睡在洩氣方。以九星法而言，門與窗的方位與床位均互相成為淨陰淨陽，即是好理氣。如果坎宅門在巽方，水木相生，雖洩氣無礙，但若開辰位，則是犯八煞(土剋水)，主剋夫。

《陽宅集成・房床》：

1、〈玉鏡〉：臥床後頭莫空虛，周密堅牢福有餘；兩壁莫開窗隙對，自然氣聚足安居。井(床邊有水景水缸)在床後香火後，主中風。

2、床被壓，怪夢多，燕頭(隙縫)不塞夢多魔；脅腋開門夢寐惡，沖床射背夢中磨。臥房門只宜一扇。

3、臥房門，係婦女共居之所，只宜一扇，兩扇則不利。

4、安床切忌騎樑，亦不宜擔樑；樑後矜柱柱屬陰，主鬼魅壓鎮；樑前矜柱屬陽，主夢中噯氣。如樑橫床直，謂之擔樑；在棟樑(正樑)下，謂之騎也。

5、樓下裝倉，樓上不可做房，出寡婦怯症；披屋低下不可作房，名「鍋蓋」；幽囚莫作房，主出癲狂殺兒郎。

6、床頭開邊門(指開門對到床)，一氣沖頭腦，凶殺到尤甚(地理命理併論)。

7、臥床須著壁，不可懸空；名曰太陽不著星，多女少男丁。(床頭要靠牆壁或櫃子)

8、床可論一太極，若坎宅床坐南向北，做離床論，在艮上開房門，則飛宮三碧(離入中宮起)為木生中宮離火，房門在生方。

(三)、扶梯

《陽宅集成》這本書是在清朝完成的，當時並無電梯也無高樓，因此所論述內容與現代建築略有扞格，所陳述的大約都是室內樓梯，然而論述的陰陽五行與生剋制化的原理還是很高妙，並不影響這本書的陽宅權威性。

1、房內安扶梯，主損小口並孤寡。右損小口(小孩)，左傷陽人(男性)。室內梯要有專屬空間。

2、外壓內，損陰人，主產難弔死；內壓外，損陽人。專屬空間不忌諱。

3、樓梯在房外(樓梯安到室外)，名雷公打腦殺，主剋妻損子。

4、凡扶梯宜藏不宜露，在梯下安床，名劍鋒殺。

5、灶在艮寅方，被扶梯壓灶者，主虎傷男女。四綠金間(乾兌宮)安扶梯，金剋木，若在生方主得橫財。五黃土間安扶梯，主損小口，剋土命，五黃併戊己都天加臨必應。

6、房內有步梯角沖入房者，主落胎。步梯在火方，水(以流動性質)剋火，墮胎。在土方，木剋土(以木梯性質看)，主小口驚風而亡。

7、步梯從上而下，作水看；從下而上，作火看；本體作木看。論方位則是整體陽宅討論。

8、樓梯壓在床上，主產難。

（四）、廚灶

凡灶喜坐於生旺方，併水火木土間，蓋灶屬水木火土間，與灶相生比合，主發丁旺人口，忌置於關殺之方及金水間，以灶面為坐山，以灶門火口為向，原則壓凶向吉。灶管丁，水缸管財，水缸對中鍋，為水火既濟，則夫妻和諧，生旺方亦可。

1、灶宜建於泥地上，如下有石板，或在樓上，名「無根灶」，退敗絕丁，現代公寓大廈瓦斯爐，上下層樓必須都在同一方位；而透天樓房雖以一樓為佳，二樓以上設置瓦斯爐上下樓層不宜為房間、神明廳、書房之類性質。

2、廚灶在關方與殺方，不利人丁、口舌、出悖逆不孝。

3、灶肚門切記要深藏，勿使人見，如入門見灶肚燒火，主不聚財；樓上作房，樓下不可作灶，烤爐等，損人丁。

4、灶有沖有射，或上有橫樑壓者，門沖、梯沖、梯壓，白虎加臨主痢疾。

5、灶座論方不論向，灶口論向不論方，灶卦先論方而又論向。

6、灶座壓本命生氣方，則懷鬼胎或落胎，譭謗破財。若壓天醫方，則久病臥床，服藥無效。若壓延年方，主無財壽，夫妻不睦。壓伏位吉方，無壽又無財。

7、灶座宜壓本命之絕命破軍方，則有壽無疾病，發財發丁。壓六煞方無訟有財，無火災，不傷人口。壓禍害無訟無疾，不退財不傷人口。壓五鬼，永無火災，發財無病，招貴人幫助，田畜興旺事業順。

8、灶向論命，一般就當家宅長而說。原則壓凶向吉，因此東四命宜向正東、正北、正南、東南，而壓在正西、西南、西北、東北四凶方

9、井灶須防共一間，將來從便禍相關。井是水，灶是火，雖說五行是水火不容，主要在功能不同而使用的人混雜所致，因為以前經常是數家共用一井。

10、安灶要陰陽不雜，例如東四命灶口向坎、離、震、巽，作巽向離向，俱屬東四向，但坎命(陽)向巽卦(陰)，或向離(陰)，陰陽配合最佳；但坎命(陽)如果向震卦(陽)，雖是東四命之吉方，但俱屬陽卦終究不美。

（五）、井與池塘、假山與欄杆

少數上層社會之陽宅占地廣大，經常使用台池、樓閣、園林裝飾自己的房屋。《陽宅集成・元機》:「來脈休穿井與塘，財散人離不可當；紅黃出水皆為脈，若是清時也要防。穿井須穿界水中，真龍氣旺水無窮；前後左右須藏避，恐耗人財女暗通。」穿鑿井取水，必須達到地下水脈，這裡的來脈指「地脈」，接近龍脈的概念，古人地質知識不夠，認為龍脈就是水脈，所以打穿龍脈會破壞地理，地理破壞了，自然是財散人離。紅黃出水就是鑿到水脈，水流一陣子後自然就清了。因為水氣之來源就在龍脈，所以必須隱匿。

1、堂前不可穿井，男越井，婦人越灶，皆招口舌意外之事；以灶與井都有神明之靈，不可褻瀆。天井不可潮濕，養家禽家畜，排水不順，光線陰暗，安置衛浴，曬衣物，假山噴泉之類。

2、何知人家受災迍，天井有井對房門；何知人家出忤逆，灶在南邊井在北。灶屬火，接近離火，火炎土燥。井屬水，位於北方，水為冰源。

3、天井若有井，墮胎病眼生。廳前有一井，心痛目盲病。水源要乾淨衛生，天井不免受到居家活動汙染。廳前也是活動頻繁之地，井水也是容易受汙染。

4、凡宅門前不可開新池塘，主絕，謂之血盆照鏡。門前最忌雙池，謂之哭字。噴水池可以作為集合住宅公共設施，公司、工廠、營業場所，住家審慎使用。

5、龍虎腳上有小池，淫慾定無疑。屋後二小池，長病損妻兒。東邊一口井，西邊一條塘，若不啞子，定出癲狂。

6、「宅中莫疊假山堆，骨露稜層病怎醫；石屬骨兮泥號肉，後頭土勝有便宜。」前面宅院中不可堆砌假山，因為石是骨，泥是肉，大地是自然造化，人卻在骨肉之上堆疊假骨假肉。但玄武方有靠無形煞，有土壤與栽種則宜。

7、「廳堂前後疊假山，如堆胸禍在胸前；流年沖合災殃退，喪口傷財不等閒。」假山過分造作，應驗在流年六沖、三合。假山的造作可參閱本書第五章紫白飛星。

8、「局中石板莫鋪滿，土氣長生便得安；四面還須留土肉，石為骨甲要均勻。」古人也有生態保育觀念，石板不能鋪滿，是要庭院有保水功能，土壤才能維持生機。土為肉，石為骨的比例要均勻。

9、「多見河邊造石欄，或排石柱巧妝安；富家何以多凶敗，只為傷殘造化元。」欄杆純是人工構造，無須太過誇耀巧妙，《易》曰：「負且乘，致寇至」，過分扭曲自然造化，終遭覬覦。

（六）、碓磨倉庫、坑廁與六畜欄

1、「碓磨關方與殺方，癡風官事產難當。」因為碓磨是動態旋轉的，如果在殺方與五黃方就有將凶氣飄揚出去的現象。

2、倉庫屬土，凡宅皆有土方，所以倉庫宜居土宮。反之凡宅皆有木方，倉庫受剋位分，造作不吉。

3、「床位對倉門，定有風病來；倉若在旁邊，寡婦守空房。倉後作臥房，癆瘵病纏當；房畔有禾倉，寡母在中堂。」總之，倉庫不宜與臥室接近。

4、子午卯酉四方，為將星所居之位，不可作廁。申子辰山忌子方。寅午戌山忌午方。巳酉丑山，忌酉方。亥卯未山忌卯方。

總之，茅坑忌諱中宮與四正方，即坑廁不宜占用重要位置。

5、凡是殺方莫安廁，沖關犯殺主刑傷；本山退氣多昌熾，時師須要細推詳。即坑廁適合安在洩(退)氣方。本山四綠(巽)方是文昌，當然不可設置坑廁，名「污穢文昌」，主埋沒聰明秀氣，兼損名譽。

6、四邊坑廁甚堪安，只忌乾方卦屬天；莫對當門併眼見，造來隱蔽自周旋。換言之，乾方莫安廁，不可開門見廁，要隱蔽些。

7、來脈裝坑甚不宜，若居龍虎也非奇。現代陽宅非關龍脈，指來風處。廁屋也不宜對灶門。

8、坑廁屬金，不宜火方，宜八白、二黑、七赤方，但要在本命休囚之位，不要在生旺方。「休囚位」指五鬼、六煞、禍害、絕命之宮位。

9、坑廁統一忌諱的是：不要安在乾、坎方、文昌位等，與宅基來脈上風處與正堂正廳之後。這是不論二十四山皆相同的看法。至於各宅黃泉煞方，並本宅坐山相生之吉方，皆忌。但坐山所剋之方為休囚，可置廁，亦宜安在天干，勿安地支，恐犯太歲。

10、按邵康節卦象，牛屬坤土，忌卯未方。馬屬乾金，忌午火方。驢騾屬震木，忌申金方。雞屬巽木，忌酉金方。鵝鴨屬坎水，忌辰戌丑未土方。羊屬兌金，忌巳火方。豬屬坎水，忌辰土方。貓屬寅木，忌兌金方。犬屬艮土，忌寅木方。魚屬離火，忌亥水方。

11、大門左右不宜有牛牢，馬廄，不可當門灶，正門邊有雞栖，都等於在關煞方(正前方)；所以「牲牢凡在大門旁，人財損失動瘟遑；豬欄牛柵在關方，牲畜招瘟人痢當。」

（七）、書房、衙門、店屋、寺觀

《陽宅集成・第十五看》：「書房、衙門、店屋、寺觀，似亦人起居之所，應與住宅看法相同，殊不知有大不同者在。如書房則取文明之象(木火通明)，不忌咸池高聳，文筆生尖。衙門則喜規模宏敞，不妨堂皇尊嚴，公庭寬大。市肆店房偏宜路沖險要，何嫌去水橋樑。庵堂寺觀反要水沖龍脊，豈懼高山長嶺。凡此皆住宅之所忌，而此獨有所取，是以另立一條，不特不可與住宅混看，而營造修方，更別有作用焉。」

上段說明「書房、衙門、店屋、寺觀」看法與一般陽宅不同。書房高聳(木)、生尖(火)，意思指喜歡木火通明(東與南)，八字桃花生我也不忌。民宅忌諱招搖亢揚，衙門不吃這套，要尊嚴寬大高敞，吃定百姓為妙。店鋪就是要卡位，哪管路沖、水沖、橋沖之類。庵堂寺觀越沖越發，高山峻嶺有仙則靈，有名就發，照樣香火鼎盛。

1、書房先看山向，喜乙辛丁癸，甲庚丙壬，子午卯酉，乾巽巳亥，此向發秀，多喜木火金水體格，要光明正大，不宜失之太露，要在六秀方上，不宜四墓(辰戌丑未)坤二(五黃煞)方。

2、書房不宜橫闊太露，主發秀而不實，堂大光明，主有名而無實。不宜天井太深，於堂客不利，而主不壽；若前山高壓，主有名而身喪於外。地局不宜尖斜，門路不宜直射，主多病而吐血。六秀方不宜缺陷，不宜作廁與灶，犯之縱然飽學而不遇。

3、尖峰對面高起，秀水隔岸遠朝，三元及第，左右山秀比和，文昌善曜高聳，才名蓋世。換言之，要山水秀麗，天地人和諧一氣，文昌位不要低矮壓逼。凡書屋青龍高，先生好；白虎高，學生好；主客各有所宜。

4、〈餐霞道人〉說：「凡作書房，宜在本宅一白四綠方上；一白四綠間內，又宜開一白四綠方門路，流年月建得一白四綠星，飛到此方此間此門，或是四一同宮，或是還宮復位，必主發秀。又屋外一白四綠方，有山水亭塔樓臺鼓角照著，亦主發貴。如一白四綠方作書房，必要此屋體式特異於眾，則應驗越靈。」

5、看衙門〈清江子〉云：「南面向離，以文明化成天下；水火既濟，以陽和宣治萬邦。居所須應五十之數，宅向自當一九之中，下承地氣，上應天星，八卦九宮，各有攸宜。」講半天，衙門要居管轄地區之要位，宜坐北朝南一九之中接地氣。

6、衙門以正堂為主，門路與水路忌黃泉煞。面前最嫌逼窄，更忌穿射，頭門管正堂，二門管佐貳，二門高過頭門，佐貳欺壓堂官；指其它門不可高於大門，否則主官會被屬下欺凌。

7、衙門、儒門學堂在來路方要高而重，主官陞順利，反之重在下手，則官聲不佳。此點與私人營業場所、家宅相同。

8、《陽宅集成•碎金賦》：「衙門高大側旁小，十道傾欹門不高。」意思是正堂高兩廊小，主孤主無助。十道，左右前後也。傾欹，指高低空缺。門樓、儀門有一項不高，主官無清名。

9、「丹墀局促(明堂狹窄)衙門窄，官不陞遷民不饒」。「衙門寬不沖欺，坐倚江山向丙離」。「兩廊同式不連堂，門廊地起堂地巍」。若要周邊再造官衙，高低形式要一致，但正堂地基還是要高出一、二尺。

10、「月臺寬正甬平寬，官長高陞民富皈」。月臺，指正堂外滴水高地；甬，兩邊有高牆或堂前當中的通道，就是動線。「屋脊沖射不為福，左沖損男右損女，後劍夫人並婦死，捲前又恐官壽促」。左損男，右損女，後面損婦女，前面沖射官非健康。明堂逼窄左右刑(沖煞)，十堂八九不能陞。

11、看店屋〈玉鏡云〉:「凡店屋以門為主，要迎水開門(人潮來方)，舖櫃設坐，俱迎水。安貨物，要順水，門前忌街路反背，上手重壓射(人潮被擋住)，皆主無生意，白虎高有生意(收外地客為主)。」

12、〈清江子云〉:「右首昂昂水又朝，財源滔滔不止，庫櫃安生旺方，或迎水，或迎路，坐空朝滿吉」。收虎水主有財。「堆貨坐虛，前逼後空者，脫手易而利錢加倍」，貨物要擺設在前，一覽無遺。

13、「右水到左，左邊之舖勝於右；左水到右，右邊之舖勝於左(以水來處為坐，去處為向，判斷左右)。利於下手要有兜收。「店門開在殺方，被人脫漏本錢」。殺方宜低不宜高，有礙進財。

14、看寺觀〈趙玉沙云〉:「寺觀不忌高山長嶺，先要結局寬平(有明堂)，豈怕堂砂空曠(寺觀不以營利為主，故不求明堂有守)，只喜四山朝拱。屏高帳遠，必遭徒眾如雲(山大水盛，神蹟必顯)。庫疊倉連，定主丈房積富。」

15、「方丈不怕層層，殿閣偏嫌疊疊」，不怕周圍險峻，殿閣等建築量體不要疊疊擁塞。「太多神像，僧道必然消散」，神多僧道無所皈依，道心渙散。「重開門路，是非長年不息」，路多氣散，人心不聚，口舌是非不息。

16、「嶺覆垂頭，而印笏前見，道士乃有火居」，玄武安詳有靠，朱雀方有印笏吉星，神蹟典故，可許煙火興盛。「山如人立，而旁帶鉢盂，衲子多出遠遊(沿門托缽的形象)；神壇社廟，喜見黃泉(聖水)，有爐幢寶蓋，則威感一方，而香火萬年」。以上是以形論事，觸類旁通。

17、〈宅譜云〉:「水沖脈脊背，朝拜未曾離。大殿為主宜高，前後左右，俱宜平伏。後殿高於大殿，為欺主，後應忤逆。四下太低，致中殿高於大殿，孤峰獨聳，必易敗傾，有兩三層殿相稱方吉。」衙門、店屋、寺觀，雖各有體式，但其私室、寢室、房灶等項，亦宜與宅主年命相配。

二、《陽宅十書》論內六事

(一)、內形大要

陽宅形勢多端，宅內房屋如龜頭、雁尾、披孝之類，一有所犯，則應凶災。「白虎頭上莫開口，白虎口開人口傷，殺名吞啖難養人，產婦常常病在床」，這是指虎開口，虎搥胸，虎現爪之類的形煞。「若還更有人行破，官禍在門不可當，更有碓磨居其上，家宅不寧發瘟遑」，如果開虎門，虎邊動表示官非，如果又有碓磨在虎邊前輾磨，則殺氣飛散。「造屋從來有次第，先內及外起自堂；若還造門堂不造，屋未成時要分張」，蓋房屋要由內向外有順序，先造大門而正堂不造，容易造成兄弟鬩牆。

「若還造廳堂不造，客勝主人招官妨；中堂無主失中饋，錢財耗散有禍殃」，若先造大廳而內堂後造，則喧賓奪主亦遭官非，不利婦女與破財。「先造兩廊不造堂；兒孫爭鬥不可當，公婆父母禁不住，兄弟各路行別方」，先造廊道而無堂屋，沒有相會之聚點，兒孫會各自為政而相鬥，此非公婆老邁之齡所能禁止，兄弟將各自遠颺。「造得門成要龍虎，龍虎可從門上裝」，指大門之外龍虎砂要均勻相稱，龍虎各自如法。

「下水青龍要居外，上水青龍要內方」，如果虎邊來水，龍砂要包在外收水神；如果龍邊來水，虎砂要在外收水神。同理，「下水白虎要居外，上水白虎內方藏」。總之，明堂要收水，下手有兜收就行。

「來龍在後碓居前，不可舂憾有損傷；震動不寧龍亦病，家宅不安事無常；來龍在左碓居右，來龍在右碓左傍，碓頭要向前頭去，人從後踏無禍殃」，指工作方向要向前方宅堂，不可背對進門處。「輾磨必須居左腹，右腹攪動白虎腸，主生病疾絞腸痛，出人褊窄結肚脹」，指龍邊要動，虎邊要靜，輾磨是動態物件，必須在左邊，右邊動肚子脹氣。「廚灶必須居左位，不宜安在白虎方，陽宅若還依此法，定須子孫熾吉昌」，廚灶也是動態的位置，不宜在白虎方。

（二）、宅內形要訣

> 大凡人家建立新宅，莫要先築牆，
> 謂之困字，主人家不興發。

蓋新房不可以從先蓋圍牆開始，等於困住自己，無法發達的現象。蓋房子基本順序是由內而外，由上而下收尾。

> 凡人家起屋，屋後莫起小屋，謂之停
> 喪損人口，若人住此小屋，尤不吉。

房屋完成後，不要貪圖地盡其利，而在後面空地蓋小屋，好像放個棺材，容易損人口，誰住小屋誰倒楣。

> 凡宅起丁字屋，主無家，主絕人丁。
> 凡宅起屋，前低後高，主發財祿興旺。

丁字型房屋會自己形成屋內二道由外而內的避刀，也向外多出兩道壁刀，衝射宅外，主絕人丁。陽宅造新屋，前方要略低於後方，但也不可太低，要合乎比例原則，才可旺財發丁。

> 凡宅起披孝屋，即後接連披蓋是也，主橫死人丁退田產。
> 凡人家蓋屋後，不許起倉屋，謂之龍頓宅，主家財不興。

房屋前後斜屋頂連接在一起，表示貧困相依，又向一群人披麻戴孝一般，主橫死退田產。凡房屋完成後，不許加蓋倉庫，稱「龍頓宅」，主家財不興。

> 凡人住屋，拆去半邊，及中間拆去者，謂之破家殺，主人不旺。

拆去房屋半邊或中間，如果不能及時完成，而必須遷就生活，必然是經濟困窘之輩，家破而人不旺。

> 凡宅住屋，莫要屋角水射其門；
> 門射來水，主聾啞之人。

陽宅受到屋角沖射(宅內也算數)，或來水、來路、來橋等沖射屋門，主屋內有聾啞等類之虞。

> 凡人家宅起屋，莫要飛走一直，
> 主忤逆兄弟不和之人。

房屋成聚落形狀時，必須團聚有情，容易起保護與向心作用；

如果呈現直線形發散式集合住宅，除了難以前後兼顧之外，飛走之勢使兄弟不和，各自為政；但這與地形侷限也有關。

> 凡宅開門路，及車門不要直射，謂之穿心殺，主家長橫死之患。

陽宅開闢門前道路及車輛馬匹進出之動線，一概不取直線沖射，謂之「穿心煞」，其實就是路沖；主家長橫死之患。除不喜歡直射的形煞外，也有礙家宅私密性的需求。

> 凡宅屋後，莫開車門，要被盜退財，如在側邊不妨，北方開門亦然。

車輛進出家宅，不宜由後方進出；因為難以監視而容易遭到盜賊侵犯竊盜。如果在側邊無妨，北方開門也不宜，後方較難防範。現代陽宅有所謂「後進式停車」，人車分道，如果有集中管制則無妨。

> 凡宅開車門，不要見子午坤艮四方，子午為天地，心坤為白虎，頭艮為鬼門，主疾病損人口。

車馬進出宅居，不要在子午的南北方，以及坤艮的土方，以南北是人所宜之方位(順著南北磁力線)；坤艮均屬土，宜靜不宜動；無須犯險，否則有自找疾病傷人口之虞。

> 凡宅天井中，不可積屋水，主患疫痢。不可堆亂石，主患眼疾。凡宅廁屋，不可衝大門，觸穢門庭主災禍。

宅居的天井必須明亮通風乾燥，積蓄雨水、廢水、汙水等都不利身體健康。天井當然也不可以堆積亂石，主患眼疾。廁屋不可沖大門，因為坑廁是穢物之氣，當然不宜與大門相對。

凡人家宅門上，不可起樓，必主家長不利，官衙亦然。古云：門上起高樓，家長遭獄囚。又云：白虎位上聳一樓，註定家長憂。

家宅之上，不可再起高樓，強出頭就是風險。官衙也是如此，自囚負重，對結構也不利。衙門主管、一宅之長都有官非之虞，又以白虎方最忌，白虎昂頭就是血光爭鬥。

凡人家屋角，不可漫街，主招訟禍。

住宅屋角不要蔓延到街上，否則阻擋左右方人車視線，以致自家前經常出車禍，既遭是非，又惹人詛咒。一如現代街上的店家經常將招牌爭相跨越出牆面，以爭取招牌能見度，而罔顧公益，造成對面陽宅劈面煞。

凡人家有食乳小兒，穢衣不可高曬並過夜，則主生病。

家中尚有哺乳的小兒，其抵抗力較差外，晾曬其衣褲時不可高曬過夜，除有沾染病菌污穢物之外，總不喜夜間靈魅之事。

凡人家居住之屋，必須周密，勿令有細隙，致有風氣入，少覺有風，勿將忍之久坐，必須急急避之。

宅居之內必須門窗周密，不可有空隙讓內外空氣不時對流。如果有風氣滲入，必須立刻閃人，不要久坐以免風涼之病。此為古人防止嚴冬冰雪之害，亞熱帶地區要設身處地理解。

三、近代室內佈局

室內佈局大致分為玄關大門，客廳、臥室、廚房、餐廳、書房、衛生間、陽台、樓梯、庭園等。規劃應視房間區域功能不同，而在材質、色系、木作、風格等各有取捨。全盤宅局與各區域在風水佈置的五行生剋能量應平衡。

（一）、玄關大門配置

玄關是室內室外的中介空間，當人由外面風塵僕僕回到家裡，其心情放鬆是在玄關這個空間作轉換的。有云：「門千斤，厝四兩」。這是認為大門是住宅之氣口，氣口所獲得之來氣攸關整間房屋之氣勢。以環境行為而言，門是住宅出入的關節點，代表一家與周邊環境之諧和關係，凡社會階級、家庭氣質、氣候調節、生活隱私等均有相當關係。大門氣勢講究中和適度，應符合住宅量體與主人身分。

《八宅明鏡》:「宅無吉凶，以門路為吉凶。」門路吉者貪狼、延年、天醫等。陽宅以納氣為主，門路即是水路。如果正前方是四水朝堂(無水也算)、水池等，以開中門為吉，先收先贏。右方白虎門並非全然為凶，而是這種觀念根深蒂固，以隨順民意為上。人氣左來開右門，人氣右來開左門，也可以門內設屏風扭轉來氣。玄關大門規劃原則如下：

1、「門千金，厝四兩」，陽宅最重要的是門，因為門是一家人整天進出必經之處，如人之氣口和咽喉，不可有毛病。大門正如代表整個陽宅的「家風」家庭風格。正向不可有他人家之屋脊沖射、飛檐、獸頭、道路、水路沖射等形煞沖射。避免懸針、樹藤、屋角、岔路、死巷、亂石堆等。玄關上若有鏡子，不可對著大門。玄關地毯在門外。門要光亮清潔、寬平，不可昏暗駁雜，鞋具雨具、陰陽怪氣裝飾物等情形。

2、一般獨棟透天而有前院空地之陽宅就有內大門與外大門之區分。本書對於內大門位置介紹八宅法與紫白飛星方法。優先以八宅法作為理氣計算式，因為八宅法不牽涉時間變動。其次再以「天機木星法」為用。至於公寓式集合住宅的大門是固定的，只能輔以配置化煞之類。

3、外大門應安放於龍邊為佳，除非龍邊有形煞，才安在白虎方。至於外大門與內大門的相對位置，有內外同元；天元子午卯酉，乾坤艮巽。人元乙辛丁癸，寅申巳亥。地元甲庚丙壬，辰戌丑未)，淨陰淨陽，輔星水法、五鬼運財等理氣法，讀者請耐心閱讀。

4、外大門之方向不可牽鼻水（子女吃喝瞟賭敗財），內大門不可捲簾水，必然財聚財散。凡虎逼身，虎回頭，虎現爪、虎昂頭都要制伏。明堂破碎，明堂逼窄，八曜煞等之類均要迴避。外大門、內大門、屋內門等不可形成穿心煞。

5、內大門與外大門顏色忌用深藍色、黑色及大紅紫紅。以乳白、乳黃、紅古銅、綠古銅、黃古銅等色系為佳。材質以金屬類較為堅固。正面與背面不要有無謂的裝飾或累贅物。外大門應設置頂蓋，除遮風擋雨或有擋煞之作用。

6、外大門、內大門之文公尺應合「財」、「本」字為佳，公家機關府衙之類以「義」為佳，不可用財。文公尺應量門框的實內距離為標準。

7、內外大門的尺寸必須符合比例原則，以進出之交通工具，進出之人數，進出之道路，庭院之深淺，建築物的量體大小等決定尺寸，並與隔鄰應保持若干舒適空間。

8、動物生肖不要與宅主相沖。使用八卦鏡為消極之方法，如果要沖消對面來的煞氣，必須使用凸面八卦鏡；若是要吸納對面的來氣，應該使用凹面八卦鏡。風水理論與命理理論，雖然都是陰陽五行的運用，但大門之決定要件不在八字，而個人喜用神僅適用在個人空間佈置的調配。

9、大門面對外形沖射，例如神廟、宮壇、探頭山、路沖、屋脊、碓磨等，在第二章《陽宅十書・鎮外形衝射》提到制煞辦法，讀者自行參考。

（二)、客廳

客廳是接待外人的位置，原則上只能有一個，否則就會形成意見分歧，輕重難分的現象，現代建築考量接待外人與自家人齊聚一堂的功能分開，因此附設有起居間或副廳的空間足供使用，可將接待外賓與家人聚會的空間加以區分。客廳對於家運、財位、社會門面有相當重要性。客廳一般即在進入私人專有空間進門處，若大門在吉方，客廳很可能也在吉方。一般人家進門經常就是玄關與客廳，但富豪人家經常分有前廳與後廳，前廳當會客場所，後廳供奉神明與祖先牌位，或是提供家人較為隱私的場所。客廳規劃原則如下：

1、客廳在北方，終年收不到日照，可以大面積採光，而無虞太陽照射的炎熱，但防風功能要提高。客廳在南方，以如何收到南風為考量。客廳在東邊，紫氣東來，氣口要開闊，遮簷要夠長。客廳在西邊，西曬不利亞熱帶的台灣地區，要拉長遮簷伸展度，減少日曬時間。

2、客廳光線必須充足，氣流通暢，動線簡潔，不可穿胸穿心。財庫分為固定財位，流年財位，理氣財位、用神財位等，各有利弊。落地門窗固定方不利魚缸、植栽。客廳儘量獨立空間，不要兼作動線。

3、客廳之光線忌諱陰暗無生氣，面積應大小適中，長寬比應控制在 1：1.6。奇形怪狀招口舌是非，諸事不順，亦多病。天花板不要設計奇形怪狀，酒櫃、書櫃、展示櫃、置物櫃、鞋櫃等應符合比例原則，色調柔和。

4、天清地濁，故天花板不可幽暗色，或大紅大紫等。地板不可太陰暗之色系，以致有空間收縮的感覺。東方色系要清幽，北方色系要暖和，南方色系要涼爽，西方色系要溫潤。地板顏色要均勻一致，變化太大會影響步履穩定性。

5、裝潢與裝飾品要是適度襯托主家的身分與風格，凡過度金碧輝煌，暴發戶似的展露自己的家當，而缺乏氣質的規劃，或虎頭象牙，關刀、武士刀等暴戾氣氛都不宜。至於過度的奢華則是《易經・解》所謂:「負且乘亦可醜也。自我致戎又誰咎也。」偏財無根易遭劫。

6、坐山宮位不宜缺角、漏氣、養殖魚水、垃圾廢置物、房門、電器品、隔牆安浴廁等，以免有氣流紊亂，穢氣汙垢之虞。財位處(延年)不可開窗或恰為動線處，吉祥物有紫水晶、黃珀石、金元寶、貔貅、葫蘆、玉印、大肚佛等，顏色優先以宅主用神為宜。

7、方位用神則木方取火，火方取土，土方取金，金方取水，水方取木，表示事業一路開展。想增加人際關係則取東方用茂盛的植物，西方佈置圓形銀白色系金屬藝術品，南方三角形紅色系藝術品，北方擺設山水畫、水輪等。

8、沙發的選擇依據客廳面積大小決定，有一字型、U 字型，進入沙發座位的動線要流暢，主位面對大門且不得背對窗口而無靠。茶几材質有玻璃、木質、石質，不宜金屬擾亂磁場；形狀有圓形、橢圓形、方形、長方形等，宜配合方位吉凶星五行性或個人喜用神材質與顏色。飲水機、電器品與空調等原則擺設在吉方收吉氣，並遠離貴重物品與財位。

9、客廳植物擺設有金桔類、柑桔類、富貴竹、羅漢竹、蘭花、鐵樹、發財樹、萬年青、黃金葛等，忌諱杜鵑、仙人掌、松柏等望形生義的植物。至於一般集合住宅中龍騰、鳳舞、魚躍、駿馬、三羊、蝙蝠等可用，猛虎、飛鷹少用。

梁湘潤《紫白飛宮三元陽宅》對於客廳八宅坐山之特性解說如下：

坐山	說明
坐東震宅	五行屬木，陽木壯闉，客廳喜成闊方形。即是客廳的橫度大於深度。
坐東南巽宅	五行屬木，陰木柔細，客廳喜成直方形。即是客廳的深度超過橫度。
坐南離宅	五行屬火，火性屬熱，中空外焰，客廳的形態，方形、長方、闊方都沒有差異。但必須在客廳中所擺設的傢俱、裝飾品很多，一眼看過去，這一所客廳令人有一種很實的感覺，此為最佳的佈置。
坐西南坤宅	五行屬土，土性厚重，所以客廳要成扁闊形。門可以開雙層，以土有雙位寄宮之故。
坐西兌宅	五行屬金，少女屬性，要帶一些隱蔽。所以客廳不宜開窗太多或太高大，只宜中等之亮度。光線太明亮，則女代男權。晚間照明，最宜用柔和色的燈飾，尤宜有藝術性的壁燈陪襯。

坐山	說明
坐西北乾宅	五行屬金，乾金以明亮，不宜太柔和的燈光。窗戶皆宜採光效果良好，客廳宜採用近似正方形，最忌缺角、斜邊的形態。
坐北坎宅	五行屬水，水性屬靈，客廳的形式方、長方、闊方都可以隨意，而坎宅客廳中的傢俱，宜沉厚不露。所位沉厚，是指傢俱，不在於多少件，而是要矮重厚，看起來有些不容易搬動的感覺。傢俱的色澤，也是深色為主。所謂不露，是傢俱不帶角形之突出，客廳在牆上的佈置，儘量減少對釘、掛之類的裝飾。
坐東北艮宅	五行屬土，東北方之土是冬土、寒土。所以要深耕，深耕即是客廳要很深。不要方正，也不宜於闊方形，最宜用長直方形。

現代公寓大廈所規劃的客廳與古代客廳是有區別的，客廳是否要占在吉方？這與文昌位、財位一定要吉方不同，因為客廳可能空置，僅偶而與外賓談話之用，或與家人經常暱在客廳是不同的，但大抵而言，主臥室重於客廳。客廳在形態上以方型、闊方形、長方型為主，不免以五行之性配屬，而決定明亮度、色系、高低、虛實、家具佈置等。

（三）、臥室與小孩房

臥室是休息的地方，原則上是各就各位，而無像客廳、餐廳、衛浴等共用性質，因此每個成員在自己的卦位上，大致都是吉利的。例如乾坤宮位設置父母房，長子住在震宮，長女住巽宮等。其次臥室既是休息的地方，不可光線耀眼，噪音頻繁。最宜空氣對流，光線清朗，色彩溫潤柔和，主家與小孩各有不同的需求特性。臥室與小孩房規劃原則如下：

1、臥室設置不宜門窗開口之類太多，以免氣蕩。鏡子不宜照床，否則容易自己嚇自己。屋樑與牆柱不宜壓床(以平頂天花板覆蓋)。床鋪不正對房門，否則進出就是沖射。床頭有靠板，且必須靠櫃或靠牆。

2、臥室不可設在廁所下方(淋頭糞水煞) 臥室不可在廚房之灶台上下方。也不適宜設在騎樓上方(坐下空亡煞)。天花板不宜高低落差造成梁壓床(豎立的壁刀)。臥室花草不宜過多，陰盛陽衰。室內格局方正，長寬比：一比一點六以內。

3、顏色忌諱多彩多姿，勿掛風鈴等不定時聲音，容易使人神經緊繃。地板、牆壁、天花板的顏色對比性不可太強。地板最好使用木地板較柔軟溫潤。地氈容易潮濕生霉氣，不利呼吸器官。

4、臥室內如果附設衛浴間，不可沖床位。臥室門忌沖灶台。床頭不朝西，西北天門適合主臥室。除營業外，不宜鏡子面對床。同一房間門在一直線上，忌諱一左開一右開。不宜圓形單窗或房中窗戶要比門高。

5、小孩房盡量少用上下舖，雖然使用有彈性，但會有壓迫感。臥室門口忌與冰箱門對沖大。臥室門口忌熱水爐。.臥室門口忌沖神位。臥室門口忌沖牆角壁刀。臥室上方不宜假山、池水、鴿舍、塔柱等。

6、天花板顏色不可深咖啡、深藍、紫紅、橘黃、墨綠等。壁紙圖案不可用大小圓形、螺旋形容易造成視覺誤差的圖案。天花板忌諱造型詭異。臥室外不可有他人屋角、獸頭沖射，多流產不安，夫妻容易口舌。臥室內擺放水族箱，水的流動與魚的游動會干擾人的睡眠。

7、床下不可有化糞池。床位不安於冷氣孔之前方，易感冒。床位之右方不安冷氣機，虎邊不宜動。床位頭頂上不安冷氣機，不放音響、電視，玄武不宜動。床位正前方不沖廁所或櫥櫃之角。

8、床位不靠廁所之牆。床位不靠廚房之灶位。床位不安在臥室門入口處之邊。床位之右邊不靠牆，虎逼身。床頭之兩邊不可有桌角、櫥角沖射頭部。不安在落地窗邊。床頭不可靠馬路。

9、床位天花板裝潢線條應簡潔。美術燈圓滑而不尖削，避免形煞突異。臥房不宜當作倉庫、儲藏室使用。山水圖畫，飛禽猛獸，桃花銅鈴等化煞物不宜用在臥室。白虎邊不可有音響視訊之類，虎動事情多。

10、青龍方可以較高，所以龍邊可以靠牆、近牆、有高櫃。擺設佈置應樸素、高雅，藝術、家庭照等，裝飾無須繁複，掛圖不宜超過三幅。若避免不了沖門，頭部最重不可犯門沖殺。

11、兒童房牆壁的壁紙應活潑而不詭異雜亂，不可張貼奇形怪狀，張牙舞爪，陰靈詭譎、鬥爭血腥的裝飾品。地毯踏墊之類以安全為考量，不宜大紅大紫，灰暗陰塞。毛地氈容易藏污納垢。規劃應簡潔實用，易於收納整理。

12、兒童房玩偶、玩具、遊戲器盡量少放，以免觸動玩心，損壞即丟棄。兒童房主色應以淡色黃白系列為佳，進門處不可有鏡子沖門。窗簾顏色忌紫紅、粉紅、橘紅、赤紅或深黑、深咖啡系列，容易影響心情。

13、不可正沖門、沖馬桶、頭部不正沖、左右沖房門。燈飾、燈光不可五光十色，閃爍不定。不可在西曬炎熱方位，會心浮氣躁。北方風雨嚴寒，慎防風病。

14、床的材料可以依據個人喜用神配合，例如命局喜金，以銀色白色(旺我)、黃色(生我)為宜的金屬床，而火剋金則忌諱用紅色。若用神喜土，沒有土床，用土生金不用木剋土。用神喜水，沒有水床用木床，但顏色與形狀還是以生旺五行為宜。

（四）、餐廳與廚房

餐廳與廚房是功能接近的場所，現代集合住宅大約依據陽宅內的面積大小、人口多寡與需求性等分為：1、餐廳與廚房各自獨立。2、餐廳與廚房同一空間。3、餐廳與客廳同一空間。以上不論何種規劃，還是要以動線簡捷最重要。餐廳重在飲食氣氛，廚房重在烹調水火。現代建築均燃燒瓦斯，並無灶口方向問題，但因為瓦斯爐後方一般均為封閉空間，鎖進之氣以正前方為最大量，權以灶向即瓦斯爐正面為灶口斷吉凶，這與早時灶口也是相當的。但還是以灶的安放位置最重要。餐廳規劃原則如下：

1、餐廳不宜與廚房同一空間，因為廚房是水火油煙交加的位置，用餐時心情無法放輕鬆，萬不得已則用屏風、高低櫃分隔。餐廳不宜緊鄰廁所，引動水火交戰，香氣穢氣侵凌。

2、餐廳裝潢材質應該接近自然，比較能讓用餐心情平順。顏色則需調和，不可刺激視覺與心情。因為餐廳是湯湯水水的場所，地板材料要易於清洗。佈置要簡單優雅，裝飾物可以與中意的食物意象相搭配，或福祿壽喜之類。

3、餐桌椅根據空間性質或圓或方，四邊轉角要圓滑，符合天圓地方。玻璃桌較冰冷，用餐人數少，應配合溫潤的餐具；其次玻璃易碎的意象使人用餐增加幾分提心吊膽。石材桌面較能廣泛適用用餐情境。

4、用餐區不宜橫梁、壁刀沖壓，或裝潢成斜屋頂之類，用餐容易分心，久之腸胃消化不良。站在大門外不宜視線直接接觸餐桌區，否則既無隱私又影響用餐情緒。也不宜正對後門。如果兩邊都有窗戶，不宜穿心。

5、餐廳位置如果有選擇餘地，重視早餐者宜東方，喜歡平靜用餐者宜北方。喜歡用餐氣氛熱鬧宜南方。餐廳若有冰箱不宜朝南或西曬，否則用電量大且食物容易腐壞。

6、如果面對任何尖角、沖心的形煞，而且無法挪開用餐桌椅的位置，則可以用開運植物擋煞，空間不夠放桌邊(犧牲一個位置)，空間夠則選擇基座置於上方。

7、餐桌椅專區固然以能在統宅之四吉方最佳，但這經常是可遇不可求，所以除以五行制化外，或以小太極計算吉方區，或以淨陰淨陽計算門窗收氣如何。

8、餐桌椅專區，不宜正對神位，因為神明要平時供奉鮮花素果清水，如何能經常讓神明面對全家大啖葷腥。

9、廚房是用火的地方，如果在陽宅中心點是謂「火燒心」。設在乾卦，老父暈頭轉向。設在東方與東南方則木火相生。廚房不宜進門可見，否則算顛倒陰陽，生活紊亂。灶坐吉凶方均無妨，但灶口向吉方收吉氣。

10、廚房不宜面對或接近廁所、臥室、客廳。設在兩間臥房之中也不宜。廚房的排氣、排水、採光必須流通順暢。瓦斯爐與水龍頭必須相隔一米以上，忌水火並立、對立。廚房與灶相同皆宜壓凶，不宜正坐靠山伏位。不宜將廚房外推到陽台上。

11、可以有密閉性廚餘桶，不要有開放性垃圾桶。廚房材質宜易於清洗擦拭油垢之類。不可大門、客廳直接見爐火。瓦斯爐後面牆壁背面不設水池、馬達、抽水機之類。

12、瓦斯爐排油煙管必須順暢，廢氣排出於凶星方，或衰絕之位。廚房門不宜相對臥室門，可坐絕命破軍方、六煞、五鬼方，坐煞向吉。不設天窗若有則不開，否則氣流不穩定。

13、廚房排水系統宜由前方進入由後面排出。廁所污水不流經廚房，至少室內不共用管道。舊灶口(婆)新灶口(媳)，不可對向。灶不向廚房出水口，否則順水流。不可與屋向違背，否則意謂忤逆口舌。

14、瓦斯爐不正對儲水缸或水龍頭。不可與廁所門冰箱對沖。瓦斯爐虎邊不放冰箱馬達。不可放在排水溝化糞池之上。瓦斯爐忌諱後靠有窗，因氣流不穩定會影響烹飪火候拿捏。

15、忌背後空曠，空曠則氣流不穩。忌諱棟樑正壓灶鍋之中心。忌諱灶門前大陸橫穿，隱私與氣流盪散。忌諱背後橫路與沖樓梯口。灶上方忌有熱水器。不宜太密閉，因為燃燒瓦斯需要氧氣。

16、灶台不可與牆角對沖。灶台不可暗對廁所內之馬桶，隔牆則需有櫥櫃等緩衝空間。灶台不可與屋子相背坐，烹飪時容易分心。舊灶立即拆除。灶位與屋向垂直或平行。

17、廚房宜有陽光照射，取紫外線有殺菌功能。廚房間可以擺設小型盆栽，有美化空間，調節氧氣成分，吸收穢氣等功用。抽油煙機、瓦斯爐、廚具櫃、洗滌台等應定期清洗。廚具不宜火紅而產生炙熱感，灰暗幽深則胃口不開。

（五）、書房與工作室

書房、工作室是家庭中培養人文氣息的位置，針對家庭成員、風格、品味等有不同的需求。書房有時是工作室，例如學者教授，鋼琴教學，繪畫創作，空間設計等。有時純粹作為自己或一家人的聚會或學習空間。書房中不免附帶有電腦與周邊影音設備、書櫃、休閒桌椅等。一個家庭是書櫃多，酒櫃多，還是裝飾品多都足以展現主家的嗜好興趣。書房與工作室規劃原則如下：

1、書房一般原則取樸實方正、端莊典雅為要。但需要創意性的工作空間則必須根據主家的需求而變動。通風、溫度、濕度、雜音、氣味等，都須達到基本條件。因此西方、南方、西南方接受陽光充足之處應避免過於燥熱。書房外是大道路就要慎防噪音。

2、風水理氣中有文昌位的計算法。以八宅法而言，貪狼生氣木是文昌位。以紫白飛星而言，宅星入中宮順飛，四綠巽是固定的文昌位。流年文昌則是一四同宮。在固定文昌位取流年文昌，在流年文昌位取固定，斯為正辦。至於八字以印為用神也能參考，考文昌畢竟是一人之事。

3、書房在東方，一日之計在於晨，可以取得朝氣蓬勃的卦象；對於生理時鐘正常的人，在這個宮位思考、創作、閱讀可以有好的效果，但如果是夜貓子就不必勉強在這個宮位。

4、北方是太陽終年無法直射的位置，光線穩定度最大，畫室最適宜的位置，也適合冷靜的思考閱讀。西方日曬時間長，可以長出簷遮陽或以綠蔭遮擋，或以熱滲透較低之隔間材、玻璃等施作。

5、書房吉祥物有文昌塔，而文昌塔的層數要相應宮位，例如文昌在坎宮，七層文昌塔金來生水；或以葫蘆竹代替文昌塔，文昌在四綠巽，就以九節葫蘆竹木生火。

6、文昌貪狼屬木，木星的形狀是高而尖，類似毛筆的形狀，而科舉考試又是揮灑文筆，因此書房不論是固定文昌位或流年文昌位都可如此佈置。

7、文昌位在陽宅理氣的八宅法與紫白飛星有一套計算方法，另外可以利用八字學原理，決定吉祥物擺設位置；例如：乙酉、辛巳、庚寅、辛巳，這個八字顯然缺水，吉祥物的位置就在坎宮或申子辰三合方，書房配置成深沉穩重的意象。

8、儲藏室可以利用不規則位置，或五鬼、六煞、禍害、絕命等四凶星方位設置。儲藏室雖然沒有通風、採光、溫溼度的問題，但內部擺設與動線還是要合理。

9、書桌不可背靠陽台之落地窗，位於陽台上下廚房灶台皆空心不安。小孩書桌椅座位不可靠在廁所內馬桶前後。書桌前最好不要有高堆物壓迫。旁邊不宜有音響。窗外不宜屋脊或電桿、壁刀角。小孩書桌不可面向屋外巷沖、路沖或水塔等。不宜在水塔之下方。馬達、熱水器之上下方。

（六）、衛浴設備

古時坑廁、浴室、盥洗大致是分開的。現代建築在私人陽宅中將潮濕的環境與排泄的生活作息共用一個空間，就是衛浴設備。因為濕氣與排泄物被視為去之而後快，所以適於安置在五鬼、六煞、禍害、絕命等凶方。衛浴設備規劃原則如下：

1、廁所不可設在陽宅中心位置，廁所面積也不大於廚房。浴廁既有冷水又有熱水，房屋中心冷熱變換頻繁，象徵家運變動無常。廁所在中心也代表無法得到陽光照射與室外循環換氣的功能。

2、進門處不宜設置浴廁，廁所門沖大門貴人消散。沖臥室門主夫妻口角。沖書房門頭腦不清讀書沒效率。沖房門不能改善者，先用屏風，再用珠簾，亦可隨俗用開光後的順治、康熙、雍正、乾隆、嘉慶、道光等時期鑄造的銅錢設置門檻攔住煞氣。先講好，這是心理作用，但也是堪輿師重要財路。

3、<u>廁所最宜壓在五鬼凶方，以五鬼運財為吉</u>。例如坐山坎卦，艮宮為五鬼宜設浴廁；坐山震卦，五鬼在乾方還是不宜設置浴廁，宜取艮宮六煞位。廁所不建在龍邊之首。

4、衛浴不宜設在子、午、卯、酉四正位，但可以建在五鬼方。因為四正位氣勢專一，水旺不利泌尿膀胱。火旺不利心臟與循環系統。木旺則不利肝膽四肢。金旺則不利呼吸與肺臟大腸。

5、<u>廁所不宜安在伏位財位方</u>，因為固定財位一般在靠山卦位，經不起每天廢水排放的「帶衰」，其次衰在靠山宮位的六親。廁所不設在走廊末端，隱蔽處即可，末端意指恐犯伏位。

6、衛浴要有防水功能，其次老人使用時必須有防滑設備，例如扶手、顆粒狀地磚、緊急鈴等，尤其是浴缸滑倒機率最高，周邊不可有尖銳物。衛浴間也可以適當的加以綠化，既然溼氣重就<u>以耐濕的非水生性植物為主</u>，例如仙人球、觀葉鳳梨等鮮豔植物。

7、主臥室內附設浴廁馬桶不正對門，不沖床(身體不安)，最好用更衣室緩衝區隔，不沖灶位(中饋不安)。沖書桌、辦公桌、金庫、神位都是忌諱，也忌諱設在神位壁牆後方。浴廁地板高度不宜超過室內高度。廁所不能占到文昌位，文昌污穢，才子不歸。宜設置在白虎方。

8、浴廁排水要暢通，如果有低窪處所造成的積水，必然加重潮濕度也成為孳生病菌根源。如果所處位置無法自然通風就應加裝通風系統，不論是否設置排風系統都要有百葉門扇。馬桶務必要採用純白色，因為排泄物可以提早發現某些先期疾病，若用風尚之咖啡、瑪瑙、土耳其藍之類顏色，極可能延誤病情。

9、現代大樓化糞池都是集中設置在地下室，化糞池已經離地面層有相當距離，所以理氣法不計入化糞池。又古時坑廁一體，所以廁所不宜在風頭。現代廁所能在凶方固佳，若不犯前述諸論亦佳作，無須以理氣槓上巒頭。

10、廁所陰暗潮濕，致使蚊蠅孳生，穢臭入鼻，眼目生盯，入廁成為苦事，因此急於解脫，故減少上廁所時間，若長期憋住就會引發毛病根源。

（七）、神明廳

家中神明使人心靈安定，維持生活正常作息，安神明先決條件是要有安神位的空間，等於將自己的元神放在最好的位置，以在客廳等專有空間為宜。環境條件安靜、乾淨、寬敞、視野、光線、不要沖煞、壓樑，動線頻繁等。神位上下方亦同。接到水神，即河、川、湖、溝、海等，不可去水局。

樑下不安、樓梯下不安、通道不安、上下左右均空或開門窗不好、開門直沖或梁壓、穢氣重、氣蕩不安等均不宜。不可正對進門處隱閉處，太冷靜的處所或走廊通道均不宜。不設向當年太歲位(擇日之六冲三煞)，接近衛浴、隔牆、樓梯旁、主臥床等，取屋主吉方更佳。神明也需藏風聚氣，整理歸納如下：

1、神明廳盡量與房屋坐向相同，最忌逆向掉頭。

2、空間以方正、活動自如為宜。

3、神明廳之光線必須中庸柔和，不可太暗太亮。

4、神明廳在頂樓需要注意悶熱、風疾、濕寒、乾燥等物理現象，及其對神像材質之影響。

5、藏風聚氣的位置，接近一家人生活重心，慎終追遠，民德歸厚矣。

6、牆壁與地板忌諱鮮紅、粉紅、紫紅、大綠等搶眼刺眼的色彩。牆面宜乳白、米黃色為佳。應長年明亮。

7、神明金尊不宜太多，以單數為佳。神尊過於複雜，主人心性不寧。

8、神位背後牆的使用空間不可電梯間、廁所、主臥房、廚房等。周邊不宜電視、冰箱、油鹽柴米之類。

9、神桌應求簡單莊嚴樸素，神桌上應常擦拭乾淨，保持桌面清潔。香爐每初一、十五各清理一次。

10、神桌上下不宜貪圖方便擺放電器用品、日常生活雜物或汙染物等不相關之雜物。

11、清潔神明爐時不可移動。神明爐要穩定，故上下不可是通道。神明桌下不宜有水生物、魚缸之類。

12、神位金尊高度不拘，體積與專有空間合宜適中為原則。青龍邊可逼，白虎邊不可逼迫。

13、神位前後室外方，忌沖柱子、屋角、懸針、水塔、電線杆、反弓等。

14、神位右方宜靜不宜動，前方不宜有鏡子、電視、八卦鏡之類對照。

15、外局不宜之形煞均避諱，室內天花板的「燈管煞」要注意。勿正對灶口瓦斯爐。忌附近晾曬衣褲。

16、神位前方忌與黑色匾額對沖，不宜在頂樓炎熱之處，神明喜歡接觸人氣。

17、神明廳不可向大門(錯開即可)、廁所、餐桌、房間門。

18、神位高度應合文公尺「財」、「本」為佳。神像材質金尊空心瓷器、銅器均可以。誠心者神像用畫像也有效。用紅紙寫供奉之神名亦吉，誠心為首。在神明廳行為應端莊。

19、神像莊嚴端正，面部清朗慈祥為佳。神明爐高度五寸半吉。神明爐應堅硬不易破碎為佳。理解供奉神明的神蹟歷史意義是誠心第一要件。

20、神明香爐高於祖先香爐，祖先牌位宜在右邊。不可兩姓同一牌位，同一香爐，要以紅紗線、紅木板，各自分開，主居左，副居右。

21、神明位不宜居陽宅入口處，宛如「保全」般不得安寧。

22、安神位要擇日，六沖、三煞、回頭貢殺等不可犯，有入火出火日，祿馬貴人最宜(請參閱拙作《擇日學三十天快譯通》)。

23、每日晨昏定時供奉清茶開水，初一、十五加供鮮花水果。取消神像時，要由得道法師按照科儀處理。

(八)、陽台與露台

陽台是有頂蓋,露台沒有頂蓋。陽台是室內與室外的中介面,類似氣口的功能;露台也有工作、遊憩或觀景的功能,兩者功能大致相同。可分為工作陽台、觀景陽台、通道陽台等不同性能。除非有安全顧慮,不宜封閉。陽台與露台規劃原則如下:

1、觀景陽台一般在客廳或主臥室之外,並非所有觀景陽台都是處於綠意盎然之中,所以必須自行動手美化陽台,作為自我娛樂的消遣場所;並且利用植栽遮擋對面形煞(竹類或仙人掌)。不論陽台或露台可以盆栽、吊掛、遮棚、攀爬等方式自行綠化,應適時加以整理。

2、綠化目的在擋煞、遮陽、隔音等,可以選擇葉面大、濃、綠的樹種,例如萬年青、金錢樹、巴西鐵樹、馬拉巴栗、葫蘆竹等。如果沖煞面較寬廣則加大排列長度,以單數為佳。

3、陽台朝向東方,吸收早晨的空氣,能在陽台運動有益健康。反之,西方日曬時若非嚴寒地區,則過於燥熱。陽台在北方,冬天寒風刺骨,僅利於金水喜用神。陽台在南方,故喜南風輕拂,但也有炎熱顧慮。

4、為了增加室內使用面積與防盜,將陽台封閉起來,除了自家也有避難逃生的問題外,封閉了氣流陽光,恐怕弊多於利。陽台欄杆不宜雕花鏤空到樓地板,否則陽台不聚氣,應留約三分之一以上實牆高度。

5、陽台吉祥物以盆栽綠化最普遍,此外,木格柵、風車轉輪、不銹鋼球等皆可依據五行生剋制化佈置。露台一般在頂樓之上較為開闊,可以用石獅面對高壓電塔、變電箱、T 霸或消防隊、醫院、軍營、殯儀館之類，凡煞氣旺於本宅的形煞。

6、陽台地面應使用止滑地磚，且陽台洩水必須通暢，以降低滑倒機率。地板面略低於室內，防水層能隔絕室外雨水。又因為陽台是陽宅最接近大自然的部分，所以材質顏色宜自然而融入周邊環境。油漆部分必須不溶於水的油性水泥漆。

7、工作陽台一般與廚房相通，因為主婦在烹飪時可以兼做洗衣、曬衣的工作，陽台必須足夠寬敞，以能容納洗衣機與工作空間。工作陽台與觀景陽台不同在曬衣服需要西南方的陽光，而北方則無法曬到太陽。工作陽台避免設置在房屋正面或鄰道路邊。

（九）、樓梯與電梯

樓梯依照位置分為室內樓梯與室外電梯，依照使用性質有室內主要樓梯，安全電梯與防火樓梯。樓梯的形式有：直上型(兩公尺內要設平臺)、曲尺型(雙折、三折)、先分後合或先合後分型、圓型、弧型、螺旋型等。至於營業場所必須更寬，而且為了配合排場有旋轉梯、圓弧形等。電梯則是垂直性交通工具，自家、營業場所、集合住宅、交通場所等都可能俱備。不宜設在入門口處，虎邊之類。規劃原則如下：

1、樓梯一般構造分為平臺、踏步扶手、欄杆、柱頭。材質分別是金屬柱、木柱、玻璃等。階梯高約十五至二十公分。梯寬不等視需求而定，室內自家使用約七十五公分，公寓大廈約一百公分。樓梯階數算法是起踏的樓地板面不計算，從樓梯第一階算起到抵達的樓地板面為止，必須單數。

2、樓梯不如平面樓地板，必須照明足夠且用雙切開關。樓梯靠牆設立有穩定的感覺，而且省去一邊的扶手。忌諱樓梯設在住家陽宅中間，將室內一分為二；但是內超過五十米長寬，多有隔間使用之大眾化建築物則無妨。

3、樓梯不宜下樓時向外行走，避免牽鼻水之意象(設屏風)。樓梯是很容易跌倒的場所，梯面必須用止滑材質，用平台扶手阻止跌倒下墜的趨勢。踏板與豎板要以顏色、材質、構造、止滑溝作介面區分開，以免踏空。

4、樓梯每隔一段高度兩米內必須設有平台，平台有提供休息、閃身、轉向、跌倒、撲倒的緩衝空間等作用。樓梯下方若懸空會造成心理不踏實，可以做置物櫃、飲水機、盥洗台、儲藏室等利用。樓梯牆壁不可安裝鏡子，尤其轉折平台。

5、入門見梯等於氣口散亂，若東北方鬼門，宜隱藏、遮蓋。樓梯適合建在五鬼、六煞、禍害、絕命方可得化煞為權，其次龍邊適宜動變，虎邊宜安靜。樓梯不宜接近客廳區或餐廳區，應適當隱藏、遮蓋，否則總有一方玄武動盪，一方視線飄移。

6、電梯就像建築物的血管，必須流暢。電梯有載客用、載貨用、客貨兩用、機械式停車設備等，又有電扶梯稱「自動樓梯」。載客電梯又分低速電梯(45m/min)，中速電梯(60-105m/min)，高速電梯(120 m/min)等三類。

7、電梯應設在使用建築物人員主要流動方向地點，且應配合所欲製造的空間效果，或引導人員流向而設置。應設在使用人員容易見得到或預測得到的位置，且能引導暗示想搭乘電梯往上的外來使用者。百貨公司、商場等電梯應設置於建築物周邊，而將電扶梯設在中間。

8、樓梯與電梯前方都必須有足夠的活動空間，利於行走、搬運物體等，梯廳一般以花崗石為門面，除了裝飾效果外，便於清理擦拭。公共電梯往往針對陌生來往客戶，必在明顯處。自家電梯與樓梯則應隱蔽。

9、電梯與樓梯相同不可在室內中央，表示中宮不穩定，除非是建築量體夠大，形式上分為兩半部或服務公眾性質的場所，以大眾便利性為優先考量。電梯不可沖對玄關門。

10、除非是較大多功能陽宅，空間使用目的與使用人複雜，否則同一室內的上下樓梯，不可以在不同空間或忽而橫式，忽而縱式；容易空間感錯亂，又浪費空間。

11、樓梯按照使用位置分室內樓梯與室外樓梯。按使用性質分主要樓梯與輔助樓梯。室外有分安全樓梯、防火樓梯。按材料分有木、鋼筋混凝土、鋼構、混合式等。按形式分有直上、曲尺、平行雙折三折、先分後合、先合後分、八角形、圓形、弧形、螺旋型等。

（十）、庭園與圍牆

陽宅風水師其實就是環境規畫師，庭院環境雖然在戶外，但與實際生活完全融合一起。現在的公寓住宅中，幾乎沒有自己的庭院，一般是透天別墅或自地自建的住宅才有庭院。庭院風格大致有中國式、日本式、英國式(順應地形)、法國式(幾何規格)等。庭園設計分為人造加工形地貌，可取直線型、棋盤型、橈棹型、不規則型等。其次是自然型，以配合地形、地物、地貌，地盡其利，物盡其用，避免過多的人造改良物。至於景觀設計元素大約有地形、植被、鋪面、結構物、水景等。

中國園林與西方園林不同之處，西方園林受西方文化影響，經常在開放空間中設計垂直的對應軸線，並且經由軸線切割出幾何圖形的開放空間；而中國園林則以曲折動線貫穿園林，提供欣賞中的穿、透、空、實、虛的趣味性，藉此強調動線與建築主體的相關性。一般家庭的庭園設計受限於基地大小，很難將前述東西方庭院特性融入，只能在圍牆封閉內的區域，將個人喜好之設計元素融入使用。

平坦的地貌令人感覺平靜緩和，但為了避免單調必須展開漸層、焦點、垂直、曲緩等變化，適當的擴張及多向性延展。凸型地貌的動態性較強，較適合元素分散性佈置，需要產生尊崇感的設在制高點，需要匯集人氣的設在低窪區。找出觀景點設置欣賞風景的亭閣、樓臺、休閒區，甚至人工水流等。凹形地貌焦點在中央或底部面，具有隱蔽、孤立、封閉等感覺，利用周邊地形也適合營造「藏風聚氣」的感覺。

植栽分為闊葉、針葉、水生等，又分落葉與常綠，各種植栽比例分配後四季就有變化。庭園可設計成開放空間，半開放空間，篷蓋空間(頂部封閉，周邊開放)，垂直空間等。鋪面的設計原則大致是順暢、避免材質形狀混雜、安全性、襯托(景觀)性。鋪面材料有地磚、礫石、石材、藝術磚、混凝土雕花、柏油等。

庭園構造物有階梯、坡道、圍牆、座椅、花台、水景等。庭院與建築物配置分為均衡式，前院式，後院式，中庭式等。「兌」為澤，水景讓人喜悅。水在陽宅風水上的用途是化煞、聚氣、觀賞等；池是人工造型，塘是接近自然形成的。利用池塘可以達到聯繫空間，悠閒放鬆，引導路線等功用。規劃原則如下：

1、造園的風水觀原則是融合自然，統一和諧，平衡對稱，比例節奏等，過於花俏創意的設計應適可而止。規劃適當的留白，環抱有情的明堂，與簡潔而不僵直的動線。

2、庭院規模應符合宅主社會身分。庭院栽植應考慮光線、氣流、土質、水源等。圍牆有隔絕噪音、防盜與保持隱私的作用；圍牆高低普遍以一點五至一點七米，並與本宅距離要合乎比例原則，入眼不要突兀。限於土地而逼窄時，牆底可以設計成鏤空狀。圍牆不宜奇形怪狀，轉角宜圓弧並退縮利於公眾通行。

3、圍牆種類有磚造、木材造、金屬造、石材造、石板造、鐵絲網等。植栽部分琳瑯滿目，例如：棕櫚類(南風送爽)、橘類(吉祥如意)、竹類(節節高升)、梅類(五瓣之福)、棗類(早生貴子)、藤類(子孫綿延)、桂類(富貴臨門)、水生類(水木同宮利科甲)等。俱要抗病蟲害、抗寒抗熱等生存能力。

4、圍牆不宜虎邊高於龍邊。大門不宜對沖對面宅屋排放廢氣之設備，例如空調設備、排油煙機、車道口等。屋角沖射大門主口舌破財。大門沖大古樹洩氣不順。順水流出去一主破財，不平安。正對廁所是非口舌。栽植有刺、有異味、含樹汁的花、藤、樹等。不宜養雞鴨類，貓犬宜謹慎。

5、水是財，噴泉要活水，排水不要直出。最主要能擋路沖、反弓、壁刀、死胡同等。池塘的水一定要活水，半圓形，不可尖射向宅。游泳池宜設日照區(用棚子遮住濕氣與熱氣都悶著)。

6、庭院重整潔清爽，不重豪華。花木太多太雜，會提高土壤含水量陰氣濕重。排水應暢通。庭院正中央不要有大石頭，大石要穩固，不宜豎立。若有青苔濕氣要墊高地平面。

7、白虎方不可有虎抬頭、虎逼身、虎回頭、虎現爪、虎搥胸等形煞。因此不宜馬達或震動機器、大石、格柵、大樹、假山。

凡廢棄物、雜亂土石堆、石臼之物、廁所、倉庫、車庫。

8、後院青龍方、中央不可放化糞池，宜設在白虎方。後院白虎方不可有假山假水、水塔、石料、木料、亂絲、磚塊等。水塔應在青龍方為吉。正中央不要做水塔、馬達、水櫃、蓄水池、熱水爐。凡動作者例如：冷卻塔、洗衣機在青龍方。

9、後院與前院相同，不可有任何形煞，例如：防火巷直沖、壁刀直沖、打井、大樹等。後院出水口不宜正中間流出(牽鼻水)，欄架橫放而不直往宅內沖。後院最忌諱木雕、金屬雕、土石雕的人形或動物型面向屋內(等同人造探頭山)，也忌諱畜養家禽、家畜、怪獸等，應定期清理，該丟就丟。

(十一)、其他空間

1、停車場

停車位規劃相關場所有：私人車庫，室內外停車空間，工廠貨運區調度場，加油站，汽車修理場，汽車賓館，洗車場等，以及各種場所的停車場。停車場形式分平面與立體停車，依設備分機械式與非機械式，各自受限於場地、預算、使用需求而不同。室內停車場因為有安全顧慮，所以有法規約定。停車場風水知識一般如下：

(1)、一般停車場應考量停車場需求有：周邊交通現況與進出動線，車道配置，坡道形式，迴轉半徑，地鋪面材質，管理亭等設置。其次，景觀綠化，指示牌，廣角弧鏡，反光裝置，路障等。大型運輸場還要有司機休息室，盥洗間等。

(2)、室內複層停車場有汽車坡道出入口緩衝空間，排水，通風，照明，消防，升降運輸設備，緊急避難通道等問題，技術性較高，但因為看陽宅，選車位也還是包括在陽宅風水師的業務範圍中，豈可不知？車位也要藏風聚氣，動線簡潔。

(3)、一般自用小客車停車位寬 2.5 米，長 6 米；大型客車寬 4 公尺，長 12 公尺，但設置於室內的停車位其二分之一車位可以長寬各減 25 公分。停車方式有平行停車、直角停車、斜角停車。私人室內停車預留開門間距。室內殘障車位 3.3 公尺。

(4)、車道坡度不可太陡，建築法規定為 1(垂直)比 6(水平)。對於一般庶民選擇地下室集中停車位，考量的風水因素是：步行距離，與電梯之間的距離，不宜迴轉反弓處，不宜路沖底端，足夠的開門空間，坡道下端有加速噪音、減速煞車的噪音與氣流震動現象，故最不宜。

(5)、機械式停車有垂直循環式，水平循環式。往復平面式與升降橫移式。垂直升降式與旋轉升降式。油壓旋轉升降式與油壓垂直升降式。機械式停車位在管理不良的社區，因為維護制度的缺陷，有使用安全性顧慮。

(6)、負責人或實際執行人的停車位置，忌諱在五鬼方，以五鬼亂事，容易有交通問題的煩惱，這是指私人車輛。例如房屋坐東朝西，乾方是五鬼方，至於車頭方向宜朝東或西，不喜南北奔波。

2、掛圖與藝術品裝飾

中國文化悠久，在雕刻、文字、繪畫等藝術有相當成就，這就給室內佈置提供很多的素材，也能提高家庭品味與藝術美感。例如：模仿名人字畫、藝術家名畫、名照相影片、藝術照片、山水照片等，但其中蘊藏著一些值得注意的吉凶禍福，首先讓人感覺懸疑，驚悚，狐疑，血腥，突兀、迷惘的藝術品都應謹慎使用。規劃原則如下：

(1)、水主財，因此水勢流動的圖畫經常被人使用，須注意水勢要向內流，不可向外。「大船入港」要向宅內駛入。

(2)、屬虎的不要自作聰明掛張老虎出山的圖畫，尤其猴與蛇(三刑)；屬雞的不要亂掛飛禽猛鷹之類的圖畫(自刑)；屬龍的亂掛飛龍、蒼龍之類的圖案。如果一定要掛，頭部要向外，不可向內威脅自己。

(3)、宅中吉利之畫像例如有：牡丹花、蓮花、錦鯉圖、松柏竹梅等，文字則是福壽祿之類。

(4)、裝飾圖畫有畫龍點睛的效果，可以擺放在客廳沙發後牆，電視機牆，或平淡無奇的位置，增加視覺變化度，當然也不能太炫麗刺眼。

(5)、龍招貴人，表示富貴吉祥，但「龍蛇混雜」，降格為蛇也是可能的。龍頭應該向內，不可向外，向內屬朝拜，向外屬於奔逃之兆，即心向外跑。位置應「龍歸大海」，故在龍邊，不可放在虎邊，主龍虎鬥不完。龍之圖案、雕塑品應掛在客廳或神廳佛堂之青龍方。若宅主生肖對沖或相害均不宜。

(6)、飛禽猛鷹代表高瞻遠矚，也令人鬥志激昂，不適合掛在神明廳、主臥室(夫妻口舌)、小孩房(忤逆)，適合白虎方向外；而鳳凰則是祥瑞吉利。鳳凰與生肖屬雞相近，雄雞也是很有趣的圖案。以營業或住家而言，各有適宜的圖案，但注意狗、兔不宜。

(7)、錦鯉圖適合放財位方，鯉魚數字最常用用九，此或與〈乾〉

卦「用九，天德不可為首也。」勸人當以柔和接待天下。駿馬圖適合掛客廳，驛馬星動在外，所以馬頭朝外。

(8)、獅子滾繡球，獅子頭朝外，獨樂樂不如眾樂樂。三羊開泰，不適合生肖牛、狗、鼠等。蝙蝠圖以五隻蝙蝠最吉祥，似鼠而鼠水，適宜牛、猴、龍。

(9)、顏色太深使人沉重，顏色太艷麗使人心浮。過於猙獰、凶猛使人偏激。穩重祥和代表運勢平穩。神秘，重心不穩，浮游等代表運勢起伏。滿頭霧水的抽象畫，宜配合身分裝飾。

(10)、藝術品的擺設首先配合空間位置大小，要合乎比例原則。客廳佈置以重點美化空間，以炫耀為目的的客廳裝飾，以致琳瑯滿目，只是「致寇至」。

(11)、藝術品的收藏要清楚來路，凡盜賣品或過去有不吉利的紀錄都是很忌諱的。藝術品要有意境、情境、思境，而不是在於材質高貴，稀世珍品的背景。

(12)、藝術品如屬老虎、鯊魚、獅子、狼獾、黑豹、蛇鱉、猛禽等為避免無形邪氣，要用紅紙或紅布包起來，然後擇日請進家擺飾，則較能平安。凡有曾被貢俸之虞，務必謹慎。

(13)、鏡子不宜安放在廚房，樓梯轉角，天花板，同一房間不可安置同樣大小的鏡子兩面(拿不定主意)，忌無邊框(混亂空間感)，破鏡即時處理，鏡面反射花瓶(招桃花被劈腿)，鏡子對床，八卦鏡前有花草(八卦減效)，面對神位，佛像，祖靈等。

(14)、掛鐘與牆面成比例，鐘與門不宜同一道牆壁，鏡與鐘不宜緊密相依，衣櫃內服裝鏡不宜圓形或橢圓形(衣櫃是方形，宜外圓內方，不宜外方內圓)。

3、雨棚

一般自行興建或不受「公寓大廈管理條例」約束的陽宅，經常因為遮雨、防水、擋風、防日曬、保護愛車等需求而增建雨棚。雨棚增建位置可能在陽宅任何方位，可能有補平某一個宮位的作用，也可能是突出某一個宮位。最忌諱不要成為沖射自己或他人的形煞(射脅)。

其次對於雨遮的材質選擇，例如石棉瓦有石綿傷害的問題，顏色與造型美感的選擇，最重要考量採光是否被遮避？《葬經》有「天光下臨，地德上載」之語，陽光與地氣、水氣是人生存必要的動能，雨遮太大就是減損自家的陽光動能。

五、吉祥物與制煞、化煞、擋煞

人生與命運總是不如意十之八九，而陽宅能量與氣場並非吾人完全可以理解，因此各派陽宅風水師不免各自歸納一套化煞制煞的方法。化煞與制煞不同，化煞是以柔克剛，而非硬碰硬。如第二章介紹之「鎮外形沖射」，就是缺乏化煞的施展空間，只能擋煞為主。吳師青《樓宇寶鑑》:「制煞不如化煞，制之有時亦凶(反撲)，化之則能轉吉。如煞在震巽坤坎，則建屋栽樹以避之，避之即化之也。若於其方做鐘樓、鼓閣以鎮其煞，則煞愈盛而禍莫遏矣。」

煞氣是一個攏統的名稱，略分為時間與空間，時間煞氣指二五交加、九七合轍、三七疊至等吉凶星五行相剋的情形，化煞就是利用通關之五行性佈置宅位；例如九七合轍，用土洩火生金。空間煞氣則指看的見的屋角、壁刀、尖射物等，與五行生剋制化無涉，一般以「擋煞」或門轉向處理。與風水有關的吉祥物約有：石敢當、獸牌、阿彌陀佛碑、殿塔、竹蕭、八卦鏡、風鈴、葫蘆、風獅爺、七星劍、羅盤、毛筆、貔貅、麒麟、銅錢、山海鎮、虎字碑等。

古代建築經常有以園林擋煞而成的「風水林」，風水林一來聚氣保水，二來擋風退煞；凡陽宅使用者有豪邸、村落、寺廟等。其餘風水塔、奎星樓、文昌塔等都是相同意思。化煞物是風水師極大的收入來源，當下流行屬金有：各種石英、水晶，琥珀、瑪瑙，銅雕品、龍銀、銅龜、不銹鋼球等。木製品有：木尺、桃枝、木珠、竹劍、木牌、竹蕭等。土製品有：陶盆、瓷罐、花瓶、陶瓷雕塑品等。水製品有：水瓶、魚缸、各種水景圖、水生植物等。火製品有：紅色、紫紅色、橙紅色、桃紅色等色系；三角形、錐形、火焰形、鋸齒形、崩破型等化煞物。

時間煞氣的化煞原則如下：坤土剋坎水，取金通關，數字宜取六。五黃剋坎水，取五帝錢通關。坎水剋離火，取巽木通關數字用四。震木剋坤土，取離火通關，或帶金避免土太旺。巽木剋坤土，以紅色水晶球化木生土。二坤與五黃交會都是土，用金洩土數字六，風鈴也管用，其餘仿此。對於空間煞氣也可分五行性，例如對面是紅磚牆形成的壁刀，五行性是土，以金色銀白之類洩土，以碧綠色木性剋制。例如是鐵架鐵皮的招牌，則以紅色火氣剋制，墨色水氣洩。其餘仿此。其餘化煞物臚列如下：

1、符籙是道教趨吉避凶使用的圖文與符號，庶民們理解這些圖文與符號是神仙諭令所用的語言，代表法力的神祕性，在風水中能鎮宅、驅邪，滿足心理需求。

2、葫蘆易入難出，嘴小肚大，又有成語「懸壺濟世」的加持，因此傳說中可以闢邪收妖，所以風水利用吸收煞氣，減少不必要的破財與病痛。

3、八卦牌是刻著八卦及太極圖之類的木牌，多懸掛在門楣顯眼處上，也是避邪鎮宅之用，一般為八角形，納入太極、陰陽、五行、八卦等宇宙元素，由對大自然的崇敬，寄望取得天地正氣的庇佑。

4、石獅、銅獅，常見與林園、官邸、城門、村口等，與地標不可分。左雄右雌，以佛教有「獅子吼」神威，故以獅子雄壯威武來鎮宅保衛，一般庶民就以縮小模型或石，或木，或金屬，自得其樂。

5、貔貅古代神話中的神獸，傳說形狀是龍頭、馬身、麟腳、形狀相似於獅子，有翅膀會飛，能化煞氣為祥和。傳說貔貅吃銅錢只進不出，材質有玉、石、木、瓷、銅等，銅貔貅可化解五黃煞。

6、銅鏡是古人用來梳妝理容的工具，而鏡背經常細膩的添上吉祥的花紋、圖案、祝詞等。銅鏡之作用大約在其反射、倒影、加寬等效果，讓人認為邪氣凶煞經照射後無地自容，而無法侵犯宅第。平面鏡與凸面鏡用於反射沖煞。

7、影壁是陽宅外的一道牆壁，安置影壁可使進出通道不至於直進直出，又居民進出大門時必然會與此牆碰頭照面，故又稱「照壁」。加上一些趨吉避凶的圖案雕塑，也算擋煞氣，避免隱私偷窺之類的裝置。

8、石敢當用於保護村落住家，因為萬物有靈，而石頭又是經濟性、永固性，取得容易，一般置於路沖、巷沖、水沖、屋角沖等要道上，石上書名「泰山石敢當」，必要時加上繪刻一些獅虎、八卦、吉祥圖案之類，以山東泰山當地石頭最搶手，也是造福風水師的福音。

9、桃木可以單純的用桃木枝，也可以製成各種辟邪物，習慣上配掛在門前進出口處大家對電影中道士法師們持桃木劍驅鬼應該印象是很深刻的。其餘有白楊木、柏木、梨木、棗木等，也可製成八卦木牌。

10、刀劍是防身利器，以殺氣而有斬妖除魔的效果，不過並非經常適用，而應配合主人與家風。刀劍把手處經常綁以紅絲穗，加強舞動時的可看性，平時可以減低煞氣，或用紅線將銅錢綁成刀劍狀。

11、銅製品有銅鐘，而銅鐘是宮殿寺廟不可少的器具，一般人家供不起銅鐘，而銅鈴與銅鐘形狀材質相當，又是道士法師的科儀工具，所以銅鈴也是化煞的吉祥物。

12、蟾蜍是民間傳聞會咬錢給主家的吉祥物，雖然與風水化煞無關，但與化煞趨吉求財的目的相同，所以也是民間或商家的吉祥物。風水師賣幾個錢也有促進經濟繁榮的效果。

13、麒麟與龍、鳳、龜並稱「四靈獸」，民間賦予吉祥仁慈的意義，「麒麟送子」有幫助生育的功能，麒麟紋圖在婚禮、寢室、寢具、建築雕刻等經常可見。對於穿心煞、三煞、白虎煞、流年凶星等傳聞有鎮煞化煞功能。

14、古錢外圓內方象徵天圓地方，在五黃煞方擺上一串銅錢(與卦位數成河圖數或合十)，可化解五黃煞，例如 2021 年五黃入中宮，就在巽宮擺上六個古錢。

15、水是財，以魚兒擺動象徵財源滾滾而進，以魚的數目與顏色代表五行性，魚缸不宜放在凶煞方，否則煞氣化入水氣，縱然賺錢也是是非橫逆接踵而來。以飼養魚的魚缸面對壁刀、天斬煞、磁波煞等。

16、陽宅要生氣，對於乾枯的植物，猙獰的造型，石頭(屬陰會攝收陽氣)，素材不良，質地破碎的金屬玉器之類，來路不明的骨董物、吉祥物等。

17、固定財位，凡客廳及每個房間，入門對角線 45 度為財位。客廳門開在中央時，則財位在客廳內左右兩個 45 度之處，但以凝聚、清靜、有兜收處較宜。不宜動線處，前門通後窗後門，冷氣機，電風扇，抽風機、家電物品等一概不宜。

18、財位佈置可以置保險箱或書桌，高度要合文公尺，可以擺設萬年青及盆景，不宜火紅、尖刺、跳躍、傾斜扭曲等不平衡狀態。光線宜亮不宜暗，形狀完整不可碎形爛狀。

19、盆景佈置以圓潤、綠意、光澤、有朝氣而欣欣向榮，時時照顧忌枯萎，不喜塑膠花、乾燥花、假花。保險箱可置金、銀、水晶玉石、銅藝術品、翡翠瑪瑙等，旺財招寶。

20、財位上花瓶內可以放的數字，河圖一、六屬水，水能生財，亦代表圓滿。也可以配合命理用神佈置五行相生等現象。

21、財位週圍牆壁忌破碎、漏水洩氣、雜亂無章，忌牆後是廁所廚房等。水流宜向宅內，不宜擺掛瀑布、狂風、浪濤等圖像。宜掛三仙福祿壽圖，年年有餘（魚），三陽開泰圖，元寶吉祥之物等。

22、財位忌作通道，忌背後無靠或空缺，尖角冲射，落地大窗，氣散則財散。萬一財位有破或氣流散時，可用屏風來擋氣避免外漏。

六、綠建築

陽宅風水師就是環境規畫師,科技越進步人類對地球生態破壞愈大,例如森林枯絕,熱島效應,臭氧層破壞,氣候異常。資源匱乏,水土破壞,物種滅絕等,而這些絕大部分來自於建築物大量興建使用所致,所以陽宅風水師必須善盡社會責任。綠建築在日本稱為「環境共生建築」。歐美國家稱為「生態建築」或「永續建築」。

(一)、「綠建築」的定義與設計理念

「綠建築」原本起源於寒帶一些國家的蓄熱設計理念,而臺灣是亞熱帶地區以排熱為主,所以自己應該有一套綠建築理念與規畫。綠建築主要針對耗能,耗水,排水,排廢氣,節能等一系列的評估後,給予的等級標準。各國對綠建築的定義或評估雖然不大相同,但我國綠建築政策為了簡化、量化的目的,以資材、能源、水’土地、氣候之「地球資源」,以及營建廢棄物、垃圾、污水、排熱、二氧化碳排放量之「廢棄物」兩層面角度來定義綠建築的範疇,亦即將「綠建築」定義為:「消耗最少地球資源,製造最少廢棄物的建築物」。同時採用綠化、基地保水、日常節能、二氧化碳減量、廢棄物減量、水資源、污水垃圾改善等七大指標,作為綠建築草創期之評估標準。

「綠建築」清楚的訴求,以生態(生物多樣性、綠化量、基地保水)、節能(日常節能指標)、減廢(二氧化碳與廢棄物)、健康(室內環境、水資源、污水垃圾指標)等為關鍵語。生態節能減廢都是耳熟能詳。殊不知陽宅經常暗中危害人體健康,例如壁紙所含乙烯基會傷害人體,PVC 與塑膠也會排放化學物,石綿幾乎在任

何建築物都可能存在，同系列還有石膏、天花板、花磚、隔熱板、紋理漆、石綿熱水管等，石綿早期沒有症候，對人體則是胸悶、呼吸短促、塵肺症等。至於塑膠品一律有戴奧辛，應付之法以金屬管、陶管代替。

（二）、光煞、熱煞、保水、空調、污水

密不透風的全玻璃帷幕式建築是「光煞」與「熱煞」的最大發源地。因為玻璃具有「溫室效應」的特性，它讓短波高溫的日光穿透入室內，但穿入室內後變成一般常溫的常波熱，卻不易消散至室外，使得熱氣在室內累積的越來越多，因此玻璃大廈適合寒帶地區，但不適合亞熱帶的台灣。有些雖然採用高反射率的反射玻璃，但會造成反光現象，損己不利人，甚至造成公害案件與民事訴訟。

日常節能因為是普遍而可行的具體方法，因此採取高效能低耗電的電器產品，是目前最簡單可行的方法。其次，人來自於自然，樸實無華才是合乎人性本能，不需要做出一堆張牙舞爪，爭奇鬥艷，電光火影的建築裝飾，否則會浪費資源與增加工期，增加廢棄物等。因此結構與裝修的合理化，建築輕量化就是最好的陽宅風水。對於建築能源的再生利用，提高建材回收率也是陽宅風水師能盡的一份社會責任。綠化有頤養性情，陶冶生活，減少噪音，調節氣候，吸收廢氣，涵養水源等功能。其中植物綠化對二氧化碳減量效果，以喬木最佳，灌木其次，草花又其次。又多層次立體綠化，即是在喬木、棕櫚樹下再種灌木草花等。

基地保水性能很重要，土壤失去水分就降低散熱的能力。在《葬經》理論中，有土才有水，有水才有氣，藏風聚氣要靠水，

而土中滋養著水與氣；古人雖然沒有現代科技，但歸納出生存的條件。基地要保水，一是直接滲透設計，就是減少硬鋪面，使雨水滲透到地下，可使土壤中的微生物活動，成為有機土壤利於栽種。一是儲集水系統，盡量循環使用水資源。都市中的熱島效應與保水不佳有很大關係，而擋煞應以植栽為第一道佈置。

「綠建築」的室內環境指標係指影響係指室內居住健康與舒適之各項環境因子的指標，包括音、光、溫熱、空氣與室內建材裝修等評估範圍。這些大致都為陽宅風水師注意到，但其中較為受到警惕的是令人喉嚨乾燥、過敏、頭暈眼花、噁心疲倦、咳嗽氣喘的「病態大樓症候群」現象。這是大樓內共用同一系統空調設備，與建築密集而通風不順，且長期生活在這種環境中所造成。假如沒有充足經費完成一個有充足外氣設備的中央空調系統，不如採用自然通風型的建築平面設計與簡單彈性的個別空調方式。

臺灣雨量不少，但基於山高水急，工商業用水量多，國人用水習慣差，低水價政策等，結果水資源還是很困窘。綠建築中的水資源利用方法有：1、採用節水器材，例如泡澡改淋浴，兩段式省水馬桶。2、貯集利用系統，將雨水以天然地形或人工方法予以截取儲存，然後經過簡單淨化處理再利用為生活雜用水，例如高爾夫球場或大型民宿區、遊樂區等。3、設置中水系統，指將建築基地內的生活雜排水或輕度使用過的廢排水匯集處理後，控制達到一定的水質標準，再重複使用。

汙水處理設施在臺灣普及率很低，使得大多數住宅必須自行設置污水處理設施，過去臺灣最常使用的家庭化糞池處理能力僅為 35%以下，其次建築設計中對於生活雜排水之配管施工，大都未貫徹雨水污水分流設計；例如家庭洗衣機所排廢水與雨水混流進入排水溝，或醫院、療養院、遊樂區的洗滌水也無分流設計，由此可知嚴重性。垃圾清運系統雖然是由政府單位負責，但家庭端如果沒有清理機制，無除臭、消毒、封閉等功能，予適當容量的儲放空間，則二次汙染也是「垃圾煞」。

（三）、「綠建築」審核機制

以下依照「內政部建築研究所」提綱挈領的掌握綠建築要項，提供陽宅風水師扼要掌握一些「綠建築」觀念如下：

1、埤塘、溪流、池水中是否有植生物？

2、基地內有隔絕人為侵入干擾之密林或混種雜生草原？

3、喬木、灌木、蔓藤植物樹種之多樣性？

4、綠地人工草皮或草花使用量？(牽涉日後農藥使用量)

5、屋頂或陽台立體綠化植栽的數量？

6、玻璃帷幕牆的數量比例？開窗率是否 40%以下？

7、開窗部位是否有外遮陽台以遮陽？大開窗是否在東西兩面？

8、屋頂防水防熱設施？

9、所有窗戶應可開啟，在秋冬冷熱適宜之時採自然換氣？

10、主機及送水馬達採用變頻控制等節能設施？

11、居室有充足開窗面積以便自然採光？

12、避免使用鎢絲燈泡、鹵素燈、水銀燈等低效率燈具？

13、高大空間採用高效率投光型複金屬燈、鈉氣燈設計？

14、玻璃窗是否高氣密性隔音良好？

15、是否使用高反射玻璃或深顏色玻璃而影響採光？

16、建材是否使用國內外環保標章，綠色標章？

17、私人用按摩浴缸或豪華型 SPA 淋浴設備單元？

18、生活雜排水與污水是否有分流管道與截留器？

七、陽宅風水師的建議

總結陽宅風水師應該有的綠建築觀念是：綠化、保水、隔熱、隔冷、隔音、節能、自然通風等。這些幾乎以不同文義涵蓋在古今內外形煞的文獻中。上述所言，如果一個陽宅風水師是從頭參與設計過程，而無這些建築背景知識，只能侈言陰陽五行，山龍地氣之類，能不汗顏嗎？

總結陽宅風水師對於陽宅設計至少可以提出下列建議：

1、奇形怪狀而非一般庶民適合居住之建築元素不可使用。例如大紅、大紫、靛青等色系。尤其誇大的斜屋頂、拱形等，使人聯想到某些公共建築，廟宇、納骨塔、墳區等。

2、房屋之造型不要設計尖銳形煞之屋頂、出簷、壁刀等。或其它奇形怪狀之造型，除非目的在作為地標，彰顯區域性風格。例如網路上頗有名氣的「龍潭怪屋」，已經成為龍潭必遊之地。

3、房屋之右方(白虎方)不要太高昂或屋角、或拋胸、或逼身等，有損丁破財之虞。雖然屋向限於地形、路勢、水局很難更改，但可提出如何立門向的建議。

4、對於有需求將房屋造型設計出特殊奇異之個人風格或藝術氣息，例如婚紗攝影，買賣藝術品，商品創意設計等營業目的之陽宅，至少進門要收到旺氣或朝水，且避開形煞。

5、大型社區或造鎮計劃，其主要動線避免反弓形、大角度轉彎、三岔路等。以免社區間沖煞對立，形成居民住不安寢，行不安履，人心互相反悖對立。

6、周邊若有水路，應儘量維持天然水形，順應天然局勢，陽宅配置取玉帶環腰處。水溝邊之宅門向應特別小心留意牽鼻水、斜飛出水(子孫忤逆居者反悖)、水不過堂(不聚財)等凶局。

7、路沖、暗沖、射脅、高壓、孤陰等都需改門向收水氣，可以避凶趨吉。內局大門應在生旺方，內部若有樓梯直沖門外，前門對後門窗，或穿心懸針，文昌在廁所等，都主損丁破財之類。

8、客廳方正而比例合用，要有區域專屬性，不宜遭動線直接穿越(穿心)，注意通風採光等條件。餐廳不宜與廚房同一間，庶民可以接近餐廳，達官貴人的居所或空間允許之下，還是要專屬空間。

9、臥室主要在床的頭、胸、腹不可逢沖對馬桶，雖要通風採光，也不能門窗太大而散氣，習慣早起者宜向著旭日東昇處，賴床者可免。以更衣室隔絕衛浴與就寢空間。

10、書房宜清雅，面對朝陽，書桌抽屜不宜面對門(等於背對門)，書櫃不壓頭頂。小孩房不宜五光十色，要有書桌，不宜在退氣方。老人房適合天醫方，宜鋪地毯防跌，裝警鈴。

11、蓄水塔、儲藏室不要對著主臥門。工作室、浴廁忌諱推門直射。前後門與陽台忌諱穿心。保險櫃忌諱彰顯。圍牆、天井與庭院應方正。排水、魚缸、兒童房要方正端莊素雅，有利人格發展且要環境安全。玄關素雅明亮，有歡迎意味而不要繽紛絢爛，內外有別。燈飾圓形用單數，同一房間忌方圓合用，踏墊顏色要和緩。

12、子午卯酉四水四路沖廳堂，大樹遮屋樹根深入屋下，艮水沖門。門口疊放大石假山，太亮太暗，廁所連廚房，井旁有糞坑，廁沖正門等，非病即衰。

13、水族箱有化煞與平衡陰陽的作用。面對屋外形煞，有煞氣沖宅之時，可用水族箱化煞為吉。但水族箱如果誤置反而不利，主破財損丁。水塔及樓梯忌安置於本宅之白虎方。安於青龍方為吉。

14、水池是陽宅造景的元素之一，對於視覺、遊憩、甚至氣候調節均有甚大功能，但水池的造型、方位經常有甚大影響，若不注意可能弄巧成拙。最忌池角直接沖入門。假山瀑布、水幕的水聲不宜嗚咽象。

15、陽宅色系深藍、靛青色太多，家中容易時間久了陰氣沉沉，使人個性消極。紅紫色多者，若足以發出刺眼的色感；易使居家的人心情有一種躍動而無力的感覺。大紅使人心情暴躁、易生口角是非，尤其不宜主臥房氣氛。浪漫的氣氛不適宜長久居住的陽宅，僅適於營造特種商業氣氛。

16、適當的淺綠適宜住家氣氛，但家中綠色多者乃至墨綠，也是會使居家生氣抑制，氣氛沉悶，如果家宅中有適當植栽，則綠色即足夠比例。而紅色僅適合用在強調點綴吉祥氣息的位置。

17、家中之顏色最佳者為乳白色、象牙色、米白色、白色，這些顏色與視覺較和諧，適合長時間逗留。家中漆鵝黃色系列多者，容易心情悶憂，煩熱不安。橘紅色過重者，僅是一時的視覺興奮，時間久了令人厭煩。

18、木材是天然品，木質原色是最佳的色調，可以使人易生靈感與創意。尤其小孩在書房讀書，可以陶冶自然舒暢的心情。至於茶几(主人)、餐桌(小孩)，廚具(主婦)可以取用適合家中成員的用神顏色。

19、簡易財位，凡客廳及每個房間，入門對角線 45 度為財位。客廳門開在中央時，則財氣會凝聚在客廳內左右兩個角度 45 度之處，所以可利用此處做為財位。因此客廳門開在右側，此時以左斜對角線 45 度為財位。財位不能有通道處直接通後門，或開窗安設抽風機，謂之財氣外漏主難守財。

20、佈置財位方法財位可置保險箱或書櫃，高度要合文公尺，擺設植栽例如萬年青、黃金葛或盆景。保險箱上面萬年青、盆景，全部高度約天花板的一半(以下)，光線宜明亮。財位放盆景，顏色要有綠意；妥善照顧，忌枯萎，懶得照顧也不要擺設塑膠花、乾燥花、假花之類。

21、保險箱內部，可以放置金玉、水晶之類，表示聚財收利。也可以放聚寶盆之類，聚寶盆可以放置財位的數字，例如延年在坤方以二為單位佈置。

22、財位忌作通道，否則財聚財散，忌背後無靠或空缺，尖角冲射，依靠落地大窗，氣散則財散。萬一財位有破或氣流發散時，可用屏風來擋氣避免外漏。

23、人居於山水之間，室內也是山水範圍，把室外山水搬進宅內佈局，調節室內環境氣場，可以達到生旺化煞的目的。室內植物可分為兩大類：一是起生旺作用的常綠植物，如：羅漢松、羅漢竹、萬年青、鐵樹、黃金葛等；二是起化煞作用的，如仙人球、仙人掌等長刺植物。

第肆章　八宅法理氣

八宅法雖然是《八宅明鏡》(乾隆五十五年)書中所述的理氣法，但在之前早有此法。幾乎是每個五術愛好者學習陽宅風水的第一本書，相傳為唐代堪輿大師楊筠松所著，再由明清箬冠道人整編。其實《八宅明鏡》只是一本雜記本，而內容很多是揣摩或抄襲自《陽宅十書》(雍正四年校成)與《陽宅集成》(乾隆十九年)之類的古書，內容架構層次也不很嚴謹；巒頭部分約有：內外六事之大門、坑廁、灶座、香火、求財、催子、催財、形勢、樓、天井、黃泉訣等實用方法。其理氣法認為：「宅之坐山為福德宮，人各有所宜，東四命居東四宅，西四命居西四宅，是為得福元。如西而居東，東而居西方，雖或吉，不受福也。如東西之宅難改當於大門改之；如大門難改，當權其房之吉以位之；如房不可易，當移其床以就其吉」。其法簡潔，不必然拘泥於東西四命，是清朝以來流傳最久最廣的入門書。

為何《八宅明鏡》如此暢行？因為作者僅抄襲平實易學部分，讀來全不費工夫，不像《陽宅十書》《陽宅集成》的龐大內容難以消化，也相應了江湖術界「劣幣驅逐良幣」的現象。總之，讀者必須知道《八宅明鏡》僅是敘述「八宅法」與一些雜記，而非涵蓋「八宅法」全部體系，遑論「八宅法」理論其實與紫白飛星又有嵌結，學陽宅別被一本薄薄的《八宅明鏡》遮眼了。

陽宅學說比比皆是，各家均自稱獲有不傳之祕，其驗如銅山西崩，靈鐘東應(語出葬經)。康熙年間姚廷鑾纂輯《陽宅集成》內容豐富，於總論中提出看宅之法一十八則，書云：「看宅之法，須自遠至近，自外至內，自通宅自分房，然後局勢分明，而細微畢著。蓋作室不外二五(陰陽五行)，而二五不外圖書(河圖洛書)，圖書不外太極，故細加推測，由大勢而合觀其吉凶禍福，是所謂物物一太極也。其中陰陽五行之理，河圖洛書之蘊，生剋制化，神妙莫測，果能探厥為奧，自然徵驗如神。若使一登其堂，即取出羅盤一格，遽欲斷其隆替、定其消長，嗚能有準。夫身處屋內，則屋外之刑殺不知；僅觀一室，則統宅之災祥莫辨，即或談言微中，非詭譎以欺人，即竊聽而附會。噫！周官八宅之制度，五行生剋之元機，八卦九宮之變化，局宅層間弔替之精微，內外六事方位之得失，大小元運遞嬗之衰旺，年月吉凶神殺之加臨，可一觸而即會，其奧妙哉。余故將看宅之法，逐一挨其次序，共計一十八則……。」

其所述一十八則順序如下：龍法、局法、基形法、屋形法、用羅經法、向法、宅法、外六事法、層間法、遊年翻卦抽換法、貫井翻層法、截路分房法、年命分房法、內六事法、書房衙門店屋寺觀法、應犯病症法、年月吉凶星加臨法、起造修方宜忌法等。因為《陽宅集成》成書早於《八宅明鏡》，鑒於該書體系完整，理論齊全，且《八宅明鏡》甚多內容是抄襲整理自《陽宅集成》，所以本書化繁為簡，擷取精要，刪除不合時宜部分而整理。

一、《陽宅十書》論福元

《陽宅十書‧論福元第二》:「福元者何？即福德宮是也，古人隱秘此訣，謂之伏位。蓋厥初太極生兩儀，兩儀生四象，四象生八卦，故生人分東位西位，乃兩儀之說，分東四位，西四位乃四象之說，分乾、坎、艮、震、巽、離、坤、兌，乃八卦之說，是皆天地大道，造化自然之理，若福元一錯，則東四修西，西四修東，吉星反變為凶星，離外形內形俱吉，皆無用矣。關係最大，故論福元第二。」意思說，首先要知道年命，才知道宅主是東四命還是西四命？其次確定坐山(伏位)，以決定某卦起游年，區分吉星或凶星在某些方位。

《陽宅十書・福元》:「天地間，不過一陰陽、五行、曆法、易數、互相表裏者，曆法以一百八十年為一周天，第一甲子六十年為上元，第二甲子六十年為中元，第三甲子為六十年下元，此之謂三元，配以洛書、九宮、八卦一年屬一宮，洛書戴九履一，左三右七，二四為肩，六八為足，五獨居中，配合流年，一歲屬坎，二歲屬坤，依次震三，巽四，中五，乾六，兌七，艮八，離九，生人之年值何卦？此卦即是福德宮。而男中五則寄坤宮，女中五則寄艮宮。」這部分在第一章「元運與命卦計算」曾以排山掌說明。

《八宅明鏡》東四宅訣:「震巽坎離是一家，西四宅爻莫犯他，若還一氣修成象，子孫興旺定榮華」。西四宅訣:「乾坤艮兌四宅同，東四卦爻不可逢，誤將他象混一屋，人口傷亡禍必重」。由後天八卦五行可以分為兩個體系，一個是坎、離、震、巽，稱東四宅。一個是乾、坤、艮、兌，稱西四宅。坎是水，離是火，震巽是木。水生木，木生火，互相生助。乾兌是金，坤艮是土，土生金，互相生助。但是兩個體系中，東四宅離火剋西四宅乾兌金，西四宅乾兌金剋東四宅震巽木，東四宅震巽木剋西四宅坤艮土，西四宅坤艮土剋東四宅坎水。再由先天八卦圖可知乾坤艮兌是老少陰陽配合有成家之義。坎、離、震、巽是長中陰陽配合有成家之義。

至於東四命與西四命如何判斷，介紹下列兩種方法：

(一)、排山掌法

書曰:「上元甲子一宮連,中元起巽下兌間,上五中二下八女,男逆女順起根源。」必須特別說明的是,逢中宮男命為坤命,女命為艮命。將上面各句分開解釋:

「上元甲子一宮連」:就是上元出生的男子從坎宮逆數到自己的出生年,而上元是民國前 53 年至民國 12 年,例如民國 10 年辛酉年出生男子,從甲子(坎 1)、乙丑(離 9)、丙寅(艮 8)、丁卯(兌 7)、戊辰(乾 6)、己巳(中五 5)、庚午(巽 4)、辛未(震 3)、壬申(坤 2)、癸酉(坎 1)等。

「中元起巽下兌間」:這部分專講男子卦命。中元甲子年出生的男子,從巳巽 4 宮開始數起。下元甲子年出生的男子,從兌 7 宮數起。「上五中二下八女」:這部分專講女子卦命。上元甲子年出生的女子,從 5 中宮數起,中元甲子年出生的女子,從坤 2 宮數起。下元甲子年出生的女子,從艮 8 宮數起。「男逆女順起根源」,指男子要逆時針,女子則順時鐘起算。《八宅明鏡》一書完成時,並不知往後有民國成立,西元紀年也不普遍,因此這種計算方式實務上較少使用於計算命卦,唯基於忠誠交代學理,故仍闡述如上。

(二)、速算法

最簡捷的算法「將民國出生年份兩位數相加,再減九(或者是兩位數相加若大於 10,則將此和數的兩位數再次相加成個位數),所得餘數對照後天八卦數屬於何宮」,例如,民國 46 年出生男子或女子,4+6=10 1+0=1 。男命由兌逆時鐘起算兌是 1,所以男命是兌命,屬於西四命。而女命由艮起算,艮是 1,所以女命是艮，也是西四命。必須注意者，年份並非指國曆，而是以萬年曆之立春為準。

（三）、查表法（含納音五行）

也可以直接查下表，例如 1953 年生男命是坤，女命是巽。

西元	年份(納音五行)	男命卦	女命卦	西元	年份	男命卦	女命卦
1931	辛未(路旁土)	乾	離	1940	庚辰(白蠟金)	乾	離
1932	壬申(劍鋒金)	坤	坎	1941	辛巳(白蠟金)	坤	坎
1933	癸酉(劍鋒金)	巽	坤	1942	壬午(楊柳木)	巽	坤
1934	甲戌(山頭火)	震	震	1943	癸未(楊柳木)	震	震
1935	乙亥(山頭火)	坤	巽	1944	甲申(泉中水)	坤	巽
1936	丙子(澗下水)	坎	艮	1945	乙酉(泉中水)	坎	艮
1937	丁丑(澗下水)	離	乾	1946	丙戌(屋上土)	離	乾
1938	戊寅(城頭土)	艮	兌	1947	丁亥(屋上土)	艮	兌
1939	己卯(城頭土)	兌	艮	1948	戊子(霹靂火)	兌	艮

西元	年份(納音五行)	男命卦	女命卦	西元	年份	男命卦	女命卦
1949	己丑 (霹靂火)	乾	離	1960	庚子 (壁上土)	巽	坤
1950	庚寅 (松柏木)	坤	坎	1961	辛丑 (壁上土)	震	震
1951	辛卯 (松柏木)	巽	坤	1962	壬寅 (金箔金)	坤	巽
1952	壬辰 (長流水)	震	震	1963	癸卯 (金箔金)	坎	艮
1953	癸巳 (長流水)	坤	巽	1964	甲辰 (覆燈火)	離	乾
1954	甲午 (沙中金)	坎	艮	1965	乙巳 (覆燈火)	艮	兌
1955	乙未 (沙中金)	離	乾	1966	丙午 (天河水)	兌	艮
1956	丙申 (山下火)	艮	兌	1967	丁未 (天河水)	乾	離
1957	丁酉 (山下火)	兌	艮	1968	戊申 (大驛土)	坤	坎
1958	戊戌 (平地木)	乾	離	1969	己酉 (大驛土)	巽	坤
1959	己亥 (平地木)	坤	坎	1970	庚戌 (釵釧金)	震	震

西元	年份(納音五行)	男命卦	女命卦	西元	年份	男命卦	女命卦
1971	辛亥(釵釧金)	坤	巽	1982	壬戌(大海水)	離	乾
1972	壬子(桑拓木)	坎	艮	1983	癸亥(大海水)	艮	兌
1973	癸丑(桑拓木)	離	乾	1984	甲子(海中金)	兌	艮
1974	甲寅(大溪水)	艮	兌	1985	乙丑(海中金)	乾	離
1975	乙卯(大溪水)	兌	艮	1986	丙寅(爐中火)	坤	坎
1976	丙辰(沙中土)	乾	離	1987	丁卯(爐中火)	巽	坤
1977	丁巳(沙中土)	坤	坎	1988	戊辰(大林木)	震	震
1978	戊午(天上火)	巽	坤	1989	己巳(大林木)	坤	巽
1979	己未(天上火)	震	震	1990	庚午(路旁土)	坎	艮
1980	庚申(石榴木)	坤	巽	1991	辛未(路旁土)	離	乾
1981	辛酉(石榴木)	坎	艮	1992	壬申(劍峰金)	艮	兌

西元	年份(納音五行)	男命卦	女命卦	西元	年份	男命卦	女命卦
1993	癸酉(劍鋒金)	兌	艮	2004	甲申(泉中水)	坤	兌
1994	甲戌(山頭火)	乾	離	2005	乙酉(泉中水)	巽	艮
1995	乙亥(山頭火)	坤	坎	2006	丙戌(屋上土)	震	離
1996	丙子(澗下水)	巽	坤	2007	丁亥(屋上土)	坤	坎
1997	丁丑(澗下水)	震	震	2008	戊子(霹靂火)	坎	坤
1998	戊寅(城頭土)	坤	巽	2009	己丑(霹靂火)	離	震
1999	己卯(城頭土)	坎	艮	2010	庚寅(松柏木)	艮	巽
2000	庚辰(白蠟金)	離	乾	2011	辛卯(松柏木)	兌	艮
2001	辛巳(白蠟金)	艮	兌	2012	壬辰(長流水)	乾	乾
2002	壬午(楊柳木)	兌	艮	2013	癸巳(長流水)	坤	兌
2003	癸未(楊柳木)	乾	乾	2014	甲午(沙中金)	巽	艮

西元	年份(納音五行)	男命卦	女命卦	西元	年份	男命卦	女命卦
2015	乙未(沙中金)	震	離	2018	戊戌(平地木)	離	震
2016	丙申(山下火)	坤	坎	2019	己亥(平地木)	艮	巽
2017	丁酉(山下火)	坎	坤	2020	庚子(壁上土)	兌	艮

二、八宅法概說

八宅法一些內外局形煞(外六事、內六事)已經在第二章與第三章揭露，所以本章僅就八宅法理氣部分說明。王德薰《山水發微・陽宅精華》談到東四宅與西四宅的來源：西四宅的乾、兌、坤、艮的四卦屬於金與土，土生金，金比金，土比土都是生旺。而東四宅坎、離、震、巽的四卦也相同，水生木，木生火。但以這兩組比較則是相剋，例如離火剋乾兌金，乾兌金剋震巽木，震巽木剋坤艮土，坤艮土又剋坎水。因此八卦分成兩個體系。其次，坎、離、震、巽是少陽少陰所生，長男長女，中男中女，中長相配，而有成家之義。乾、坤、艮、兌是太陽太陰所生，老父老母，少男少女，老少配合，還是成家之義。

楊筠松：「震巽坎離(東四宅)是一家，西四宅爻莫犯它；若還一氣修成象，子孫興盛定榮華。」「乾坤艮兌(西四命)四宅同，東四卦爻不可違；誤將他卦裝一屋，人口傷亡禍必重。」這是指東四命不要住西四宅，反之西四命也不要住東四宅。然而一家人東四命西四命混雜都有，如何論吉凶？如何趨吉避凶？東四命住西四宅，可用「棄命就宅」，其次以年命起游年，或「物物一太極」，凡四吉星之位即適合各人使用。例如坎宅(東四宅)住進一位乾命(西四命)人，且房間位於兌卦方是禍害，雖然宅命不合，但以乾命而言，兌卦方是生氣，如此可自保平安。

王德薰《山水發微．陽宅精華》:「惟現代新式之公寓建築，一棟之內，聚居百數十戶。故應將公寓之總門，視若城門，仍各以自宅之門戶方向為準，但先賢論宅，皆以坐山為主，因有未合處，作者特為改正，以向為主，較之坐山論宅者，吉凶禍福尤為準確。」此與《八宅明鏡》以坐山起游年，互相矛盾，讀者何適何從？

這是因為建築形態之演變所致，凡獨門獨院或坐山明確可收「地氣兼天氣」，當以坐山起游年，故《山水發微》所論限於「現代新式之公寓建築」，而《八宅明鏡》又論「按宅墓外勢臨水臨街，更有九局焉；局之真正者，其力量自足以勝坐山也。」這裡的「臨水臨街」，就是優先適用「宅之坐山為福德宮」，「臨水臨街」就是明堂來路。換言之，對陽宅而言，如果明堂清楚，來路有氣，就是向。有向自然有坐山。因此《八宅明鏡》與《山水發微》在取坐向時理論並無矛盾。但如果「自宅之門戶」是進入社區後，還必須三彎兩拐才進得了自宅門戶，則妄圖以來路取「地氣」就是緣木求魚，因此樓上取最大採光面之「天氣」。

八宅法的學習途徑首先在熟記後天八卦與二十四山，某山屬於某卦之類。其次牢記變卦的順序，生氣貪狼木，五鬼廉貞火，延年武曲金，六煞文曲水，禍害祿存土，天醫巨門土，絕命破軍金，伏位輔弼木。算出宮位與飛星五行性後，如何決定文昌、社交、桃花、財位、妻財、養身等切身需求後，再進行生剋制化，趨吉避凶的佈置。

《八宅明鏡》凡例內容約是：

1、東四命(坎、離、震、巽)宜居東四宅，西四命(乾、坤、兌、艮)宜居西四宅。必須以羅經為準，不可草率錯誤，一般以坐山論，例如坐山是 80 度，即是東四宅。

2、查命之九宮須用排山掌，初學者一時不能意會，可查通書或圖表。本書排山掌列在第一章「陽宅基礎」，請讀者自行參閱。

3、凡東四命居西四宅不能遷徙者，亦可改門易灶即能轉禍為福。坐山已經確定，東四宅或西四宅就隨之確定，而與年命不相符者，退而求其次，「改門」將門改在四吉方。「易灶」廚灶壓凶向吉。

4、凡救貧求財者，細查生氣方向改換灶即可富厚。理論上固然如此，但是實務上不一定可行。

5、除疾病則將灶口或風爐口向本命之天醫方位，則病可不藥而速癒。

6、凡奇災異禍之人，查閱該書亦可趨吉避凶，轉禍為福(財運看武曲，科名看貪狼，養生看天醫)。

由箬冠道人所授與，胥江釣叟顧吾盧著作《八宅明鏡》序文說：「乾、坎、艮、震、巽、離、坤、兌，八宅分其吉凶，而屋有東四宅、西四宅，人有東四命、西四命。何謂東四宅？坎、震、巽、離是也！何謂西四宅？坤、乾、兌、艮是也。……東四命宜居東四宅，西四命宜居西四宅。」《八宅明鏡》在這裡所談的「游年法」是以坐山卦依序變上爻，變中爻，變下爻，再往上變中爻，變上爻，再往下變中爻，變下爻，再往上變中爻，共計變八次後，會回到原來的坐山卦。

《廖淵用通書》:「東四宅門不混西四宅，俱係水木相生，木火通明，盡合遊年上生氣、天醫、延年、三吉星。西四宅門不混東四宅，俱係土金，相生比和，宮星相生，宮星比和。試觀富貴之家，未有不合三吉而能發福者也。若東四宅混入西四宅，而西四宅混入東四宅，非木剋土即火剋金，金剋木。以遊年論，不是六煞、禍害，即是五鬼絕命，剋陰傷婦女，剋陽傷男人，無一家利者，不敗即絕。何為相混？東四宅門配西四宅主灶，西四宅門配東四宅主灶，即為相混，相混則凶。興廢年(指應驗的時期)，生氣輔弼亥卯未。延年絕命巳酉丑。天醫祿存並五鬼，吉凶俱應寅午戌。六煞不外申子辰。九星加處細排論。

《廖淵用通書・大遊年九星吉凶歌》:「伏位天醫無禍殃。延年生氣主吉祥。五鬼廉貞凶要見。定傷人口有災殃。六煞文曲壬癸水。見傷六畜有驚惶。絕命定傷人口共。禍害臨之定不良。此是九星災殃訣。後學廣覽細推詳。貪狼生氣加官祿。武曲延年壽命長。輔弼伏位萬事吉。巨門天醫財寶鄉。廉貞五鬼人多病。破軍絕命罹災殃。祿存禍害人共口。文曲六煞定不良。」

《八宅明鏡》相傳為唐朝堪輿師楊筠松所著，明清時再由箬冠道人重編，是一般人學習風水初步的教材。《八宅明鏡》受到質疑的是，將住宅與命卦區分為東四命與西四命，是否過於草率事實上八宅法只是一個初步進階而已，東四命與西四命的區分就像是太極生兩儀一般，緊接著還有四象、八卦、萬物由此而生。因此，八宅法的訓練是讓初學者將河圖、洛書、五行生剋制化、先後天八卦、九宮、變爻、六十甲子等融會貫通的基本訓練，將八宅法與其他方法配套使用，亦有可觀之處。

《廖淵用通書‧九星分房興敗歌》:「貪(狼)興長子。巨(門)興中(男)。武曲小房必定隆。文(曲)敗中房。祿(存)敗小(房)。破(軍)廉(貞)長子受貧刑。水一火二木三數。金四土五有常經。貪生五子巨三郎。武曲金星四子強。獨火廉貞兒兩個。輔弼只是半兒郎。文曲水星僅一子。破軍絕敗守孤孀。」以上是依據吉凶星性，分配決定應驗在六親與現象。

研究陽宅理氣，約略一段時間後會感覺陽宅理氣眾說紛紜，一時間很難定論，此時見山不是山，見水不像水；如果每派理氣逐一研讀，則時間、金錢、精力都是很大的考驗，而且莫衷一是，最後偃旗息鼓打道回府。談到陽宅理氣最膾炙人口的當屬箬冠道人編著《八宅明鏡》一書，八宅法不適用於陰宅，而勘驗陽宅雖然可以不用八宅法，但是八宅法卻是所有學習理氣的基礎，因此是無法省略的基本功。

三、 東四命與西四命的原理

在第一章〈陽宅基礎〉游年九星已經論述九星之種類，即「八宅明鏡」中所論述的：<u>生氣貪狼屬陽木</u>，<u>延年武曲屬陽金</u>，<u>天醫巨門屬陽土</u>，<u>伏位輔弼屬木</u>等四吉方位。<u>絕命破軍屬陰金</u>，<u>五鬼廉貞屬陰火</u>，<u>禍害祿存屬陰土</u>，<u>六煞文曲屬陰水</u>等四凶方位之大遊年九星。宮星生剋的理論可以探討各房間之佈置。例如：生氣貪狼木飛到坤宮，木剋土論凶，星剋宮。以佈置火形、火局通關洩木。

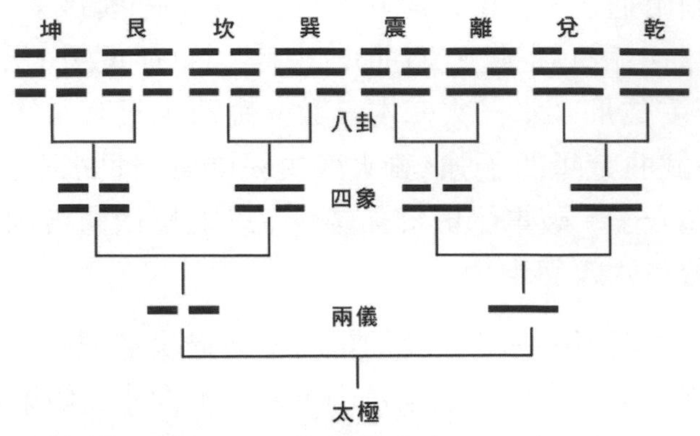

太極至八卦生成圖

依據上圖太極生成八卦的順序圖，東四命坎、離、震、巽是少陽與少陰所生成，即長男長女與中男中女位在上圖八卦中間位置。西四命乾、坤、兌、艮是太陽與太陰所生，老少配合而成家，分佈在上圖八卦頭尾兩端。由上圖可理解為坎、離、震、巽是東四宅，少陽少陰所生。乾、坤、艮、兌為西四宅，太陽太陰所生。

以九宮圖表示

東四宅 長女 巽	東四宅 中女 離	西四宅 老母 坤
東四宅 長男 震		西四宅 少女 兌
西四宅 少男 艮	東四宅 中男 坎	西四宅 老父 乾

《陽宅集成‧東西命本八卦分屬說》，解釋東四命與西四命的來源。

周子曰：『無極而太極』，則原太極之始，而盡太極之用，兩儀四象八卦，合言之，共一太極；分言之，各一太極也，所以八卦分佈八方，老陽老陰，三男三女，各相對待，遂謂天地定位，山澤通氣，為西四卦；雷風相薄，水火不相射，為東四卦。此理誠然，但原其始，不曰南北，而曰東西，東西者，分南北陰陽之界也。

北宋五子周敦頤說：「無極而太極」，指宇宙由混沌未明而開始進化，太極是宇宙運作的法則與動力。老陰是坤，老陽是乾，在太極生成八卦的順序中，乾(老父)/坤(老母)，兌(少女)/艮(少男)，離(中女)/坎(中男)，震(長男)/巽(長女)等，是相對應的順序。而先天八卦天地定位是南北，山澤通氣是東南與西北，因此老父、老母、少男、少女稱西四卦。雷風相搏是長男長女對應，水火不相射是中男中女對應。<u>不稱南北是避諱君王坐北朝南的規矩</u>。

蓋陽生於子中，未至卯，陽氣不足，既過卯，而陽氣有餘，惟卯得陽氣之正，東卦者，為陽氣得其平也。又陰生於午中，未至酉，陰氣不足，既過酉，陰氣有餘，惟酉得陰氣之正，西卦者，謂陰氣得其平也。

子、寅、辰、午、申、戌為陽地支，以「子」為起頭，在卯之前陰大於陽，過了卯時、卯月則陽氣過剩，<u>卯為正東，東卦陽氣由卯代表</u>。陰氣由「午」開始，到<u>「酉」以後陰氣才旺盛，西卦以酉為代表</u>。總之，卯酉代表陽氣與陰氣剛剛好。「得其平」，最具陰陽之代表性。

> 各自四象分太陽、太陰、少陽、少陰，而乾乃以秉太陽之純陽，往交坤之秉太陰之純陰，艮乃以太陰中之一陽，往交兌之太陽中之一陰，而為西四卦。

四象分為太陽、太陰、少陽、少陰。以老父太陽純陽交往老母太陰純陰為同命卦，又以「艮」少男之一陽，對應「兌」少女之一陰為同命卦，俱為陰陽相對，取其相對性，合為西四命。

> 坎乃以少陽中之一陽，往交離之少陰中之一陰，震乃以少陰中之一陽，往交巽之少陽中之一陰，而為東四卦。

坎卦中男僅中爻為陽爻，離卦中女僅中爻為陰爻；震卦長男僅下爻為陽爻，巽卦長女僅下爻為陰爻；基於這種關聯性與互補性，所以坎、離、震、巽為東四卦。

> 然則先天闡陰陽之義，後天盡陰陽之用，相與摩盪，蘊奧無窮，乃卦分東西，兩儀之義乎，東西各四卦，四象之義乎。

先天八卦重在闡述自然界形象，後天八卦重在陰陽五行如何利用。所以經由「剛柔相摩，八卦相盪；鼓之以雷霆，潤之以風雨。」號稱「蘊奧無窮」，套用「太極生兩儀」的概念，四象八卦簡約成東四命與西四命。

> 不知一分而兩，二分而四，四分而八，不過原太極之始，而序其次，而太極之體，無物不具，一兩四八之用也。故當其東西未分之前，八卦共一太極，東西既分之後，東不犯西，西不犯東，八卦各一太極，是曰：「無極而太極」。

《道德經》：「道生一，一生二，二生三，三生萬物。」就是說明宇宙由太極開始循序進化運行，雖然包羅萬象，不外是「一兩四八之用」，即是太極生兩儀，兩儀生四象，四象生八卦。既然井然有序，故東四命住東四宅，西四命住西四宅，各不相犯。「無極而太極」，萬物生於有，有生於無。

（一）、四吉星與四凶星

《八宅明鏡》提出星煞吉凶，其中右弼五行性不定，所以吉凶也不定。

1、四吉星有生氣、延年、天醫、伏位

生氣貪狼星屬木上吉　　延年武曲星屬金上吉
天醫巨門星屬土中吉　　伏位左輔星屬木小吉

2、四凶星有絕命、五鬼、禍害、六煞

絕命破軍星屬金大凶　　五鬼廉貞星屬火大凶
禍害祿存星屬土次凶　　六煞文曲星屬水次凶

3、吉凶四星的應驗期

生氣輔弼亥卯未(三合木)　　延年絕命巳酉丑(三合金)
天醫祿存四土宮(辰戌丑未)
五鬼凶年寅午戌(三合火)　　六煞應在申子辰(三水)
震巽坎離為東四　　坤乾艮兌西四位

《八宅明鏡》卷上〈遊年歌〉將八宅各宮位與星的關係作出口訣如上，以表格較易理解作於下。

以測量的坐山套入表格縱坐標，例如坐山 358 度屬於坎山，再以橫坐標查每個宮位的四吉星與四凶星。

坐山 卦位	乾	坎	艮	震	巽	離	坤	兌
乾	乾	坎	艮	震	巽	離	坤	兌
	伏位 (輔)	六 (煞)	天 (醫)	五 (鬼)	禍 (害)	絕 (命)	延 (年)	生 (氣)
坎	坎	艮	震	巽	離	坤	兌	乾
	伏位 (輔)	五 (鬼)	天 (醫)	生 (氣)	延 (年)	絕 (命)	禍 (害)	六 (煞)
艮	艮	震	巽	離	坤	兌	乾	坎
	伏位 (輔)	六 (煞)	絕 (命)	禍 (害)	生 (氣)	延 (年)	天 (醫)	五 (鬼)
震	震	巽	離	坤	兌	乾	坎	艮
	伏位 (輔)	(延) 年	(生) 氣	(禍) 害	(絕) 命	(五) 鬼	(天) 醫	(六) 煞
巽	巽	離	坤	兌	乾	坎	艮	震
	伏位 (輔)	(天) 醫	(五) 鬼	(六) 煞	(禍) 害	(生) 氣	(絕) 命	(延) 年
離	離	坤	兌	乾	坎	艮	震	巽
	伏位 (輔)	(六) 煞	(五) 鬼	(絕) 命	(延) 年	(禍) 害	(生) 氣	(天) 醫
坤	坤	兌	乾	坎	艮	震	巽	離
	伏位 (輔)	(天) 醫	(延) 年	(絕) 命	(生) 氣	(禍) 害	(五) 鬼	(六) 煞
兌	兌	乾	坎	艮	震	巽	離	坤
	伏位 (輔)	(生) 氣	(禍) 害	(延) 年	(絕) 命	(六) 煞	(五) 鬼	(天) 醫

在《八宅明鏡》中列有「游年歌」口訣：
乾卦：「坎艮震巽離坤兌」，對應「六天五禍絕延生」。
坎卦：「艮震巽離坤兌乾」，對應「五天生延絕禍六」。
艮卦：「震巽離坤兌乾坎」，對應「六絕禍生延天五」。
震卦：「巽離坤兌乾坎艮」，對應「延生禍絕五天六」。
巽卦：「離坤兌乾坎艮震」，對應「天五六禍生絕延」。
離卦：「坤兌乾坎艮震巽」，對應「六五絕延禍生天」。
坤卦：「兌乾坎艮震巽離」，對應「天延絕生禍五六」。
兌卦：「乾坎艮震巽離坤」，對應「生禍延絕六五天」。

由於《八宅明鏡》的原文是「乾、坎、艮、震、巽、離、坤、兌」的順序，是後天八卦由乾宮順時鐘所起。所以由第一句「乾(輔弼)、六(煞)、天(醫)、五(鬼)、禍(害)、絕(命)、延(年)、生(氣)」所言，意指「乾」就是坐山伏位，因為每一宮的坐山就是伏位，所以第二行一律不重覆列出坐山，僅寫出何宮位，然後依照順序「六煞」(坎)→「天醫」(艮)→「五鬼」(震)→「禍害」(巽)→「絕命」(離)→「延年」(坤)→「生氣」(兌)等，上表以表格解釋便於查閱。因此，遊年歌可以讓人輕易整理出八宅中「宮」與「星」的關係，以便進一步分析各種宅運。讀者知道這種邏輯即可，無須死背，因為現在的羅盤大都有暗記。這種關係可以用圖表對照方式說明如下，讀者依序翻卦，即是逢陽爻變陰爻，逢陰爻變陽爻。即形成另一卦。將各卦變化整理如下：

(二)、八宅游年變化列表說明

1、東四坎宅游年變化

九星	游年	變爻	變	說明
貪狼	生氣	上爻	巽	坎卦一變為巽。坎巽皆為少陽所生。先天之合。故為生氣。第一吉星。
廉貞	五鬼	中爻	艮	二變為艮。坎水。艮土。土剋水。以陽剋陽。故為五鬼。第二凶星。
武曲	延年	下爻	離	三變為離。坎離卦體。奇偶相對。後天之合。故為延年。第三吉星。
文曲	六煞	中爻	乾	四變為乾。乾三畫皆陽。坎得乾之中畫屬陽。陽性主剛。剛與剛遇。故為六煞。第三凶星。
祿存	禍害	上爻	兌	五變為兌。兌居酉。坎居子。子酉相破。故為禍害。第四凶星。
巨門	天醫	中爻	震	六變為震。坎水。震木。水生木。五行之合。故為天醫。第二吉星。
破軍	絕命	下爻	坤	七變為坤。坤土。坎水。土剋水。故為絕命。第一凶星。
輔弼	伏位	中爻	坎	八變為坎。歸元卦。故為伏位。第四吉星。

坎宮：伏位壬、子、癸三山

巽宮 生氣 貪狼木大吉 宮星比和	離宮 延年 武曲金大吉 宮剋星	坤宮 絕命 破軍金大凶 宮生星 以火調和
震宮 天醫 巨門土次吉 宮剋星 以火通關	坎 王子癸三山	兌宮 禍害 祿存土小凶 星生宮
艮宮 五鬼 廉貞火大凶 星生宮 以水調和	坎宮 伏位 輔弼小吉 坎	乾宮 六煞 文曲水次凶 宮生星 以木調和

2、東四離宅游年變化

九星	游年	卦	變	說明
貪狼	生氣	上爻	震	離卦一變為震。離震皆為少陰所生。先天之合。故為生氣。第一吉星。
廉貞	五鬼	中爻	兌	二變為兌。兌金。離火。火剋金。故為五鬼。第二凶星。
武曲	延年	下爻	坎	三變為坎。坎離卦體。奇偶相對。後天之合。故為延年。第三吉星。
文曲	六煞	中爻	坤	四變為坤。坤即申屬火。離火。火剋金。故為六煞。第三凶星。
祿存	禍害	上爻	艮	五變為艮。艮即丑。離即午。丑午六害。。故為禍害。第四凶星。
巨門	天醫	中爻	巽	六變為巽。巽木離火。木生火。五行之合。故為天醫。第二吉星。
破軍	絕命	下爻	乾	七變為乾。乾金。離火。火剋金。故為絕命。第一凶星。
輔弼	伏位	中爻	離	八變為離。歸元卦。故為伏位。第四吉星。

離宮：伏位丙、午、丁三山

巽宮 天醫 巨門土小凶 宮剋星 以水調停	離宮 伏位 輔弼 小吉	坤宮 六煞 文曲水次凶 宮剋星 以火調停
震宮 生氣 貪狼木大吉 宮星比和 水火皆宜	離 丙午丁三山	兌宮 五鬼 廉貞火大凶 星剋宮 以土通關
艮宮 禍害 祿存土次凶 宮星比和 以金調和	坎宮 延年 武曲金次吉 星生宮 以木調和	乾宮 絕命 破軍金大凶 宮星比和 以土調和

3、東四震宅游年變化

九星	游年	卦	變	說明
貪狼	生氣	上爻	離	震卦一變為離。離震為少陰所生。先天之合。故為生氣。第一吉星。
廉貞	五鬼	中爻	乾	二變為乾。乾金。震木。金剋木。以陽剋陽故為五鬼。第二凶星。
武曲	延年	下爻	巽	三變為巽。震巽卦體。奇偶相對。後天之合。故為延年。第三吉星。
文曲	六煞	中爻	艮	四變為艮。艮土。震木。木剋土。故為六煞。第三凶星。
祿存	禍害	上爻	坤	五變為坤。震木。坤西南申位。申金剋木。故為禍害。第四凶星。
巨門	天醫	中爻	坎	六變為坎。震木。坎水。水生木。五行之合。故為天醫。第二吉星。
破軍	絕命	下爻	兌	七變為兌。震木。兌金。金剋木。故為絕命。第一凶星。
輔弼	伏位	中爻	震	八變為震。歸元卦。故為伏位。第四吉星。

震宮：伏位甲、卯、乙三山

巽宮 延年 武曲金大吉 星剋宮 以水通關	離宮 生氣 貪狼木大吉 星生宮 水土調和	坤宮 禍害 祿存土小凶 宮星比和 以金洩土
震宮 伏位 輔弼 小吉	震 甲卯乙三山	兌宮 絕命 破軍金大凶 宮星比和 以水洩星
艮宮 六煞 文曲水次凶 宮剋星 以土制煞	坎宮 天醫 巨門土小吉 星剋宮 以金通關	乾宮 五鬼 廉貞火大凶 星剋宮 以土通關

4、東四巽宅游年變化

九星	游年	卦	變	說明
貪狼	生氣	上爻	坎	巽卦一變為坎。巽坎皆為少陽所生。先天之合。故為生氣。第一吉星。
廉貞	五鬼	中爻	坤	二變為坤。巽木。坤土。坤又係申位。申金。金剋木。故為五鬼。第二凶星。
武曲	延年	下爻	震	三變為震。巽震卦體。奇偶相對。後天之合。故為延年。第三吉星。
文曲	六煞	中爻	兌	四變為兌。巽木。兌金。金剋木。以陰剋陰。故六煞。第三凶星。
祿存	禍害	上爻	乾	五變為乾。巽木。乾金。金剋木。又對宮沖剋。故為禍害。第四凶星。
巨門	天醫	中爻	離	六變為離。巽木。離火。木生火。五行之合。故為天醫。第二吉星。
破軍	絕命	下爻	艮	七變為艮。巽木。艮土。木剋土。故為絕命。第一凶星。
輔弼	伏位	中爻	巽	八變為巽。歸元卦。故為伏位。第四吉星。

巽宮：伏位辰、巽、巳三山

巽宮 伏位 輔弼 小吉	離宮 天醫 離 次吉	坤宮 五鬼 廉貞火大凶 星生宮 以金水調和
震宮 延年 武曲金大吉 星剋宮 以水通關	巽 辰巽巳三山	兌宮 六煞 文曲水次凶 宮生星 以土調和
艮宮 絕命 破軍金大凶 宮生星 以火調和	坎宮 生氣 貪狼木大吉 宮生星 以水木調和	乾宮 禍害 祿存土次凶 星生宮 水木皆宜

5、西四乾宅 游年變化

九星	游年	卦	變	說明
貪狼	生氣	上爻	兌	乾變為兌，乾兌太陽所生，先天之合，生氣。第一吉星主文昌、人際、官運事業。
廉貞	五鬼	中爻	震	二變為震。震木。乾金。金剋木。以陽剋陽。故為五鬼。第二凶星。
武曲	延年	下爻	坤	三變為坤，乾坤卦奇偶相對，後天之合，故為延年。第二吉星，管妻財財運、桃花。
文曲	六煞	中爻	坎	四變為坎。乾金。坎水。金寒水冷。故為六煞。第三凶星。
祿存	禍害	上爻	巽	五變為巽。巽木乾金。金剋木。故為禍害。第四凶星。
巨門	天醫	中爻	艮	六變為艮，艮土，乾金。土生金，五行之合，故為天醫。第三吉星，健身却病調養。
破軍	絕命	下爻	離	七變為離。離火。乾金。火剋金。故為絕命。第一凶星。
輔弼	伏位	中爻	乾	八變為乾。歸元卦。故為伏位。第四吉星管財方，平安。

乾宮：伏位戌、乾、亥三山

巽宮 禍害 祿存土次凶 宮剋星 以火通關	離宮 絕命 破軍金大凶 宮剋星 以土通關	坤宮 延年 武曲金大吉 宮生星
震宮 五鬼 廉貞火大凶 宮生星洩氣 以水調和	乾 戌乾亥三山	兌宮 生氣 貪狼木大吉 宮剋星 以水通關
艮宮 天醫 巨門土次吉 宮星比合 以金調和	坎宮 六煞 文曲水次凶 星宮比和 以木調和	乾宮 伏位 輔弼 小吉

6、西四坤宅游年變化

九星	游年	卦	變	說明
貪狼	生氣	上爻	艮	坤卦一變為艮。坤艮皆為太陰所生。先天之合。故為生氣。第一吉星。
廉貞	五鬼	中爻	巽	二變為巽。坤土。巽木。木剋土。以陰剋陰。故為五鬼。第二凶星。
武曲	延年	下爻	乾	三變為乾。坤乾卦體。奇偶相對。後天之合。故為延年。第三吉星。
文曲	六煞	中爻	離	四變為離。坤三爻皆陰。離得坤之中爻陰見陰。主刑煞。故為六煞。第三凶星。
祿存	禍害	上爻	震	五變為震。坤土震木。木剋土。故為禍害。第四凶星。
巨門	天醫	中爻	兌	六變為兌。坤土。兌金。土生金。五行之合。故為天醫。第二吉星。
破軍	絕命	下爻	坎	七變為坎。坤土。坎水。土剋水。故為絕命。第一凶星。
輔弼	伏位	中爻	坤	八變為坤。歸元卦。故為伏位。 第四吉星。

坤宮：伏位未、坤、申三山

巽宮 五鬼 廉貞火大凶 宮生星 以水調和	離宮 六煞 文曲水小凶 星剋宮 以木通關	坤宮 伏位 輔弼 小吉
震宮 禍害 祿存土小凶 宮剋星 以木水調和	坤 未坤申三山	兌宮 天醫 巨門土小凶 星生宮 以金水調和
艮宮 生氣 貪狼木大吉 星剋宮 以火通關	坎宮 絕命 破軍金大凶 星生宮 以水木調和	乾宮 延年 武曲金次吉 宮星比和 以水調和

7、西四艮宅游年變化

九星	游年	卦	變	說明
貪狼	生氣	上爻	坤	艮卦一變為坤。坤艮皆為太陰所生。先天之合。故為生氣。第一吉星。
廉貞	五鬼	中爻	坎	二變為坎。坎水。艮土。土剋水。以陽剋陽。故為五鬼。第二凶星。
武曲	延年	下爻	兌	三變為兌。艮兌卦體。奇偶相對。後天之合。故為延年。第三吉星。
文曲	六煞	中爻	震	四變為震。艮土。震木。木剋土。故為六煞。第三凶星。
祿存	禍害	上爻	離	五變為離。離在午宮。艮在丑宮。丑午為六害。故為禍害。第四凶星。
巨門	天醫	中爻	乾	六變為乾。乾金艮土。土生金。五行之合。故為天醫。第二吉星。
破軍	絕命	下爻	巽	七變為巽。巽木。艮土。木剋土。故為絕命。第一凶星。
輔弼	伏位	中爻	艮	八變為艮。歸元卦。故為伏位。第四吉星。

艮宮：伏位丑、艮、寅三山

巽宮 絕命 破軍金大凶 星剋宮 以水通關	離宮 禍害 祿存土小凶 宮生星 以木扶持	坤宮 生氣 貪狼木大吉 星剋宮 以火通關
震宮 六煞 文曲水次凶 星生宮 化煞為用	艮 丑艮寅三山	兌宮 延年 武曲金大吉 星宮比和
艮宮 伏位 輔弼 小吉	坎宮 五鬼 廉貞火大凶 宮剋星 以水調和	乾宮 天醫 巨門土次吉 星生宮 水火調和

8、西四兌宅游年變化

九星	游年	卦	變	說明
貪狼	生氣	上爻	乾	兌卦一變為乾。乾兌皆為太陽所生。先天之合。故為生氣。第一吉星。
廉貞	五鬼	中爻	離	二變為離。離火。兌金。火剋金。以陰剋陰。故為五鬼。第二凶星。
武曲	延年	下爻	艮	三變為艮。兌艮卦體。奇偶相對。後天之合。故為延年。第三吉星。
文曲	六煞	中爻	巽	四變為巽。巽木。兌金。金剋木。故為六煞。第三凶星。
祿存	禍害	上爻	坎	五變為坎。坎在子宮。兌在酉宮。子酉相破。故為禍害。第四凶星。
巨門	天醫	中爻	坤	六變為坤。坤土。兌金。土生金。五行之合。故為天醫。第二吉星。
破軍	絕命	下爻	震	七變為震。震木。兌金。金剋木。故為絕命。第一凶星。
輔弼	伏位	中爻	兌	八變為兌。歸元卦。故為伏位。第四吉星。

兌宮：伏位，庚酉辛三山

巽宮 六煞 文曲水次凶 星生宮 以木調和	離宮 五鬼 廉貞火大凶 星宮比和	坤宮 天醫 巨門土次吉 星宮比和 以金火調和
震宮 絕命 破軍金大凶 星剋宮 以水通關	兌 庚酉辛三山	兌宮 伏位 輔弼 小吉
艮宮 延年金 武曲星次吉 宮生星 以土調和	坎宮 禍害 祿存土次凶 星剋宮 用金通關	乾宮 生氣 貪狼木大吉 宮剋星 以水通關

以上八宅俱以表列方式鋪陳，讀者可直接核對勘驗的陽宅，定有所得。星來剋宮，來自於外在剋煞。宮去剋星，來自於內部因素。煞星可洩可制不可生，吉星可洩可生可扶。宮屬靜態內在，星屬動態外在。以卦位六親陰陽論相應之人。吉星生宮，吉星比和，雖吉但佈局宜有生有洩，一氣相通。

（三）、王肯堂論八宅等星吉凶原理

> 自太極分陰陽，陽之中有陰有陽，所謂太陽、少陰也；陰之中有陽有陰，所謂太陰、少陽也。太陽之中，陽乾陰兌；少陰之中，陽震陰離；少陽之中，陽坎陰巽；太陰之中，陽艮陰坤；所謂先天八卦也。

依據太極生成八卦圖，太陽有乾、兌。少陰有離、震。少陽有巽、坎。太陰有艮、坤。乾/兌，離/震，巽/坎，艮/坤都是一陰一陽的相對應。

> 乾父坤母，震長男，巽長女，坎中男，離中女，艮少男，兌少女；所謂後天八卦也。

以後天八卦區分：乾為父/兌少女，艮少男/坤為母為西四命。巽長女/震長男，坎中男/離中女為東四命。

> 陽道主變，其數以進為極，故乾父得九，震長男得八，坎中男得七，艮少男得六。陰道主化，其數以退為極，故坤母得一，巽長女得二，離中女得三，兌少女得四；此河圖洛書自然之數，而不離於五者也。

陽屬積極進取，數字向前進九最大。陽卦有男性的老父、長男、中男、少男；依據長幼順序乾九、震八、坎七、艮六排列。

陰屬收斂，取坤母為一；陰卦有女性的老母、長女、中女、少女；依據長幼順序坤一、巽二、離三、兌四排列。河圖洛書「不離於五者」，指合五、合十、合十五就是吉星所生之數。

> **故先天之合為生氣焉，後天之合為延年焉，五數之合為天醫焉。乾九合艮六，坎七合震八，坤一合兌四，巽二合離三。陽得十五而陰得五，故曰五數之合也，其不合者，皆凶矣。**

1、「先天之合為生氣」，例如：以坤卦為坐山起游年，則艮宮是生氣，因為坤先天位數為一，艮先天數為六，一六是河圖先天之合為生氣；所以離與震互為生氣，乾與兌互為生氣。

2、「後天之合為延年」，借用洛書數(後天)對宮合十的性質解釋，其實還是在先天八卦打轉。坤卦一與乾卦九為延年，兌卦四與艮卦六為延年，坎卦七與離卦三為延年，震卦八與巽卦二為延年。

3、「五數之合為天醫」，「五數之合」指五、十、十五。乾九合艮六，以乾卦坐山起游年則艮宮是天醫方。以艮卦坐山起游年則乾宮是天醫方。其餘仿此，不合就是凶星位置。

> **乾與離，兌與震，坤與坎，艮與巽，皆以陰而剋陽，凶莫甚矣，故為絕命也。**

乾金為陽金，離火為陰火，以乾卦為坐山起游年，則離宮是絕命，以陰火剋陽金，以下犯上大凶，又乾為九，離為三，合不到五。再以兌卦為坐山起游年，則震宮是絕命，以陰金剋陽木，以下犯上大凶。其餘仿此。

> 乾與震，巽與坤，坎與艮，兌與離，皆陽剋陽，陰剋陰，其凶次之，故為五鬼也。

乾為陽金，震為陽木，以乾卦為坐山起游年，則震宮是五鬼，以陽金剋陽木，乾為九，震為八，合不到五。其餘仿此。

> 乾與坎，艮與震，巽與兌，坤與離，皆六親相刑，故為六煞也。

乾九坎七，艮六震八，坎七艮六，坤一離三，相加後均未合到五、十、十五或先後天之合。六親相刑，指男女同性相斥。

> 乾與巽，坎與兌，艮與離，坤與震，金木土相剋，而子酉丑午相破，故為禍害也。總之，合皆比而生吉，不合者相剋而生凶，此東四、西四八宅之所以判，而各星分配之所以殊也。

乾九巽二，坎七兌四，艮六離三，坤一震八，相加後均未合到五、十、十五稱為禍害，也無先後天之合。大約就是合不到、相剋論凶，又以陰剋陽最凶。利用這些易學原理決定吉凶。

（四）、福元與宅舍大門

八宅法以坐山為主，先算出年命屬於東四命或西四命，然後西四命的宅舍大門，應該安在自己的吉方乾、坤、艮、兌。東四命的宅舍大門，應該安在自己的吉方坎、離、震、巽。

1、東西四宅配合之義

乾兌是太陽。離震是少陰。巽坎是少陽。艮坤是太陰。坎、離、震、巽之所以為東四宅，是少陽與少陰所搭配成家。震長男與巽長女，一為少陰一為少陽；坎中男與離中女，一為少陽一為少陰。乾、坤、兌、艮之所以為西四宅，是太陽與太陰所搭配成家。乾為老父，坤為老母，一為太陽一為太陰；兌為少女，艮為少男，也還是一為太陽一為太陰。這種搭配附和了〈繫辭傳〉:「一陰一陽之謂道」。

宅之坐山為福德宮，人各有所宜。東四命居東四宅，是為得福元。如西(命)而居東(宅)，東(命)而居西(宅)方雖或吉，不受福也。如東西之宅難改(坐山是很難變動的)，當於大門改之(將大門改到宅山的生氣、天醫、延年卦位)。如大門難改(或大門已經在吉卦)，當權其房之吉以位之(年命與宅卦不合者，就將自己的房間遷就到宅卦的生氣、天醫、延年、伏位等卦位)。如房不可易，當移其床以就其吉(如果房間不能移動，就將房間內劃分九宮，再找吉方擺設床位)。則雖無力貧家，亦可邀福也。

「宅之坐山為福德宮，人各有所宜，東四命居東四宅，西四命居西四宅，是謂得福元。如西而居東，東而居西，雖得吉，不受也」。八宅法將房屋分為東四宅與西四宅，東四命人（坎、離、震、巽）適合住東四宅，西四命（乾、坤、艮、兌）人適合住西四宅。假如坎宅住進一位西四命的人，應將大門開在東四宅的吉方，離卦方或巽卦方(棄命就宅，犧牲小我)；如果改門牽涉工程經費浩大，西四命的人就將自己房間的位置放在坎宅吉方卦位，如果改房間還是有困難，就直接在房間內畫出九宮，以一物一太極找吉方擺設床位。

坐山坎、離、震、巽屬東四宅。坐山乾、坤、艮、兌屬西四宅。而羅盤將 360 度劃分為 24 山，每山是 15 度。列表如下：

東四命				西四命			
宅山卦	度數	五行	一卦三山	宅山卦	度數	五行	一卦三山
坎	337.5 至 22.5 度	水	王、子、癸	乾	292.5 度至 337.5 度	金	戍、乾、亥
離	157.5 度至 202.5 度	火	丙、午、丁	坤	202.5 度至 247.5 度	土	未、坤、申
震	67.5 度至 112.5 度	木	甲、卯、乙	艮	22.5 度至 67.5 度	土	丑、艮、寅
巽	112.5 度至 157.5 度	木	辰、巽、巳	兌	247.5 度至 292.5 度	金	庚、酉、辛

由上表可知，東四命是水生木，木生火，取木火通明五行相生之意。而西四宅則是土生金，也是五行相生之意。

《八宅明鏡》提到宅之坐山(伏位)為福德宮。宅舍大門固然應安於本命之四吉方，東四命就住東四宅，西四命就住西四宅，視為得到福元，得到福元就是邀福有源。如果「東西之宅難改，當於大門改之」，因為房屋整體坐向是很難更改的，因此變通之道在改門。例如建築物是坤山艮向屬於西四宅，大門在震卦是禍害，不利住東四命人，而且大門禍害對西四命人也不利。可以將大門改到艮卦開中門生氣，對東四宅人而言還是西四宅，但此西四宅大門在生氣，對東四宅之人足以「棄命就宅」而沾到福氣，也是可以居住的。

其次，何謂「如大門難改，當權其房之吉以位之」，指大門難改就將主要房間調整到命卦的吉方。房間還是不能改，就移床位到命卦的吉方。例如坎宅以伏位當主臥室，床頭在坎方，開巽門得生氣；開離門得延年，開震門得天醫。

《安宅定論》云：「大門宜安在本命之四吉方，不可安於本命之四凶方，又須合來龍坐山之吉方以開之，又須迎來水之吉處以立門，則得福全矣！屋有坐有向，命有東有西，若論山向而不論命者，大凶，論命而不論山向者，小凶，合命又合山向者，永福。如乾山巽向乃西四宅也，大門宜在坤、兌、艮方，以配乾之西四坐山，而床、香火、後門、店鋪、商庫，亦宜安山之西四吉方，此宅惟乾、坤、艮、兌西四命人，居之吉，東四命凶。」若灶作、坑廁、碓磨，則宜安西四宅之凶方，以壓其凶，而灶之火門，又宜向四吉方，煙道宜出四凶方，以熏凶神。但此宅惟乾、坤、艮、兌西四宅命居之吉，若坎、離、震、巽東四宅命居之則凶矣。

如果沒有適合的門向如何處理？可用「天機木星法」，吳明修大師《陽宅真義》有論述。

> 建宅安門，取八宅之法，以論吉凶，固是一訣矣，然亦有拘於八宅方位。其中門與左右門，俱無從出之方。例如乾宅則中開巽門，左開震門，右開離門，俱是東四卦，與乾宅西四卦不相配合，此豈可俱以凶門論之乎。處此當有權法。或用天機十字木星以定之。如乾宅宜正開巽門，而不可左右兼辰巳。又震宅宜正開兌(酉)門，而不可左右兼庚辛。則俱得紫炁木星以臨門。雖不合八宅法，一猶合天機法。

如果中門與左右龍虎方，理氣不合或理氣合而形煞當門，都不適合開門時，可以天機木星法開中門，因為坐山與向方必然合十，但必須在正對卦內，而不可兼左兼右。意思是坎山只能取午向，不可將門開在丙、丁向。艮山只能取坤向，不能用未、申向。其餘仿此。

八宅法有些不合用的情形，例如房間面積小而床的面積超過一半，四吉四凶縱橫交錯就無法論斷，必須改弦易轍，例如取床窗、床門等、淨陰淨陽的理氣法(請參閱拙作將來《陽宅進階三十天快譯通》)。又《八宅明鏡》是明清時代的作品，當然沒有考慮到現代建築的複雜型態，例如現代的瓦斯爐並沒有「火門」，大樓的化糞池是集中式，電梯、影印機、變電箱等屬於吉或凶的範圍等，都處在人云亦云的情況。

(五)、通天照水經遙鞭斷宅歌

《八宅明鏡・通天照水經遙鞭斷宅歌》

鬼入雷門傷長子，五鬼者廉貞火也，震為雷應長男；此言乾方大門正東，震方起造高房屋，主有凶。此以大門方位為主(門上起游年與八宅法的坐山起游年在此不同)，而論房高之方，如乾門使用大游年歌，乾六天五禍絕延生，順輪至五鬼，以乾金剋震木，而傷長子。如震方安床亦忌，蓋乾是西四宅之門，與正東四宅之命不合，故不論何命人居之皆凶。嚐見乾命人灶口向震，亦傷長子，配震妻(東西不同命)有子難招。又造震方房，期月而長子死。又乾命女，男用震方來路，亦有此凶。乾命分房，亦不可犯，以及塋元之方皆同，餘可類推。

1、《八宅明鏡》解釋:「鬼入雷門傷長子」,指震方起造高大房屋,大門在乾方起游年,金剋震木,長子震為雷受傷。乾為坐山,「鬼」是五鬼廉貞火,飛到震宮,火剋金,這是以大門與震方起造高屋。若以乾門起游年,主房飛進之廉貞火剋大門之乾金,是「陽宅三要」門、主、灶的關係。

2、又「嘗見乾命人灶口向震,亦傷長子」,因為乾是西四命,灶口要向坤、兌、乾、艮四吉方,向震是凶方。乾命人,不宜震方來路、開門等金剋木的情形,含陰宅(塋元)同理。在這裡要討論的是「乾命人灶口向震,亦傷長子,配震妻(東西不同命)有子難招」,並未交代是東四宅還是西四宅,以原文本意應該是西四宅,否則西四命居東四宅本就論凶,舉為例證,不夠驚悚。

火見天門傷老翁

震山兌向,五鬼廉貞火飛入天門(乾宮),離火大門剋制乾宮方位的床與房,流年八艮入中宮時,絕命九離飛到乾宮,乾為老父,首當其衝。這是用八宅法與紫白飛星併論。

離侵西兌翁傷女

離山坎向,離火剋制屬金的兌宮,五鬼廉貞火飛到兌宮;兌是少女,所以傷到少女。

巽入坤位母離翁

巽山乾向,五鬼廉貞火在坤;巽長女屬木,巽木剋制坤土,五鬼廉貞陰火飛到坤宮生陰土,陰生陰老母不受用,母親受剋離開老父。

兌妨震巽長兒女

兌方大門屬金，兌金剋震巽木，震為長男，巽宮六煞，震宮絕命巽為長女，都是木，兌門起游年飛到震宮是絕命，飛到巽宮是六煞。但因為生命力較強與坤土受到剋制的嚴重性不同。

艮離陰婦攬家風

艮方大門屬土，而離方房屋高大，祿存土飛到離方是禍害，離方屬中女有禍。

坎艮小口多疾病

坎門被艮宮土所剋，坎門起游年到艮宮是廉貞五鬼火，火生土，艮宮剋坎水更凶。

坤坎中男命早終

坤門土剋坎宮水，從坤上起游年，到坎位是絕命破軍金，被剋的坎水是中男，壽命堪憂。

以上是先以大門和主房位置以正五行核對生剋關係(也可用坐山論)，然後在受剋的宮位核對飛入的吉凶星，如果受剋制的宮位，又加上飛來的是凶星，則屋漏偏逢連夜雨，斷言其凶。這種以門上起游年九星的方法(即以陽宅進入客廳門的卦位，作為七變游年的基準點)，與坐山起游年，分別是大宅第(陽宅三要)與庶民住宅(八宅法)的區別。大凡吉星方要高大，凶星方不宜高大。依據此說「陽宅三要」與「八宅法」有共通性，起游年的方式不同，但五行性與星性大同小異。

對於陽宅基址《八宅明鏡》提出基址與五行性一般性生剋關係如下：

凡宅基最忌貪多。致有盈缺。訣云：
(1)乾宅屋基若缺離。中房有女瞎無疑。
(2)坎宅屋基若缺巽。長房多死少年人。
(3)艮宅基址若缺坤。長房無子誰人問。
(4)震宅基址若缺乾。長房遺腹不須言。
(5)巽宅基址若缺震。長房一定夭無人。
(6)離宅基址若缺乾。長房無子不須嫌。
(7)坤宅基址若缺艮。中房夭死少年人。
(8)兌宅基址缺無窮。諸房消滅一場空。
(9)坎宅屋基若盈乾。老翁花酒不須嫌。

以上的論述還是用五行性解釋，例如乾宅屬金，金怕離火，若住宅坐山是乾卦，離方有缺陷(包括形煞)，離屬中女，離火也是眼睛，所以「中房有女瞎」。同理，震宅屬木，木怕金剋，乾方有缺陷，乾屬老父，老父受剋「長房遺腹」。讀者只須熟悉《易經》基本功即可體會。一般學者並非僅熟悉陽宅理氣，而奇門遁甲、八字、紫微、卜卦等都是勘察陽宅的配套數術。例如學習「子平八字」可以視五行所缺，推論此宅主適合居住的坐山與補充用神的方式。

四、《八宅明鏡》六事與雜論

六事者，乃門、路、灶、井、坑廁、碓磨，居家必須之物，安放得所，取用便宜。人每忽其方道(位置的道理)，一犯凶方，利用之物，反為致害之由，暗地生災，受禍不知，良可浩嘆！

1、現代都市寸土寸金，加諸建築科技進步，不論是建築形式、

材質、格局、使用觀念與型態，都與古代不同。陽宅內部在古籍中經常以「內六事」概括，內六事指門、路、灶、井、坑廁、碓磨等。其中井與碓磨在現代大樓建築應該很少了，但另有許多建築「內外六事」要歸納運用。

2、事實上，現代陽宅已經不是這些簡單的機能所能囊括的，即便功能部分相同，名稱也不同。例如：玄關、客廳、起居室、主臥房、客房、小孩房、浴室、廁所、餐廳、廚房、樓梯、電梯、儲藏室、書房、音樂房、畫室、音響室、停車場、觀景陽台、工作陽台等。

3、陽宅內部與外部原理相同，因此以臥房、床鋪、廚灶、神明祖先位、書櫃、電視、影印機、跑步機、事務桌、柱子等，凡高大厚實及安靜處皆屬於「山」。又以浴室、廁所、通道、窗戶、水龍頭、魚缸、水塔、飲水機、電梯、樓梯、排水管、冷氣孔、門路，凡空凹低陷或流動現象等皆屬於「水」。吉可動，凶要靜。如何將六事搭配得宜，趨吉避凶就是陽宅規劃的重點。

（一）、坑廁

凡出穢之所用，壓於本命之凶方，鎮住凶神，反發大福，甚驗。其方皆與灶屋、煙囪相對，用以壓之則吉矣！然詳審方位，不可混錯，或誤改於屋之吉方，則同來路之凶矣！即尺基丈址，亦宜清楚的確。

1、廁所應該壓在凶方，不過目前的公寓大樓管道間都是相同的，所以這個說法不適用公寓大廈；至於連棟透天住宅也是類同。現代浴廁只需排風良好，避免潮濕陰暗即可。

2、最忌大門對到廁所門，次忌床頭隔牆就是浴缸、馬桶、臉盆之類。浴廁不可在文昌位，文昌位算法詳閱的第五章「紫白飛星」，或取八宅生氣方，次用延年方。

（二）、分房

> 分房者，祖孫、父子、伯叔、兄弟、分居所宜之房位也。雖分爨，未分爨，同居一宅之中，而東、西、南、北四隅之房各異，俱可分別，違之則凶。即一進之屋或僅一兩間，只丈尺之間，合命者吉。故東命弟居東，西命兄居西，無不福壽，苟失其宜，貧夭不免矣。樓上下相同。

1、如果家居人口多，房間也多，各人依據自己的命卦尋找適合的方位房間。如果所分配的方位房間與自己的命卦不合，可以調整房間之門或床位，如此將小太極調整到適合自己的方位即可。

2、雖然只有幾尺之間的範圍，還是遵照東四命歸東四宅，西四命歸西四宅的原則。樓上樓下也同樣論法。

（三）、牀座

> 陽宅諸事，惟床易為，其立法有四：宜合命之吉方為最，又宜合分房之吉，又宜合坐山之吉，又宜合《照水經》以門論房之吉，然四者難全，當從其可據者以合其吉，不越乎可先可後而已。若精心措置，則為人移床，生子發福，易於反掌，亦須四課(擇日)助之。如正屋坐山不合生命，可於側房小屋之合命者，安床居之。而以正屋正房，與子孫合命者，作房安床，則各無災而獲福矣！

1、床是休息最重要的位置，占人生約三分之一時間，調整吉凶以改床位最經濟可行，有四個步驟方法：(1)「宜合命之吉方」，例如東四命人床位在本宅坎、離、震、巽卦方。(2)「宜合分房之吉」，看自己分到的房間中的坎、離、震、巽卦方。(3)「宜合坐山之吉」，用分房的坐山一物一太極。(4)用床位「以門論房」，(請回頭參閱第參章房床)。

2、「然四者難全，當從其可據者以合其吉，不越乎可先可後而已。」，依照前面四個步驟，很難全部合宜，所以取現場最有根據的方式，或投票制比較優劣而已，以決定床位與房門的位置。搬遷新宅，移動床位、設置新床等，還須擇日才好。

（四）、灶座火門

鍋灶，人皆視為細小事，而不知為立宅之要務。

1、如灶壓本命生氣方，則懷鬼胎或落胎不產，即有子而不聰明，不得財，不招人口，田畜損敗。

2、若壓天醫方，則久病臥床，體弱服藥無效。

3、若壓延年方，則無壽，婚姻難成，夫婦不合，傷人口，損田畜，多病窘窮。

4、若壓伏位方，則無財無壽，終身貧苦。

5、若壓本命之破軍絕命方，則無病有壽，多子發財，招奴婢，又無火災。

6、如壓六煞方，則發丁發財，無病無訟，無火災，家門安穩。

7、若壓禍害方，不退財，不傷人，無病無訟。

8、若壓五鬼方，無火災，無盜賊，奴婢忠勤得力，無病發財，田畜大旺。

1、鍋灶是炊事地點，關係家居生活至為重要。因為八宅法認為灶位要壓在凶方，所以灶位壓在貪狼生氣方位，元氣受損，容易「懷鬼胎或落胎不產」，就算幸運產子，其子不聰明，人、財、禽畜損敗。

2、若壓天醫方，體弱久病。若壓延年方，不延年就折壽，婚姻難成，夫婦不合，多病損財。若壓伏位方，無財無壽，終身貧苦。總之，鍋灶壓在吉星，吉星之性質就倒戈為凶性。

3、灶位壓本命的破軍絕命方，不絕命就有壽，多子發財，進人口，無火災。如果壓在六煞方，則發丁發財，無病無訟，無火災。若壓禍害與五鬼大致相同福氣，不外妻財子祿壽之福氣。

4、壓凶位一回事，灶口要向吉方隱喻收到吉氣，但現在的瓦斯爐沒有灶口，權用瓦斯爐開關作為灶口方向，排油煙管向著凶方比較有道理。

> 須丈量屋之基址，務使方位真正，不可猜度誤事。當用大紙，將屋基及層數，逐一量明丈尺，畫成一圖，每基一丈，摺方一寸。將屋總圖，分作八卦九宮，寫明二十四方向，而後知某方某位為某間，則吉凶昭然矣！

這段說明陽宅內八卦九宮的位置，不可隨便猜猜。需用大尺逐一丈量後，畫出各空間圖形，梁、柱、隔間方式，每間宮卦位、用途別、家俱擺設等都需用尺寸清楚標明，並將二十四山一併註明，然後理氣推算才有所本。

> 火門者，鍋底納柴燒火之口，得向吉方，發福甚速，期月之間即驗。子嗣貧富，災病壽夭，以之日用飲食者，此為根本也。如東命人火門朝東卦則吉，向

西卦則凶。西命人火門向西卦則吉，向東卦則凶。西命火門，人身背西向東炊火則是矣！

1、火門者，早先的鍋灶是用柴火燃燒，因此納柴燒火的灶口就有方向的依據，但是現在的瓦斯爐則無灶口，因此灶口大致是以瓦斯爐開關同方位論。

2、灶口向著吉方，即生氣、延年、天醫、伏位等卦位輸送氧氣燃燒，吉方則「發福甚速」。因此東四命人背東朝西就掌握原則了。

所云將屋基量明丈尺最為有理。如壬山丙向者，中為壬，右為亥，再右為乾，更右為戌，中左為子，再左為癸，更左為丑，而艮乃在牆外空處，及東南之北(艮到辰)矣！如癸山丁向者，中為癸，左為丑，再左為艮，更左為寅，中右惟子，再右為壬，更右為亥，而乾乃在牆外空處也，及西南之北(乾到坤)矣！即此推之，東西向之方位，了然不爽。更有癸丁壬丙不盡房中，而偏左偏右，即當以所偏之處為中宮矣！

這段在講解丈量陽宅的要領，但現代科技已經利用網路搜尋、攝影、電腦畫圖等作業。理氣計算最重羅盤定位的準確性，尤其遇到空亡的現象，例如：坐山66度，很難分辨艮卦或震卦。

(五)、作灶

作灶宜用天德、月德、玉堂、生氣、平、定、成等吉日。

作灶應擇日，取天德日、月德日、玉堂、平日、定日、成日等吉日。擇日又是一門學問，且牽涉流派法門之不同。詳細請參閱拙作《擇日學三十天快譯通》。

東命人宜向南，或東南，或東。西命人宜向西，或西南吉方。以灶火門立向，宜取生氣，催丁另載。作灶忌朱雀、黑道、天瘟、土瘟、天賊、天火、獨火、十惡大敗、轉煞毀敗，年主微沖，土九鬼、四廢、建、破、丙、丁等日，逢午亦忌。

東四命人吉方在坎、離、震、巽等方位，因此灶門宜向南(離)，或東南(巽)，或東(震)。西四命仿此。灶火門立向，宜向生氣方，至於「催丁」另外記載。作灶忌擇日朱雀、黑道、天瘟、土瘟、天賊、天火、獨火、十惡大敗、轉煞毀敗，年主微沖，土九鬼、四廢日、建日、破日、丙日、丁日、逢午日亦忌。詳細請參閱拙作《擇日學三十天快譯通》。

幕講師論作灶吉凶斷：灶入乾宮號滅門，亥壬二位損兒孫，寅甲得財辰卯富，艮宮遭火巽災瘟，子癸坤方皆困苦，丑傷六畜福難存，乙丙益蠶庚大吉，若逢午位旺兒孫，申酉丁方多疾病，辛宮小吉戌難分。

灶位在乾宮，乾屬金是老父，火剋金，有滅門之虞。亥壬是水，乾宮以金為主，金生水，水火相戰不利子息。金剋木為財，故「寅甲得財辰卯富」。艮宮屬土，化火遭火。「巽災瘟」，巽是風，木火太旺藉風勢更旺。以灶火的五行論生剋制化。以上是作灶擇日方法，所述不如「剋擇講義」精密，看看就好。

又云： 1、房後灶前家道破。 2、安灶後房前，子孫不賢。 3、房前有灶，在未坤丑艮上，生邪怪之禍。

4、房前有灶，心痛腳疾。
5、棟下有灶，主陰癆怯。
6、開門對灶，財畜多耗。
7、坑若近灶，主眼疾瘋病，邪事多端。
8、灶後房前，災禍綿延，灶後裝坑池，絕嗣孤寡。
9、井灶相連，姑嫂不賢。
10、又云：灶在卯方，命婦夭亡。灶在後頭，養子不收。灶在艮邊，家道不延。

這段說明灶位安裝的原則，有的是依據五行生剋制化所衍論，有的則具有物理或環境行為的理論。例如「棟下有灶」，指樑壓灶。「坑若近灶」，廁所與灶位接近有衛生問題。「井灶相連」，井是公用的，灶是自家的，灶是火，井是水，每天水火征戰，姑嫂爭著用井灶，遲早會有糾紛。

(六)、香火

土地神祠、祖先祠堂，皆香火也。安本命之吉方則得福，凶方必有咎。古云：移煙改火者，謂無鍋煙香火，有禍無福也。若誤移其方，則變其吉之來路反凶矣！

香火包含供奉神祇與祭祀祖先之事。應該安在宅主吉方位，一般三合院、四合院以伏位最宜。神明廳與佛堂的擺設另有規矩，不可「誤移其方」犯禁忌而吉變凶。請詳本書第三章神明廳內局佈置原則。

凡出穢之所，用壓於本命之凶方，鎮住凶神，反發大福，甚驗。其方皆與灶屋煙囪相對，用以壓之，吉矣！然當詳審方位，不可混措，或調改於屋外之吉方，則

同來路之凶矣！即是基丈址，亦宜清楚的確矣！

「出穢之所」，指浴廁、排廢水、垃圾區、灶位等空間，以佈置在五鬼、六煞、禍害、絕命等卦位為宜。丈量必須準確，否則誤將吉卦當凶卦，會使家宅氣勢化吉為凶，故吉祥卦位並非可以擺放任何佈置。

（七）、修造論

凡添修拆補房屋，及換橼蓋瓦修門，蓋為修方，而吉凶立應。如修本命之吉方，旬日見福。予師令人於本命之吉方，高造曬台，踰年即富。
如乾命人修生氣正西兌方，發大財，期年即見，後又出貴，或修東北西南坤，及本位皆吉。若誤修他方皆凶，諸命皆然，各以類推。然必須丈量基路，使吉方之吉位的準，方能應驗。凡略動斧木，砌磚泥牆，造花台亭榭，皆修方。其犯來路灶向，與修方同凶。（乾命人）坎方坑廁，未方能利盜賊。乾方作坑，男瞽女跛。

這段論述僅說明局部修造，例如添修拆補房屋，蓋瓦修門等。文中陳述「如修本命之吉方，旬日見福」，這是指修造吉方，也是一種趨吉避凶的方法。問題是凶方怎麼辦？凶方該修還是要修，所以不必為這種問題困擾，按照擇日學方法即可(請參閱拙作《擇日學三十天快譯通》)。例如砌磚、泥牆、造花台等修繕工程稱為「修方」。乾命人坎方坑廁是六煞，壓到剛剛好。「未方能利盜賊」，未方坤土是延年，不是有利盜賊而是利於防範盜賊。乾方作坑，男瞽女跛，乾宮為伏位不宜灶位與坑廁。

（八）、九星

九星指貪狼、巨門、祿存、文曲、廉貞、武曲、破軍、左輔、右弼等。《山水發微》:「所謂九星者，一貪狼，二巨門，三祿存，四文曲，五廉貞，六武曲，七破軍，八左輔，九右弼是也。」九星的名稱相同，但用法各家巧妙不同。有形狀九星，有方位九星，有元運九星，又有時氣九星等名。用途在察山龍者，有用之於辨水法者，有用之於陽宅者，有用之於立穴定向。因卦例變化不同，不可張冠李戴。

《八宅明鏡》整理重點：「乾、坎、艮、震、巽、離、坤、兌，此即後天八卦方，一卦管三山，戌亥屬乾，壬癸屬坎，丑寅屬艮，甲乙屬震，辰巳屬巽，丙丁屬離，庚申屬兌，未申屬坤，，其二十四山統名八宅。乾坤艮兌為西四宅，坎離震巽為東四宅。八卦所屬：乾為父屬金，坎為中男屬水，艮為少男屬土，震為長男屬木(以上並為陽)。巽為長女屬木，離為中女屬火，坤為母屬土，兌為少女屬金(以上並為陰)。」

（九）、吉凶性質與應驗

《八宅明鏡》口訣：

生炁貪狼星屬木上吉。延年武曲星屬金上吉。
天醫巨門星屬土中吉。伏位左輔星屬木小吉。
絕命破軍星屬金大凶。五鬼廉貞星屬火大凶。
禍患祿存星屬土次凶。六煞文曲星屬水次凶。

又說：「生氣輔弼亥卯未，延年絕命巳酉丑，天醫祿存四土官，六煞應在申子辰，震巽坎離為東四，坤乾艮兌西四位。」這是以九星的五行性論吉凶之年，例如應驗到貪狼生氣木的吉氣，大約應驗在亥卯未(三合木)年。應驗延年武曲金在巳酉丑(三合金)年。應驗絕命破軍金在巳酉丑(三合金)年，五鬼廉貞火應驗在寅午戌(三合火)年，六煞文曲水應驗在申子辰(申子辰)年。

（十）、樓與間數

1、樓上為天，樓下為地，天剋地，主卑小不吉，(如上七下三是也)。上下兩向，主忤逆招盜。
2、上高過下，自縊服毒。凡正屋之上，不可安樓，廳堂亦忌，惟後堂可以安之。
3、獨高於眾，四面風吹，住樓下人不吉。屋邊有高樓壓本屋，左壓左凶，右壓右凶。
4、每逢間架，宜用單數，不宜雙數，三間吉，四間凶，五間定有一間空，七間定有兩間凶，試之奇驗。

1、樓上與樓下要成比例，樓上之建築量體不能大於樓下，否則樓下宅主卑小不吉。「上下兩向」，指樓上與樓下的面向不一致，可能樓下從正面進入，樓上卻是背面進入，住久了上下各自為政，主忤逆招盜。

2、「上高過下」，指二樓比一樓高，頭重腳輕。「正屋之上不可安樓」，這是指還有後堂的情形，安在前面正屋就是後面懸空。所以一前一後「惟」有安在後堂，前堂有後靠。

3、陽宅不可獨高於眾，孤陰而四面受風吹。高樓壓本屋，哪邊被壓衰哪邊。

4、陽宅間架宜用單數，因為偶數有不平衡的問題，「五間定有一間空」，指間架五間表示居住人口眾多，可以適度空出一間作為緩衝空間或休閒用。七間則騰出兩間共用使用。

(十一)、門路

《八宅明鏡》還提到《門路》，此門路頗為重要，一併引錄於下以供參考：

> 1、門有五種：大門、中門、總門、便門、房門是也。
> 2、大門者，合宅之外大門也，最為緊要，宜開本宅之上吉方。
> 3、中門者，在大門之內，廳之外，即儀門是也，關係略輕，除震、巽、乾、兌不宜開直門外，其餘從廳直出可也。若無兩重門，則中門即大門，又必要上吉方。

1、《八宅明鏡》提到門有五種，大門、中門、總門、便門、房門等五種。這是指古代有相當規模之宅院而言，與現代建築相比，只能做功能區分而不宜強行類比。

2、建築物的門是出入樞紐，將「大門」視為社區大門。儀門又稱「中門」，介於大門之內，廳之外，因此將「中門」視為梯間公共門與儀門的作用就很接近了，大門與儀門不宜穿心正對。將「總門」視為自家大門，就是現在所稱的「玄關」門。「房門」視為臥室、小孩房、書房門等。「便門」視為陽臺落地門、露臺門、倉庫、儲藏室等；大門、中門、總門不可一直線。

3、如果建築面積不大，大門與中門只須有一扇即可，但要開在吉方，例如生氣、延年、天醫等。集合住宅凡公共使用的門，沒有開在宅主吉方的論述，否則整棟吉凶均一。

4、總門只需在宅主、宅山的吉方即可，而沒有左開右開，內開外開的硬性規定，即論坐不論向。各人私有房間空間的開門吉方，取陰陽純清或「小太極」均可。

1、總門者，在廳之內各棟臥房外之總門路也，蓋屋小則專論大門之吉凶，則各房之去大門既遠，吉凶亦不甚驗也。
2、其法單論各棟之出路，左吉則閉右，而走左；右吉則閉左，而走右；吉凶立驗。
3、便門者，合宅之通柴水左右之小便門也，亦宜四吉方，以助宅之吉。便門又名穿宮，書云，穿天門非也，還是穿本宅耳(穿心煞)。
4、大門吉，便門又吉，乃為全吉。房門者，各房之前後戶也，宜三吉方。

1、「總門」是在廳內各棟臥房外的主要通道，這與陽宅面積大小有關，如果房間少，總門就無需存在，此時大門吉凶最重要，而小房距離大門氣口相當遠，則吉凶也不甚靈驗。

2、「單論各棟之出路」，指一戶或一棟一太極，各自下羅盤。左邊吉則右邊封閉，開左邊；例如坎宅開生氣門是「走左」，凡是開吉門或凶門，應驗不爽。

3、「便門」是在陽宅後面的小門，主要是柴火、飲水、倉儲等房門，還是以吉方最宜。「穿宮」，聯繫各宮位作用。

大門、便門都吉才算全吉。各房間門也在吉方，但實務上很難有這麼多吉方。

> 1、不論何門，自二扇以上，大小一律，吉，左大換妻，右大孤寡。
> 2、基窄屋小，則大門重而以便門與灶相助吉，基闊屋多，則大門遠而不驗，又以房之總門、便門(含房門)為重，而以房門與灶相助吉。
> 3、大門吉，合宅皆吉矣！總門吉，則此一棟吉矣！房門吉，則此一房皆吉矣！

1、如果門是兩扇式，應該大小相同，如果左邊大，青龍旺，男人會換老婆。右邊大，白虎旺，女人孤寡。

2、建地狹窄，則前面大門與後面便門、灶位，距離很近，都要求全吉。反之，建地遼闊，則大門遠在外，吉星靈驗度「遠而不驗」；所以總門(玄關門)、便門最重要。房門與灶都要相助。

3、大門吉，所掌管之出入全部皆吉；總門吉，所掌管的該棟全吉；房門吉，則此房間內皆吉。還是物物一太極。門最忌多，一房兩門，人心渙散。

> 1、宅無吉凶，以門路為吉凶，蓋在坐山及宅主本命之生(氣)、天(醫)、延(年)三吉方，則吉氣入宅，而人之出入，步步去路，自然獲福矣！
> 2、倘與人共居，專不能閉，而左右具有門路，則氣散而宅弱，禍福俱不應矣！此等屋惟灶在吉方者吉。

1、陽宅一般都是依據路形、地形、地勢所興建，如果可以自行決定門路，而沒有外局形煞的問題，就以門路吉凶為主要應驗。人在吉氣方出入，自然獲福。

2、如果一夥人群居，進出雜亂，而左右都是門路，則不能藏風聚氣，禍福俱不應。這種散亂的大雜院就靠灶在吉方而得福，但也要一家人一起搭伙才沾得上福氣，否則各自開伙吉凶自負。

> 1、或大門在凶方，限於基地而不能改動，當於吉方另開一房門，以收吉氣，稍補於宅。
> 2、或將客廳仍向前，臥房倒向後房前吉(方)，門吉路亦吉，倒向則房後宜閉塞，房前要天井，宅之後牆不宜正中開門洩氣，故便門必在兩角上擇三吉方開之。

1、如果大門在凶方，限於基地條件不能改門，可以在吉方另外開一個房門，以收吉氣，不無小補。

2、或是將客廳仍然向著前方，但將臥房向後背靠客廳，得到面向後面的房間，起游年以新的坐山從新算過，若門在吉方，進路也就是吉祥。這種做法「房後宜閉塞」，因為有靠山，游年計算法才有根據，而新的房間面向後方，但前方要有天井，等於天井就是明堂。沒天井就以後院權充。宅後方開後門，不要開在中間，最好在兩邊角落開後門，而且是在三吉方更妙。簡單說，另外起一個太極點，還是要大宅院的條件，不適用現代連棟或高層住宅。

梁湘潤大師《陽宅實務透解》，融攝古書理論與現代陽宅實務提出下列見解略以：

1、樓上最大採光之落地門最宜宅主年命四吉方。

2、凡陽宅坑洞宜在凶方，冷氣機雖然在洞口上，但因為是運轉中，所以還是讓吉氣轉揚四方較合理。

3、在兩房中開的傳遞小窗口，也適宜設置在吉方。

4、門窗都要合乎比例原則。

5、圍牆大門與公寓大樓進門都要設雨遮。

6、遮雨平台之下與門框之上要留有空間，不宜完全封閉。

7、門柱不宜圓形、橢圓形。

8、大門不宜在門中間開個窺視小口，門加上口，就是問題。

9、不論大門、便門，都不宜在門的中心方位有裝飾物、圖案、雕塑等，以門加上心，變成「悶」。

10、開雙扇門要左右對稱，高低大小相同。

11、門不可修修補補，必要時要不著痕跡。

12、大門不宜白色(怕髒)與綠色(臭臉)。

13、門中忌有「人」字形的「紋路」，此乃「囚」字的射影(庭院也一樣)。

14、大門不宜開在「牆」的極邊角處。房間門可以考慮離牆六十公分預為櫥櫃厚度。

15、住家不宜開腰門，例如坎宅開震門或兌門，又稱洩氣。

> 1、凡開腰門，必將羅經格定，量準丈尺，方可開，法自後棟之後簷量至前棟之前簷，如得六十丈，則於三十丈下羅經，取吉方開門，開門宜在地支上，所謂門向地中行是也。
>
> 2、門不宜多開，多開則散氣，路不宜多歧，多歧則宅弱矣！

1、凡開腰門(在深度取中間肚子開門)，下羅盤的方法不可草率，要用尺丈量，由後簷量到前簷，如果長度是六十丈，就取中間數三十丈下羅盤，以陽宅考量取坐山，以使用人考量取年命，計算吉方開門，一卦三山取地支為用。

2、<u>門不能開多處，門多氣就散</u>；來路也不能多，多就無所適從，宅氣不專，居者不寧。

1、屋門對衙門、倉門、廟門、城門者凶，街道直衝門者凶，街反出如弓背者凶。
2、宅門三重莫相對，宜相退讓。凡門樓不可高壓正堂，主招訟損小口。若有牌坊欺壓本堂者，剋妻子，口舌官非被劾，在上堂之中者尤甚。

1、屋門對到衙門，民不與官鬥。對到倉門，每天食指大動。對到廟門，每天魂魄不寧。面對城門，每天三教九流，不得安寧。街道直衝，斑馬線直衝，捷運、高架、快速路、渠水等反弓都是凶。

2、最忌三道門一直線，宜左右中間分配，萬不得已就設置屏風之類。自家設門樓在外，不要量體太大以致感覺廳堂被壓抑，會招來訴訟口舌。若廳堂被外面牌坊沖壓，應驗在口舌官非彈劾之類，尤其正中相對。招牌在正中，破損自己與對街門面。

凡耳門在側者，宜相生。如癸山大門在丁，耳門在巳，巳屬火，被癸剋。主中男目疾，以正門屬長，耳之左屬中，而坎又為中男也。

1、因為《八宅明鏡》是筆記式的雜書，全書架構不嚴謹，偶有跳脫現象；這段敘述其實是「陽宅三要」的說法，以癸山而言，大門取正中，耳房(左側廂房)在巳，巳屬火被坎宅剋制，坎為中男，又因為正廳屬於長子，左邊耳房就是中男，丁火是眼睛，所以應驗在「中男目疾」。

2、所謂「宅主」，是指直系血統的最尊親而言，如父母在堂，則以父親為主，父親去世，則以母親為主。夫妻二人則以夫為主，妻則輔助之。假如夫命屬東四，妻命屬西四，則雖以夫的命卦為主體，但在立向時，必須使納音五行，與妻的年命納音相生。或者立宅、開門、作灶以夫的命卦為主，安床則以妻命為主，否則妻不吉利。凡立宅、安門、作灶的方向，與年命相生為上吉，與年命相比和為次吉，年命生剋方向更次之，若方向與年命納音相剋，則主災禍。

（十二）、定游星法

1、先從座上起游星到門上，後從門上起游星還本位，飛得吉星到本位，忌開後門後窗以洩氣。
2、坐後不忌天井，但天井之後，必有牆垣，上不宜開門與窗耳，凶門飛得凶星到本位，及宜開後門後窗以洩之則減凶。

1、先從坐山起游年，看大門是吉凶某星，然後從大門起游年，看坐山是吉凶某星，如果飛到坐山的是吉星，則切記不可在此開後門後窗，怕吉氣從門窗溜走了。

2、坐山之後可以是天井，因為天井可以採光通風，但天井之後要有牆垣，也不宜開門窗，否則只是個洩氣的天井。凶星飛進凶門，可以開門窗，讓凶氣遁走，以免困獸滯留纏門。

3、起游年之法有坐山、向方、年命、門上、高大主房等，必須看陽宅局勢、道路佈置、使用目的等下判斷。

如一宅有高房，即從高房起游星，數至門上係何星飛，如新造之宅，從吉宮數至門也。屋高四五尺以上者，即以高屋做主；如只高二三尺，仍從門上論星。

如陽宅之內有一間主房特別高大，就從高房起游年，數到大門看飛進何星而論吉凶。新建陽宅從最重要的宮位起游年算到大門。何謂高房？高出四、五尺就算。如只高出二、三尺，依舊是門上起游年。這裡已經脫離伏位起游年的方式，屬於「陽宅三要」門、主、灶的系統。《八宅明鏡》就是東抄西抄沒體系，有很多盲點沒交代清楚。

> 如坐坎門，巽門坎上有高房為主星，輪至巽上為生氣大利，若艮方有高屋，便從艮起星，巽變為絕命矣。星剋宮已凶，況寄土宮乎，餘例推。閔海門云：生氣木星之屋必多子，即乾兌宮亦然，不忌宮剋星。

大門如坐坎，以坎卦起游年，巽方就是生氣；反過來，大門在巽，坎卦就是生氣。若主房在艮方，從艮起游年，巽方成為絕命。游星剋宮位已經論凶，何況坎門屬水。生氣木星應驗在人丁，故多子多孫。乾兌兩卦，互換生氣，乾之生氣在兌，兌之生氣在乾。不忌宮剋星，以星為主角。

（十三）、天井

> 1、天井乃一宅之要，財祿攸關，須端方平道，不可深陷落槽，不可潮濕汙穢。
> 2、大廳兩邊有衖二，牆門常閉，以養氣也。凡富貴天井自然均齊方正，其次小康之家，亦有藏蓄之意。

1、古時受限於屋頂使用木材，因此間架(跨距)寬度有限，如果房間數要加多，必須向後延伸，以致屋內光線不足，因此天井是很重要的。天井視為財祿，需要端正方平，不可低窪深陷，潮濕汙穢。

2、如果大廳兩邊有小巷弄，必須有門牆封閉，一來養氣，二來便於管理。富貴人家的天井定然整齊方正，小康之家也以天井為財庫象徵，集合住宅的中庭也是天井的意義。天井相關論述見前章內局。

> 1、大門在生氣，天井在旺方，自然陰陽湊節，不必一直貫進，兩邊必有輔弼。
> 2、訣曰不高不陷，不長不偏，堆金積玉，財帛綿綿。左畔若缺，男先亡，右邊崩缺，女先傷。

1、大門是生氣貪狼木臨宮位，天井也在旺方，陰陽協和，「不必一直貫進」，不要直通貫入而太深，兩邊要有通道活用「兩邊必有輔弼」，指天井兩邊要封閉。

2、古訣論：不高不陷，不長不偏，長寬高低符合比例原則，才能堆金積玉。缺左傷男，缺右傷女。老生常談。

（十四）、床

> 1、安床不宜擔樑，後擔金屬陰，主夢魅壓，擔前金屬陽，主有噯氣疾。安床在生氣方，不可稍偏。
> 2、如巽門坎宅蓋屋四棟，又四棟獨高，是木得生方上吉安，床須在當中一間，方乘生氣，變東便是絕命，變西便是禍害，不利，若兩傍有廂房，不必拘此。

1、安床不宜在樑下。壓到下半部，主夢寐壓床之類。壓到上半部，主胸部頭部晦氣。總之，壓哪裡應驗哪裡。

2、巽門坎宅蓋四棟房屋，而且這四棟較周邊建築高，也是木形，貪狼生氣也屬木，生氣方安床吉上加吉。安床在伏位，要正當中間，不可稍偏，以巽門起游年艮宮偏左是絕命，乾宮偏右是禍害。若兩邊有廂房，宮位拉開，不必把床正正當中。

> 1、安床總以房門為主，坐煞向生，自然發財生子，背凶迎吉，自然化難生恩。
> 2、床向宜明不宜暗，暗則主哭，如房不便開門見陽光，可將床安向前面近陽光可也。

1、安床總以房門為主，「坐煞向生」，主臥室怎好坐煞？這是指紫白飛星，坐煞是指房間內的床坐「煞」方(凶星)，床頭向吉方，而起床站起時向著「生」方(吉星)，自然能發財生子，背凶迎吉，自然化難生恩。

2、床應該明暗適當，太明亮會妨礙睡眠，太暗也有健康衛生與引人悲觀哭泣之類的問題；而「床向宜明不宜暗」，指床位要有光線，光線不是由門就是由窗進來，因此「如房不便開門見陽光」，指床位無法得到房門照進來的光線，下一句就接「可將床安向前面近陽光」，沒門，窗也好。

> 床怕房門相沖，以一屏風抵之乃佳，陽宅諸事，惟床最易，宜合命之吉方，宜合分房之吉方，宜合坐山之吉方，則生子發財，易如反掌。

1、床怕與房門相沖，隱私全無，可以用屏風隔開；其餘沖浴廁、櫃腳、電磁波輻射等均忌諱。床只要合到吉方就好，「宜合命之吉方」指年命起游年的吉方。「宜合分房之吉方」指房間內一物一太極的吉方。「宜合坐山之吉方」，指整棟陽宅坐山的四吉方。得到其中一吉方即是「生子發財，易如反掌」。如果都沒有機會，可以床頭坐山起游年，門開在四吉方。

2、這一段與前述「宅之坐山為福德宮」相參酌，似乎扯出其他游年計算法，可知《八宅明鏡》是一本當代理氣雜書，類似筆記本性質，而非專書；流傳至今被廣泛閱讀，其中一個原因是內容簡單、簡短，適合不想讀書又急著派上用場的術師。

（十五）、灶

一般陽宅灶是在廚房，因此在前章「內部局勢」廚房設置已經說明。

1、灶在乾宮是滅門，離宅忌之。
2、亥壬二位損兒郎，坤宅忌之。
3、寅申得財辰卯當，宜於坎宅離宅。
4、艮乙失火即瘟煌。
5、子癸坤宮家貧困，坤宅忌之。
6、丑傷六畜盈難存，乾宅忌之。
7、巳丙益蠶庚大吉，震宅喜之，如逢午位旺兒孫。
8、辛酉丁方為病厄，坎宅忌之，申巽未戌不為殃。

1、灶在乾宮火剋金，乾宮是絕命，尤其離宅火更旺，火燒天門，主腦血之病。

2、坤宅的亥壬在坎宮是絕命。

3、「寅甲得財辰卯當」，寅、甲、辰、卯是指震宮，坎宅的震宮是天醫，離宅的震宮是生氣。但八宅法向來主張灶位應該壓煞向吉，「灶在乾宮是滅門」，應該是指向著絕命乾宮，而坐在巽宮天醫位，成為壓吉向煞。

4、「艮乙失火即瘟煌」艮屬土，乙屬木，助成灶位中的火勢，火太旺免疫力失調，瘟疫有機可乘。

5、「子癸坤宮家貧困，坤宅忌之」，子癸指坎宮，而坤山起游年，絕命在坎宮。

6、「丑傷六畜盈難存」，丑屬於艮卦，因為乾宅的天醫在艮是壓吉。

7、「巳丙益蠶庚大吉」，巳在巽卦，丙在離卦，以震宅起游年，巽卦是延年，離卦是生氣。「如逢午位旺兒孫」，午在離卦正中，貪狼生氣木旺兒孫。

8、「辛酉丁方為病厄」，辛酉是兌卦，丁雖是離卦，但在這裡是兌納丁，坎宅的兌卦是禍害。「申巽未戌不為殃」，申是水土共長生之位置，巽卦是生氣方，未與戌屬土與灶比合。

一人於壬山丙向，第三進作乾灶，數月即損宅主；癸山丁向，作灶乾方長子患病。兌宅宜作乾灶，亦損(長子)。凡灶門忌門路沖之，窗光射之主病。灶座宜坐煞方，火門宜向宅主本命之三吉方。

1、《八宅明鏡》舉例：某人家壬山丙向是坎宅，第三進屋作乾灶，坎宅的乾宮是六煞，乾為老父宅主，火燒天門損宅主。癸山丁向也是坎宅，作灶於乾方沒老父就是長子犯病。兌宅的乾卦是生氣，損長子。

2、灶門不可與門或通路相沖，窗外光線直射，食物容易腐敗，也是主病。灶位一再強調宜坐煞方，火(灶)門宜向本命三吉方，不能向著伏位。

3、灶位的禁忌例如：壓凶向吉，取財延年方進財，取丁生氣方科甲，去病天醫方。灶口不宜十二地支，以免沖太歲。爐灶要有牆靠不可開窗。

4、不宜設在房屋中間。灶位與衛浴不宜隔牆。爐灶與屋向平行或垂直。灶神不喜污穢、鏡子。上下層不可是神位、主臥室書房之類。冰箱不可與爐灶並排。廚房進出不宜有門檻。

（十六）、井與坑

1、井

現代開井技術比起古代進步，一般人家都有自來水，但偏遠地區，與營業需求還是與開井有關。

> 凡井以來龍生煞旺方開之，則人聰明長壽，若在來龍絕氣方開之，其人愚頑。水倒左則左生氣，在右則右生氣。若水倒左，左邊無水，則氣又在上首矣。

井開在來龍生煞方，主人聰明長壽。若在來龍絕氣方開井，其人頑愚。右邊水流到左，則水氣旺在左邊；左邊水流到右，則水氣旺在右邊。如果右邊水流到左邊，而左邊無水，則水脈要回向源頭探索。

> 1、子上穿井出顛人。丑上兄弟不相親。寅卯辰巳皆不吉。不利午戌地求津。大凶未亥方開井。申酉先凶後吉論。惟有乾宮應壞腿。甲庚壬邊透泉深。
> 2、井灶相看女淫亂。穿井不宜在兌方，兌為澤，為少女，水主淫，宜靜不宜動。山上開井，須於龍之轉身處開，若背上則無水。

1、如依據原文，子、丑、寅、卯、辰、巳、午、未、戌、亥等十個方位皆不吉。申酉金生水論先凶後吉，乾宮應「壞腿」，甲庚壬方位泉水深透。以上所述大約是就五行生剋關係揣摩，道理很模糊，讀者看看就好。

2、「井灶相看」指井水爐火相沖，應驗在婦女淫亂。穿井不宜在兌方，兌為澤，澤為水庫，穿井就是破財，宜靜不宜動就是不要打井。

3、山上開井，在龍身轉換之處開井，因為逕流匯集在此；而山龍背上則水四散流去，無法收集地下伏流。

4、井的巒頭法：井灶與廁所不相連、不可當門設置、龍方後為宜、天井不開井、子午卯酉不開井、安全設施一定要有。

2、坑

「坑」指茅坑。

不論鄉居城市，若於來龍之要處，開一坑，則傷宅主，小則官非人命。

來龍處就是地脈、水脈的來源，在源頭開坑廁，然後再飲用自己的屎尿，真是過意不去，故「傷宅主」。「小則官非人命」，規模小就官非人命，大則整個村。這是古時醫學與衛生不發達所致。現今城市已經少見，但窮鄉僻壤不在少數，如果化糞池廢水滲出，同理。

1、艮坑不發文才。 2、坤、兌坑老母幼女多病。坎、離坑主壞目。 3、卯、酉坑主孤寡，乾坑主老翁災。

1、「艮坑不發文才」，艮方是鬼門，艮方屬土破個洞，艮方夾帶東北嚴寒之氣，其次「文才」歸貪狼管，坎宅生氣在艮，擺明文昌被污穢，且在坤宅正前方。

2、「坤、兌坑老母幼女多病」，坤指老母，兌是少女。「坎、離坑主壞目」，坎方井水冷，離方風熱與水對沖，拿來洗臉先傷眼。

3、「卯、酉坑主孤寡」，日出日落，金木交戰之地。「乾坑主老翁災」，乾卦是老父，都說乾方不能有灶與坑。

訣云：坑作坤離、損丁傷妻。兌無財氣，貧窮到底。乾犯祿存，目疾頭暈。坎上開坑，么亡子孫。若開艮位，痢疾瘟癀。

1、口訣：坑在坤方與離方，損丁傷子。兌方不生財，一貧如洗。「乾犯祿存」，指糞土是禍害(禍害祿存土)不衛生，老父目疾頭暈。「坎上開坑」，么亡子孫等。

2、這些口訣都不適用在現代的衛浴設備，充其量提醒大家注意衛生習慣。關於坑廁巒頭論法，請回頭參閱第三章坑廁、衛浴設備論述。

（十七）、黃泉訣

論到黃泉煞，就牽扯出一大堆風水理論基礎，雖然巒頭派甚至其它理氣法不一定使用這種理論，但黃泉煞是一個必須知道的陽宅風水基礎。首先十二生旺庫必須明白三合派水法有數種，例如認為四大局水法有：寅午戌三合火局，巳酉丑三合金局，申子辰三合水局，亥卯未三合木局。或認為橫水局、朝水局，順水局，斜水局為四大局。又二十四山分為十二組，每組兩山，稱為雙山，一為天干，一為地支：壬子(水)，癸丑(金)，艮寅(火)，甲卯(木)，乙辰(水)，巽巳(金)，丙午(火)，丁未(木)，坤申(水)，庚酉(金)，辛戌(火)，乾亥(木)等。

1、庚(長生起巽巳順轉)丁(木長生起乾亥逆轉)坤(申)上是黃泉。坤向庚丁不可言。 2、乙(長生起坤申逆轉)丙(長生起艮寅順轉)須防巽水先，巽向乙丙禍亦然。 3、甲(長生起乾亥)癸(長生起巽巳)向中休見艮，艮見甲癸凶百年。 4、辛(長生起艮寅逆轉)壬(長生起坤申順轉)水路怕當乾，乾向辛壬禍漫天。

1、三合五行(看天盤縫針)亥卯未，乾甲丁。寅午戌，艮丙辛。巳酉丑，巽庚癸。申子辰，坤壬乙。雙山五行：壬子。癸丑。艮寅。甲卯。乙辰。巽巳。丙午。丁未。坤申。庚酉。辛戌。乾亥。《葬經》:「朱雀源於生氣，派於未盛，朝於大旺，澤於將衰，流於囚謝，以返不絕。」這是十二長生相仿的概念，水朝「旺」向，出水就宜「衰」，若水出旺向，旺氣就洩掉了。吳明修《三合法地理理氣探原》:「立旺向，水宜出衰口，立衰向，水宜出病口。水喜流天干位，不喜流地支位，因地支重濁而有沖煞。太歲沖動則應凶禍。天干輕清且無沖煞，故水流天干位則吉。」總之，立旺向，忌水流出臨官位；立衰向，忌水流出帝旺位。放水口宜天盤兼地盤；但水不過堂，則無黃泉煞的問題。

2、三合水法中黃泉煞，是由十二長生與雙山五行配合而成。水當然不宜從臨官、帝旺流出。例如「庚丁坤上是黃泉」，甲山庚向，庚長生在巳，巽巳(長生)，丙午(沐浴)，丁未(冠帶)，坤申(臨官)，故庚向水出「坤申」是黃泉煞。立癸山丁向，丁的三合五行是木，長生在「乾亥」(長生)，逆算是辛戌(沐浴)、庚酉(冠帶)、坤申(臨官)，所以丁向水出「坤申」是黃泉煞。

3、又例如「乙丙須防巽水先」，辛山乙向，乙的三合五行是水，長生在申，逆時針坤申(長生)、丁未(沐浴)、丙午(冠帶)、巽巳(臨官)，所以巽巳水是黃泉煞。壬山丙向，丙火長生在寅，艮寅(長生)，甲卯(沐浴)，乙辰(冠帶)。巽巳(臨官)，所以巽巳水也是黃泉煞。黃泉煞只有八干甲、庚、丙、壬、乙、丁、辛(八路黃泉)、癸與四維乾、坤、艮、巽(四路黃泉)。因為黃泉煞在臨官位，來水要旺，去水要衰。

4、清朝江永湊熱鬧也講了段理論：「壬子生申(長生)旺子(帝旺)而墓辰(墓庫)，辛金生子旺申而墓辰，則辛壬之氣相通矣。甲木生亥旺卯而墓未，癸水生卯旺亥而墓未，則癸甲之氣通矣。丙火生寅旺午而墓戌，乙木生午旺寅而墓戌，則乙丙之氣通矣。庚金生巳旺酉而墓丑，則丁庚之氣通矣。是為生旺互用，元竅相通，先天自然之配合，四大水口，四黃泉，皆由此出焉。」

黃泉房房俱有，不犯為妙。黃泉方有門對，或空缺，或明溝暗溝，屋角牆角、屋脊牌樓、直路旗桿等類，只待都天一到禍尤速。

1、每間陽宅都有黃泉煞，當黃泉煞方有門相對、空缺、水溝暗渠(水路)，屋角牆角、屋脊牌樓、直路旗桿等，戊己都天煞到臨就是引爆點。

2、古曆以甲己年在辰方，乙庚年在子寅方，丙辛年在戌方，丁壬年在申方，戊癸年在午方，謂之「戊都天」。甲己年在巳方，乙庚年在丑卯方，丙辛年在亥方，丁壬年在酉方，戊癸年在未方，謂之「己都天」，並稱「戊己都天煞」。

3、甲己年在巽方，乙庚年在甲癸方，丙辛年在乾方，丁壬年在坤方，戊癸年在丁方，謂之「夾殺都天」，簡稱「夾都」，夾都係在戊己都天之間。詳細部分請參酌拙作《擇日學三十天快譯通・第一章・年神煞吉凶》。其它三合、六沖、五黃、太歲、歲破都是應期之兆。

> 1、碓能治煞，門路水港，如犯黃泉，宜對頭打之，亦權制之法也。
>
> 2、門路溝水不可犯黃泉字上，黃時鳴云：「四路反覆黃泉，皆以向論，不論龍與坐山也。然惟八干四維有之，若十二地支向，則無黃泉也。」

1、「碓能治煞」，以石磨之類擋住黃泉煞的門路、水路、屋角牆角、屋脊牌樓、直路旗桿等類形煞，眼不見為淨，現代建築罕見石磨之類，但以「石敢當」之類厚重物品權充亦可。

2、黃泉煞是以向為論述，來龍與坐山毫無關係，僅八干四維卦(乾坤艮巽)向有之，若向十二地支，則沒有黃泉煞的問題，但也有流年對沖的問題。

> 看黃泉水，不論幾重屋，俱於滴水下，下盤格之，看黃泉門於廳廠下，下盤格之在何辰，定大門，其餘各房正中看之，看黃泉路以大門下盤，如乾(山)巽向前簷滴水下，下盤看路，在乙辰方上主絕一房，門犯黃泉，縱開福德亦凶。

1、看「黃泉水」不論後面接著幾棟屋舍，都是在最前棟屋簷滴水之下格定羅盤；其餘各房取廳堂正中。

2、看「黃泉路」應以大門下羅盤，例如乾山巽向下羅盤，因為「巽向乙丙禍亦然」，所以乙辰方上若有水流出，「主絕一房」。

總之，犯到黃泉煞，說甚麼門開在吉方福德都沒用(但有的理氣門派不用這套)。記住！看水用天盤縫針，忘記了就回去參考第一章「陽宅基礎」篇。

> 黃泉吉凶陰陽二宅同：
> 1、庚丁坤上是黃泉。庚向(坤來吉坤去凶)。丁向(坤去吉坤來凶)。出辰(丁來吉)。出丁(坤來凶)。
> 2、乙丙須防巽水先。丙向(巽去吉巽來凶)。乙向(巽去吉巽來凶)。出丑(乙來吉)。出乙(巽來凶)。
> 3、甲癸向中憂見艮。甲向(艮來吉艮去凶)。癸向(艮去吉艮來凶)。出戌(癸來吉)。出癸(艮來凶)。
> 4、辛壬水路怕當乾，壬向(乾來吉乾去凶)，辛向(乾去吉乾來凶)，出未(乾來吉)，出辛(乾來凶)。

以上可供讀者練習，或直接查表。「庚丁坤上是黃泉」，庚與丁是指「向」方，而且要看天盤縫針水流出入。前述《八宅明鏡》就是雜記本，對於黃泉水路不是很完整的解說，但可知斟酌黃泉煞是相當重要的實務步驟。

(十八)、生命

> 八宅之三吉方，開門走路宜致福應而反召禍者，生命不合也，故看宅必兼論生命方。如木房木星水命居之謂之化；金命居之謂之制，破軍(金)臨巽(木)剋妻，若水命火房便不妨。

1、為何大門開在貪狼、延年、天醫等吉方，未蒙其利反受害？因為「生命不合」，「生命」就是生年命卦，例如 1957 年是兌命屬金，西四命住乾宅，也是西四命住西四宅，生氣是兌金，延年是坤土，天醫是艮土，皆是與生命土金相生或比合，而所以「召禍」是因為剋洩所致，而此剋洩也就是凶星的關係或西四命住進東四宅。例如破軍(金)臨巽(木)剋妻，是因為金剋木，但遇上水命洩掉破軍金氣，或火房這些坐離、小太極為離、離方房間，則離火剋破軍便無妨。

2、「生命」專指生年命卦嗎？是否包含命卦納音五行？《八宅明鏡》主張「凡定方向，只論家長年命」，以家長福氣澤被全家，雖有理但還是不夠精細。吳明修大師在《易經地理陽宅真機》中：「所謂『分金』是指羅經地盤正針二十四方位，每一方位皆有五個納音五行，二十四方位統有一百二十分金，因此立宅、開門、安床、做灶。對於宅主年命之納音五行與羅盤分金之納音五行必須相生相助則吉，如果發生相剋則主災禍。」此說中肯實用。

> 斗靈經云：凡定方向，只論家長年命，無弟男女侄，及女命同起之理。若家長沒後，以長子生命定之，其弟男子侄，各照生命，東西定房，若只有主母當家，以母為主。

《斗靈經》：凡是規劃陽宅屋向，只以家長年命決定，以免莫衷一是。沒有參酌兄弟、子息、侄輩等年命之必要，事實上也不可能。如果家長過世，就以長子年命認定；而其他人則東命歸東房，西命歸西房。如果老母當家，以老母年命認定。安排方法以生活性質認定，例如大門、廳堂以先生為主。主臥室以夫妻掌權者認定。廚房以妻子為主。書房、工作間以使用人為主。物物一太極，可以使用紫白飛星的原理。

> 假如西四宅，妻是東命，夫是西命，其居法當何如？
> 1、若住北房，夫居西間，妻居中間，蓋中間即作坎位論矣。
> 2、若住南房，夫居西間，妻居中間，或東間中與東，即屬巽離之位矣。
> 3、若居東房，夫居北間，妻居中間或南間，中與南即屬震巽之位矣。
> 4、若居西房，則夫居中間，妻居正間，或正北，與北，即可作坎離論矣。
> 5、其安床大端，首向東南可耳。大抵夫婦生命不同，則當以夫為主，餘仿此。

1、假如西四宅中，妻子是東四命，先生是西四命，如何安排居住方法？如果住在北邊的區塊，先生要居於此區塊的西邊，因為先生是西四命；而妻子要居在中間，因為中間在此區塊是偏北，合乎東四命，這段論述大抵就是以區塊討論區分出東四命與西四命的適宜方位，其實就是「物物一太極」東西二分的概念。

2、「安床大端，首向東南可耳」，這段話是銜接「若居西房，則夫居中間，妻居正間，或正北，與北，即可作坎離論矣。」，因為論「坎離」是為東四卦，所以「首向東南」。夫妻不同命，以夫為主。

3、《陽宅集成‧房床》補充交代：「假如床坐北向南，(當)作『坎』床，論生旺，坎屬水，為中男，其床是夫。若開門於東南隅，飛宮九紫屬火，為中女，其門是妻。以床剋門(一坎水剋九紫火)，主妻宮患火症，又應下元剋妻(九紫離火在下元)，一卦三山論。」這段還是「物物一太極」，但彌補了《八宅明鏡》的盲說。

(十九)、九星制伏

四吉星與四凶星各有方位，非比「星」與「宮」的關係在同一方位，因此指灶位「壓煞迎生」。

生氣降五鬼。天醫欺絕命。延年壓六煞。制伏安排定。

生氣屬木，五鬼屬火，生氣木只能送給五鬼火好處，如何「降」之？天醫巨門土只能生絕命破軍金，如何「欺」之？延年武曲金只能生六煞文曲水，怎能「壓」之？因此講的是灶口「壓煞迎生」時，向著吉方的星性五行，是生灶的凶星五行。現在是瓦斯爐天下，這條備而不用。但房間內吉方何其少，若用在安床也適宜採用「壓煞迎生」。

(二十)、灶卦方向訣

灶口就是納柴進爐中燃燒的進口。《八宅明鏡》言之鑿鑿：「此口能速發吉凶，期月即驗。如東命人灶口向東吉，向西凶。西命人朝西吉，東向凶。必須燒火之人背對吉方，面向火門。」

灶座論方不論向，灶口論向不論方。……安本命凶方則吉，壓本命吉方則凶，屢試屢驗。

1、如壓本命生氣方，應主墮胎，或無子，背人誹謗，不招財，人口逃亡，六畜破敗。

2、如壓天醫方，應主久病，臥床體弱，肌瘦服藥不效。

3、壓延年方，應主無財少壽，婚姻難成，夫妻不睦，人口病田畜敗。

4、壓伏位方，應主無財困苦，諸事不順。

5、壓絕命方，應主康壽，添丁生男，易養發財，進人口。

6、壓六煞方，應主無訟，有財無火災，不損人口。 7、壓禍害方，應主無訟無病不退財。 8、壓五鬼方，應主永無大盜，召奴婢多人，忠心助主，發財無禍，不病田畜大旺。

1、生氣管人丁，灶壓生氣就是先唱衰墮胎、無子、人口等，然後財與畜生。

2、天醫管治病，壓天醫就是久病、臥床、服藥無效。

3、延年管財星，灶壓延年不光唱衰鈔票，還帶衰壽命、婚姻、田畜。

4、伏位是財位，財去沒錢難辦事，諸事不順。

5、絕命管人丁與壽命，鎮壓絕命就健康長壽，添丁發財進人。

6、六煞方文曲水，就不犯火災、訴訟，損丁。

7、禍害不外訴訟、生病、劫財，鎮壓禍害則無訟、無病、不退財。

8、五鬼就是盜賊，鎮壓五鬼則盜賊退去，奴婢僕役忠心耿耿，發財無禍，田畜大旺。

總之，吉凶論法還是依照星性的特質脈絡加以引申論述。

宅法灶座論方，而灶口為論向，如兌命人、灶口向兌、則為伏位、百事如意，兌命人灶口向乾，則為生氣灶，生財得子。兌命人灶口向坤，則為天醫，灶主無病，如有病即癒。兌命人灶口向艮，則為延年灶，主和合去病增壽。此四灶口，與兌命一路，皆西四命西四灶也。餘所向則犯禍害、六煞、五鬼、絕命，而凶立應矣！

灶要壓凶方，灶口向吉方，排煙道向凶方。如果年命起兌(將年命當坐山)，灶口向兌是伏位，百事如意。灶口向乾得生氣，生

財得子。灶口向坤是天醫，灶主無病，有病即癒。灶口向艮得延年，夫妻和好，去病增壽。因為西四命得西四灶口。其他方向則是禍害、六煞、五鬼、絕命，不宜相犯。

> 若房門房床碓廁之類，只論背坐之方，不論向。如東四命人，房床俱宜向東四一路，若反在西，即宜改房東方則吉，餘可類推。

灶要進氣所以要向吉方，故灶有方向性。但房門、房床、碓廁之類，只論「背坐之方」，即是該物之坐卦，是因為房門房床碓廁之類，是在原地作用並無強調方向性。因此例如東四命人，房床俱宜在生氣、延年、天醫、伏位等吉方。如果反在西邊則改到東邊四吉方。

> 假如人有朝南屋一所，以左十數間為東方，如正一間房朝南，亦以房內左邊為東方也。凡灶座煙道客廁，但壓得本命凶方，反致大福，若欲移過必慎其所移之方，或誤移凶方，或因移來路陰陽者，必有凶應，略過尺，其移動亦有應驗。

假如有朝南房屋，左邊龍邊有十餘間房屋(同一所有人)，「如正一間房朝南」，如果最正中也是朝南，就當成是全部朝南，都以房內的左邊為東方。凡灶座煙道客廁，壓本命凶方大致為福；如果要移動位置必須謹慎，以免吉未至禍先到。「略過尺」，稍微超過尺寸就有應驗。

（二十一）、增分房

> 分房者，祖孫父子叔姪兄弟，所居房床方向也，雖未分居各爨，而房內床之丈基尺地皆是，如西命宜在父母床身之西安床吉，東則凶。此法不論樓之上下，只論尺地之方合命，便無疾病，而有福壽也。故兄弟東命居東，西命居西則吉。切勿執哥東弟西之俗例。

分房是家族人事生活的變動，就以分到的房間內判斷東西。例如以父母為人倫太極，父母床位為方位太極，東四命居住到父母床之東，西四命居住到父母床之西。不論房間大小、樓上樓下都一樣原則，不管左大右小，男左女右之論。

（二十二）、驗過吉凶八位總斷

> 易有八卦，宅有八方之向。又分四吉四凶，乃人人有之者也。
> 1、八方之內第一吉星曰生氣，貪狼木星，凡令得此生氣方卦，必有五子催官，出大富貴，人口大旺百慶交集，至期月即得大財。
> 2、第二吉星曰天醫，巨門土星，若夫婦合命得之，及來路、房、床、灶向得天醫方生有三子，富有千金家無疾病，人口六畜大旺，至期年得財。
> 3、第三吉星曰延年，武曲金星，凡男女生年得延年卦，來路、房床、灶口向得之。主有四子，中富大壽，日日得財，夫妻和睦，早婚姻，人口六畜大旺，吉慶綿來。
> 4、第四吉星曰伏位，輔弼木星，得之小富中壽，日進小財生女少男。然灶口火門，向宅主之伏位方，天乙貴人到伏位，其年必得子又好養，最準。

以上四吉方，宜安床、開大門、房門，又宜合元運，安香火、土地祖祠、店鋪、欄倉等類俱宜合四吉方，忌四凶方。

1、第一凶星曰絕命，破軍金星，宅內方向本命犯此，主絕子傷嗣，自無壽，疾病，退財，散田畜，傷人口。

2、第二凶星曰五鬼，廉貞火星，犯此主奴僕逃走，失賊五次(呼應五鬼)，又見火災患病，口舌退財，敗田畜，損人口。

3、第三凶星曰六煞，文曲水星，犯之失財，口舌，敗田畜，傷人口。

4、第四凶星曰禍害，祿存土星，犯之主有官非疾病，敗財，傷人口。

凡本命四凶星，反宜安廁坑糞缸，灶座煙道，井碓缸磨。柴房、客座床桌為空間之房。此數件壓本命四凶方上，鎮其凶神，不但無災，而反致福也。有家者，宜慎之信之。

以上說明四吉星與四凶星之性質。其中柴房、客人的房間、廁坑、坐位、桌子都是宜安排在凶方。《八宅明鏡》:「貪(狼)巨(門)武(曲)文(曲)為陽星。祿(存)破(軍)廉(貞)輔(弼)為陰星。乾坎艮震為陽宮。巽離坤兌為陰宮。」陽星剋陰宮不利女，陰星剋陽宮不利男。

(二十三)、求財論

凡求財須元命合灶口吉向。若合生氣大富，期月得大財。如生氣木星應在亥卯未年月，合天醫巨門土星，應在申子辰年月，發財有千餘金。合武曲延年金星，日月進財，中富。合伏位輔弼木星小富，日有小財進益，應亥卯未年月，屢是屢驗。

《八宅明鏡》特別強調：「凡強求敗德者不準」，故自認此法不準者，可能落入遭人懷疑自己無德的處境。灶口向吉方，然後依據吉星生氣、天醫、延年、伏位等級分判大富、中富、小財等。求財對於八宅法而言是一套定路，在格局與方位不變之下，求財就定案了。問題每年都一樣嗎？當然每年飛星有所不同就應有流年財位的規劃，請參閱第五章紫白飛星。

《八宅明鏡》上卷〈三元命卦配灶卦訣〉，討論火門若紫白遁到生氣，亦可催財。

> 1、灶屋方位，宜壓本命之絕(命)、六(煞)、禍(害)、五(鬼)方煞，不宜犯其宅其年之都天五黃。即灶口宜向本命之生(氣)、天(醫)、延(年)、伏(位)方，亦不宜向本宅之都天五黃。
> 2、故催財宜向生氣，而坤、艮二命五黃在坤、艮，生氣亦在坤、艮，因五黃同在坤、艮不宜向，向則有災。催財丁，灶口宜向伏位，俟其年天乙貴人到命，必生子，極驗。
> 3、天乙貴人，即坤也。如上元甲子逆輪庚辰年，三碧值，即以碧入中，四乾、五兌、六艮、七離、八坎、九坤、一震。若巽命人伏位灶，即天乙坤到命也。灶日用紫白遁得生氣到火門，催財亦驗，六十日應。

1、這段說明灶坐壓在凶方，灶口向吉方。都天五黃煞就是戊己都天煞，每年方位不同，其求法以天干配地支，看戊己所在之地支位置為何，該地支所在方位就是戊己都天煞，簡單說，以天干起五鼠遁。例如，甲己之年起甲子，得甲辰、己巳，所以都天五黃煞在辰巳方。如果八宅之四吉方為當年之都天五黃煞仍不宜興建廚灶，至於往後五黃煞輪值至此方，若無動土則無煞可言。

2、五黃之求法，以離命人為例，離九入中宮，依順序飛洛書九數，坎一到乾宮，坤二到兌宮，震三到艮宮、巽四到離宮，五黃到坎宮。五黃不宜動土。

3、流年天乙貴人：「甲戊庚牛羊，乙己屬猴鄉，丙丁豬雞位，壬癸兎蛇藏，六辛逢馬虎，此是貴人方。」天醫巨門土就是天乙，看巨門方位。

（二十四）、門樓玉輦經

一般《門樓玉輦經》標示在羅盤最外圈周邊。專門論述住宅大門方位的一門學科。二十四山之中設置二十四處門，各主不同吉凶，大凡發福之宅，基本上都能符合《門樓玉輦經》。

1、福德安門大吉昌，年年得寶進田莊，子弟得科甲、後代不尋常。

2、瘟疫之門莫安門，三年五載染時瘟，更有陰人來自縊，女人生產命難存。

3、進財之位是財星，在此安門百事興，六畜田蠶人丁旺，加官進爵振家聲。

4、長病之位疾病重，此位安門立見凶，家長戶丁目疾患，少年暴死牢獄中。

5、訴訟之方大不祥，安門招禍惹非殃，田園口舌陰人耗，時遭口舌惱肚腸。

6、官爵安門最高強，德業榮身入帝鄉，庶士當年財大旺，千般吉慶自榮昌。

7、官貴位上好安門，定主名揚爵位尊，田地資財人口旺，金銀財寶不需論。
8、自吊位上不相當，安門立見有災殃，刀兵瘟火遭橫事，離鄉自縊女人傷。
9、旺莊安門正是良，進財進寶及田莊，比如田農來送契，大獲蠶絲財利旺。
10、興福安門壽命長，年年四季少災殃，仕人進職家官祿，家人發福置田莊。
11、法場位上不堪當，若安此位受刑傷，多遭牢獄與枷鎖，徒中發配出他鄉。
12、顛狂之位不可誇，生離死別及顛邪，田地消退人口散，水火瘟疫絕滅門。
13、口舌安門最不祥，最惹無禍橫災殃，夫婦相煎逐日有，兄弟無端爭鬥強。
14、旺蠶位上好修方，此位安來家道昌，六畜絲蠶皆大利，坐收米穀滿倉箱。
15、進田位上福綿綿，恒招財寶子孫賢，更主外人來寄物，金銀畜積富園田。
16、哭泣之門不可開，年年遭禍敗家財，橫死少年男與女，悲號哭泣日盈腮。
17、孤寡之方災大凶，修之寡婦坐堂中，六畜田蠶俱損敗，更兼人散走西東。
18、榮昌位上正堪修，安門端正旺人稠，發積家庭災禍滅，富貴榮華事業興。
19、少亡之位不可談，一年之內哭聲慘，好酒之人多誤死，家門傷子死天涯。
20、娼淫之位不堪修，修必淫亂事無休，閨女懷胎隨人走，舉家老少不足羞。
21、親姻位上好修方，修之親戚皆賢良，時日往來多吉慶，金銀財寶盈滿箱。
22、歡樂門修更進財，恒有微音人送來，田蠶六畜皆興旺，發福聲名響似雷。
23、絕敗之方不可修，修必零落不堪愁，人丁損滅無蹤跡，父子東西各自投。
24、旺財門上要君知，富貴陞遷任發揮，顯達人丁家旺盛，一生豐厚壽齊眉。

《八宅明鏡》略以：凡開門放水之法，都因鄉俗國度不同而有異，有以五音論者，有以八卦論者，有以游年生氣吉星貪狼論者，有以山向入首龍論者，有以來路爻象年命吉星屬土一白、六白、八白九星論者。用法不同，取用不一。《門樓玉輦經》的安門方位首選山川形勢，如龍砂水不能配合成局仍不可取，龍吉水吉砂吉又能取用《門樓玉輦經》的吉利方位，必發福而萬無一失。

（二十五）、門公尺

門公尺的用法如下：(摘自「永寧通書」)

1、門造「財」星最為良，大門招得外財糧，田牛蚕馬時時進，富貴榮華福壽長。
2、門安「病」字大不祥，厄難延綿臥病床，太歲刑沖來破損，十人八九發瘟症。
3、若用「離」星作大門，離鄉背井亂人倫，家業錢財多破損，機謀用盡粟無存。
4、大門「義」字蔭義兄，公門衛舍正相宜，庶人房屋如此用，定招淫婦與道尼。

5、「官」字作門須留心，若作衙門大吉昌，庶人用此遭官事，爭訟無休淚汪汪。

6、「劫」字安門有禍殃，遭盜擄掠甚難當，若欲流年來沖剋，又因獄訟在官場。

7、「害」字安門不可憑，退盡田園苦伶仃，災難疾厄年年有，小人日夜又來侵。

8、「本」星造門進官田，大發財穀永綿綿，絲蚕牛馬人丁旺，加增吉慶產英賢。

「門公尺」上的字有四黑四紅，一般人以為紅字就是吉祥，其實不然；門公尺在一般住宅而言，「財」和「本」是最適合的，義和官字也是紅字，但各有不同用法。「義」字建寺廟、廚房門、媳婦房門、神桌、灶位高度可用。「官」字官府可用，若官府大門用「財」字，庶民爭財肯定鬥不過官，等著吃苦了。

梁湘潤大師《陽宅實務透解》另有看法：「……大抵是專指用在『門』上為主。……常見一般人士，用『尺法』之時，不問任何『宅命』，一律俱皆是用相同的一把尺度。而且俱皆以相同的『起點』作為『基準』，而去尋查其『財、病、離、憂、官、劫、害、本』，而定其『尺法』之吉凶。這一種『尺法』的使用，是近於『應景』的樣式了。」又引經據典說：「魯班經營，凡人造宅門，門須用……須準合陰陽，然而使尺寸量度，會財吉星及三白星方為吉……要『魯班尺與曲尺』上下相同為好。」此中所謂「準合陰陽」者，是以「年命卦」之數序為基準。一白義，二黑離，三碧病，四綠財，五中吉，六白本，七赤害，八白劫，九紫官。例如坎命以「義」為起點。其中「病」宜用在廁所門。「義」

宜用於廚房門。其說有數術之本，敢用不敢用而已。

（二十六）、《陽宅集成》論八宅開門吉凶

因為門是氣口，陽宅之樞紐。《元髓經》略以：宅之吉凶，全在大門，大門之極吉者，坎宅巽門(生氣)，巽宅坎門(生氣)，乾宅坤門(延年)，坤宅乾門(延年)，震宅離門(生氣)，離宅震門(生氣)，艮宅兌門(延年)，兌宅艮門(延年)。上述宅與門的關係，非貪狼即是延年。民生居住問題是大事，而門戶是出入必經之地。《元髓經》重點如下。

1、木入坎宮，鳳池身貴(水木相生，應驗在科甲)。金居艮位，烏府名高(土生金)。金取土培，火宜木相。(宮星相生)。
2、水洩金枯，坎癸無恩於西兌(坎癸文曲水在兌卦洩金氣)。
3、火炎土燥，艮坤何樂乎南離(廉貞五鬼火，飛進艮坤土卦，火生土太旺，引用八字原理)。此東四所以分，而西四各自為隅也(所以西四卦是土金相生，東四卦是水木火相生，而沒有火土相生)。
4、然四宅之成爻，固取相濟而相比，乃八卦之配合，亦自有假而有真。東與南北東南，則東四皆可開門，西與西北東北西南，則西四皆可開門(指東四命在東四卦皆可開門，而西四命在西四卦皆可開門)。而一宅只取一門，如坎宅只取巽門，不取震離者，巽為真配，震離假配也。取真配者，乃天地定位，老陰(坤)之土，生純陽(乾)之金也，若坤配兌卦，則少女(兌)難投寡母(坤)之歡心。

前面「大門之極吉者，坎宅巽門」，是指合到生氣、延年的關係。所謂八卦之配合有假有真，必在於「真配」，而為何「震

離是假配」？因為先天八卦天地定位有陰陽相配的意思，如果坤配兌卦，雖然也是西四命在西四卦開門，但少女(兌)與老母(坤)在六親關係卻是對槓，也就不是「真配」。

山(艮)澤(兌)通氣，此少男(艮)之精，結少女(兌)之胎也。若艮配乾金，則鰥君(乾)豈有發生之機。

乾、坤、艮、兌固然是西四命配西四卦，但少男(艮門)與少女(兌宅)是陰陽有情相配。反之，艮門配乾宅，雖然也是西四命配西四卦，但少男與老父都是陽陽相斥，談不上發財而生生不息的機運，這裡指乾宅開兌門，雖然是生氣門，開在肚臍右下也不合理。

括坤艮適偶比之情，乾兌亦假鄰之誼。

坤宅艮門，雖然也是西四命配西四卦的生氣，但貪狼生氣木剋坤土，星剋宮。乾宅兌門，兌宅乾門，亦生氣木也，星為金宮所剋，俱非全吉。故稱「假鄰」，並非真配合，還是不宜開大門。

若夫雷(震)風(巽)相薄，雙木取成林之象；水(坎)火(離)不相射，坎離成配濟之功。

震宅離為大門，而巽上通一便門，為雙木成林，坎宅離門水火不相射，再加上巽門屬木，水木火一路通關，大吉。或者坎宅將大門開在巽，房屋內之二門開離，為水火既濟，大吉。注意「二門」是指第二進的門，而不是兩個房門。

水(坎)木(巽)相生，則水為木氣之主：木(震)火(離)通明，則木乃火神之根。

坎宅巽門，巽宅坎門，中男長女相配，又得生氣門水木相生。離宅震門，震宅離門，長男中女相配，又得生氣門木火通明，指

男女相配異性相扶就是好事。

巽木生離宮之火，然純陰而不發；震陽發南離之燄，其聚也成雷，必聲聞而不已。

巽木雖然生出離火，但陰對陰，長女對中女互斥。震木長男屬陽，生發於離火中女，而震為雷，故開此門家聲萬里揚。見離宅(坐山)開震門生氣是腰門，開巽門則是天醫門雖生離，以長女中女純陰不吉，而且開在右肚臍下不合理。以上是對八宅法較深層的解釋，突破四吉星與四凶星的解釋。

坎與震而暫交，巽與離為假合。

坎水與震木雖然都是生氣木，但同性相斥，純陽而不化。離火與巽木純陰不育，可開便門不可開大門。

陽宅一定有生氣、天醫、延年三吉方。三吉之中，惟一方為真合，其餘二方為假合，可以用在便門床灶，有增加福氣的作用。但以上述真合之方開大門，才是硬道理。倘此方砂水及屋脊尖射，不可開門，即於假合二方，選擇較為妥善者開門。<u>宅之吉凶，全在大門，故必吉方，求陰陽配合，其便門、房門、床、灶、祖祠，只要在三吉方即可，而是否陰陽相配，可以不必拘泥。動宅門遠屋多，其應遲，靜宅門近屋少，其應速</u>。

五、《山水發微》論八宅法

陽宅理論有以「宅主年命」為主體論吉凶，因此同一戶陽宅，同一個方位對某人論吉，對某人論凶；反之，以「宅卦方位」為主體的理氣法，則有適合某人或不適合之類的問題。八宅法也有這種問題，東四命適宜居住在東四宅，西四命適合居住在西四宅，問題在一家人各有東西年命，如何解套？陽宅化煞不外以改門、移床、遮擋、吉祥物化煞等手法處理，這時可以前述「天機木星法」或紫白飛星與移宮換位「物物一太極」計算理氣。

《山水發微》提到三元水法：「陽宅方面的開門立向，除了選擇與宅主的年命合為吉方外，便是所立的方向須要當運，而且要使來水當運。因為經盤上的八卦與天干地支的配合成為二十四方位以後，於是乾坤艮巽，子午卯酉相為經緯，是為天元；甲庚壬丙，辰戌丑未而為地元；乙辛丁癸，寅申巳亥，則為表裡以成人元。而天地人三元水法的使用又各有序列，乾坤艮巽的向，必須子午卯酉的來水。子午卯酉的向，則需乾坤艮巽的來水，尤須當運。甲庚壬丙的向，就要辰戌丑未的來水；辰戌丑未的向，就要甲庚丙壬的來水，也要合運。乙辛丁癸的向，要寅申巳亥的來水；寅申巳亥的向，要乙辛丁癸的來水，也要當運。因為三元九運中，各數所包含的運，每運都各有一個天地人元。」天元可以與人元互兼，但地元不可以。

陽宅實務最棘手的並不是理氣法的盲點，或使用何種理氣法的抉擇問題，因為相當程度後自然有所定見，反而是在建築物千奇百怪的時代，坐山如何決定而已。八宅法定坐山，一般以坐山清晰時作為伏位。坐山不明以明堂清爽為向，向的沖方就是坐山。物物一太極，亦仿此。

（一）、《山水發微》卦變與理數

依照八卦的變化，凡每卦變上爻都是生氣貪狼木星，如乾變兌，兌變乾，離變震，震變離，坤變艮，艮變坤，坎變巽，巽變坎，都是互相生助，所以貪狼生氣木為第一吉星。以四象來說，乾、兌都是同根於太陽，坤、艮都是同根於太陰，而離、震則是同根於少陰，坎、巽則是同根於少陽。拿河圖生成之數再配先天八卦洛書數來看，乾九兌四，是四九為友；坤一艮六，是一六共宗；離三震八，是三八為朋；巽二坎七，是二七同道，與理數自然相配。

各卦變下二畫都是天醫巨門土星，如乾變艮，艮變乾，兌變坤，坤變兌，離變巽，巽變離，坎變震，震變坎，也是互相生助，但天醫巨門非同根於四象，不若生氣的自然，所以列為第二吉星；拿河圖的數來對照，凡成五、成十、成十五的數，都是相合。以先天八卦配洛書數而言：乾是九。艮是六，九六相合十五。兌是四，坤是一，一四相合為五。巽是二，離是三，二三相合為五。坎是七，震是八，七八相合為十五。

各卦三畫都變是延年武曲金星，如乾變坤，坤變乾，艮變兌，兌變艮，坎變離，離變坎，震變巽，巽變震，也都是互為生助。但離坎互變是水火相剋，雖為夫婦配合，而終有損，未必是完全相生，所以次於延年，列為第三吉星了。參看河圖的數，乾坤是九一相合為十，艮兌是六四相合為十，離坎是三七相合為十，震巽是二八相合為十。

各卦三畫都伏不變，是伏位輔弼木星，安詳無為，可進可退。然而乾、坤、艮、兌西四，忌坎、離、震、巽東四相剋，坎、離、震、巽東四，忌乾、坤、艮、兌西四相剋，以河圖的數來說，伏位都是各卦本體，而各卦之所由出，都是河圖生成之數，所以與數相合者吉，不合者凶。

各卦變中一畫是絕命破軍金星，離火剋西四乾金，兌金剋東四震木，坤土剋東四坎水，巽木剋西四艮土。於是仇讎相報，不絕不休，所以絕命破軍金星列為第一凶星。

各卦變上二畫是五鬼廉貞火星，乾金剋震木，巽木剋坤土，艮土剋坎水，離火剋兌金。其凶雖和絕命相同，但卦比絕命純柔，所以列為第二凶星。

各卦上下二畫都變，是六煞文曲水。乾、坎互變(金生水)，艮、震互變(木剋土)，巽兌互變(金剋木)，離坤互變(火生土)都是六煞，但離坤、乾坎兩組是相生，震兌、艮震兩組是相剋。因為生剋兩相混淆，而成為晏笑戈甲(笑裡藏刀)，所以列為第三凶星。

各卦變下一畫，都是禍害祿存土星，乾變巽，巽變乾，震變坤，坤變震。是乾金剋巽木，震木剋坤土。離變艮，艮變離，坎變兌，兌變坎，是離火生艮土，兌金生坎水。有生有剋，但生者無恩，剋者盡剋，所以列為第四凶星。以上各凶星，與生成之數對照，無一相合，真是理數自然之妙。以上王德薰《山水發微》將八宅法的理由講得比《八宅明鏡》這本書更透徹而明瞭。

(二)、《山水發微》四吉四凶所主

《山水發微》：易有八卦，宅有八方，而八方之內，又有四吉方和四凶方，這是人人都有的。其中以生氣貪狼木，為第一吉星，凡男如命卦，合得生氣方的，主有五子，可以催官出富貴，大旺人丁，百慶交集，逾月即可得大財。但生氣貪狼屬於木星，臨在坎、離、震、巽為(水火木一氣相生)得位最吉，臨在乾兌，則因為金剋木，叫做內剋(宮剋星，龍困淺灘)，反主不吉。臨在坤艮是木剋土，叫做外戰減吉(星剋宮，星要耗力)。(關於內剋外戰，詳述於後面星宮陰陽生剋。)生氣的吉利，應在甲乙亥卯未，屬木的年月。凡求財求子，催官出貴，都要得生氣方。

天醫巨門土，是第二吉星。凡男如命卦合得天醫方，主有三子，富有千金，家無疾病，人口田畜大旺，逾月得財，但天醫巨門屬土星，臨在乾、兌、艮、坤(都是土比合或生金，不剋宮或不被宮剋就是好事)，叫做得位，主吉利；在坎卦叫做外戰減吉(星剋宮，星要耗力)。天醫的吉利，應在戊己辰戌丑未屬土的年月。凡得天醫方，可以卻病除災。

延年武曲金，是第三吉星。凡男女命卦合得延年方，主有四子，中富大壽，日日得財，夫妻和睦，早得婚姻，人口田畜大旺。但延年武曲屬於金星，臨在乾、兌、艮、坤、坎(土金水一氣相生)，都是得位吉。臨在離卦，則是內剋主凶(宮剋星，虎落平陽)。在震、巽為外戰減吉(星剋宮，星要耗力)。延年之吉，應在庚辛巳酉丑屬金的年月，凡得延年方，可以增壽卻病。

伏位輔弼木，是第四吉星。凡男女命卦，合得伏位方，主小富中壽，惟生育方面，女多男少。如果把爐灶的火門，朝向宅主命卦的伏位方，值天乙貴人到宮，其年必得子，又好養最準。但伏位輔弼屬於木星，臨在離、坎、震、巽叫做得位主吉，臨在乾兌為內剋主凶，在坤艮是外戰減吉。

1、絕命破軍金是第一凶星。凡男女命卦犯此方向，主絕嗣，壽夭多病，退財產，傷人口六畜。絕命破軍屬金星，其凶便應在庚、辛、巳、酉、丑年月，凡疾病死亡，都是犯絕命破軍方。

2、五鬼廉貞火為第二凶星。凡男女命卦犯此，主奴僕逃走，失竊，火災，患病，口舌，退財，傷人口，散田畜。五鬼廉貞屬火星，其凶應在丙、丁、寅、午、戌年月，凡官訟口舌都是犯五鬼廉貞方。

3、六煞文曲水為第三凶星。凡宅內方向，與本命相犯的，主失財，貶斥，口舌，敗田畜，損人口。六煞文曲屬水星，其凶應在壬、癸、申、子、辰年月。凡耗散盜脫，都是犯六煞文曲方。

4、禍害祿存土，是第四凶星。凡宅內方向，與命卦相犯，主有官非，疾病，敗財，傷人口。禍害祿存屬土星，其凶應在戊、己、辰、戌、丑、未年月。爭鬥仇殺，都是因犯禍害祿存方。

以上四大吉利的方位，最宜宅向、開門、安床、作灶，不宜作其他雜屋。四大凶星的方位，最宜廁所、灶座、烟通、碓輾磨房等，以鎮其凶，不但無災，反可致福。造宅新建的，固不可不慎，而遷徙移居的，更可妥為選擇。

（三）、《山水發微》星宮陰陽生剋

《山水發微》論宮陰陽生剋：「星」是指貪狼、巨門、祿存、文曲、廉貞、武曲、破軍、輔弼而言。「宮」是指八卦中的乾、坎、艮、震、巽、離、坤、兌而言。貪狼生氣屬震木，巨門天醫屬艮土，武曲延年屬乾金，文曲六煞屬坎水。因為這四個星都在陽方，所以都是陽星。祿存禍害屬坤土，破軍絕命屬兌金，廉貞五鬼屬離火，輔弼伏位屬巽木。因為這四個星都在陰方，所以都是陰星。乾、坎、艮、震在陽方，屬於陽宮，巽、離、坤、兌在陰方，所以屬於陰宮。

凡陽星臨於陽宮，陰星臨於陰宮，叫做宮星同道，不論生剋。如果陽星臨於陰宮，或者是陰星臨於陽宮，都叫做宮星相剋。星為內，宮為外。星來剋宮，叫做內剋外。宮來剋星，叫做外剋內，即謂之外戰。凡內剋外半凶，外剋內則為全凶。關於《山水發微》

將星為內，宮為外之說法，有風水師認為是錯誤的觀念，應該是宮在內，星在外，本書僅如實陳述《山水發微》之見解，遑論王德薰前述點出；「作者特為改正，以向為主，較之坐山論宅者，吉凶禍福尤為準確。」顯然基本理論相同，但實務操作各有千秋。[1]各家所執，皆有所本。

舉例來說，乾金是陽宮，臨於輔弼木陰星，便是陽金來剋陰木，因為是宮來剋星，所以叫做外剋內全凶。貪狼木陽星，臨於坤土陰宮，便是陽木來剋陰土，陰位是星來剋宮，所以叫做內剋外。而所受剋的都是陰，故所主的，都是女人不利。兌金屬陰宮，臨於貪狼木陽星，是陰金來剋陽木，因為是宮來剋星，所以叫做外剋內全凶，男人不利。祿存土屬陰星，臨在坎水陽宮，這是陰土來剋陽水，因為是星來剋宮，所以叫做內剋外。而所受剋的都是陽，故所主的，都是男子不祥。

由於上面所說的星宮陰陽生剋的道理，乾命人(坐山)的生氣方在兌卦，雖是吉方，無奈兌金屬陰宮，貪狼生氣木屬陽星，是宮來剋星，外剋內，主男子不吉。艮命(坐山)人以坤卦為生氣方，

---

1 《陽宅集成‧第十三看》:「一宅之內，父子兄弟共居，年命有不同者，其門戶井灶等項，豈能悉合。蓋命有東西四宅之分，屋有東西南北之別，故統一宅而論。凡層間之吉凶，大門之興敗，或論流年八卦，或觀紫白九宮，或符貫井翻層，或合宅長年命足矣。至於各人分住幾間，門戶井灶床房，與夫方位路徑，必須又合其人之命，則盡善盡美矣。」按《陽宅集成》成書在約乾隆十三到十九年間，而《八宅明鏡》成書在約乾隆五十五年；換言之，以兩本書的結構與內涵與年代作比較，應該是《陽宅集成》體系較為完整而龐大，因此應該是《八宅明鏡》撿拾《陽宅集成》部分內容，而作者以筆記式雜亂記錄，自縛於「宅之坐山為福德」，而漏掉「年命分房法」。而王德薰早已超越《八宅明鏡》上溯到《陽宅集成》而融會貫通。

但生氣貪狼木屬陽星，坤土是陰宮，是星來剋宮，主女子不吉，所以都有避忌的必要，餘仿此類推。

（四）、《山水發微》納音五行的運用

《山水發微》論納音五行之運用：羅經三盤都有六十甲子，所謂六十甲子，是把六十花甲所配的天干地支，依據前述的「納音五行源始」所得的金、木、水、火、土的五行，它所得的納音五行是：甲子乙丑金，丙寅丁卯火，戊辰己巳木，庚午辛未土，壬申癸酉金，甲戌乙亥火，丙子丁丑水，戊寅己卯土，庚辰辛巳金，壬午癸未木，甲申乙酉水，丙戌丁亥土，戊子己丑火，庚寅辛卯木，壬辰癸巳水，甲午乙未金，丙申丁酉火，戊戌己亥木，庚子辛丑土，壬寅癸卯金，甲辰乙巳火，丙午丁未水，戊申己酉土，庚戌辛亥金，壬子癸丑木，甲寅乙卯水，丙辰丁巳土，戊午己未火，庚申辛酉金，壬戌癸亥水。

因為十天干和十二地支的挨次相配，於是十二地支便產生了各有五個不同的天干。如子宮有甲子、丙子、戊子、庚子、壬子。午宮有庚午、壬午、甲午、丙午、戊午等是，而各宮金木水火土的納音五行全備。如子宮的五子，甲子是金，丙子是水，戊子是火，庚子是土，壬子是木。午宮的五午，庚午是土，壬午是木，甲午是金，丙午是水，戊午是火。不但如此，而且它的五行次序，完全和納音五行一樣，一火、二土、三木、四金、五水。子宮的戊子和午宮的甲午相對。但，羅經的午宮何以起於庚午？這是自甲子起，順序排列至癸亥而終，因此由甲子歷乙丑、丙寅、丁卯、戊辰、己巳而至於庚午，所以午宮起庚午。

羅經上面各宮的納音五行，和陽宅有極大的用處。因為各宮都包含水、火、木、金、土的五行，於是與年命相配，便發生了生剋的不同。如年命是甲子生，甲子的納音是金，而用了納音屬火的方向，則是金被火剋，如果用納音屬土的方向，便是土來生金。所以雖同在一宮之中，而生剋吉凶各異。因此立宅、開門、安床、作灶的時候，對於宅主的年命(以出生年起排山掌)必須配合得宜。尤其爐灶為飲食之源，所主的吉凶禍福最快。萬一安置爐灶的地方，限於地域，不辨灶口的方向，自不能合得命卦的四吉方，就必須平分納音五行，使宅主的年命相生相助，否則大凶。簡單說，二十四山(每山十五度)每山都配有納音的五行(除五)，等於精準計算到三度內可以彌補東西四命混雜的缺陷。

所謂「宅主」，是指直系血統的最尊親而言，如父母在堂，則以父親為主，父親去世，則以母親為主。夫妻二人則以夫為主，妻則輔助之。假如夫命屬東四，妻命屬西四，則雖以夫的命卦為主體，但在立向時，必須使納音五行，與妻的年命納音相生。或者立宅、開門、作灶以夫的命卦為主，安床則以妻命為主，否則妻不吉利。凡立宅、安門、作灶的方向，與年命相生為上吉，與年命相比和為次吉，年命生剋方向更次之，若方向與年命納音相剋，則主災禍。一般攻擊八宅法的理由在於認為強行分割住宅與人命為東西兩組，各自配合。在這裡似乎不盡然，其實任何理氣多少有盲點，在於如何補充而已。

（五）、《山水發微》分房安床、門戶爐灶、婚姻

一家人有東四命與西四命，所以各自有相宜的床位，凡屬於西四命，不論男女都要在父母床位的陰方。所謂「陰方」，即是

在父母床位的巽、離、坤、兌之方。凡屬東四命的也是不分男女，都要在父母床位的乾、坎、艮、震，不管距離遠近，不分樓上樓下，雖一尺一丈之隔都是。兄弟也是一樣，東四命宜住東，西四命宜住西。假如妻病，岳母來看護，病人是東四命，而床位在岳母床之西，則病更重，若在岳母床位之東，病可速愈。但床位不可當門設置，開門即沖床，巒頭不及格，理氣無用。

門與戶不同，「門」是兩扇，與外界相通出入；「戶」是宅內或房間的門。因為門與外界相連，所以門比戶還重要。方是方向，位是位置，門在某卦位上，與門向是兩回事，門坐吉卦還要向吉方。王德薰《山水發微》：「在陽宅方面應驗最快的，莫過於爐灶……想到楊公當日救世活人之法，更是常替病者另坐小灶或風爐，煮食藥物湯餅之類，把灶座壓在病者的凶方，火門朝向天醫吉方，於是有七日而愈，以及二十一日而愈的事實記載。」

關於爐灶的移改，灶座只論位置，不論方向，灶口只論方向，而不論位置。修宅的抽爻換象叫做改卦，另外遷移爐灶配合來路，叫做灶卦，而灶卦應驗極速。假如西四命人舊灶在東南巽巳方不吉，移改到西北乾亥方去，是從陰入陽；不論遠近，所裝成的卦，都要乾、坤、艮、兌之一的西四卦，灶口宜向西，西四命人用之甚吉，半月得財，年餘生子。東四命仿此。

關於灶座煙通(排油煙管)壓本命的凶方主吉，壓本命之吉方反凶，例如：

1、生氣方主墮胎無子，毀謗散財，人氣渙散，收成破敗。

2、壓延年方，財散壽促，婚姻無，夫妻吵鬧。

3、壓天醫方，主久病臥床，藥石無效。

4、壓伏位方，無財困厶，諸事不順。

5、如壓絕命方，主健康高壽，生男易養，進人口發財。

6、如壓六煞方，主有財，無訟獄水火之災。

7、如壓禍害方，主無訟無病，不退財。

8、如壓五鬼方，主無火災，無竊盜，奴婢員工忠心，助主發財，無禍不病，收益良好。

王德薰舉例乾命人，犯絕命離方，妻女皆淫亂，楊公令其改灶口向延年坤方，而將灶座煙通(排煙道)，壓助丙午丁離方，以除離卦之凶，有效。

《山水發微》談到如何促成婚姻：「凡婚姻遷延不成，或者求婚難遂，無論男女，可將床位移至父母床位(床頭靠山為伏位)的延年方(管妻財)，並將灶口也朝向本命的延年方。如無父母，則將床位移至延年方的位置，灶口亦要向延年方，於是婚姻可以速成。」例如一乾命人，楊公為其改灶口向延年方，又於父母身床之坤方(乾命坤方是延年)安床，合延年分房之法，果半載得妻。堪輿家配婚的要訣，與五行家合婚的方法，頗有出入。八宅法所提，例如坎命人最宜配巽命(坎命人生氣在巽)，主感情和洽，其次才是震(天醫)、離(延年)、坎(伏位)等。求婚灶口宜向延年(主妻財)離方，安床亦同；因為這是屬於個人之事，以個人年命起游年。其餘仿此。

(六)、《山水發微》救病、災禍、訟獄

《山水發微》談到救病例如：乾命人灶口誤用絕命離向，主傷子或不生子，疾病為心火旺盛剋肺金，先心痛，而後痰火、咳嗽、氣喘癆病等；或頭痛、腦溢血等。犯震(五鬼)巽(禍害)二方有

肝病目疾，跌傷手足、癱瘓等。犯坎方有傷寒、瘧疾、腎虛、腎結石、婦女病等。例如一乾命婦人，灶口犯坎(六煞)向，有赤白帶、阻經、小產等病症，後改向天醫艮方，病即癒。大抵所患之病還是以凶星之五行性判斷，例如六煞文曲水主腎尿，五鬼廉貞火主心臟、眼睛，禍害祿存土主脾胃之類。

談到災禍預防，《山水發微》略謂：「乾命犯絕命離向，主火災，仲媳(離中女應在二媳婦)忤逆，傷妻女，或妻女淫亂，而至於絕滅。犯坎方(六煞文曲水)來路灶向，有人命關聯。犯震方(五鬼廉貞火)則奴僕竊取逃走，人口逃亡，遭火災(廉貞火的聯想)賊偷之事，兼傷長子(震卦為長子)，犯巽方(禍害祿存陰土，陰土是老母)傷母，傷妻，及長子女(巽為長女)。」災禍總是應驗在卦位六親代表性與凶星五行性。其次，個人事個人年命起游年。

大凡宅向、門向、灶向，犯命卦的四凶方，沒有不遭受災禍與疾病的。而四凶方中，犯六煞、禍害、五鬼方的又以官非訟獄為多。例如某兌命人，大門向甲，屬震方絕命，灶口巽向犯六煞，因替人擔保，惶恐終日，於是將前門改成寅向，得艮方延年，並將灶座壓坎方禍害，爐灶火門改向乾方生氣，後果無事。又一坤命人，前門犯離方六煞，廚灶犯巽方五鬼，居住僅兩年，即因人命關聯，遭受官非，雖事出誤會，但初審已判徒刑，後急改前門為天醫兌向，並將廚灶壓震方禍害，火門向西得天醫吉方，三審後無罪。

六、《陽宅集成》論八宅法

（一）、九星總論

《陽宅集成‧九星總論》:「六煞先須損一人，五鬼當年見火侵；禍害陰陽均不利，絕命人口見邅迍。天醫廣進萬箱來，延年安樂無災氛；生氣貪狼百事遂，兒孫貴富世無雙。」以天醫適宜養生調理。延年適宜財位、婚姻。貪狼適宜科名、桃花、社交。

1、命之四吉方，宜安床房，開大門，安香火，以及土地祖先祠堂，店鋪後門、倉庫、書房、園圃、畜所，宜安於四吉方之上。

2、灶口宜向之，來路宜通之，分房宜合之，修方宜修之。指灶口、來路、分房、修方，一律指向吉方。

3、坐山宜合命之吉方，房屋并地基，宜四吉方高，折水放水，宜四吉方去。

4、妻元、塋元、灶卦、照水經、輪門法順逆、大造(動工)日期，皆宜合命之四吉方向，大吉。

5、第一凶星曰絕命，第二凶星曰六煞，第三凶星曰五鬼，第四凶星曰禍害。

6、凡本命四凶方，反宜安坑廁、灶坐煙囱，井碾水缸磨、柴房、人客起坐、床桌、空間房，此數件，俱宜安壓於本命四凶方上，鎮其凶神，不但無災，反而致福矣。

（二）、《陽宅集成‧八宅開門吉凶斷》

〈元髓經〉：宅之吉凶，全在大門，大門之極吉者，坎宅巽門，巽宅坎門，乾宅坤門，坤宅乾門，震宅離門，離宅震門，艮宅兌門，兌宅艮門。大哉居乎，民生攸係。門戶乃必由之路，來路名氣口之樞。木入坎宮，鳳池身貴；金居艮位，烏府名高。金取土培，火宜木相。水洩金枯，坎癸無恩於西兌(水會洩掉金氣)；火炎土燥，艮坤何樂乎南離(艮坤土在離宮過燥)。此東四所以分，而西四各自為隅也。指坎水來洩乾兌，離火讓坤艮太燥熱，就此坎、離、震、巽組成東四卦，將乾、兌、艮、坤組成西四卦。

「東與南北東南，則東四皆可開門，西與西北東北西南，則西四皆可開門。而一宅只取一門，如坎宅只取巽門(生氣)，不取震離者，巽為真配，震離假配也。」取真配者，乃天地定位，老陰(坤)之土，生純陽(乾)之金也，若坤配兌卦，則少女(兌)難投寡母(坤)之歡心，因此「坤宅艮門，艮宅坤門，則生氣木也，星剋宮土矣。乾宅兌門，兌宅乾門，亦生氣木也，星為金宮所剋，俱非全吉。故偶比假鄰，非真配合，不宜開大門。」實則乾宅兌門，兌宅乾門，是把大門開在後邊，成何體統？

「震宅離(生氣)為大門，而巽上(延年)通一便門，為雙木成林，大吉。坎宅大門在巽(生氣)，內之二門開離(延年)，為水火既濟，大吉。」水(坎)木(巽)相生，則水為木氣之主；木(震)火(離)通明，則木乃火神之根。

八宅法是經游年變卦的過程所產生的說法，這其間有些不合理的盲點，讀者不必太拘泥於這種說法，大抵發生矛盾時可以參考下一章「紫白飛星」章節所述。其次門、主、灶的方位五行相生相扶即可。因為各家理氣本身就有互相矛盾的情形，其次外形巒頭與來路、水路、門路等都是固定的條件，因此學習陽宅不能只懂一套理氣方法，梁湘潤大師在《陽宅實務透解》中歸納出幾種八宅法重點如下：

1、疾病以年命起游年，壓「絕命」朝「天醫」(小太極也適用或可併用)，但不宜改門移床。年幼親屬疾病可用宅長年命起游年，灶向天醫，藥物在「生氣」與「延年」方。

2、懷孕怕流產，但不是疾病，所以不必考量天醫、延年、生氣之類，最重要在避開年命游年的「六煞」。

3、親人(子息)久不歸家，以灶廁壓其人之「絕命」，灶口向「生氣方」即可。例如乾命父，有兌命子，經常不回家，則以瓦斯爐、電鍋位、洗手間等，安放在兌命的絕命震方，瓦斯管或瓦斯爐進氣方向乾命的生氣兌方。

4、留不住員工，爐壓主人「五鬼」向「生氣」，例如震命的五鬼在乾宮西北方，灶口向離方。內鬼被制，外神送炭。

5、親屬有自殺傾向，忌諱在「禍害」祿存方位，宜改到延年方。例如：坎命男主人忌諱床在兌方，應宜改到正南離方。

6、桃花太多，忌諱鍋具、茶具朝向宅主年命卦的「禍害」祿存方，應該改在生氣方最適宜。反之，求桃花，以壓煞向延年為宜，然有家室者屢試屢敗。

7、夜貓症，晚上不睡覺，早上不起床，小孩西四命宜居父母身床之西四吉方。東四命則宜睡於父母身床之東四吉方。

8、三光之災，指火光、血光、淚光。例如坎命宅主，門開在坤方絕命，又以床朝向正西的禍害、祿存方等。協調的方式以動線來處取天醫、延年、生氣的吉方。

9、有關求財、求子、催官、延壽等增益需求，以紫白飛星較為管用，《八宅明鏡》則以「十臭水」(十種腐敗之水)壓本命凶方，灶火向本命生氣方可催子吉祥。以灶座、毛廁、十臭水壓本命六煞方，火門向延年方，主得財。但十臭水所壓凶方之五行，又不宜剋制火門所向的吉方五行。這年頭湊出十臭水太迷信了，但餿水桶放在凶方有理。

10、如果夫是東四命，妻是西四命，夫用吉方，妻壓凶方。大門宜取夫的吉方，餐廳、廚房宜用妻的吉方。原則上就是各空間主要使用者為準。

練習一：以客廳落地門為向求出四吉四凶方位。

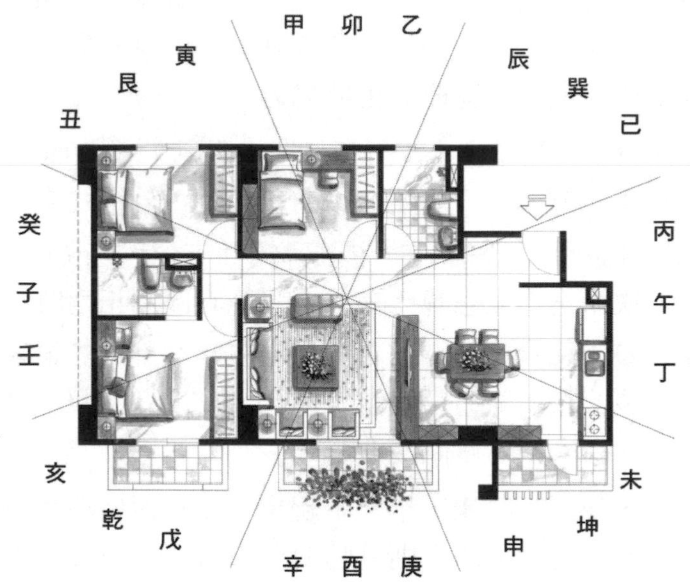

練習二：以客廳大窗為向，練習以丑山未向，乾山巽向，求出四吉四凶方位。

練習三：以臥室床頭為山，求出四吉四凶方位，坐山自己定。

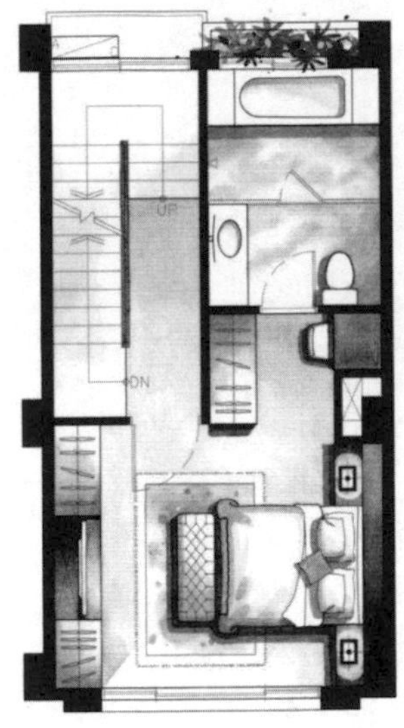

第伍章　紫白飛星法

八宅法是論其「體」(空間)，而紫白是論其「用」(時間)，換言之，將游年各宮再分為九宮，套用紫白飛星亦可。前面所述八宅法，其優點是以改變門向、床位、灶位的方位取得趨吉避凶的效果，而減少大幅度修改之成本，但是對於吉凶應驗的時效無法明確取得。而紫白飛星可以依據坐山、元運、流年、流月分別論述。相傳紫白飛星是始自明朝幕講僧，蔣大鴻與魏清江俱以之論陽宅。按照洛書九宮順序，以坐山之星吊入中宮，順序而飛。再以中宮為我，和各宮位飛星五行性相比較。本書宅山入中宮飛行路線以國字表示，流年入中宮飛行路線以阿拉伯數字表示。

洛書數飛行路線

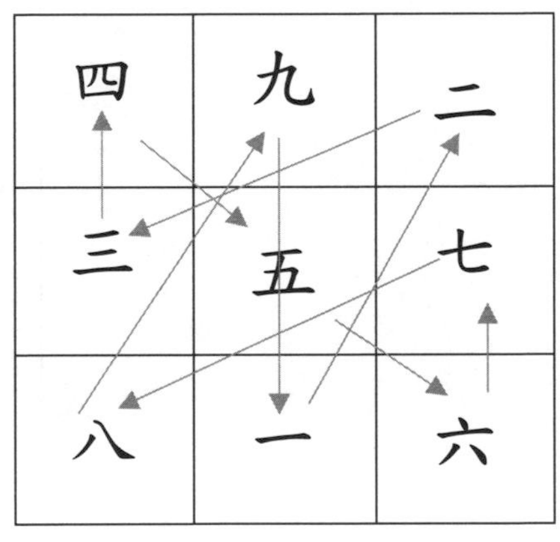

八宅洛書飛行路徑

坎宅		
九	五	七
八	一	三
四	六	二

坤宅		
一	六	八
九	二	四
五	七	三

震宅		
二	七	九
一	三	五
六	八	四

巽宅		
三	八	一
二	四	六
七	九	五

乾宅		
五	一	三
四	六	八
九	二	七

兌宅		
六	二	四
五	七	九
一	三	八

艮宅		
七	三	五
六	八	一
二	四	九

離宅		
八	四	六
七	九	二
三	五	一

八宅各有九個飛星在輪流運行，以宅山與流年飛星可以組合出七十二種類型，每宅又有九宮，變化個沒完沒了，加上陽宅也是千奇百怪，所以要熟悉五行生剋制化的各種機制。

一、紫白飛星概述

（一）、《山水發微‧陽宅精華》

1、紫白與九宮

王德薰著作《山水發微》提到紫白飛星的來源、方位分布、運行的狀況等。略以：

洛書的紫白有九宮，所以又稱它為方位九星。一白坎在北方，包括壬子癸。二黑坤在西南方，包括未坤申。三碧震在東方，包括甲卯乙。四綠巽在東南方，包括辰巽巳。五黃在中宮無卦。六白乾在西北方，包括戌乾亥。七赤兌在西方，包括庚酉辛。八白艮在東北方，包括丑艮寅。九紫離在南方，包括丙午丁。洛書的一白、二黑、三碧、四綠、五黃、六白、七赤、八白、九紫，是以一白為休門、八白為生門、三碧為傷門、四綠為杜門、九紫為景門、二黑為死門、七赤為驚門、六白為開門。以生、開、休、景為吉方，其餘都為不吉。

2、紫白起飛年月

它每年每月每日每時，都隨著天干地支的變化，循一定的次序，在不斷的運行不息。其中以年最重，月次之，日時更次之。這個又稱它為三元大運值年，也有些稱它作紫白飛星的。至於他的起例也是根據三元運法而來，凡在上元花甲，是以甲子年從一白起宮順飛。例如甲子年一白起中宮，二黑到乾、三碧到兌、四綠到艮、五黃到離、六白到坎、七赤到坤、八白到震、九紫到巽。乙丑年九紫到中宮順飛，一白到乾、二黑到兌……。丙寅年八白到中宮順飛，九紫到乾、一白到兌……。以後逐年都依此例順飛逆取。中元花甲從甲子年起，以四綠為中宮。下元花甲從甲子年起，以七赤為中宮，都是順飛逆取。至於每月的起例，則是凡值子午卯酉年，都從八月起正月，也就是說每逢子午卯酉年的正月，中宮都是八白。凡值辰戌丑未年，則是五黃起正月，也就是辰戌丑未的正月，中宮都是五黃。凡值寅申巳亥年，都是二黑起正月，也就是說寅申巳亥年的正月，都是二黑到中宮。例如：丙申年正月二黑到中宮，也是順飛逆取，三碧到乾、四綠到巽、五黃到艮、六白到離、七赤到坎、八白到坤、九紫到震。二月則一白到中宮、三月九紫到中宮，四月八白到中宮，五月七赤到中宮；六月六白到中宮……都是逆取。」

上文說明紫白飛星的內容、位置、流年流月計算方法。

（二）、紫白運用

《山水發微》提到紫白飛星的運用。

紫白等是九顆星，八卦的方位是宮。因為年月干支的不同，於是各星的位置，也跟著年月的不同而發生了變化。八卦既分出水、火、木、金、土五行，所以九星也有水火木金土的配合。由於五行的配合，便有著互為生剋的道理。八卦的五行是水火各一，木金土各二，所以九星的配合也是水火各一，木金土各二。一白屬水、二黑屬土、三碧屬木、四綠也是木，五黃屬中無卦，則寄之於坤艮，六白屬金，七赤也是金，八白屬土，九紫屬火。依據前面紫白洛書所配的八門來說，生開休景為吉方，則生開休景是一白、六白、八白、九紫所居的位置，於是凡紫白所臨之宮，都是吉祥。然而紫白所飛入之宮，雖屬吉祥，但如果不是宮星互為生助，則雖吉不吉。而(三)碧、(四)綠、(二)黑、(七)赤都為凶星，但所飛入之宮，能夠彼此生助，則雖凶不凶。例如丙申年(八白入中)紫微到乾，乾卦應該很吉利，但因為九紫是火，乾卦是金，火剋金，是星來剋宮，乾是老父，如果老年人居住，輕則疾病，重則死亡。而乾為首，所發生的疾病在頭部，多為中風或腦溢血之疾，如果是年少，則又有吉慶了。某先生是離命人，已是五十開外的年齡了。我看他住乾卦，是他的絕命方(以年命起游年)，丙申年八白入中宮，離火到乾，我主張他搬動，這位先生猶疑不決，不久即因腦溢血而死。又舉一個例來說，某太太有一位少君去秋要考師大，因為相信我看陽宅的道理，春天裡就陪我去看了他的三棟住宅，結果我替她少君所選擇的是屬於一間坎卦的房子，後來很順利地考上了師大。丙申年(艮土入中)四綠到坎，坎是水，水能生木，古人說：「四一同宮，必發科名之顯。」現在雖沒有科名，但利於考試則一。不過除發科名而外，其他則不會有什麼奇蹟了。中秋前的一個中午，他們夫婦約我去午餐，當我一進門，就發現這位太太也搬到這間坎卦的房子裡，而他的少君卻已搬到外面的一間屬於艮卦的房子裡了。丙申年二黑到艮，少男不宜居住，雖二黑屬坤土，艮卦也是土，但丙申年五黃到坤，五黃即都天煞，艮卦為少男，為手為鼻，主少男傷手傷鼻之事。我正在為之驚異的時候，他們夫婦都問我這個位置怎麼樣？我便不假思索的告訴了他們，話還沒有完，他們就開始搬了。原來她這位少君，搬到這個位置的不久，手上竟受了一次不大

不小的傷，在醫院裡縫了十四針。如果我們懂得這些道理的話，實在是可以避免一些無妄之災的。由於上面的例證，讀者當然可以體會，推而及之於其它了。

上文說完紫白飛星後，《山水發微》並無進一步解釋，因為當時紫白飛星還是「不傳之秘」，但現在也沒甚麼神秘性了，本書往下繼續說明其他文獻的內容。

本書所敘述之紫白飛星法，是以洛書之九宮順序依次飛佈於各宮，以住宅坐山為主，將坐山之星安入中宮，按照洛書數排定後，以飛佈各宮之星性五行與中宮星性五行相比，而依照中宮為我，飛星為它論吉凶，生我為生方論吉，同我為旺方論旺，我生出為退論小凶，我剋出為死論小凶，剋我為大凶。例如坐山九十度為卯山酉向屬於後天「震」卦，以震三入中宮，依序說明洛書飛星如下：

1、巽四飛進乾宮，震三木(為我)，巽木四比合(為他)，所以乾宮同我為「旺」方。

2、五黃飛進兌宮，震三木(為我)，五黃土(為他)被震木剋，所以我剋為「死」氣方。

3、乾六飛進艮宮，震三木(為我)，乾金(為他)剋震木，剋我為「殺」氣方。

4、兌七飛進離宮，震三木(為我)，兌金(為他)剋震木，剋我為「殺」氣方。

5、艮八飛進坎宮，震三木(為我)，艮土(為他)，震木剋艮土，我剋為「死」氣方。

6、離九飛進坤宮，震三木(為我)，離火(為他)，震木生離九，我生為「退」(洩)氣方。

7、坎一飛進震宮，震三木(為我)，坎水(為他)，坎水生震木，生我為「生」氣方。

8、坤二飛進巽宮，震三木(為我)，坤土(為他)，震木剋坤土，我剋為「死」氣方。

9、表列於下：

坤土二 震木剋坤土 **死氣**	兌金七 兌金剋震木 **殺氣**	離火九 震木生離火 **退氣**
坎水一 坎水生震木 **生氣**	**震入中** **三碧震木**	五黃土 震木剋五黃土 **死氣**
乾金六 乾金剋震木 **殺氣**	艮土八 震木剋艮土 **死氣**	巽木四 震巽比合 **旺氣**

二、九星的內容

《洛書》的飛行路線是紫白飛星的依據。關於《洛書》在本書第一章〈陽宅學基礎內容〉已經說明，不贅述。紫白星指一六八九，坎水、乾金、艮土、離火。紫白飛星以時間而言是以每個小運二十年計算入中宮順飛，共計有九個小運，合計一百八十年，沒有方位概念，各宮直接與中宮論生、剋、洩、煞、死，二十年一輪有時間性。另一種是以宅的坐山入中宮順飛，時間上沒有一定的有效期，但也可與元運配合。紫白星不一定是生氣方或旺方，但宅「內六事」都是取生旺方，而陽宅學目的不外是求財、子息平安、登科甲、去病之類。

（一）、生、旺、退、殺、死

1、生氣

《陽宅集成・目講師云》:「生氣，即父母印綬生我之星也，五行相生萬物煦育，禀得生氣門路，主生三男九子，孝義良善，科甲傳芳，壽命延長。」例如坎宅的乾方是二黑土飛入，土剋水為殺方，在壬寅年(2022 年)五黃土入中宮，六乾金飛入乾宮與二黑土有土生金的關係，貪生忘剋，解除殺方的困境。

2、旺氣

《陽宅集成》:「旺氣，即兄弟，與我比肩也，木見木，水見水，土見土，金見金，火見火，是旺氣星方，又名納氣星方，宜造作，主富貴文章，子孫繁盛，家和意協，兄友弟恭。」假設坤宅三碧星在乾宮，剋二黑土是殺方，甲辰年(2024 年)三碧星入中宮，四綠巽飛到乾宮與三碧星比和，此宮位比肩為旺氣。

3、退氣

《陽宅集成》:「主局(指坐山)所生星方為退氣，如水山見木，木山見火之類，犯之退田莊，損六畜，人口蹇災。房門在洩氣方，漏胎，常小產。然火局見八白，金局見一白，土局見六白，木局見九紫，皆為善曜，逢生旺運，生貴子，科第連翩。」火局見八白是火生土，金局見一白是金生水，為何可以「生貴子，科第連翩」，因為所生皆為「善曜」，指生出一白坎水，六白乾金，八白艮土、九紫離火，歹竹出好筍之意。反之，有時生氣旺氣方，反無吉象，蓋因凶星所致。

4、殺氣

《陽宅集成》:「主局受剋之方為殺氣，如坎山一白，以乾方二黑為殺，但乾方二黑為殺，但乾為本山冠祿印綬之鄉，不甚為忌，土生金而金生水，化殺為權，為我用，只宜靜而不宜動，六事則不利耳，蓋緣二黑剋坎山犯之破滅，震方八白臨之亦是剋山，人財不旺，八山類推。」化殺為權是靜態權宜的恐怖平衡，不宜佈置動態的事物。

5、死氣

《陽宅集成》:「主局所剋星方為死氣，如金山見木，水山見火之類。出行此方，失財；房門在此方，生女不生男。然艮坤局見一白，震巽局見八白，離局見六白，坎局見九紫，皆為魁星，逢生旺運，財旺生官，功名顯耀。」艮坤剋一白水(土剋水)，震巽局見八白(木剋土)，離局見六白(火剋金)，坎局見九紫(水剋火)，皆為紫白吉星，剋住就能到手為用，利於文魁功名。

（二）、生旺退殺死八宅索引表

1、生氣方

就是生入中宮的卦位，主吉祥。

(1)坎宅：生氣方在正北(乾金)、西南(兌金)。

(2)坤宅：生氣方在東方(離火)。

(3)震宅：生氣方在東方(坎水)。

(4)巽宅：生氣方在西南(坎水)。

(5)乾宅：生氣方在正西方(艮土)、正北方(坤土)。

(6)兌宅：生氣方在西北方(艮土)、南方(坤土)。

(7)艮宅：生氣方在西北方(離火)。

(8)離宅：生氣方在東北方(震木)、正南(巽木)。

2、旺氣方

就是與中宮五行相同的卦位，因為後天八卦中坎宅屬水、離宅屬火，都只有一個五行，所以沒有旺氣方。

(1)坎宅：無。

(2)坤宅：旺氣方在西南(艮土)。

(3)震宅：旺氣方在西北(巽木)。

(4)巽宅：旺氣方在東南(震木)。

(5)乾宅：旺氣方在西北(兌金)。

(6)兌宅：旺氣方在東南(乾金)。

(7)艮宅：旺氣方在東北(坤土)。

(8)離宅：無。

3、退(洩)氣方

就是中宮五行生出的卦位。

(1)坎宅：退氣方在西方(震木)、東北方(巽木)。

(2)坤宅：退氣方在南方(乾金)、 北方(兌金)。

(3)震宅：退氣方在西南方(離火)。

(4)巽宅：退氣方在北方(離火)。

(5)乾宅：退氣方在南方(坎水)。

(6)兌宅：退氣方在東北方(坎水)。

(7)艮宅：退氣方在東方(乾金)、東南方(兌金)。

(8)離宅：退氣方在西方(坤土)、東南方(艮土)。

4、殺氣方

就是五行剋入中宮的卦位。

(1)坎宅：殺氣方在西北方(坤土)、東方(艮土)。

(2)坤宅：殺氣方在西北方(震木)、西方(巽木)。

(3)震宅：殺氣方在東北方(乾金)、南方(兌金)。

(4)巽宅：殺氣方在西方(乾金)、東北方(兌金)。

(5)乾宅：殺氣方在東北方(離火)。

(6)兌宅：殺氣方在西方(離火)。

(7)艮宅：殺氣方在男方(震木)、北方(巽木)。

(8)離宅：殺氣方在西北方(坎水)。

5、死氣方

就是中宮剋出的五行卦位。

(1)坎宅：死氣方在東南方(離火)。

(2)坤宅：死氣方在東南方(坎水)。

(3)震宅：死氣方在北方(艮土)、東南方(坤土)。

(4)巽宅：死氣方在南方(艮土)、東方(坤土)。

(5)乾宅：死氣方在西南方(震木)、東方(巽木)。

(6)兌宅：死氣方在北方(震木)、西南方(巽木)。

(7)艮宅：死氣方在西方(坎水)。

(8)離宅：死氣方在西南方(乾金)、東方(兌金)。

（三）、六親吉凶

乾坤生六子，所以八卦就有六親屬性，乾為父，坤為母，震長男，坎中男，艮少男，巽長女長婦，離中女中婦，兌少女少婦。六親屬性在第壹章陽宅基礎有詳細論述。《陽宅集成》以各宮位分別論述，此各宮位指八卦的位置，而不是變化的飛星。以下說明八個卦位與飛星比較後的六親吉凶。

1、 乾宮(老父)

乾金居生旺方，或受二(坤土)五(五黃)八(艮土)之生，則宅長吉(例如坎宅二黑飛到乾宮，老父得利)；居死敗墓絕方，或受九紫剋，則宅長凶(例如坤宅九紫火飛到乾宮，老父有傷)。

2、 坤宮(老母)

坤土居生旺方，或受九紫生，則宅母吉(例如震宅九紫到坤宮，坤母吉)；居死敗墓絕方，或受三(震木)四(巽木)剋，則宅母凶(例如乾宅三碧木飛到坤宮，老母不利)。

3、震宮(長男)

震木居生旺方，或受一白(坎水)生，則長男吉；居死敗墓絕方，或受六(乾金)七(兌金)剋，則長男凶。

4、坎宮(中男)

坎水居生旺方，或受乾六兌七生，則中男吉；居死敗墓絕方，或受二坤、五黃、八艮剋，則中男凶。

5、艮宮(少男)

艮土居生旺方，或受九紫生，則少男吉；居死敗墓絕方，或受震三巽四剋，則少男凶。

6、巽宮(長女)

巽木居生旺方，或受一白生，則長女長婦吉；居死敗墓絕方，或受乾六兌七剋，則長女長婦凶。

7、離火(中女)

居生旺方，或受震三巽四生，則中男中婦吉；居死敗墓絕方，或受一白剋，則中男中婦凶。

8、兌宮(少女)

兌金居生旺方，或受二五八生，則少女少婦吉；居死敗墓絕方，或受九紫剋，則少女少婦凶。

《陽宅集成》談到「六親吉凶統說」：六親固有各占之吉凶，尚宜統觀其休咎。例如：

1、坎宅一白入中，二黑到乾土生，乾金得坤旺土，以母助父以父益母，父母均受其福。但二黑據一白之殺位，母必以中男(坤土剋一白坎水)不合，而時生啾唧。

2、坎宅飛三碧到兌，兌金剋震木，是少婦強而長男受制矣，幸居胎上(指三碧木洩坎水，退氣論)，又得中水一臂之力(坎宅中男水生三碧震木)，可稍存一息，而被害實深(指兌金畢竟還是剋震木)。又說：「卯(震)為酉金之胎(金長生在巳，卯為胎)，賴中宮一白之水生震木，故得稍存一息，而終被兌剋，故難免害。」死罪可免，活罪難逃。

3、坎宅四綠到艮(還是以坎宅為例)，艮為木所剋，是長婦居旺，壓制少男，少男(艮宮)又與中男(坎宅)為難，或遭不測，而長婦享其田園(壟斷田產)。《陽宅集成》又說明：「艮土被四綠木剋(指長婦享其田園)，而艮又剋坎水故也(少男又與中男為難)。」

4、坎宅五黃到離，離火生中土，長婦生跛匾之兒，以耗竭其房奩，致生氣臌之症。五黃到離，火焦土燥，土是脾胃，應驗在脹氣。長婦是巽木，巽木生離火，慈母生敗家子，自古能「耗竭其房奩」者肯定是兒子，不是女兒。

5、坎宅六白到坎，乾金生坎水，坎受金生(乾金父生中男坎水)，乾臨死地，中男必得父蔭(金的十二生旺庫，死在子，坎正北是子山，父親死兒子中的中男遺產收最多)，而乾父生災(指乾父要生中宮坎宅，又要生坎水宮位，乾金生坎水，洩氣，蠟燭兩頭燒)。

6、坎宅七赤到坤，金受坤土之生，既居本身旺地，又為中坎生方，少婦必得姑貲，而坤母被拖累。兌金到坤宮得到坤土生助，「中坎生方」指水長生在申方坤宮，兌是少婦，有女性貴人資助，坤母則是退氣，被少婦拖累。

7、坎宅八白到震，木剋艮土，長男雖與少男合爨(指八艮土飛入三震宮的位置，木剋土有嫌隙)，但艮居死位(土的十二生旺庫與水同位)，長男必欲吞併少男，終歸滅絕。指少男雖然有坎宅中宮水來生，但土死在震宮卯位，滅絕於兄弟鬩牆。

8、坎宅九紫到巽，巽木生離火，中男自旺，又受長女之生，姊實裨益于妹(九紫火中女到巽宮長女的位置，得到長女巽木助益來生)，姊雖虛耗，而妹亦宜防中宮兄弟(巽木生離火退氣而虛耗，離火妹也要防範中宮中男坎水來剋)，乃劫奪之交也，八山俱倣此而斷。

以上《陽宅集成》巧妙運用六親五行與「十二生旺庫」原理論述各宮運勢，讀者可以據此申論，運用之妙，在於勤學巧思。

(四)、九星的意義

《陽宅集成・值年九星論》:「一白貪狼，水星值年，中男之位。二黑巨門，土星值年，老母之位。三碧祿存，陽木值年，長男之位。四綠文昌，陰木值年(長女)。五黃中宮屬土，飛出外宮屬火。六白值年，武曲陽金老父，飛出作水星。七赤值年，破軍陰金(少女)，飛出外宮作火。八白值年，左輔土(少男)，飛出外宮作木。九紫值年，右弼火(中女)，飛出作金。」

以下列表說明九星、星色、星名、星象、星性、六親等。

星序	星性
一白貪狼	是文星主文章，大運一白入中宮，在震、巽兩宮，常人亦有財利。流年大運飛入艮、坤土剋水，犯小人。官貴。中男。科甲聰明、桃花、夭亡飄蕩。
二黑巨門	病符。老陰。發財人丁、武貴，驛馬妻奪夫權，腹疾惡瘡。停滯之星，不利健康，女人專權；大運流年飛入在震、巽兩宮，木剋土有刑剋壓力。
三碧祿存	震木蚩尤主爭戰，忌諱七運兌，金來剋木。盜爭。長男。興家財祿。孤獨、殘疾剋妻，是非官訟。
四綠文曲	巽木，有文才文昌之象，適於參謀外交，衰於六運乾。文昌。長女容貌端祥。女淫亂、男酒色當家。

星序	星性
五黃廉貞	土散在四方，沒有專屬卦位，諸事不宜，以靜制動。關煞，戊己大煞宜靜不宜動（太極）。
六白武曲	乾金，取金屬、珠寶、財位等形象，六運艮方飛入離火，剋我官非疾病。祿壽。老陽。威權武職，刑妻剋煞孤獨。
七赤破軍	兌金，紅色少女主桃花，是非口舌，忌諱飛入離火。爭鬥。少女，發財旺丁，盜賊離鄉牢獄。
八白左輔	艮土，樸實上進，忌入三碧震木。財帛。少男。孝義忠良富貴，剋煞小口損傷。
九紫右弼	離火，中女務實成熟，喜歡面對挑戰。福慶。中女。文章科第驟顯。吐血瘋癲回祿官災。

該當何運可查下表：

上元	甲子—癸未 20 年	清同治 3 年—光緒 9 年	一白坎水
	甲申—癸卯 20 年	光緒 10 年—光緒 29 年	二黑坤土
	甲辰—癸亥 20 年	光緒 30 年—民國 12 年	三碧震木
中元	甲子—癸未 20 年	民國 13 年—民國 32 年	四綠巽木
	甲申—癸卯 20 年	民國 33 年—民國五 52 年	五黃中土
	甲辰—癸亥 20 年	民國 53 年—民國 72 年	六白乾金
下元	甲子—癸未 20 年	民國 73 年—民國 92 年	七赤兌金
	甲申—癸卯 20 年	民國 93 年—民國 112 年	八白艮土
	甲辰—癸亥 20 年	民國 113 年—民國 132 年	九紫離火

（五）、以宅山數字入中宮順飛

學習紫白飛星的基礎功夫是：九星特性、星宮生剋、元運、年紫白、月紫白等。一坎貪狼水。二坤巨門土。三震祿存木。四巽文曲木。五中廉貞土(關煞)。六乾武曲金。七兌破軍金。八艮左輔土，九離右弼火。陽宅有八卦，飛星有九。陽宅取門路街巷為用，其吉先在大門，而宅內以門路為水，碓、碾、灶、櫥櫃桌、影印機、熱飲機、祖先神龕，均作山看。唐正一《風水的研究》一書中提到「九星陽宅局」即是利用「生我為生氣」、「同我為旺氣」、「我生為退(洩)氣」、「我剋為死氣」、「剋我為煞氣」等生剋關係，計算出宅內吉凶特性，以決定內六事如何佈置。星宮生剋(屋內論九宮，屋外論方位)

<table>
<tr><td>生者</td><td>飛到各方之星來生中宮之星也。外宮生中宮。宜開井、灶、六畜。</td></tr>
<tr><td>旺者</td><td>飛到各方之星與中宮之星比和也。外宮與中宮比和。宜安灶及六畜。</td></tr>
<tr><td>退者</td><td>中宮之星去生各方之星也。中宮生外宮。宜廁、錐、磨、儲藏室。</td></tr>
<tr><td>殺者</td><td>飛到各方之星來剋中宮之星也。外宮剋中宮。宜安床。</td></tr>
<tr><td>死者</td><td>中宮之星去剋飛方之星也，中宮剋外宮。宜廁、錐、磨、井、床。</td></tr>
<tr><td colspan="2">八宅俱照此推。看宅運，先以當運入中宮順飛，定出八卦吉凶方位的特性。</td></tr>
</table>

（六）、以中宮為我論生、旺、洩、死、煞

《風水的研究》將九星陽宅局依九運順序排列如下：

一白坎水貪狼入中

巽宮 九紫離火右弼星火為中宮所剋，是死氣方。	離宮 五黃廉貞土剋中宮為煞方氣又為關煞方。	坤宮 七兌破軍金生中宮，為生氣方。
震宮 八白艮土左輔星土剋中宮，為煞氣方。	一白坎水 貪狼	兌宮 三碧祿存木中宮生，為退氣方。
艮宮 四綠文曲木中宮生，為退氣方。	坎宮 六乾武曲金生中宮，為生氣方。	乾宮 二黑巨門土剋中宮，為煞氣方。

乾、震二方宜安床，坤、坎二方宜安灶，及六畜，艮、巽、兌三方宜廁碓磨，離方諸事不宜，坤艮二方宜開井。

二黑坤土巨門入中

巽宮	離宮	坤宮
一白坎水貪狼水中宮剋，為死氣方。	六乾武曲金中宮生，為退氣方。	八白艮土輔星土比中和，中宮為旺氣方。
震宮 九紫離火右弼星火生中宮，為生氣方。	**二黑坤土** **巨門**	**兌宮** 四綠文曲木剋中宮，為煞氣方。
艮宮 五黃廉貞土為沖關煞方。	**坎宮** 七兌破軍金中宮生，為退氣方。	**乾宮** 三碧祿存木剋中宮，為煞氣方。

乾兌二方宜安床，震坤二方宜安灶，及六畜、坎離巽三方，宜廁、磨、碓、艮方諸事不宜，離方宜開井。

三碧震木祿存入中

巽宮	離宮	坤宮
二黑巨門土中宮剋，為死氣方。	七兌破軍金剋中宮，為煞氣方。	九紫右弼星火中宮生，為退氣方
震宮 一坎貪狼水生中宮，為生氣方。	三碧震木 祿存	**兌宮** 五黃廉貞土中宮剋，關煞方，為死氣方。
艮宮 六乾武曲金剋中宮，為煞氣方。	**坎宮** 八艮左輔星土中宮剋，為死氣方。	**乾宮** 四綠文曲木比和中宮，為旺氣方。

離艮二方宜安床，震乾二方宜安灶，及六畜，坎巽坤三方，宜廁碓磨，兌方諸事不宜。

四綠巽木文曲入中

巽宮	離宮	坤宮
三碧祿存木比和中宮，為旺氣方。	八艮輔星土中宮剋，為死氣方。	一白貪狼水生中宮，為生氣方。
震宮 二黑巨門土中宮剋，為死氣方。	四綠巽木 文曲	兌宮 六乾武曲金剋中宮，為煞氣方。
艮宮 七兌破軍金剋中宮，為煞氣方。	坎宮 九紫右弼火星中宮生，為退氣方。	乾宮 五黃廉貞土中宮剋，關煞方，為死氣方。

艮兌二方宜安床，坤巽二方宜安灶，及六畜，坎離震三方，宜廁碓磨，乾方諸事不宜，巽兌方宜開井。

五黃土廉貞火入中

巽宮	離宮	坤宮
四綠文曲木剋中宮，為煞氣方。	九紫右弼星火生中宮，為生氣方	二黑巨門土比和中宮，為旺氣方。
震宮 三碧祿存木剋中宮，為煞氣方。	五黃土 廉貞火	兌宮 七赤破軍金中宮生，為退氣方。
艮宮 八艮輔星土比和中宮，為旺氣方。	坎宮 一白貪狼水中宮生，為死氣方。	乾宮 六乾武曲金中宮生，為退氣方。

八水周圍號中宮，坎離交媾必亨通，上中下元皆發福，蘭玉流芳列九重。

六白乾金武曲入中

巽宮	離宮	坤宮
五黃土廉貞火為關煞方。	一白坎貪狼水中宮生，為退氣方。	三碧震祿存木中宮剋，為死氣方。
震宮		**兌宮**
四綠巽文曲木中宮剋，為死氣方。	六白乾金 武曲	八白艮土左輔星生中宮，為生氣方。
艮宮	**坎宮**	**乾宮**
九紫離右弼星火剋中宮，為煞氣方。	二黑坤巨門土生中宮，為生氣方。	七赤破軍金比和中宮，為旺氣方。

坤方宜安床，兌乾坎三方宜安灶，六畜，離坤震三方，宜廁碓磨，巽方諸事不宜，坎震方宜開井。

七赤兌金破軍入中

巽宮 六白乾武曲金，比和中宮，為旺氣方。	離宮 二黑坤巨門土生中宮，為生氣方。	坤宮 四綠巽文曲木中宮剋，為死氣方。
震宮 五黃土廉貞火為關煞方。	七赤兌金 破軍	兌宮 九紫離右弼星，火剋中宮，為煞氣方。
艮宮 一白坎貪狼水中宮生，為退氣方。	坎宮 三碧震祿存木中宮剋，為死氣方。	乾宮 八白艮左輔星，土生中宮，為生氣方。

坤兌二方宜安床，離巽乾三方宜安灶及六畜，坤艮坎三方宜碓廁磨，震方少用，坤方宜開井。

八白艮土左輔入中

巽宮	離宮	坤宮
七赤兌破軍金，被中宮生，為退氣方。	三碧震祿存木剋中宮，為煞氣方。	五黃土廉貞火為關煞方。
震宮 六白乾武曲金，被中宮生，為退氣方。	八白艮土 左輔	兌宮 一白坎貪狼水被中宮剋，為死氣方。
艮宮 二黑坤巨門土，比和中宮，為旺氣方。	坎宮 四綠巽文曲木，剋中宮土，為煞氣方。	乾宮 九紫離弼星火生中宮，為生氣方。

坎離二方宜安床，乾艮二方宜安灶及六畜，震巽兌三方宜廁碓磨，坤方諸事不宜，震巽坎三方宜開井。

九紫離火右弼入中

巽宮	離宮	坤宮
八白艮左輔星土，被中宮生，為退氣方。	四綠巽文曲木生中宮，為生氣方。	六白乾武曲金，被中宮剋，為死氣方。
震宮 七赤兌破軍金，被中宮剋，為死氣方。	九紫離火 右弼	**兌宮** 二黑坤巨門土，中宮火來生，為退氣方。
艮宮 三碧震祿存木生中宮，為生氣方	**坎宮** 五黃土廉貞火為關煞方。	**乾宮** 一白坎貪狼水，剋中宮離火，為煞氣方。

乾坤二方宜安床，離艮二方宜安灶及六畜，兌震巽三方宜廁碓磨，坎方諸事不宜，離艮二方宜開井。

坎是貪狼，形狀是木，性屬水。
坤是巨門，形狀是土，性屬土。
震是祿存，形狀是土，性屬木。
巽是文曲，形狀是水，性屬木。
五黃廉貞，形狀是火，性屬土。
乾是武曲，形狀是金，性屬金。
兌是破軍，形狀是金，性屬金。
艮是輔星，形狀是土，性屬土。
離是弼星，形狀是水，性屬火。

1、生氣方：應驗在貴人、子息、健康、其次桃花、財富；宜動不宜靜，宜高不宜低，可做門路、水路、樓閣等。家人平安，添丁吉祥，床須坐煞迎生。

2、旺氣方：應驗在財富、人緣、名聲等。諸事亨通，宜高不宜低，宜動不宜靜。要有明堂接納旺氣。

3、洩(退)氣方：不宜有路、水之類洩堂局之氣，主有是非爭議，喋喋不休，尤忌體弱、病患、孕婦之類居住，應在破財、疾病，不宜空缺、直射、破敗等。

4、死氣方：不利人口，主有疾病。我剋為財，如果元運流年幫助宅卦，且死氣方堂局秀氣亦能發財，若粗陋猙獰則女奪夫權，長輩有難。

5、煞氣方：不利人口，以及家庭婚姻阻隔；有外來形剋，疾病官非，宜低不宜高，宜靜不宜動，如有高聳地物，例如高樓、水塔、大型招牌、高壓電塔、鴿舍等沖射。

6、關煞方：主孤獨、散財，人口凋零，不可興動。

生氣方與旺氣方，除了適宜門、床、灶的安置以外，則宜高、宜虛，要有空餘的位置，宜清爽，不可凌亂雜碎。死氣方、退氣方與煞氣方，不宜太空虛，以雜物壓制在此三方，不宜高聳之形狀，宜靜不宜動，作為通道會揚動煞洩之氣，不利。

（七）、各宮與飛星各別論生、旺、洩、死、煞

在《陽宅集成・宅法》中，略以：坐山以後天八卦方位分佈而定，一卦管三山，以本山之星，例如：坐山戌乾亥，就用六乾金入中宮順飛，然後宮與星五行相比，論其生剋制化。《陽宅十書・五行生剋訣》就宮與星的五行做生剋制化的說明，列表如下：

五行關係	說明
金入木宮	金入震巽金為星，震巽為宮，金在上，木在下，是星剋宮，身稍受剋，金入震宮傷長男，金入巽宮傷長婦，金木凶死，生癲狂之疾，筋骨疼痛，腰腿生癰，金剋震喘癆，男多凶死，金剋巽主咳嗽，婦人眼患，不論武曲破軍。
金入水宮	金入坎，金為星，坎為宮，金在上，木在下，是星生宮，金能生木，主興隆人口，平安福祿增，貲財進盛，六畜茂，兒孫繁衍，指武曲而言，若是破軍，凶多吉少。
金入火宮	金入離，金為星，火為宮，金在上，火在下，是宮剋星，發凶尤甚，根身受剋，貲財速退，家業空虛，子孫敗絕;乾金入武曲俱傷陽,兌金與破軍俱傷陰,主生痼疾，咳嗽，喘悶，婦人產癆血崩，蓋因火能煉金，家不從容，人多疾病。
金入土宮	金入坤艮金為星，土為宮，金在上，土在下，是宮生星，土能生金家業興，人財兩樣永興隆，生男有四兒孫茂，後代興旺百千春，土能生金入陰土，終必埋沒，反無生意。
金入金宮	金入乾兌，武曲破軍為星，乾兌為宮，武曲入乾兌二宮，是比肩貲財增盛，六畜繁衍，人口平安，武曲入乾兌俱是，陽入陰宮多生男，破軍入乾兌，多主凶事，財帛退散，六畜損傷，田蠶虛耗，絕嗣覆宗，子孫敗亡寡婦當，多疾女人，重陰入陰，哭聲吟吟，男孤女寡，子孫無蹤。

五行關係	說明
木入金宮	乾兌為宮，貪狼木為星，木入於乾兌，是木在上，而金在下，乃宮剋星根身受剋，木入乾宮傷陽，木入兌宮傷陰，貪狼雖吉不吉，不宜入乾兌內，先吉後凶，相剋半中平之謂也，三十年後，人財退散，男女主生癱滯，咽喉病痛，心冒膨悶，或自縊，或吐血，寡婦崢嶸，筋骨疼痛，腰腳之災，木被金剋，瘦癆黃瘇之患。
木入木宮	震巽為宮，貪狼為星，木入木宮是貪狼，其家興旺，廣進田莊，子孫繁衍，家道茂盛，人口平安，百事順利。
木入水宮	坎為宮貪狼為星，貪狼入於坎宮，木在上，水在下，是宮生星，水木養根身茂盛，主生五個兒郎，錢財大旺，六畜興旺，田蠶倍收，粟米盈倉，末膺吉慶，貪狼一木是福星，又逢坎水必亨通，六畜貲財生意廣，兒孫茂盛益繩繩。
木入火宮	離為宮，木為星，木入離宮，是木在上，而火在下，乃星生宮，田蠶典旺，人口平安，貲財茂盛，六畜盈欄，木雖生火，又恐火旺，蓋是木上火下，則必燒盡木根，而絕嗣，此又不可不知。
木入土宮	坤艮為宮，貪狼為星，貪狼入於坤艮宮，是木在上，土在下，乃星剋宮，身稍受剋，其家財物，漸漸消退，土被木剋，脾胃相傷，噎轉病症，人多瘦弱面黃，六畜不旺，田蠶不收，又主疥癩之疾。

五行關係	說明
水入金宮	乾兌為宮，文曲為星，文曲入於乾兌宮內，水在上，金在下，是宮生星，六煞主事，六煞雖凶，其宮相生，貲財六畜始順利，而終絕敗陰，人主事亂業胡為，官司口舌，陰症相隨，婦人多病。
水入木宮	震巽為宮，文曲為星，文曲入於震巽宮，水在上，木在下，是星生宮，六煞雖凶，吉星相順，六畜亦旺，貲財亦興，人口亦安，田蠶亦盛，厥後不免寡婦當家。
水入水宮	坎為宮，文曲為星，文曲入於坎宮，是水入水宮，壬癸太重，家業飄零，男早喪，子孫稀，水蠱疾病，肚腸腫面皮黃，子孫漂蓬，六畜倒死，田宅虛耗。
水入火宮	離為宮，文曲為星，文曲入於離宮，水在上，火在下，是星剋宮，名為水火相煎，官司口舌邪鬼為殃，盜賊火光，六畜倒死，家業空虛，人口災害，先傷中男中女，後死小兒，老母眼目昏，火遭水剋產癆病，腎木傷身，水來剋火，多主腎冷，因火被水剋，火連心痛血崩瘡，水制火傷吐濃血，咽喉喑啞，絕妻損子。
水入土宮	坤艮為宮，文曲為星，文曲交入坤艮宮中，水在上，土在下，是宮剋星，根身受剋，六畜倒死，錢財不旺，田蠶不收，官司盜賊，人離財散，百災競起，土剋水風狂災面色黃，或瘦癆腹腫之患，或噎食水蠱之災，人口逃移交入坤宮，主傷婦女，交入艮宮主傷男子，水入坤從陰入陰，哭聲吟吟，水入艮從陰入陽，哭聲忙忙，家業敗子逃亡。

五行關係	說明
火入金宮	乾兌為金宮，廉貞為火星，廉貞入於金宮，是火在上金在下，乃星剋宮；入於兌宮，先傷少女，五鬼勢惡，主有心痛、咳嗽、血光肺癆之患，面色黃乾產癆死，入於乾宮，多傷家長，官司刑陷，血光橫死，金被火傷，口舌是非，火金相剋不從容。
火入木宮	震巽為木宮，廉貞入於震巽中，火在上，木在下，是宮生星，但廉貞勢大，木雖生火，不見吉祥，反招凶，主田宅退散，盜賊連連，忤逆凶徒，上下不顛，貲財號散，老幼不安，木能生火反不生，身稍受剋禍頻頻，官司口舌年年見，喫酒行兇打死人。
火入水宮	坎為水宮，火入水宮，火在上，水在下，是宮剋星，譬如一點飛雪入紅爐，點到即化，化定無餘貲財，大散家業破火光，事去又復來，人口災害，官事疊見，火遭水剋，眼疾病，心痛，吐血，產難禁，下元冷，水制火傷，瘦癆病吐膿，先亡中男少男，次亡家長，水火交戰災競起，重重寡婦剋崢嶸。
火入火宮	離為火宮，廉貞星入於離宮，火焰騰發凶尤速，六畜田蠶不旺，陰人寡婦當家，心痛吐血，火燒家疥癩疾難化，中女陰人多病，家長癆病交雜，此合鬼星管事，人人破財離家，寅午戌年絕根芽，此是鬼星造化。
火入土宮	坤為為土宮廉貞星，入於坤艮宮中，火在上，土在下，是星生宮，但火為五鬼凶星，多凶少吉，火星入坤，老母先亡，火星入艮，少男辭世，癱瘓纏身，瘡痢多移，莊田退散，六畜逃失，奴走難尋，家業凌替。

五行關係	說明
土入金宮	乾兌為金宮，巨祿為土星，入於乾兌宮中，土在上金在下，是星生宮，但土有不同，祿存為陰土，土雖生金，戊己多終必埋沒，田蠶不旺，財帛不興，禍害入兌陰人死，禍害入乾男子亡，若是巨門星入於乾兌宮中，貲財大旺，六畜繁興，田蠶茂盛，子孫振振。
土入木宮	震巽為木宮，土星入於木宮，土在上，木在下，是宮剋星，根身受剋，災害必重，祿存受剋傷陰人，巨門受剋傷男子，家業零替，牛羊倒死，田蠶不收，人口災害，巨土受剋腫蠱殘，噎病盲聾臉面黃，脾土不和，胃氣衝心，祿存受剋風病難，動履耳聾兼禿瞎。
土入水宮	坎為水宮，土入坎宮，土在上，水在下，是星剋宮，星宮不順，身稍受剋，家業飄零，子孫亡敗，六畜倒死，田蠶虛耗，土來水宮，風病之災，面色黃瘦，癆腹腫病難當，失言喑啞噎食病，水蠱病生黃腫災，腳痛腿疼難醫治，耳聾傷腎病難挨。
土入火宮	離為火宮，土入火宮，土在上，火在下，是宮生星，星宮相順，富貴貲財，錢財大旺，六畜茂興，田蠶倍收，米穀盈倉，火能生土福綿，牛羊孳畜遍山岡，人口平安常吉慶，後代兒孫廣進田，此指巨門土說，若祿存土凶多吉少。

五行關係	說明
土入土宮	坤艮為土宮，巨祿星到坤艮，是土入土宮，巨土到艮傷少男，到坤傷老母，祿存到坤艮俱傷，陰土生萬物號為財，土入土宮重土埋，貲財耗散人多病，少男老母立見災，土多必主噎轉膨脹之災，土虛必有殘疾之病，天有九星，地有九宮，星宮相生，主富貴貲財，人丁豪旺，星宮相剋，主人口不利，貲財不興主凶。

陽宅各宮定然有相剋或洩氣等不利的現象，此時可採用五行通關之佈置，例如乾宮飛入貪狼木，木被金剋，有腰腳之災，則以水洩金生木作為五行通關，可栽種水生植物，養魚、佈置成波浪狀等，下策是以木生火剋金，栽種鮮豔火紅的植物、三角形裝飾等之類佈置。

（八）、大小元運與紫白

紫白飛星有年命、坐山、三元九運、流年、流月入中宮等。紫白飛星在陽宅之運用很廣泛。以空間而言，將坐山卦位帶入中宮順飛，可以得到兩種結果：

1、一種是飛到各宮的五行與中宮的五行，作出生氣、旺氣、洩氣、死氣、煞氣等判斷。

2、一種飛星與飛到的宮位五行作出生、旺、洩、死、煞氣等比較。因為方位與建築物都是固定的，所以這種紫白法是求出陽宅固定的特性，也就是不隨著元運、流年而變化，適用於不輕易更改的部份。例如；大門、主臥房、書房、廚灶之布置，這些布置其實受到陽宅設計與建築法令的限制，已經是固定的位置，不然就是要大筆揮霍，未見其利，先破其財。

「宅運」隨著元運變動，就是坐山卦位數字入中宮順飛而成，以二十四山而言就是一卦管三山，也可以與二十年元運推斷；例如坎山喜歡乾兌元運，巽山喜歡坎生氣，震旺氣等。三元九運與宅坐山八卦五行是平均而言，例如坎宅在六運，給全部陽宅一個生氣吉祥的基本運。又例如震宅在九運離火，則論全宅普遍退(洩)氣的凶象；因為二十年分攤開，在流年可以造作彌補之。一般階層上以生氣大吉，旺氣上吉，死氣吉凶參半，退氣次凶，煞氣大凶。總之，「三元九運八宅」，是以陽宅全面普遍性的論當運吉凶，是個大範圍、大方向，並無區分各卦位，與「八局九宮」依據紫白五行逐卦位論述各卦位吉凶不同。這點區別讀者要明辨。以下列出九運離火的宅運表。(其餘大運仿此)

宅坐山卦	二十四山	五行關係	氣運
坎(坐北)	壬子癸	水宅剋火運	死(財)氣
坤(坐西南)	未坤申	火運生土宅	生氣
震(坐東)	甲卯乙	木宅生火運	退氣
巽(坐東南)	辰巽巳	木宅生火運	退氣
乾(坐西北)	戌乾亥	火運剋金宅	煞氣
兌(坐西)	庚酉辛	火運剋金宅	煞氣
艮(坐東北)	丑艮寅	火運生土宅	生氣
離(坐南)	丙午丁	火運比和火宅	旺氣

上元、中元、下元各六十年，每六十年就是一個大運。每一元有三個運，每個運有二十年，就稱為「小運」。區分大小運就是要分辨大小運組合後的剋洩吉凶。一般大小運因為牽涉年限過長，所以原則上是以統(全)宅而論，不以個別宮位所分攤飛星五

行性來討論。

1、上元一運坎水領頭，則這個六十年大運屬水，一運坎水比合大運水，論吉，但不利反剋坎水的艮、坤二宅；在乾西北方與兌西方佈置金水吉祥物。

2、二運坤土剋大運坎水，可以「宅」的空間規劃通關洩煞，因為土剋水，如果以金的屬性佈置在坤艮兩方，洩去小運的土而去生大運的水，即可逢凶化吉；這是大運與小運的調節方式，暫不牽涉宅山。

3、上元三運是三碧木，木洩水，坎宅的旺氣、震宅與巽宅的生氣都被削弱；如何因應？坎宅可以在六白、七赤方用金生水，震宅與巽宅可以在艮方、坤方用土生金，增加水勢。

4、四運巽木轉入中元，即是整個中元六十年是木運，四運巽木與大運巽木比和，不利反剋的乾、兌兩宅；可以在坎宮佈置水的五行吉祥物，本身是巽宅的可以在離方也追加佈置火形吉祥物。

5、中元五運，小運五黃土，大運木剋小運土，以離火通關洩木生土，在離宮佈置火形吉祥物，其次震、巽宮位。

6、大運四綠巽，小運是六白金，小運金剋大運木，取水通關，在住宅坎宮佈置水形吉祥物。其次佈置在乾、兌宮位。

7、七運兌金，也是進入下元金運，大運小運相比，但不利離宅；可以在乾、兌、離方佈置土形吉祥物，本身是兌宅的可以在震、巽方追加佈置水形吉祥物。

8、下元八運，大運是七赤金，而小運是八白艮土，因此小運艮土生大運兌金，因為洩氣所以要「補氣」，故在二黑坤宮與八白艮宮加強火、土的五行佈置，若用火佈置在七赤金是下下策，還不如同時佈置水與木的五行吉祥物。

9、下元九運，大運是七赤金，小運是九紫火，小運火剋大運金。在中央五黃土，二坤西南黑土，八艮東北白雪土等，作出火生土，土生金的五行通關作用。在這些大運、小運、宅山卦三者之間，如果五行都相同或相生視為吉，如果大運、小運、宅山剋洩交加視為凶。

以下列表說明宅、宅內紫白星方位等。

宅山 宅內方位與紫白	坎一	坤二	震三	巽四	乾六	兌七	艮八	離九
九紫火	巽東南	震東	坤西南	坎北	艮東北	兌西	乾西北	離南
一水	中	巽東南	震東	坤西南	離南	艮東北	兌西	乾西北
六白金	坎水	離南	艮東北	兌西	中	巽東南	震東	坤西南
八白土	震東	坤西南	坎北	離南	兌西	乾西北	中	巽東南

參考自梁湘潤大師《紫白飛宮三元陽宅》。

（九）、流年入中宮論生、旺、洩、死、煞

吳明修大師《陽宅真義》流年紫白：「飛星順序以乾、兌、艮、離、坎、坤、震、巽。例如民國七十年辛酉年。以中元一白起中宮。二黑到乾。三碧到兌。四綠到艮。五黃到離。六白到坎。七赤到坤。八白到震。九紫到巽。洛書九星以一白水。二黑土。三碧木。四綠木。五黃土。六白金。七赤金。八白土。九紫火。八卦以乾金。坎水。艮土。震木。巽木。離火。坤土。兌金。紫白為星。八卦方位為宮。八卦有五行。星亦有五行。於是星與宮均有五行。而「星」飛入「宮」產生生剋之情形。洛書之九星中。以紫白為吉星。碧綠黑赤為凶星。凡是紫白所臨之宮。皆為吉祥。但星與宮之五行不互為生助。則雖吉不吉。而碧綠黑赤雖為凶星。但星與宮之五行。能為彼此生助。則雖凶不凶。」

巽木 九紫離火 洩氣	離火 五黃中土 洩氣五黃	坤土 七赤兌金 洩氣
震木 八白艮土 死氣半吉	**一白入中**	兌金 三碧震木 死氣半吉
艮土 四綠巽木 煞氣	坎水 六白乾金 生氣	乾金 二黑坤土 生氣

<table>
<tr><td>巽木
一白坎水
生氣</td><td>離火
六白乾金
死氣半吉</td><td>坤土
八白艮土
旺氣</td></tr>
<tr><td>震木
九紫離火
洩氣</td><td>二黑入中</td><td>兌金
四綠巽木
死氣半吉</td></tr>
<tr><td>艮土
五黃中土
旺氣</td><td>坎水
七赤兌金
生氣</td><td>乾金
三碧震木
死氣半吉</td></tr>
</table>

<table>
<tr><td>巽木
二黑坤土
死氣半吉</td><td>離火
七赤兌金
死氣半吉</td><td>坤土
九紫離火
生氣</td></tr>
<tr><td>震木
一白坎水
生氣</td><td>三碧入中</td><td>兌金
五黃中土
生氣五黃</td></tr>
<tr><td>艮土
六白乾金
洩氣</td><td>坎水
八白艮土
煞氣</td><td>乾金
四綠巽木
死氣半吉</td></tr>
</table>

巽木 三碧震木 旺氣	離火 八白艮土 洩氣	坤土 一白坎水 死氣
震木 二黑坤土 死氣半吉	**四綠入中**	兌金 六白乾金 旺氣
艮土 七赤兌金 洩氣	坎水 九紫離火 死氣半吉	乾金 五黃中土 生氣五黃

巽木 五黃中土 死氣五黃	離火 一白坎水 煞氣	坤土 三碧震木 煞氣
震木 四綠巽木 旺氣	**六白入中**	兌金 八白艮土 生氣
艮土 九紫離火 生氣	坎水 二黑坤土 煞氣	乾金 七赤兌金 旺氣

巽木 六白乾金 煞氣	離火 二黑坤土 洩氣	坤土 四綠巽木 煞氣
震木 五黃中土 死氣五黃	**七赤入中**	兌金 九紫離火 煞氣
艮土 一白坎水 死氣半吉	坎水 三碧震木 洩氣	乾金 八白艮土 生氣

巽木 七赤兌金 煞氣	離火 三碧震木 生氣	坤土 五黃中土 旺氣五黃
震木 六白乾金 煞氣	**八白入中**	兌金 一白坎水 洩氣
艮土 二黑坤土 旺氣	坎水 四綠巽木 洩氣	乾金 九紫離火 殺氣

巽木 八白艮土 死氣半吉	離火 四綠巽木 生氣	坤土 六白乾金 洩氣
震木 七赤兌金 煞氣	九紫入中	兌金 二黑坤土 生氣
艮土 三碧震木 煞氣	坎水 五黃中土 煞氣五黃	乾金 一白坎水 洩氣

吳明修大師《九星法地理理氣探源》提出「星宮陰陽生剋之說」，扼要指出各宮位錯綜複雜的判斷原則：

乾卦：武曲延年金(陽)。
坎卦：文曲六煞水(陽)。
艮卦：巨門天醫土(陽)。
震卦：貪狼生氣木(陽)。
巽卦：輔弼伏位木(陰)。
離卦：廉貞五鬼火(陰)。
坤卦：祿存禍害土(陰)。
兌卦：破軍絕命金(陰)。

1、宮星同道：陽星臨於陽宮，陰星臨於陰宮，各自固守本位，不論生剋。
2、宮星相剋：陽星臨於陰宮，陰星臨於陽宮，必論生剋。
3、內剋外：星為內，宮為外。星來剋宮，內戰，半凶。
4、外剋內：星為內，宮為外。宮來剋星，外戰，全凶。

5、陰陽判斷：受剋為陽，主男人不利。受剋為陰，主女人不利。

例如：乾宅(以八宅法游年套入各宮位)

巽宮(陰木)	離宮(陰火)	坤宮(陰土)
祿存禍害土(陰)陰星臨於陰宮，不論生剋。	破軍絕命金(陰)、陰星臨於陰宮，不論生剋。	武曲延年陽金土生金論吉。宮生星，外因而吉。
震宮(陽木)		**兌宮(陰金)**
廉貞五鬼陰火。木生火論吉。宮生星，外因而吉。	乾宅	貪狼生氣木(陽)陰金剋陽木，宮來剋星，外戰全凶，陽受剋男人不利
艮宮(陽土)	**坎宮(陽水)**	**乾宮(陽金)**
巨門天醫陽土。陽土比和論吉。男人吉利。	文曲六煞陽水水比和論吉。陽土比和論吉。男人吉利。	輔弼伏位木(陰)。陽金剋陰木，宮來剋星，外戰全凶，陰受剋女人不利。

九宮可各自一物一太極。大抵井灶及六畜，要安置在生氣方和旺氣方，床要安置在煞方，因為人能壓煞之故，生氣方更好。廁所碓磨，要安置在退氣方和死氣方，煞方絕對不可安，因為碓磨是時常活動之物，若安置在煞方，禍咎立至。

古人把井、灶、床、廁、碓、磨為六事，六畜附於井灶中，蓋六畜和井灶一樣，都要在生氣方或旺氣方之故。有六事歌云：「井灶六畜宜生旺，煞方最喜好安床，退死氣方廁碓磨，煞方碓磨最難當。」

（十）、論宅運流年

宅運流年指陽宅建築完成後，逐年推算吉凶，首先問到陽宅中居住一些人，這些人各有命運，當與宅運不完全相謀合，此時以各人命理為優先判斷。換言之，宅運如各人大運，側重概括言之；一物一太極如各人流年，自掃門前雪。宅運是指宅本身坐向與元運、宅星流年之間的吉凶，暫時未將宅主年命弔入中宮合論。一般論宅運，可以先討論宅方位與八個卦位各別的吉凶，而宅流年是全宅通論性質的吉凶，非關方位吉凶。

方位宅運不論是全部陽宅或是其中一個房間，都是以當年太歲紫白與宅房的坐山卦數入中宮順飛，兩者合併論述而不是用元運數字，等於為房屋算流年命運。因此方位宅運可以與年紫白合併推論，也可以不必加入大運、小運合參，因為大運小運分散在宅內是整宅的普遍性質，並非討論特定宮位。

「煞」在紫白法中有三種範圍。

(一)、第一種「煞」是元運對宅的坐山，因此：一運水剋離火宅。二運土剋坎水宅。三運木剋艮坤宅。四運木剋艮坤宅。五運土剋坎水宅。六運金剋震巽宅。七運金剋震巽宅。八運土剋坎水宅。九運火剋乾兌宅。以上的剋煞是屬於二元化的時間對空間的剋煞，並不是很嚴重。

(二)、第二種「煞」是指飛入中宮的坐山卦五行，與飛到各宮位的卦五行相比對後，中宮被其他外宮的紫白飛星反剋。例如坎宅煞氣在乾(二黑坤土)、震(八白艮土)兩方。坤宅煞氣在乾、兌兩方。因為以宅山卦數入中宮，而每個外宮對中宮五行生剋，其實就是對整個陽宅的生剋。

(三)、五黃關煞固定在向方,《陽宅集成・五黃論》:「八山最怕五黃來,縱有生氣(來生坐山)絕資材,凶中又遇堆黃到,彌深災禍哭聲哀。」到死退方,亦有災殃,到門、到間、到向、到山,其禍愈甚。五黃主瘟疫橫災,所在宜安靜,不宜興作,宜落受制之方,不宜落制方之地,不宜沖射。

三、《陽宅集成・八宅九星斷》九局開門訣

以下將各宅各宮依據《陽宅集成》內容列表說明,讀者可按表索驥,對八山各宮位進行申論。

乾宅

坐山	卦位	《九宮內經》內容
乾宅	中宮	乾山六白入中宮,乃金山也。
	乾宮	飛七赤到乾,乾為天門,屬金,金見金比和,旺方也。開門利。有大樹主火災。井戌亥二方可用,廁碓水池平平。做灶神廟,不宜有水朝利。其方有高峰,土金形體大旺。
	兌宮	非八白到兌,八白屬土,土生中宮金,生方也。碓磨廁灶開門利,大樹池井安床平平。有高峰像土體形吉,更有鼓聲聞主大利,有水朝旺財。
	艮宮	飛九紫到艮,九紫火剋中宮六白金,殺方也。開門為熒八白,主火盜,損少丁,犯血症。作灶丁絕,樹木宜,井池水剋本方九紫火,主丁空財乏,路沖不利。有高屋山水來,主丙子戊子年尤不利。

坐山	卦位	《九宮內經》內容
乾宅	離宮	飛一白到離，一白水，中宮六白金生之，洩氣方也。水朝利，廁不宜，樹木財散，安床平吉，神廟無礙。
	坎宮	飛二黑到坎，二黑土生中宮六白金，生方也。安床平平，開門安香火，有高峰吉。井碓墓廁，神廟在旁不利，樹木小口不利，路沖不妨。
	坤宮	飛三碧到坤，三碧木，中宮六白金剋之，死氣方也。安床主小災，丁有。開門屋脊、高峰、神廟、水路沖，俱不宜。做灶以木生火(以火洩木生土通關)剋金制之，平平也。池井平平。
	震宮	飛四綠到震，四綠木，中宮六白金剋之，死氣方也。但四綠為文昌星，應出文秀。開門宜。陰人少利，金剋故也。池井小利，作灶木生火，旺丁，不可久居(火氣太旺)。旁邊屋高，防火災。碓磨廁，主口舌。
	巽宮	飛五黃到巽，五黃土，關方也。土生中宮金，中元不利(中元木運剋土)，上下元平平(上元水運生木剋不到土，下元金運洩五黃土生水滋木)。巽上峰尖高起，其家一定火災。池井不宜，安香大利。
餐霞道人：乾宅喜遇河洛之土運為生，金運為旺，水木運平平，火運大凶，其八方之星，亦同此推。		

坎宅

坐山	卦位	《九宮內經》內容
坎宅	中宮	坎山一白入中宮，乃水山也。
	乾宮	飛二黑到乾，二黑土剋中宮一白水，殺方也。高牆、高樓、庵廟、河埠，主不利。其方初住略吉(土生金)，久住丁財兩敗(土剋水)，終主火災。不可開門作廁，凶星到，主宅長倒路而亡先敗長房後絕。如西邊有路，此乃震局算，名絕處逢生，反旺財，但不可久居。有大樹，主外來之禍。池井為破軍(坎起游年坤是破軍)，主產厄失盜，小口不利。廉貞(流年五黃到方)、破軍(流年七赤到方)到，應九年一犯，無不應者。如安床反吉，蓋先天二黑屬陰，後天六白屬陽，陰陽配合，發丁旺財。開門名走破天門，大凶。安步梯，梯屬木，剋二黑土，剋二黑土，主小口不利。
	兌宮	飛三碧到兌，三碧屬木，中宮水生木，退氣方也。作灶雖云木生火，兌為女，主其家女多男少。有大樹，卯酉相沖，名為退財木。井在西方，名退曜。高峰為破軍，名退田筆。有獸頭，名白虎入明堂，主口舌，神廟平平。有水沖，名射脅水，其家常主生毒而亡。
	艮宮	飛四綠到艮，四綠木，中宮水生木，洩氣方也。但四綠是文昌星，做書房，決主科第，應在四綠臨官年內(木的臨官在寅年)。作廁名「汙穢文昌」，永不科甲，出人反呆。寅方作灶平平，有池水來生木，主文秀，井平平；安香火，上元妙，神廟在文昌不安。安床先天八白屬陽，四綠屬陰，陰陽配合，上元平平，中元大利，開門在寅、艮方平平。

坐山	卦位	《九宮內經》內容
坎宅	離宮	飛五黃到離，五黃關方也。門可用，子午壬丙，不宜作灶廁，主目疾。男方有屋五間，住宅或六間，其宅土剋水敗絕。池平，井當關方，名破軍，不利。樓房對朝，為朱雀開口，多口舌是非。假如一家第一進高過正堂，為大頭屋，不利，少人丁，產厄死。有井當關上，主腫瘋，房前亦然。假如外門高，內門低，名朱雀開口，多口舌，神廟不利。
	坎宮	飛六白到坎，六白屬金，生中宮水，生氣方也。開門吉，北方有火星沖射，雖是火落水宮，必犯血症，此門犯之，不可開，雖築高牆遮蔽，尚犯暗攻之煞。五黃到不利，作灶水火既濟，旺丁財。井在壬癸方，與南離配，亦為水火既濟，但井不可對灶，如子午相沖，出寡，偏過東妙，神廟庵佛不宜。正北有更鼓聲，及油車磨坊響動，大利。有大樹，論飛星(六乾)，為木入金鄉，夫婦受災多病。論卦氣，為子來洩母氣，池山巔狂，水來不妨。高山土阜，大發財丁；如低出，愔愚，久住退敗。
	坤宮	飛七赤到坤，七赤屬金，生中宮一白水，生氣方也。水土長生在申，開門作灶大利，惟未上不宜，水來利，主發富貴。大樹不宜，為木入金鄉，更鼓神廟利。有高山、高屋如平土形，或高高低低，水形大利。尖峰屬火，火剋七赤金，西方之屋必火災，安床(位)多女少男，碓磨井廁，不沖本屋大利。
	震宮	飛八白到震，八白屬土，剋中宮一白水，殺方也。開門凶，井在局上不吉，山峰、碓磨、神廟、樹、廁水來沖，是殺方不利，屋宇不宜。

<table>
<tr><th>坐山</th><th>卦位</th><th>《九宮內經》內容</th></tr>
<tr><td>坎宅</td><td>巽宮</td><td>飛九紫到巽，九紫屬火，中宮一白水剋火，死氣方也。巽方屬木，木生九紫火，其火太旺，不能剋火，反被火傷，財丁不旺。大樹、神廟，必招刑，名火燭。巽方高起，出寡少丁，敗絕。高橋主血症，作房巽方四綠屬陰，九紫屬陰，二陰共處，不化不利，作灶不利。</td></tr>
<tr><td colspan="3">餐霞道人曰：坎宅喜三元之金運為生，水運為旺，木火平平，土運剋水，大凶。
1、然又有分別，如上元一白水，統管六十年，坎宅得氣。甲子甲戌二十年，小運亦一白，坎宅大旺。甲申甲午二十年，雖小運二黑，土剋水，然大運水統，小運之土來剋無害。甲辰甲寅二十年，小運三碧木洩氣，亦無害。
2、中元四綠木，統管六十年，坎宅洩氣，甲子甲戌二十年，小運亦是木，坎氣愈洩。甲申甲午二十年，小運是土，坎宅休囚。甲辰甲寅二十年，小運屬金，坎為有氣。
3、下元七赤金，統管六十年，坎得生氣，甲子甲戌二十年，小運亦金，坎宅愈旺，雖值甲申甲午二十年，小運土；甲辰甲寅二十年，小運火，無妨，圖(河圖)運(洛書)宜參閱。</td></tr>
</table>

艮宅

坐山	卦位	《九宮內經》內容
艮宅	中宮	艮山八白入中宮，為土山宅也。
	乾宮	飛九紫到乾，九紫屬火，火生中宮八白土，生氣方也，富貴多丁，此宅屬土，周圍樹木不宜。
	兌宮	飛一白到兌，一白屬水，中宮土剋水，死氣方也。(虎門)開門上元水見水吉，下元(八運)土剋水不吉。路沖不利，作灶受剋凶，碓磨廁不宜，五黃到，土剋水不利。
	艮宮	飛二黑到艮，二黑屬土，山方比合，旺方也。作灶火土相生吉，開門在寅上可，有樹木不宜。
	離宮	飛三碧到離，三碧屬木，木剋宅之土，殺方也。開門先富後貧，二十年後，少年血症而亡，作灶為木火相生，一發即敗。井不妨，神廟吉。
	坎宮	飛四綠到坎，四綠屬木，木剋中宮土，殺方也。作灶木生火，有丁無財，井屬壬癸水可。廁汙穢文昌，不能科第。坎方作書房，水木相生，發貴。安床旺丁出文秀，要開乾兌之門，生旺方也，住久發貴。
	坤宮	飛五黃到坤，五黃屬土，關方也。有樹主火災，井池當關，為破軍不利。廁主目疾，有青煙(煙囪)對門，財好、患目。高峰如火星形，火生土大發。關方水朝名潑面水，合宅(全家)皆凶。住宅當門，為天門(各宅同)，天門宜開，地戶宜閉。

坐山	卦位	《九宮內經》內容
艮宅	震宮	飛六白到震，六白屬金，本山土生金，退氣方也。作灶火剋金，陰人血症。開門有丁無財，安床井平平。路沖土金相生，無妨。神廟、高峰，火星剋金不利。
	巽宮	飛七赤到巽，七赤屬金，同六白例，七赤為破軍金，但看生剋之徵，假如六白七赤，逢壬子土運，相生二金之方，安床十二年旺丁。庚子金運，金見金為子孫，此十二年尤利。戊子木運，為木入金鄉，十二年有災殃，破財損丁。丙子火運火剋金，十二年不利。甲子水運，金生水，退氣十二年，有丁無財，此五運八宅可以類推。
餐霞道人曰：艮宅喜河洛火土運，木凶，金水平平。		

震宅

坐山	卦位	《九宮內經》內容
震宅	中宮	震山三碧入中宮，為木山也。
	乾宮	飛四綠到乾，四綠屬木，與中宮比和，旺方也。又文昌方，開門出秀，有高峰，主科第。井利，作灶財丁大旺，出文士。安床，生聰明女，廁大吉，樹無妨。上元開門，水木相生利。
	兌宮	飛五黃到兌，五黃屬木，關方也。開門放水，木剋方土，樹木井神、廟石碑石、碾碓磨廁，俱不宜。有山如金星，乃金剋木也，九紫到，犯火災。
	艮宮	飛六白到艮，六白屬金，剋山之木，殺方也。作灶、開門，俱主陰人經脈不調。樹木謂之木入金鄉，不宜。池為破軍不宜，碓與高峰亦不宜，神廟主有火災。
	離宮	飛七赤到離，七赤屬金，剋山之木，殺方也。作灶少丁財，開門金剋木，出寡。有池洩本方之氣，又剋南離火，小口不利。廁高山屋，乃本宅殺方，不利。
	坎宮	飛八白到坎，八白屬土，本山木剋土，死氣方也。安床利，樹凶，步梯廁不利，高峰少財丁，廟犯瘋症。
	坤宮	飛九紫到坤，九紫屬火，本山木生火，洩氣方也。開門五黃到，主犯官非口舌。作廁進財產。神廟高，犯火災，池井水剋火凶。安床木生火，我生方，宜子孫。

坐山	卦位	《九宮內經》內容
震宅	震宮	飛一白到震，一白屬水，水生中宮木，生氣方也。作灶可，開門、安香火、井、廁、碓利，遠方水來大利。有峰在本方，如水形大利，如金形剋木不利。安床多生少實，未年五黃到，剋一白水，主產亡，如太陽到則利。
	巽宮	飛二黑到巽，二黑屬土，本山木剋土，死氣方也。安床作灶吉，開門平平。安步梯，木剋土，損小口。高峰，財旺少丁。三碧入中，宜安香火于震宮利。
餐霞道人曰：震宅喜遇河洛之水運為生，木運為旺，火土運平平，金運大凶，其八方之生旺退殺，亦同此推。		

巽宅

坐山	卦位	《九宮內經》內容
巽宅	中宮	巽山四綠入中宮，屬木，乃木宅也。中宮如安香火，主出科第，前有水，要南方有橫界之水，此為坎向之水，遇戊子運屬木，與坎水相生，發科甲。
	乾宮	飛五黃到乾，五黃屬土，關方也。開門財有丁少，何也？我剋者為財，為子孫也，又乾乃後天六白，原為先天八白（先天卦位八白隸乾），此是先後天相生，又得中宮飛出五黃土，以益金氣，金氣盛矣。其中宮四綠木，文曲映照坐山三碧木，森森之木亦盛矣。一受金琢削，二藉土培植成林，再得水滋生，又值文星司令于中宮天門，對映于西北，可奪巍科而登天府矣。但頭門要低小，大利，書香綿遠。若高樹，主口舌火盜。高峰金星形受制，不可居。有井為破軍，大利。明堂斜側，主婦女不良。如聞鐘鼓聲，名朱雀鳴，主官符口舌，斜飛屋射同。碓磨不宜，作廁為汙穢文昌，出人愚鈍。
	兌宮	飛六白到兌，六白屬金，剋中宮木，殺方也。安床有丁無財，惟上元水運，則兌金生水，而反利于山木，以為化殺作恩。安床利，開門不吉，廟井平平，廁橋不宜。
	艮宮	飛七赤到艮，七赤屬金，剋坐山木殺方也。交土運，財丁兩旺。逢火運，人財兩敗。逢丙子水運發丁，金運比和。
	離宮	飛八白到離，八白屬土，中宮木剋土，死氣方也。安床財丁兩盛，高峰路不利，作灶、廁、開門平平。

<table>
<tr><th>坐山</th><th>卦位</th><th>《九宮內經》內容</th></tr>
<tr><td rowspan="4">巽宅</td><td>坎宮</td><td>飛九紫到坎，九紫屬火，中宮木生火，洩氣方也。開門作灶、安香火、安床、池井水，俱不利，樹無妨，木能生火，又比和也。不可當門，廁、碓磨不宜。</td></tr>
<tr><td>坤宮</td><td>飛一白到坤，一白屬水，水生中宮木，生氣方也。開門吉，作灶水剋火，平平，有樹不妨。安床一白屬天喜，發丁旺財。廁可，高峰旺，碓磨利。</td></tr>
<tr><td>震宮</td><td>飛二黑到震，二黑屬土，中宮木剋土，死氣方也。安床財丁兩盛，高峰屋沖，防火盜，開門、碓磨、池井不宜。</td></tr>
<tr><td>巽宮</td><td>飛三碧到巽，三碧屬木，與中宮比和，旺氣方也。作灶大利，因木生火，四綠同宮，發秀。池井不宜，門利。</td></tr>
<tr><td colspan="3">餐霞道人曰：巽宅屬木，喜遇上元水運生之，中元木運比之，下元金運在所惡者也。然上元運中，前二十年，小運一白，巽得大小運俱生，固為全美；中二十年，小運二黑，略差；後二十年，小運三碧，巽得大運之生，小運之比，有氣極矣。中元運中，前二十年，小運四綠，巽得大小運比，妙無以加；中二十年，小運五黃略差；後二十年，小運六白，巽金受剋，但中元係巽統運，故剋亦無大害也。至下元，前二十年，小運七赤，大小運俱來剋巽，巽木休囚，不能得氣；中二十年，小運八白，巽木既受大運之剋，復被小運退氣，何能旺盛；後二十年，小運九紫，巽木生之，巽亦泄氣。故巽宅一至下元，或得基局合元，或砂水內外六事，乘元生旺，亦可發福，否則衰敗而無復振之勢矣，更當合圖運參看愈準。</td></tr>
</table>

離宅

坐山	卦位	《九宮內經》內容
離宅	中宮	離山九紫入中宮，為火山也。
	乾宮	飛一白到乾，一白屬水，水剋中宮火，殺方也。開門財丁兩敗，蓋外氣剋內宮，主外來剋剝，又為走破天門，故凶。上元無大運，大樹不宜，作灶財丁兩敗，安床以一白天喜之星，主發丁，井池不可破。如西邊有路或水，作震局也，俱無妨，此乃絕處逢生氣也。
	兌宮	飛二黑到兌，二黑屬土，本山火生土，洩氣方也。作灶平平，安床有丁，開門洩氣不利，池井名為腰穿，不宜。有高樹為山之生氣，況木生火，故吉。神廟不利，路沖腰，主陰人難產，宜大石碑鎮此路。
	艮宮	飛三碧到艮，三碧屬木，木生中宮火，生氣方也。開門上元利，池井如在屋旁，主發秀。有樹在旁，或有更鼓鐘聲，主大發財源。高山、神廟利，作灶木火相生，財丁並茂。安床女多男少，作廁、碓磨無妨。
	離宮	飛四綠到離，四綠屬木，木生中宮火，生氣方也。開門利，作灶出文秀之人。樹安床利，廁主目疾。
	坎宮	飛五黃到坎，五黃屬土，中宮火生土，為關方，又洩氣方也。開門丁有財少，樹、井、廟、床、廁、碓磨，俱不宜。
	坤宮	飛六白到坤，六白屬金，中宮火剋金，死氣方也。開門火剋金為殺，灶灶主陰人經痛，安床可。九紫火到宮，主其年犯盜，池、井、廁不利。

坐山	卦位	《九宮內經》內容
離宅	震宮	飛七赤到震，七赤屬金，中宮火剋金，死氣方也。門、灶、床、井、池等項，與坤方同斷。
	巽宮	飛八白到巽，八白屬土，火山生土，洩氣方也。灶、碓磨、廁利，床略可，門、井、池、屋、樹、廟、橋，俱不宜。
餐霞道人曰：離宅屬火，喜河洛之木運為生，火運為旺，金運為退氣，土運為泄氣，木運為殺氣，八方喜忌同推。		

坤宅

坐山	卦位	《九宮內經》內容
坤宅	中宮	坤山二黑入中宮，為土山也。
	乾宮	飛三碧到乾，三碧屬水，剋山之土，殺方也。開門不可，作灶木火通明，但發福不久，安床有丁。廁、路、池、井、碓磨，不利，有鐘鼓聲，其家大凶。
	兌宮	飛四綠到兌，四綠屬木，木剋本山土，殺方也。安床出文秀，生聰明女，六事近三碧位上凶。
	艮宮	飛五黃到艮，五黃屬土，關方也。當關方有水來，其家發財；有尖峰，財丁兩旺，餘俱不宜。
	離宮	飛六白到離，六白屬金，中宮土生金，泄氣方也。開門，丁有財平平，逢土水金運，財丁兩旺，丙子、戊子二運不好。安床略可，灶不利，如第三間木略可，第四間金，而飛宮又屬金，作灶主產亡，又犯血症。其方有高屋、高山，財丁兩敗。此間只可做起坐，不可開門及六事。池井洩氣，初住略見財帛，碓磨、廁可。
	坎宮	飛七赤到坎，七赤屬金，土山生金，洩氣方也。開門，丁有財退，六事與離方六白同斷。
	坤宮	飛八白到坤，八白屬土，與中宮土比和，旺方也。坐灶、開門、安香火利，如樓房上下安床，主女多男少。池井不利，主老母殘疾，五黃到主痰症。樹凶，主腫毒。

<table>
<tr><th>坐山</th><th>卦位</th><th>《九宮內經》內容</th></tr>
<tr><td rowspan="2">坤宅</td><td>震宮</td><td>飛九紫到震，九紫屬火，火生中宮土，生方也。開門平平，逢丙子火運比和，而生中宮之土利。有神廟、高山、橋、路不忌，樹木利。有水朝，水剋火，池井不宜，作灶、安香火、鐘鼓聲大利。安床主生紅髮之人。</td></tr>
<tr><td>巽宮</td><td>飛一白到巽，一白屬水，受中宮土剋，死氣方也。後天四綠屬陰，一白屬陽，陰陽配合，安床財丁兩旺，逢上元水運更妙。井、橋、路、樹、高屋，作灶、開門俱不利。</td></tr>
<tr><td colspan="3">餐霞道人曰：坤宅屬生，喜遇河洛之火運為生，土運為旺，金水運平平，木運不吉，八方亦照此推。</td></tr>
</table>

兌宅

坐山	卦位	《九宮內經》內容
兌宅	中宮	兌山七赤入中宮，為金山也。
	乾宮	飛八白到乾，八白屬土，生中宮金，生氣方也。作灶大利，但不可在戌上。如乾方開門，要朝北（總宜亥不宜戌），有高峰在乾生方，永遠發福，如聞鐘鼓聲，富貴可許。有樹木不利，安床男多不實，多生女。高樓無妨，路沖土見土比和，生氣吉，神廟及井平平。安香火大利，廁不可。
	兌宮	飛九紫到兌，九紫屬火，火剋中宮金，殺方也。開門人財兩敗，路沖安床不利。作灶屬火，同爍兌金也，五黃到殺兩人，有大樹主火災，有井剋火宮，主人命損小口，久住敗絕。兌方有高峰火星，財丁兩敗，安香火在樓上略可，因後天七赤之位，合先天坎位之基，金水相生之義，上元甲子水運，如開門其害尤甚。
	艮宮	飛一白到艮，一白屬水，中宮金生水，退氣方也。開門可用，流年一白四綠星到發秀貴。作灶水剋火，主冷退。安床生女，安香火、井平平，神廟、路不利。
	離宮	飛二黑到離，二黑屬土，生中宮金，生氣方也。開門子午相沖，不利作灶。安香火利，池井、神廟平平。
	坎宮	飛三碧到坎，三碧屬木，山剋木，退氣方也。作灶上元可用，池井東北可。安香火、安床，發丁財，樹木在旁不妨，神廟、尖峰、路沖不利。
	坤宮	四綠飛坤屬木，中宮金剋木，死氣方。安床出秀，池井水來生木可用，安香火不可。四綠催官星，上元水運水木相生。

坐山	卦位	《九宮內經》內容
兌宅	震宮	飛五黃到震，五黃屬土，關方也，如五間可開中門，如三間不可，中屬火，反生關方土，火間又剋中宮金，故不宜。神廟、樹不利，鐘鼓聲有口舌。有尖峰火星，生關之土，剋中宮之金，先富後貧。
	巽宮	飛六白到巽，六白屬金，金見金比和，旺方也。宜作灶以制二金之剛，則為絕處逢生，用之發丁旺財。如九紫到，則熒八白兮防盜賊，安香火大利，池井洩氣不宜，樹不宜。高屋如平土形，大發財丁，出武職之人。六白到位，有鐘鼓聲，主發富，後旺丁。蓋生我者為恩，金見金為子孫，故主旺丁。
餐霞道人曰：七赤屬金，喜河洛之土運為生，金為旺，木為退，水為洩，火為殺，八方同推。 又八宅之一白四綠方位，有外六事高聳，形異尋常者，若流年又遇一白四綠星到，主陞官，發科甲入泮，大門亦然，余屢斷必驗。 又大門、房間、房門在三白方，流年月建，又遇三白或天喜到，必受胎生男。若與流年太陽同位，或弔照，曆數太陽，于是月又到，或弔照，或月建沖動，受胎生男尤準。若在宅主之生旺方，即非三白方，而流年太陽三白到，亦生男無疑。 又八宅之九紫方，外六事有異常之物在其方，遇流年九紫、五黃、二黑、七赤到，主發火，月建又值此星到，斷在此月發火。若流年九紫到門，又會吉曜，主其家有喜慶之事。 又八宅二黑方又遇五黃、二黑到，主生病；七赤方遇七赤到，三必方遇七赤到，七赤方遇三碧到，主有盜賊之虞。		

四、《陽宅集成・年月吉凶星加臨》

《陽宅集成》討論到年月吉凶星飛臨時的看法:「年月吉凶各星,每年每月,飛佈二十四方,必有應驗。蓋方位之吉凶,起於地盤之干支,乃一定不變之理,年月之星煞,每隨歲君為移轉,是以吉方遇吉星而獲福,吉方遇凶星則變禍,凶方遇吉星,災殃可解,凶方遇凶星,禍患必來。若凶星有二、三個重疊,即為堆煞,為群醜聚會,必主大凶,不動猶緩;若一動作,禍不旋踵,或在本年即應,或在三合四沖年月應,干化之歲應。……陽年斷定禍來速,陰年斷定禍來遲;黃泉不動人不死,沖動黃泉見損傷。此法不論坐與向,只論陰陽凶吉方」。換言之,不論坐向,只論九宮內各宮位之吉凶性質。

流年九星加臨,以本局本方為主,飛來之星為客,客生主(八卦生中宮),生貴子;客剋主,主凶禍,例如乾方是金,八白加臨為生(八白艮土生乾金),九紫加臨為剋。九星以三白九紫為吉星,但不剋本方,便以吉論。紫白法很靈活,例如「逐年弔替法」,五黃入中時,坐北朝南的坎宅(土剋水)不利,但分成九宮格分辨,一白星是飛到坎宮,坎水一白來加持坎宮,故一白坎水宮位多吉少凶,稱為「弔凶而替吉」。又例如陽宅坐北向南,九運離火入中宮順飛,算到七赤兌金飛到三碧震宮,隨後流年五黃入中宮順飛,飛到震宮是三碧,三碧也是被七赤兌金所剋,則卦象明顯不利。

如果流年煞星到方,且室內六事也是在煞方,按兵不動,可以免災咎;否則既然在煞方,又在煞時太歲等動土,立見災咎;例如有陽宅坎山,九運飛臨,八白艮土飛到巽宮,雖然木剋土,但八白是吉星還算好事,當流年五黃飛進中宮,則流年四綠星飛到巽宮，這個八白土在當年就沒有吉星的效果。假如坎山一白入中，飛佈八方，則二黑到乾，五黃到離，八白到震(二五八都是土剋坎宅)，三方都是煞位，如有六事在此興造，及有沖射者，皆不利。《陽宅集成》論五黃煞：「八山最怕五黃來，縱有生氣(來生坐山)絕資財，凶中又遇堆黃到，彌深災禍哭聲哀。」五黃所在宜安靜，不宜動作；到離方若有火土助威，大忌。到坤、艮方，有方土、方灶，助紂為虐。到乾、兌方，有圓形廁所可洩五黃之氣，方形廁所幫不上忙。總之，五黃宜制不宜助，不宜沖射、興造。

紫白飛星的作用何在？例如《陽宅集成．第十六看》：「住宅應何人得病，從八卦方位而斷亦驗。如乾方有砂(煞)，流年凶曜疊加，則主老翁得病，坎主中男，艮主幼男，震主長子，巽主長女、長媳，離主中女、中媳，坤主老母，兌主幼女、幼媳。陽卦應陽人，陰卦應陰人，天地自然之理也，其斷法，總以紫白相加為驗。」

1、受剋殺

受剋殺者，九星飛到入宮，星受宮剋也。如二黑坤土、八白艮土、五黃土到三碧震木與四綠巽木宮，是木剋土。又例如三碧、四綠飛到乾、兌金宮，是金剋木。六白、七赤飛到離宮，是火剋金。九紫飛進坎水宮位，是水剋火。

2、穿心殺

穿心殺者，八方對沖處。例如一白水對沖九紫火。二黑坤土對沖八艮土。三碧震木對沖七赤兌宮。四綠對沖六乾宮。七赤兌金對沖三碧震宮。對沖的五行流年飛進對沖的宮位就引燃對沖的現象。

3、交劍殺

交劍殺者，兩金相交，肅殺之象。例如六白乾金飛入兌宮。七赤兌金飛入乾宮。例如乾宅在壬寅年五黃入中宮時，乾宮飛進七赤兌金。

4、鬥牛殺

鬥牛殺者，金星來剋木，土星被木剋，故二黑坤土、八白艮土、五黃土到震宮與巽宮，六白七赤到震巽等，不外宮星交戰之類。例如坤宅兌宮是四綠巽木，壬寅年五黃入中宮，七赤飛入兌宮剋四綠巽木。

5、流財方

〈黃時鳴云〉：丑酉戌亥年，未申方。子巳午未年，乾戌方。寅辰卯申年，子丑方。此是流財也。年家(擇日師)流財占方，或年或月之「危」「開」字同到流財上，再得太陽、三奇、紫白(一個就可以)，及(年)命之祿(臨官)馬(驛馬)到修之，大吉。(這段是說明擇日方法，有意精進者請閱讀拙作《擇日學三十天快譯通》)。

6、文昌天進神方

《金文玉曆》：坎山局納戊，申上是文昌。乾山局壬寅，乾納甲，巳上是文昌。坤山卯午，坤納乙，午上是文昌。震山局，震納庚，亥上是文昌。巽山局，巽納辛，子上是文昌。艮山局，艮納丙，申上是文昌。兌山局，兌納丁，酉上是文昌。離山局，離納壬，寅上是文昌。與八字文昌貴人相同。

7、文昌貴人方

甲乙巳午報君知，丁己雞同庚金豬，丙戊申宮辛見戌，壬年見虎癸兔知。例如甲乙年生人修造，用巳午方向，或巳午日時(注意年三煞)；或甲乙年月修造用巳午方向，或巳午日時(注意沖到亥子年生人)皆是。用在擇日還是要全面注意形沖合會。

8、流年文昌方

《金文玉曆》：甲蛇乙鼠報文昌，丙猴戊豬丁己兔，庚豬辛湯王虎逢，癸人雞唱青雲路。

又試舉《陽宅集成》文昌例子：

庚午(年)秋，元與伯兄同往鄉試。夫子曰：「汝家不特陰宅得運，即今年陽宅必應發科，茲行也可以預賀鹿鳴之慶。」元請其故，夫子曰：「汝居係坎宅，東北天主堂高峙艮位，艮係坎宅四綠方，今歲七赤入中宮，流年一白星飛到艮上，府譙樓聳立坤方，今年四綠星飛到坤上，二方高聳獨異，一白、四綠俱是發科名之宿，飛星叶吉，故許必發，且八月，月白又是一白入中宮，四綠星又飛到艮方，大門又開在艮位，年月飛星重疊而至，有不應驗如響者乎？」發榜後，元果以五經徵倖南闈。

九宮飛佈圖

		（醮樓高聳）
	坎宅 一白入中 流年飛星7赤 兌金入中宮	兌宮 三碧震木飛入 流年飛星9紫 入兌宮
艮宮 四綠巽木飛入 流年1白坎水 飛入（天主堂）		乾宮 二黑坤土飛入 流年飛星8白 艮土飛入

坎宅艮宮飛進四綠星，流年七赤入中宮，一白坎水飛入艮宮，宅星與流年星一、四同宮在艮方，準發科名之顯。其次艮方天主堂視為嶠星，流年四綠則飛到對面坤宮遙相呼應。

五、紫白訣

（一）、〈紫白訣・上篇〉概要

〈紫白訣〉說：紫白飛宮是用來分辨各宮位的生、旺、退、殺，例如坎宅一白入中宮，二黑飛乾宮，三碧飛兌宮，依序之類。九星各有五行，「生者」，飛到各方之星來生中宮之星。「旺者」，飛到各方之星來生中宮之星比和。「退者」，中宮之星去生各方之星。「殺者」，飛到各方之星，來剋中宮之星。「死氣」中宮星去剋飛方星；我剋為財又稱「財方」。以三元氣運，分判盛衰興廢之時。例如坎宅喜歡六七之乾、兌運。

生旺雖然有助於運勢，但退氣、殺氣運仍然不可用，總之，以氣運為帝君，吉凶隨之變化。例如一白坎水宅，遇六白七赤運為生，遇一白水為旺，而未交到上元一白水運二十年，與下元金運四十年，則一白水運不得令，仍然算是衰廢，這就類似八字學一般，原局流年沒問題，但大運不給力。反之，例如一白水遇到三碧、四綠木為退，遇二黑、八白土為殺，然正交三元中的金水運，則一白得令，尚屬榮盛，即使是退殺之氣，不作廢論。

紫白飛星是以〈河圖〉為體，例如五子運，或八宅坐定宅星入中宮；以〈洛書〉為用；圖書並用，隨機而變。考究河圖之運，以五子分元，甲子十二年為水運，丙子十二年為火運，戊子十二年為木運，庚子十二年為金運，壬子十二年為土運，則水火木金土井然有序，共一甲子。凡陽宅層與間是水數者，喜金水之運，例如一層六層，一間六間屬水，喜歡庚子十二年金運，以金運來生水數屋；也喜歡在甲子十二年水運，水運與水數屋比合。例如三八層與三八間，嫌庚子金運十二年來剋，丙子火運十二年來退氣。其餘仿此。

「生」運發丁而漸榮(生我為父母，父母幫小孩總是先牢騷一頓，再出手相助)，「旺」運發祿而驟富(同我為兄弟，兄弟二話不說，過來就撐扶一把，所以發祿而驟富)。退必冷退絕嗣，殺則橫禍官災，死主損丁，吉凶常半。其中「吉凶常半」，指屋去剋五子運，則為死氣。例如坎宅屬水，九運離火被水剋，但屋去剋運，主動權在我；不比運來剋屋，看人眼色，故吉凶互見參半。

九星大抵依照此說。木宅金運，宅逢劫盜之凶。火宅得木元，人沐恩榮之喜。

洛書所談的上元一白，中元四綠，下元七赤，各管六十年，謂之大運。一元之內，又分三元，循序而推，各管二十年，若九星一週，謂之小運，合計一百八十年。如果甲子年到癸未年二十年之間是坎一運，可以得到一白龍穴，一白方砂水，一白方居住，龍穴砂水皆是一白，稱為「元龍主運」，發福無量，其餘仿此。然而「元龍主運」是可遇不可求，所以如果一白運中，震巽之木，受一白水來生，或先天之坎在兌，後天之坎在坤，則均受上元坎水的庇佑而獲福。其餘仿此。

依據河圖攀親帶故之理，一白坎水運司令上元，而六白同旺。四綠主管中運，而九紫均興。七赤居下，而二黑併發，總之，一六、二七、三八、四九等依據河圖，雨露均霑。或是坐山局未得運，而局之生、旺、財方，有六事得地者也跟著發福。水為上，山次之，高樓、鐘鼓、殿塔、亭台之屬，又其次也。再論其山，有山之六事，如門、路、井、灶之類。其次論樓層，而與層之六事，或行大運，或行小運，都是榮富可言。否則將六事佈置於山與層及其間數生旺方，則關殺退避，但河洛二運未交(還是要大小運相助)，僅能得小康局面而已；這是為何有人按局面佈置，效果不靈驗之故，因未察覺大小運關係。反之，六事在關殺二方，沒得運沒事，得運之刑煞反而更猖狂。

何謂「統臨」？指三元六甲，甲子、甲戌、甲申、甲午、甲辰、甲寅。每元是六十年一甲子循環，所以每元都有六甲。如果以上元甲子坎逆數至中宮是己巳大林木。中元四綠甲子，逆數至中宮得壬申劍峰金。下元兌上起甲子，而中宮得丙寅爐中火。每甲以中宮納音，復以所泊宮星，與八山論生旺退殺死之類，稱「統臨」。就是講大小運相助與否。

何謂「專臨」？三元所泊之干支各異，各元要將本宮所泊干支，逐一宮逆數上去，尋看本山係何干支到山，入中順飛，與八山生剋如何。例如上元甲子，泊在坎宮，即隨宮數去，乙丑在離，丙寅在艮，丁卯在兌，各宮逆挨去，數到坎上，得癸酉，即將癸酉入中，順佈而去，則甲戌在乾，乙亥在兌，丙子在艮，各宮順排週遍，看山係何山，本山值何干支，即將其所值干支之納音，與八山比較生剋，論生旺退殺死。

如果統臨、專臨皆吉，吉莫大焉。統臨不善，而專臨者善，不失為吉；統臨者善，而專臨者不善，不免於凶，但凶猶未甚。但如果統臨、專臨皆不善，則屋漏偏逢連夜雨，莫可救。總之，「專臨」重於「統臨」。

八門，指奇門。休、生、傷、杜、景、死、驚、開為八門。八門五行，隨八卦而起：「休」隸坎屬水，「生」隸艮屬土，「傷」隸震屬木，「杜」隸巽屬木，「景」隸離屬火，「死」隸坤屬土，「驚」隸兌屬金，「開」隸乾屬金，奇門加臨八山，獨取開、休、生為三吉。加臨的方法：乾山從艮上起休，震生，巽傷，離杜，坤景，兌死，乾驚，坎開。坎山從震上起休，艮山巽上起休，震山離上起休，巽從震起，離從乾起，坤從坤起，兌從兌起，俱順佈八宮，而開、休、生三門最吉。

(二)、〈紫白訣・下篇〉精解

大運入中宮順飛後，可以再以方位數帶入中宮，坎為一，坤為二之類。以紫白看陽宅的方法，先實測室內書作井字，分為九宮，最注重宅內大門位置。在玄空飛星較複雜，陽宅外街道巷弄通氣處，以向盤斷；其餘宅內之井灶，及宅外之橋梁樓閣，均以山盤判斷坐山與大運流年之數字(紫白訣)組合。下列紫白訣以宅山後天卦數入中宮順飛，再以流年紫白飛星順飛，將其所得出之數字組合判斷如下：

四一同宮，準發科名之顯。

例如：坎宅，一白入中，流年又四綠入中。或坎宅艮方是四綠，流年七赤入中，一白到艮方四綠，也是一四同宮。一白為官星或魁星，四綠為文昌，故發科名顯貴。《沈氏玄空‧陽宅三十則》：「塔呈挺秀之形，名曰文筆；在飛星之一四、一六方，當運主科名。」

九 3	五 8	七 1
八 2	一 4 文昌位	三 6
四 7	六 9	二 5

九 6	五 2	七 4
八 5	一 7	三 9
四 1 文昌位	六 3	二 8

七九合轍，常招回祿之災。

河圖二七火，七赤火紅色與九紫離火同宮，主遭火災之虞。《玄空密旨》：「午(九紫)酉(七赤)逢而江湖花酒」，後天八卦，離九是午，兌七是酉，所以九七合轍。例如坎宅在己亥年八白艮土入中宮，順飛到巽宮「九七合轍」，注意火患火病。

九 7	五 3	七 5
八 6	一 8	三 1
四 2	六 4	二 9

二五交加，罹死亡，並生疾病。

二坤黑土病符與五黃廉貞火關殺同宮，有死亡生病之虞。二五當運尚可用，指二運、五運都是土收旺氣，尚可勉力撐場，但大運過後宜遷避。若大運月家二黑五黃再重疊，傷病。例如震宅在戊戌年九紫離火入中宮,順飛進兌宮是「二五交加」,謹防病痛。

二 8	七 4	九 6
一 7	三 9	五 2
六 3	八 5	四 1

三七疊至，被劫盜，更見官災。

三碧木與七赤金同宮；兌金剋震木，陽數相斥，三碧為蚩尤喻盜賊，七赤為破軍，兌為毀折，不外官非被劫之類。例如坤宅在辛丑年六白乾金入中宮，在乾宮「三七疊至」，乾宮代表應驗老父遭盜損。

蓋四綠為文昌之神，職司祿位；一白為官星之應，主宰文章，還宮復位固佳，交互疊逢亦美。

一坎水四巽木，水木相生。四一同宮有科名之喜，若大運與年命還是一白或四綠重疊，稱「還宮復位」、「交互疊逢」，文章科名更吉利。例如坤宅的巽木在兌宮，在八運艮土入中後，一白坎水運也在兌宮，流年己亥八白艮土入中宮，還是一四同宮。

是故三九、九六、六三，惟乾、離、震攀龍有慶，而二五八之間，亦可蜚聲。

1、「三九」，指三碧木與九紫火，木火通明之象。震宅三碧到中宮，四巽在乾宮，流年九紫入中宮，飛到乾宮是一，所以乾宮是一四發科甲。反之離宅亦同，九紫火入中宮到乾宮是一，三碧木到乾宮是四，因此一、四也是同在乾宮。「九六」演算後則是在離宮一、四。「六三」，演算後在震宮是一、四同宮。因此「乾、離、震攀龍有慶」，指三九文昌在乾，九六文昌在離，六三文昌在震。

2、「二五八之間，亦可蜚聲」何來？因為以二五入中，文昌一四在巽。五八入中，文昌一四在坎。二八入中，文昌一四在兌。

一七、七四、四一，但坤艮中，附鳳為祥，而四七一之房均堪振羽。

何謂「坤艮中，附鳳為祥」？因為將一七、七四、四一等宅山卦數與流年分別入中順飛，可以得到一七文昌在艮，七四文昌在坤，四一文昌在中。何謂「四七一之房均堪振羽」？四配七，七配一，一配四等都有文昌位，數字不拘何者為坐山或流年。

八二、二五、五八，在兌、巽、坎，登雲足賀，而三九六之屋，俱足顯名。

1、何謂「兌巽坎，登雲足賀」？將八二代入中宮，文昌在兌宮

。二五帶入中宮，文昌在巽宮。五八代入中宮，文昌在坎宮。與前條相同意思。

2、何謂「三九六之屋，俱足顯名」？分別用三九入中宮，文昌在乾宮；九六入中，文昌在離宮。

遇退殺以無嫌，逢生旺而益利，非獨運與局可以參觀，亦且年與運猶須併論。運有雙峰分大小，歲交加會辨三元。

指洩氣方、煞氣方、死氣方不全以凶論；雖有生氣方、旺氣方，還須元運與形局的加持。運分大小運，又分(1)洛書配後天卦之三元九運三元指上、中、下元，共計一百八十年；每個元運六十年。上元六十年依序一白坎水、二黑坤土、三碧震木，各領二十年。中元六十年依序四綠巽木、五黃中土、六白乾金，各領二十年。下元六十年依序七赤兌金、八白艮土、九紫離火。(2)河圖配東西南北中之五子運。兩種與流年會交集出各種變化，應仔細分辨。

住宅以局方為主，層間以圖運為君。

陽宅套用理氣首重內外格局，否則無法計算理氣。層間之得運、失運以河圖五字運為主，比較生剋以論吉凶。甲子 12 年屬水，丙子 12 年屬火，戊子 12 年屬木，庚子 12 年屬金，壬子 12 年屬土。

1、坤局兌流，左輔運臨而科名獨盛。 2、艮山坤水，巨門運至而甲第流芳。 3、下元癸卯，坎局之中宮發科，歲在壬寅，兌上之六門入泮。

1、「兌流」,「流」指坎水，表示兌宮飛進一白坎水，也表示八白艮土左輔星入中宮。故坤局以二黑入中宮到兌宮是四，而左輔八白入中到兌宮是一白；一四同宮，故「科名獨盛」。

2、艮山坤水，如果用巨門坤土二運入中宮，艮宅八土入中宮，文昌一四在兌宮，故「甲第流芳」。

3、坎宅有人癸卯年發科，因為在前一年壬寅年是五黃星入中，四綠到巽主名聲。癸卯年(假設下元)四綠巽木入中宮，因為一四同在中宮，故「坎局之中宮發科」。因為四綠入中，飛到兌宮是六乾，以六乾金生坎局水，宅山得到生氣，故「兌上之六門入泮」。

> 故白衣求官，秀士請舉，推之各有其法；
> 而下僚求陞，廢官思起，作之亦異其方。

這段小結四一同宮之論，<u>求官重視一白官星</u>，<u>求名重視四綠文昌</u>，各有方位方法。《陽宅集成‧卷三》舉例:「…張堰鎮祖塋，脈長氣旺，開障展佈，曲折起伏，入首低田，界清一線真脈，緊秀異常，貴案前列，秀水拱照，消納得法。……龍身曲折活動，嫩枝緊秀，木星作案，前水發源浙西，有數里之遠，對面洋朝，無數龍虎砂頭，隻隻回揖。……坐兌向震，前近河，是兌局兌宅，兩水會合艮位(青龍水)，流過宅前而去。艮係兌局兌宅一白方，是水為官星吉水，主在上元運(一白)內官至極品，……遇流年一白四綠九紫諸吉星，或到局、到山到向、到艮，即大拜矣。後至戊戌年九月大拜。查戊戌流年，三碧入中，一白到向，九月(流)月白(六乾白入中)，四綠到向，九紫到艮，應驗確然不爽。」意思是紫白飛到來水也有吉事。

第以殺旺須求生旺，或山堆大塔，龍極旺宮加意。
如制殺不如化殺，或鐘樓鼓閣，局山生旺施工。

1、如果殺方高強，可以在龍局宅生旺方造假山高塔，或向星休囚處，以洩殺氣。未來氣宜低有水，退氣反之且不宜有門路水路。制殺不如化殺，例如坎山局以土為煞，金為生氣方，水為旺氣方，遇到震宮(八艮土)、乾宮(二坤土)是土煞，則在金(坤宮)水(中宮)兩方，或起金水二星形體的閣樓，或用宅主金水的年命或用金水年月日時，則土來生金，即貪生忘剋，化煞為印。

2、至於坎水大小運比合身強，即不畏剋制。通關、貪生忘剋等不必直接面對煞氣，故稱「化殺」。或於山星之生旺方建築鐘樓、鼓閣、植樹，以塞其低空以木制土疏水；若是原有尖峰、山砂、高屋等無須再行施工。

1、七赤為先天火數，九紫為後天火星，旺宮屬遇，動始為殃，煞處重逢，靜不施虐。
2、或為廉貞疊至，或為都天加臨，即有動靜之分，均有火災之分。

1、河圖二七南方火，所以七被歸屬為先天火，而九紫是後天八卦的離火，如果同宮「九七合轍」應安靜不宜興動整修，以免災咎。只有一位在旺宮，沒動作無妨。

2、九七兩位同在煞宮，不動作也有咎害。廉貞火五黃或都天加臨都有火患。戊己都天煞起五虎遁戊己之地。

是故壬亥之水宜通，通者閉之，則登時作祟。
右弼方之池塘可鑿，鑿者填之，隨手生嗔。

王亥二宮屬水，水剋火，水勢就是要流通，流通則水氣顯揚有作用。右弼屬火，右弼方之池塘可鑿，反向操作而填塞，則隨手生禍殃。亥王二宮屬水，水可制火，故不可閉，閉則火無水制。「閉」指封閉、填塞。

廟宇刷紅，在一白煞方，尚主瘟火。 火樓台聳，焰當七赤，旺地當免炎災。

廟宇紅色屬火，在一白方，似乎水能制火有制，當知一白是局，山上煞地，煞地是土，土剋水，水滅不到火，故有瘟火。七赤火炎在旺地，造木高台引雷電閃擊更易火災。

建鐘樓於煞地，不特亢旱當遭，造高塔于火宮，須知生旺難恃，但一宮而二星同到，必片刻而萬室全灰。

局山之煞地，已是凶方，又建鐘樓，鐘鳴則催動煞氣，不但患火，且患訟病。「二星同到」，指九紫七赤同宮，亦本是火宮，雖在局山生旺之方，但高聳則火星強盛，況塔形尖利，又是火形。

巽方庚子造高樓，坎艮二局俱焚，而坤局之界不犯。

1、庚子中元是年四綠入中，七赤飛艮，九紫飛坎，一白飛坤。
2、依據坎宅飛星圖，巽方本九紫火星之位，造高樓則火動。
3、依據庚子年飛星圖，艮之七赤為先天火數，坎之九紫為後天火數。
4、流年飛到之星最重，故坎有九離火，艮有七赤先天火，九七常遭回祿。
5、因為依據坎宅飛星圖，坤上流年是一白飛到，七赤先天火在坤方，而流年飛星一白坎在坤方，水能制火，故可不犯。

庚子年

3	8	1
2	4	6
7	9	8

坎宅

九	五	七
八	一	三
四	六	二

巳上丙午興傑閣，巽中離兌皆火燒，
艮看遠方始可免，爰知明證可避禍。

前面談九七回祿，在中元丙午年，七赤入中宮，故中宮臨火局；九紫飛到兌宮也是臨火局。二黑飛到離宮，二七同道火是先天火數，故離宮也是火局，巽本是九紫火宮(在此還是當坎宅看)，在此興造閣樓有火患之虞。飛星是一白到艮宮，水剋火，故艮宮遠離可免災咎。

丙午年

6	2	4
5	7	9
1	3	8

坎宅

三	八	一
二	四	六
七	九	五

1、中元丙午年是七赤入中，故中宮七先天火數。

2、九紫到兌，故兌臨後天火數。

3、二黑到離，二亦先天火數，故離火再加先天火數。

（1）坎宅巽宮，本九紫火數，于此造樓閣，所謂動始為殃也。

（2）艮上一白到可制火星，故遠則可免。

（3）「巽中離兌」四宮有火患之憂。

五黃正殺，不拘臨方到間，常損人口。二黑病符，無論小運流年，多生疾病。五主孕婦受災，黃遇黑時出寡婦，二主宅母多病。黑逢黃，至出鰥夫。

五黃關殺方，不管飛到那個宮位常損人口。二黑病符，主生病。五黃為陽土，二黑為陰土，主腹，故孕婦應災。黃上加黑陰壓陽也，故出寡，二黑隸坤為老母，故應宅母。黑上加黃，陽壓陰，故出鰥。二黑五黃交錯，家長有凶。

運如已退，廉貞逢處眚非一，總是避之為良。運若未交，巨門交會病方深，必然遷之始吉。

廉貞五黃在退運時，災難必至，只能避之為宜。巨門二黑未交生旺之運，在退氣殺氣方遷移為妙。意思是二五在陽宅逢生旺運或許被壓制，但在殺運、退運則助紂為虐。

蚩尤碧色，好勇鬥狠之神；破軍赤名，肅殺劍鋒之象；是以交劍煞興，多劫掠，鬥牛殺起，惹官刑。赤逢三到生財，豈識財多被盜；三遇七臨生病，那知病癒遭官。

蚩尤喜歡鬥爭，破軍顧名思義，肅殺劍鋒之象；七赤遇六白為金見金，名「交劍煞」，先來把火。三碧遇坤、艮土，木剋土，名「鬥牛殺」。三碧木來，七赤金剋之，我剋為財；但七赤是賊星，故主官刑。七赤金來，三碧木被剋，我被剋，財生殺，因財惹是非；但三碧又喜戰鬥，故遭官非。指三七、七三、三二、二三、三八、八三等同宮的情形。

運至何慮穿心，然煞星旺臨，終遭劫賊；身強(當運)不畏反伏，但助神一去，遂見。要知息刑弭盜，何須局外搜求；欲識愈病延年，全在星中討論。

三七同宮，七赤沖剋三碧，稱「穿心殺」，當運不必憂慮，例如三碧值木運，七赤值金運。煞星臨旺，指七赤運容易遭到破財。木運雖然不怕伏吟，運勢過了還是要倒霉。要分辨流年大運吉凶悔吝，全賴九星生剋制化的討論。

1、更言武曲金龍，喜逢左輔善曜。 六八武科發跡，否亦韜略榮身。 2、八六文士參軍，或則異逢擢用， 旺生一遇為亨，死退雙臨乃佳。

1、六白武曲屬金，左輔八白屬土，土生金，所以武曲「喜逢左輔善曜」。六八都是吉星六乾金遇八艮土發武貴，八遇六主發文昌，即六在局，八來生六白金則發武貴。八在局，六白金來，我生他洩氣，則發文貴。

2、如在局上為旺運或生運，在乾六或艮八，有一白坎水飛到即吉。如在局上的死方或退方，有乾六艮八吉星同來加持，論佳。

九紫雖司喜氣，然六會九，而長房血症，七九之會尤凶， 四綠故號文昌，然八會四，小口殞生，三八之逢更惡。

前述一坎六乾八艮都有吉星加持的成分，但九紫雖然喜氣，然而六白金，遇九紫火剋，故主血症；又六白屬乾，乾為老父，故應長房。七赤兌金遇九紫火剋，理應少女受災。四綠雖然是文昌，但八白土遇四綠木剋，八白艮是少男，故應小口。八白土遇三碧木剋，亦主不利少男。四綠是吉星，但三碧是祿存惡煞，故更惡。這段討論吉凶星特性，吉星加分，凶星扣分。

1、八逢紫曜，婚喜重來。六遇輔星，尊榮 不次。如遇會合之道，盡同一四之中。

2、欲求嗣續，紫白惟取生神，至論帑藏，飛星宜得旺氣。

1、八白艮土本吉星，九紫火又喜曜，以九紫火來生同宮八白土，故主婚喜重來。六白乾武曲本吉宿，八白又善曜，八白土來生同宮六白金，故主擢升尊榮。會合，謂二星同宮，吉星同度，其吉徵，與四一同宮一般。反之，一是坎水，四綠巽也是文曲水，水多主淫。

2、若問到子嗣，紫白星要進到生氣方，例如九紫火來生土，一白水來生木等；又例如坎宅五黃星入中，在坎宮一六同宮安床求嗣。求財帑，紫白星要進到旺氣方，例如坤宅流年一白坎水飛入中宮，在坎宮七兌金與六乾金同宮，乾六白金得兌七赤金旺氣。

1、二黑飛乾，逢八白而財源大進，遇九紫則瓜瓞綿綿。 2、三碧臨庚，逢一白丁口頻添。 3、交二黑(到中宮)，青蚨闐闐。先旺丁，後旺財，于中可見。先旺財，後旺丁，于理易詳。

1、二黑飛乾，表示坎宅入中是坎宅。二黑飛乾，二黑土也，遇流年八白土亦到乾，土見土為旺，二土生乾金，八白又為吉曜，故主發財(收旺氣)。二黑土遇九紫火來生，九紫是吉曜，故發丁(收生氣)。

2、坎宅，三碧飛進兌宮(臨庚)，遇流年一白水亦到兌，水生三碧木為生，一白又吉曜，故發丁。

3、流年二黑土到，四綠木到兌宮，三碧四綠都在兌宮，受中宮坎水來生。凡生星先到，旺星後到，則先發丁，後旺財。旺星先到，生星後到，則先旺財，而後發丁。

1、木間逢一白為生氣，添丁不育，必因一白星到艮坤。
2、火層遇木運為財宮；官累不休，必因年逢戌亥。故遇煞未可言煞，須求化煞為權；逢生未可言生，猶懼恩星受制。

1、一白水生木，一白為子星。主生子；又遇八白土來剋，故子星被剋，發丁不實。意思是一坎八艮雖然都是吉星，但五行性相剋，弄巧成拙。

2、木運能生火，故發財，但火墓于戌，絕于亥，故交戌亥年，主「官累不休」。

3、「遇煞未可言煞」，指三碧蚩尤四綠文曲。「化煞為權」，指如火遇水為煞，則用木洩之，火不受其害而得其利。「逢生未可言生」，指如遇水為恩（三八木層），或水剋之，木洩之，火退之，所謂恩星受制。

3、《陽宅集成・卷三》對「遇煞未可言煞」舉例略以：癸亥年春，其屋離宅坐南向北，前作店面後住家屬，有一程姓堪輿師囑咐其店門應開在艮方(虎邊)。意思是九紫入中，三碧飛到艮宮，木生火，店門為生氣方。餐霞道人反對說：「此屋係離宅，宅主係坎命(東四命)，若論八宅及年命，東北及西北皆不宜開門(東北艮與西北乾都是東四命)。程姓友謂東北為生門，彼熟知九宮之法者，蓋離宅九紫入中宮，三碧飛到艮，木生離火，故謂生門。乾方飛到一白星，水剋火為殺星，謂不宜開門然矣。獨不知離宅屬火，二層又是火(前作店面後住家屬為二層，二七同道)，房裝二間又是火，開艮上三碧門，木又來生火，火太旺盛，難免火病之災。乾上一白坎水門，雖是離宅殺方，火太盛，得水以制之，則火氣可遏，況剋則生財，宜閉艮門，而開乾門為妥。……開一白門(龍邊)開後家中漸次妥當。」

方曜宜配局配山，更配層星乃善，門星必合山合層，尤合方位為佳。蓋在方論方，原有星宮生剋之辨，復配以山之生死，局之旺衰，層之退殺，而方曜之得失始彰。

1、凡八方飛到之星，要與局山層上配合生旺。各間輪到之星，要與山層方上配合生旺。「局」，指水局，面向震水就是兌局，論外六事之吉凶。「山」，坐山，論內六事之吉凶。「層」，古時指幾進幾落。

2、在方論方者言，就本方之星論生剋也；如本方為坎，遇六白七赤飛到，金來生水為生。遇二黑八白星到，土來剋水為剋，八方皆然。或生或剋，必須辨之，更以方星與山局層較論，生旺則得，剋洩則失。

1、就間論間，固有河圖配合之殊，再合以層之恩難，山之父子局之財官，而間星之制化聿著。
2、蓋論方者，以局、山、層同到，觀其得運失運，而吉凶懸殊。
3、論間者，以運年月疊至，徵其得氣失氣，而休咎分途。

1、就本間之星論生剋，以河圖之數與之配合；如一間水，二間火之類，遇金水星吉，遇土木星凶。更以層山局與間星較論：生我者為恩，剋我者為難，生我者為父，我生者為子，我剋者為財，剋我者為官。如遇剋殺退洩，則用制化之法。

2、將方、局、山、層飛到之星，合河洛二運，觀其得失，得運則吉，失運則凶，大相懸殊。將此間，看值河洛何運，年星為何？其星在生旺運中則為得氣，在剋洩運中則為失氣，得氣主休，失氣主咎，兩途分判，各不相同。

八卦六白屬金，九星二黑屬土，此號老父配老母(星宮之善)。入三層，則木來剋土而財少。入兌局，則星到生宮而人興。更逢九紫入土木之元，斯得運生而主科名，財丁並茂。

1、河圖八卦方位，乾位西北屬金（乾宅），洛書二黑屬土；二黑到乾，土來生金，故善；乾金老父，乾金喜二黑來生。若乾宅造三層，屬木(三八屬木)，二黑飛到，卻被木剋，不能生金，故主財少。

2、如為兌局屬金，七赤兌金入中，八艮土到乾，土生金，則星到生宮，艮土生乾金也生中宮兌金。九紫屬火，元運值木，木生火，為運生星；土生金，星生宮；元運值土，火生土，土生金，為星生運，運生宮，所以丁財貴均發也。

河圖四間屬金(四九屬金)，洛書四綠屬木；此為河圖剋洛書。入兌方，則文書(昌)破體而出孤；入坤局，則土重埋金而出寡。若以一層入坎震之鄉，始為得氣，而科甲傳名，亦增丁口。

1、河圖水一、火二、木三、金四，第四層屬金。洛書一白二黑三碧四綠，第四間屬木，是河圖之金剋洛書之木；而又在兌方，兌屬金，金又剋木；四綠為文昌，被剋則體破無望登科；四綠位巽為稈木受災，故出孤。

2、四間金屋(四九為金)在坤局，坤為土，土重埋金，土勢強旺，坤為老母，勢強剋夫，故出寡。一層屬水，若在坎方，則水見水為旺，在震方，則水層生木方為生，層與方互為生旺，始為得氣，發丁發貴，理必然也。

局為體，山為用；山為體，運為用；體用一元，合天地之動靜。 山為君，層為臣；層為君，間為臣；君臣合德，鬼神咸驚。

1、水最重要，面向離水稱坎局，局為體。山就是坐山。其次山為體，運為用。局為體，山為用也，先看大局。再由山上分別運與山，生旺退洩何如？是山為體，運為用也。體主靜，用主動；如局山能合生旺，則體用合一矣，得天動地靜之道。

2、君主也，辰輔也。先以坐山為主，某坐山應配幾層，從山而定者也。則山為君主，層為臣。再以層為主，幾層應配幾間，是間從層而定者也。是層為君，間為臣。君臣合德者，山與層相生旺，而不剋洩；層與間亦然，是君臣合德矣。

局雖交運，而八方六事亦懼，廉貞戊巳疊加山； 雖逢元，而死位退方，猶懼巡羅、天罡助虐。

1、局雖交生旺元運，而局上八方有六事：如流年戊巳廉貞凶星重疊而臨亦懼。六事宜分內外，內六事在宅內，如門、井、灶、床、房等。外六事在宅外，如橋梁、殿塔、亭台等，凡星照見者皆是，雖曰六，實不止六事而已。

2、山雖交生旺元運，而山之死退方有巡羅天罡惡煞加臨，最可慎也。巡山羅睺是太歲前最近一方，如子年癸方，午年丁方等。天罡四方指辰戌丑未，申子辰年殺未，即三殺，屬擇日學煞星。

蓋吉凶原由星判，而隆替乃由運分，局運興，屋運敗，從局召吉；山運敗，屋運興，從屋徵祥。發明星運之用，啟迪後起之賢，神而明之，存乎其人也。

1、以上總論，局山宜并重。吉星而又得生旺元運，則其吉愈隆；星雖吉，而值死退之元運，則雖吉仍替。如局得元運而興，屋失元運而敗，則從局而捨屋。山失元運而敗，局得元運而興，則從局而舍山。

2、紫白飛星之用大矣！「神而明之，存乎其人」〈繫辭上傳〉用語。

（三）、吳明修《陽宅真義》九星加會吉凶訣

吳明修大師將「紫白訣」依據經驗化約簡潔的論述，利於讀者學習論斷吉凶：

1、吉徵

(1)一四同宮：主科名(號青雲得路)有文筆，硯池水，鼎元之兆。

(2)一六合水：(主催官)，遇旺水秀峰，官居極品。

(3)六八為武庫：(亦主財帛)，利武庫及異路功名。

(4)八九為輔弼相耀：(田園富盛)而子孫繁衍也。

2、凶徵

(1)紫(九)赤(七)相加。(回祿災也)。

(2)黑(二)黃(五)交錯。(家長有凶也)。

(3)八逢三四，(損小口也)。

(4)一加二五，(傷及壯丁)。

(5)四逢六，(為肝病)輕或痼疾。重且夭折也。

(6)六會九，(火剋金，金屬肺，為肺疾)，衰則血症，盛則火災也。

(7)三七逢，(金剋木，盜賊相侵)，訟凶而病厄。

(8)四七臨，(巽四文昌，文章不顯，嘔血而早夭)。

(9)三逢四，(巽四為長女，咎當主母)。

(10)三逢六，(三碧震木，患在長男)。

(11)三妨三，五妨四，(博弈好飲，田園廢盡)。

(12)四合九為金，(與本體木火不協，無益而有損)。

(13)二七合為火乘殺氣，(遇凶山水，旅卦上九「鳥焚其巢」)。

(14)八逢三，一逢八，(奇偶相配，受剋咎輕)。

(15)三逢七，四逢六，(奇偶相敵，受剋咎重)。

(四)、九星加會起法凡例

吳明修大師將「紫白訣」簡潔論述後，舉下列表格釋例，方便讀者練習。例如「一四同宮」以宅星入中宮，查四綠落在何宮。次以流年太歲星入中宮。輪到一白到四綠處所。即為一四同宮。餘照此起法類推。以下舉數例為參考。

例如：一四同宮(宅山用國字，流年用阿拉伯數字)。

(1)兌宅：七入中。逢一白之年。一入中。一四同宮在艮。

巽四 六 9	離九 二 5	坤二 四 7
震三 五 8	中五 七 1	兌七 九 3
艮八 一 4	坎一 三 6	乾六 八 2

(2)巽宅：四入中。逢七赤之年，七入中。一四同宮在坤。

巽四 三6	離九 八2	坤二 一4
震三 二5	中五 四7	兌七 六9
艮八 七1	坎一 九3	乾六 五8

(3)坎宅：一入中。逢四綠之年，四入中。一四同宮在中宮。

巽四 九3	離九 五8	坤二 七1
震三 八2	中五 一4	兌七 三6
艮八 四7	坎一 六9	乾六 二5

例如：九七同宮

(1)兌宅：七入中。逢五黃之年，五入中。七九同宮在兌宮。

巽四 六 4	離九 二 9	坤二 四 2
震三 五 3	中五 七 5	兌七 九 7
艮八 一 8	坎一 三 1	乾六 八 6

(2)兌宅：七入中。逢九紫之年，九入中。七九同宮在中宮。

巽四 六 8	離九 二 4	坤二 四 6
震三 五 7	中五 七 9	兌七 九 2
艮八 一 3	坎一 三 5	乾六 八 1

例如：二五同宮

巽宅：四入中。逢一白之年，一入中。二五同宮在乾宮。

巽四 三 9	離九 八 5	坤二 一 7
震三 二 8	中五 四 1	兌七 六 3
艮八 七 4	坎一 九 6	乾六 五 2

例如：三七同宮

離宅：九入中。逢四綠之年，四入中。三七同宮在艮宮。

巽四 八 3	離九 四 8	坤二 六 1
震三 七 2	中五 九 4	兌七 二 6
艮八 三 7	坎一 五 9	乾六 一 5

（五）、雙星同宮索引表

1、一一同宮：水星與水星比和，名氣有利，財丁兩旺，以文而貴，以文為官，謹防富貴而桃花氾濫。

2、一二同宮：一坎水與坤土同宮，坤土主脾胃之病，女人權勢高脹，風韻之聲。

3、一三同宮：坎水生震木相遇為乍交，雖然水生木，但壬水甲木俱為陽，同性相斥，以火退氣而得和諧。

4、一四同宮：一坎水四綠巽木，中男與長女相配有利於讀書，名登金榜。

5、一五同宮：五黃土剋坎水，夫妻不和，泌尿與循環系統、耳疾及婦女病。

6、一六同宮：乾金生坎水，出文昌仕宦，成名有利。失運則主金寒水冷之症。

7、一七同宮：文武皆宜，名利雙收，兌金生坎水，有桃花水性之虞而流離之象，以木洩水。

8、一八同宮：艮土剋坎水，濕土可用，利於經營得財。

9、一九同宮：一白水與九紫火同宮，水火既濟，雖有前途，尚須注意本命與大運。

10、二二同宮：坤土與坤土比和，表象平安和樂，但二黑是病符，土過多亦主患脹氣疾病，或老母患病，因二黑是病符之星。

11、二三同宮：二是坤土，三碧是震，雷出於地，木剋土，官非口舌詆毀多，損害刑剋。鬥牛殺不利長男、婦女。

12、二四同宮：四巽為風，風行地面，木剋土必傷脾胃，巽為風，風言風語，謹防口舌是非；風行就是氣，同時有氣憤之事。

女強男弱，欺翁姑。

13、二五同宮：二黑與五黃同宮，土太旺，難免脾胃疾病，傷人口不利坤母、孕婦。以金水通關。

14、二六同宮：乾金坤土同宮，雖土生金，但老夫老妻反而多嘴，應於脾胃、頭、肺疾病。

15、二七同宮：必須慎防火災，血液、燥熱病症，因為河圖二七先天同道為南方火之故。

16、二八同宮：坤艮相望，後天對待之宮，如坎宅一白入中宮，二黑入乾宮，二黑貪生忘剋(中宮坎水)，反生乾金，逢流年八白土生金，主財源廣進。

17、二九同宮：九紫火生坤土，火炎土燥出人愚笨，婦女亂淫、火土阻止循環。

18、三三同宮：三碧木遇到三碧木，三碧蚩尤星好鬥，夫妻失和，是非訴訟，不宜在坎宮相見，乾兌宮無妨。

19、三四同宮：雷風相薄皆屬木，不宜坎宮相見，乾兌宮無妨，逢八艮土，冲犯艮土幼兒。

20、三五同宮：三木與五黃土同宮，失令時三碧木剋五黃土，先脾胃病痛後傷手足，長男失調教。

21、三六同宮：三碧木怕乾金剋制，三碧是手足，傷足腳。遇兌宮更不宜，禍災更嚴重。

22、三七同宮：三碧蚩尤七赤破軍絕命，同宮為交劍殺，謹防盜賊又見官非，主人口凋零多病，退財。

23、三八同宮：三碧木八艮土，木剋土，但在離宮火為通關，木生火，火生土，小兒獲福，其他宮位則不利小口，木剋土。

24、三九同宮：三碧木生九紫火，木火通明，利於名望科甲，但木生火為洩氣，離為眼睛，木為肝與手足應注意。

25、四五同宮：四綠巽與五黃土同宮，木剋土，木洩氣則手腳肝膽患病，五黃沒有專屬位置，病痛容易流離不定。

26、四六同宮：四為巽木，六為乾金，金剋木，老父與長女爭執，事業與婚姻不佳，為人蒙昧不靈。

27、四七同宮：四指辰巽巳，七指庚酉辛，辰酉六合，金剋木，又剋又合，是非爭執、官訟，口部傷害。

28、四八同宮：巽木剋八艮土，主不利少男前程，土主脾胃疾病，巽木長女精神壓力大。

29、四九同宮：九紫乃後天之火星，四綠屬木，木能引火，有火災之患，電器品、易燃物不可放此宮位。

30、五三同宮：三木與五黃土同宮，失令時三碧木剋五黃土，先脾胃病痛後傷手足，長男失調教。

31、五五同宮：五黃土疊臨，人丁六畜損害，或患黃疸腫瘤，以金水為調和。

32、五六同宮：五黃土與乾六同宮，土雖生金，燥土是病害，乾金患在氣管、大腸。

33、五七同宮：七五、五七乃五黃逢破軍絕命，雖然土生金，但主驚風掠奪，官非連連。

34、五八同宮：五黃土與艮土同宮，土太旺，主病魔瘟疫，意外災禍，土多水滯，脾胃病痛；以金水剋洩。

35、五九同宮：五黃土帶廉貞火，右弼九紫離火退田庄，戊己都天須防火災、腫瘤、血病。

36、六六同宮：一六八九皆紫白吉星，乾金六六同宮，有財丁喜慶或發武貴，乾金過於剛硬，多偏急好義，恐遭小人誹謗之虞。

37、六七同宮：六白會七赤謂之交劍殺，主遺失、盜竊、半路遇匪，若遇三碧木，木主四支易受傷。

37、同宮：老父與少男陽性格局，土生金父子同心，文武允當，有臨門之喜，以水相益。

38、六九同宮：九離火剋乾金，異路功名，速發速敗。火照天門父女嫌隙隔閡，心肺、腦之病。

39、七七同宮：兌金重疊同宮，相會於坤艮兩宮，富貴名利，相會於離宮，焦頭爛額。

40、七八同宮：土金相生，功名可許，少男少女相配，喜生動活潑忌桃花欲望橫流，身強用水，身弱用火。

41、七九同宮：九七穿途，常遭回祿之災，「回祿者」火神也。九紫為後天離火，七赤先天火數(二七同火)；兩星相處同宮，須防火患，亦會受金屬機器類之傷，或車禍、血病、熱症，注意少女中女健康。

42、八八同宮：艮土重逢都是吉星，雖有喜慶臨門之事，還是要在離、艮、坤生旺宮位。

43、八九同宮：九紫離火生八白艮土為吉，事業火紅，財帛豐厚吉祥。若遇一白、二黑（雖愚昧卻有財富），逢四綠小心火災。

44、九九同宮：九紫吉星重逢，平步青雲，前途似錦，喜木土宮位，一氣相生。

紫白有九星，一白屬水，二黑屬土，三碧屬木、四綠也是木，五黃屬中無卦，則寄在於坤、艮兩卦，六白屬金，七赤也是金，八白屬土，九紫屬火。生、開、休、景是吉方，所以生開休景也是一白、六白、八白、九紫所居住的位置，於是紫白所臨的宮位就論吉。紫白所飛入的宮位雖然吉祥，但宮位與紫白星必須五行互相生助，始可論吉。否則吉星飛入剋洩之宮位，雖吉無吉。如果凶星飛入相生相扶之宮位，以其生扶雖凶不凶。

《餐霞道人》:「游年與紫白，開門吉凶恆有異同，或游年吉而紫白凶，或游年凶而紫白吉，是以術(數)家尊游年者，詆紫白為不足憑；守紫白者，毀游年為無足據，二者遂目為兩歧，不知游年本河圖八卦，取陰陽夫婦之配合；紫白即洛書九宮，論五行生剋之各異。蓋游年是論其體，而紫白是論其用，前人立法，確有至理，不可偏廢。」河圖一六、三八、二七、四九、黑白、東西南北代表空間上陰陽和諧，而八宅法也是如此。洛書則是時間上的變動。因此看不動之方位，側重八宅。看流年性質的變化，側重紫白飛星。

（六)、《陽宅實務透解》提要

梁湘潤老師《陽宅實務透解》略以：相傳三元紫白飛星是始自元末明初「目講禪師」所用，蔣大鴻、魏清江相繼提倡推廣。知識分子、官宦、仕紳等偏重紫白飛星，而一般性祖傳陽宅大都以八宅游年法為主。因為庶民安於本位，注重空間。官宦仕紳有流動性，注重流年。

1、紫白飛星以宅的坐山論取，「運」應驗時效二十年。

2、大門的吉凶是以坐山五行之紫白而論，不以年命而論。

3、臥房門的吉凶是與大門之「門遞門」(以宅的大門方位入中宮，在按照八局核對紫白方位)，以紫白之宮而論。

4、考試「魁星」方，雖以坐山起局，但應驗期，則以宅的魁星方九星，以及年命九星，與三元九星同論(參閱紫白訣山、運、年之九宮形態)。

5、床固定是以宅山五行飛宮之「坐煞向生」。

6、宅不忌本運之煞，而忌出運之煞。

7、清代之三元陽宅是以魏清江為立場，與蔣大鴻的三元陽宅並不相同。

8、三元陽宅之五子論未被涉入飛星中，若非久住十二年以上之陽宅，故重點在流年者，可不論。

9、庫櫃宜放在宅山之飛宮旺方，而不是元運旺方。

10、飛宮旺方主人丁。飛宮退氣方主官司敗訴。沖關方主孤獨敗失退落。

11、死、退、關煞不宜高，亦不宜有高掛物件，亦忌諱太大空缺。

12、關煞方水池女人有疾，坑廁夫妻失和。玄關為周旋之用。

13、元運之「生」主人丁，「旺」主財，「退洩」女多於男，「煞」主官非，「死」主不利子息。

14、元運宅法，宅為我，運為他。宅同運為「旺」，宅生運為「休(退)」，宅剋運為「囚(死)」，運生宅為「生」，運剋宅為「煞」。因此甲辰年九紫火運，坎宅為「囚(死)」氣，坤宅與艮宅為「生」氣，震宅與巽宅為「休(退)」氣，乾宅與兌宅為「煞」氣，離宅為「旺」氣。三元九運是二十年一周期，吉非大吉，凶非大凶。

15、房間門忌諱與廚房門相對，但只適合改動房門。五黃沖關不忌開門，只忌沖路。

16、床最忌在樓上沖關位，煞氣方宜靜不宜動。臥房在洩氣方主「漏胎」。床未必安於生旺方，只取「迎生」方。

參考書目：（以筆劃為順序）

六合出版社，《建築：造型、空間與秩序》。
六合出版社，《建築構造》。
王玉德主編，《中華堪輿術》。
王君榮，《陽宅十書》。
王松寒，《王氏陽宅學》。
王松寒，《王派風水學》。
王德勳著，《山水發微》。
內政部建築研究所，《綠建築設計技術彙編》。
內政部建築研究所，《綠建築解說與評估手冊》。
何明錦編，《山坡地建築安全防災百問手冊》。
余象斗著，《地理統一全書》。
吳卓夫，《營造法與施工》。
吳明修著，《易經地理陽宅真機》。
吳明修著，《陽宅真義》。
信發堂，《廖淵用通書》。
唐正一著，《風水的研究》。
徐善繼，徐善述合著，《地理人子須知》。
袁守定，《地理啖蔗錄》。
馬善良著，《堪輿精華》。
張其成主編，《易學大辭典》。
張鶴齡著，《玄機陰陽秘鑑》。
梁湘潤著，《紫白飛宮三元陽宅》。
梁湘潤著，《陽宅實務透解》。
郭璞著，《葬經》。

陳志華著,《外國古建築二十講》。
陳政雄,《山坡地計畫》。
賈豐臻著,王雲五編,《易之哲學》。
漢寶德著,《風水與環境》。
趙九峰,《地理五訣》。
趙九峰,《陽宅三要》。
劉致平,《中國建築類型及結構》。
潘國樑,《山坡地永續利用》。
箬冠道人著,《八宅明鏡》。
餐霞道人 姚廷鑾集,《陽宅集成》。
樓慶西著,《中國古建築二十講》。

國家圖書館出版品預行編目資料

陽宅奧秘三十天快譯通/於光泰著
--初版一桃園市
於光泰，2021.08
533 面；14.8X21 公分
ISBN：978-957-43-9138-7 (精裝)
CIP：294.1　110012226

陽宅奧秘三十天快譯通

2021 年 8 月　初版　第 1 刷

作者：於光泰
出版者：於光泰
地址：桃園市桃園區大業路二段 103 號 7 樓之 2
電話：(03)472-4980
Email：s91923010@yahoo.com.tw

印刷：明邦印刷事業有限公司
地址：新北市中和區中山路二段 327 巷 11 弄 5 號 1 樓
電話：(02)2247-5550

建議售價：新台幣壹仟貳佰元整

ISBN：978-957-43-9138-7